Steffen Huber

Die Einbringung in der steuerlichen Beratungspraxis

Steffen Huber

Die Einbringung in der steuerlichen Beratungspraxis

Umwandlung bei Kapital-
und Personengesellschaften –
mit Musterverträgen
und Gestaltungshinweisen

Bibliografische Information der Deutschen Nationalbibliothek
Die Deutsche Nationalbibliothek verzeichnet diese Publikation in der
Deutschen Nationalbibliografie; detaillierte bibliografische Daten sind im Internet über
<http://dnb.d-nb.de> abrufbar.

1. Auflage 2009

Alle Rechte vorbehalten
© Gabler | GWV Fachverlage GmbH, Wiesbaden 2009

Lektorat: RA Andreas Funk

Gabler ist Teil der Fachverlagsgruppe Springer Science+Business Media.
www.gabler.de

Das Werk einschließlich aller seiner Teile ist urheberrechtlich geschützt. Jede Verwertung außerhalb der engen Grenzen des Urheberrechtsgesetzes ist ohne Zustimmung des Verlags unzulässig und strafbar. Das gilt insbesondere für Vervielfältigungen, Übersetzungen, Mikroverfilmungen und die Einspeicherung und Verarbeitung in elektronischen Systemen.

Die Wiedergabe von Gebrauchsnamen, Handelsnamen, Warenbezeichnungen usw. in diesem Werk berechtigt auch ohne besondere Kennzeichnung nicht zu der Annahme, dass solche Namen im Sinne der Warenzeichen- und Markenschutz-Gesetzgebung als frei zu betrachten wären und daher von jedermann benutzt werden dürften.

Umschlaggestaltung: KünkelLopka Medienentwicklung, Heidelberg
Druck und buchbinderische Verarbeitung: Krips b.v., Meppel
Gedruckt auf säurefreiem und chlorfrei gebleichtem Papier
Printed in the Netherlands

ISBN 978-3-8349-1334-0

Vorwort

Die Einbringung von Betrieben, Teilbetrieben, Mitunternehmeranteilen oder Kapitalgesellschaftsbeteiligungen in Gesellschaften ist ein häufiges Gestaltungsinstrument in der steuerlichen Beratungspraxis. Neben den zivilrechtlichen Rahmenbedingungen für die Durchführung einer Einbringung sind insbesondere die steuerlichen Vorschriften, die die Rechtsfolgen der Einbringung regeln, zu beachten.

Steuerliche Vorschriften, die bei einer Einbringung berührt sein können, finden sich in verschiedenen Gesetzen. Auf alle diese Vorschriften einzugehen, würde den Umfang dieses Buches sprengen. Deshalb beschränkt sich die Darstellung in diesem Buch auf die Einbringung im Sinne des Umwandlungssteuergesetzes, konkret auf die §§ 20 bis 24 UmwStG, und geht auf Vorschriften wie § 6 Abs. 3 und Abs. 5 EStG nur vereinzelt ein.

Dieses Buch versucht, einen allgemeinen Überblick über die im Rahmen einer Einbringung i.S.d. §§ 20 bis 24 UmwStG aufkommenden Themen und Probleme zu geben. Ein Anspruch auf Vollständigkeit wird nicht erhoben. Das Buch soll vielmehr als Informationsquelle dienen und dem Leser durch die klare, kurze und einfache Darstellung mit Schaubildern und Tabellen einen ersten Zugang zu diesem Beratungsgebiet ermöglichen.

Im Anhang finden sich ein paar Mustersätze für in der Praxis häufig vorkommende Einbringungen. Diese Mustersätze geben einen Anhaltspunkt dafür, wie die einzelnen Dokumente, die im Rahmen der jeweiligen Einbringung benötigt werden, aussehen könnten.

Danken möchte ich dem Gabler Verlag und insbesondere Herrn Rechtsanwalt Funk, Teamleiter Lektorat, sowie meinem Kollegen Maksym Rudych für die freundliche Unterstützung und die Geduld bei der Fertigstellung des Buches.

Stuttgart, im Mai 2009   Steffen Huber

Inhaltsübersicht

Vorwort 5
Abkürzungsverzeichnis 15
Literaturverzeichnis 17

§ 1 Einführung 19
    A. Gesetzliche Regelung der Einbringung in Kapitalgesellschaften
       (§§ 20 bis 23 UmwStG) 19
    B. Gesetzliche Regelung der Einbringung in Personengesellschaften
       (§ 24 UmwStG) 22

§ 2 Die Einbringung in Kapitalgesellschaften gemäß § 20 UmwStG 23
    A. Einbringung von Unternehmensteilen in eine Kapitalgesellschaft oder
       Genossenschaft, § 20 UmwStG 23
       I. Sachlicher Anwendungsbereich 23
          1. Keine Einbringung durch Anwachsung 24
          2. Übertragung des wirtschaftlichen Eigentums oder des dinglichen
             Eigentums 24
       II. Persönlicher Anwendungsbereich 25
          1. Übernehmende Gesellschaft 25
          2. Einbringender 25
             a) Personen i.S.d. § 1 Abs. 4 Satz 1 Nr. 2 lit. a UmwStG 25
             b) Personen i.S.d. § 1 Abs. 4 Satz 1 Nr. 2 lit. b UmwStG 26
       III. Der Begriff der Sacheinlage i.S.d. § 20 Abs. 1 UmwStG 27
          1. Gegenstand der Sacheinlage 28
             a) Betrieb 28
             b) Anteile an einer Kapitalgesellschaft oder
                Genossenschaftsanteile als Gegenstand eines Betriebes 29
             c) Anteile an einer Mitunternehmerschaft als Gegenstand eines
                Betriebs i.S.d. § 20 UmwStG 29
             d) Betrieb einer Personengesellschaft 30
          2. Betrieb im Ganzen 30
             a) Begriff der wesentlichen Betriebsgrundlage 30
                aa) Bewegliche Wirtschaftsgüter als wesentliche
                    Betriebsgrundlagen 30
                bb) Immaterielle Wirtschaftsgüter 31
                cc) Grundstücke 31
                dd) Beteiligungen an Kapitalgesellschaften 31
                ee) Sonstige Wirtschaftsgüter 32
             b) Folgen der Zurückbehaltung wesentlicher Betriebsgrundlagen 32
             c) Verwendung der überführten Wirtschaftsgüter bei der
               übernehmenden Kapitalgesellschaft 33
             d) Exkurs: Betriebsaufspaltung 33
          3. Teilbetrieb 34
             a) Teilbetriebsbegriff 34
                aa) Voraussetzungen eines Teilbetriebs i.S.d. § 16 EStG 35

| | | | bb) Gewerblicher Teilbetrieb i.S.d. § 16 EStG | 35 |
| | | | cc) Gewerblicher Teilbetrieb i.S.d. EG-Fusionsrichtlinie | 35 |

                b) Teilbetriebe als Einbringungsgegenstand   36
                c) Teilbetriebe kraft Fiktion   36
                d) Teilbetriebe im Aufbau   36
                e) Teilbetrieb im Ganzen   36
                f) Sonderproblem: Gemeinsam genutzte wesentliche Betriebsgrundlagen   37
                g) Zeitpunkt des Vorliegens der Teilbetriebseigenschaft   38
            4. Mitunternehmeranteil   38
                a) Der Mitunternehmeranteil als Sacheinlagegegenstand   39
                b) Wesentliche Betriebsgrundlagen im Sonderbetriebsvermögen   39
                c) Bruchteil eines Mitunternehmeranteils   40
      IV. Übernehmende Gesellschaft   41
      V. Einbringen des Sacheinlagegegenstandes   41
            1. Einbringung im Wege der Einzelrechtsnachfolge   42
            2. Einbringung durch Anwachsung   44
            3. Einbringung durch handelsrechtliche Umwandlung   44
            4. Einbringung als einheitlicher Vorgang   45
            5. Umwandlung von Personengesellschaften bei Vorhandensein von Sonderbetriebsvermögen   45
      VI. Die Person des Einbringenden   46
      VII. Einbringung gegen Gewährung neuer Anteile   46
            1. Ausgabe neuer Anteile   46
            2. Ausschluss des § 20 Abs. 1 UmwStG bei Umwandlung ohne Kapitalerhöhung   47
            3. Umwandlung einer Personengesellschaft in eine KGaA   47
      VIII. Zusätzliche Leistungen   48
  B. Rechtsfolgen der Sacheinlage   48
      I. Bewertungswahlrecht (§ 20 Abs. 2 und 3 UmwStG)   50
            1. Umfang und Gegenstand der Bewertung   50
            2. Auswirkungen des Bewertungsansatzes   51
                a) Buchwertansatz   51
                b) Ansatz des gemeinen Wertes   52
                c) Zwischenwertansatz   52
            3. Ausübung des Wahlrechts   54
            4. Einschränkung des Bewertungswahlrechts   55
                a) Einbringung von Vermögen mit negativem Kapital (§ 20 Abs. 2 Satz 2 Nr. 2 UmwStG)   55
                b) Gewährung von Zusatzleistungen   56
                c) Aufdeckung stiller Reserven bei hohen Entnahmen nach dem rückbezogenen Übertragungsstichtag   56
                d) Einbringung in eine steuerbefreite Übernehmerin (§ 20 Abs. 2 Satz 2 Nr. 1 UmwStG)   57
                e) Verlust des Besteuerungsrechts für die Sacheinlage (§ 20 Abs. 2 Satz 2 Nr. 3 UmwStG)   57
                f) Kein Bewertungswahlrecht bei erstmaliger Verstrickung von Betriebsvermögen   57

	g)	Keine Einschränkung des Bewertungswahlrechts bei fehlendem Besteuerungsrecht für erhaltene Anteile	57
II.		Auswirkungen der Sacheinlage für die übernehmende Gesellschaft	58
III.		Rechtsfolgen der Sacheinlage für den Einbringenden (§ 20 Abs. 4 bis 6 UmwStG)	58
	1.	Nachträgliche Auswirkung für den Einbringenden und das eingebrachte Betriebsvermögen	58
	2.	Einbringungsgewinn	59
	3.	Berechnung des Einbringungsgewinns	60
		a) Veräußerungspreis	60
		b) Einbringungskosten	61
	4.	Einbringungsverlust	61
	5.	Gewinne anlässlich der Einbringung	62
	6.	Einkunftsart, Entstehungszeitpunkt	62
	7.	Gewinnmindernde Rücklage nach § 6b EStG	62
	8.	Steuerpflicht des Einbringungsgewinns	63
		a) Einbringung durch eine natürliche Person	63
		b) Einbringung durch eine Körperschaft	63
		c) Anwendung der §§ 16 Abs. 4, 34 EStG	64
		d) Gewerbesteuer	64
	9.	Anschaffungskosten der erhaltenen Anteile	65
IV.		Zeitpunkt der Sacheinlage und Rückbeziehung (§ 20 Abs. 5 und 6 UmwStG)	66
	1.	Steuerlicher Einbringungszeitpunkt	66
	2.	Rückbezugszeitraum	67
	3.	Wirkung der rückbezogenen Einbringung	68
		a) Vermögensübergang	68
		b) Verträge im Rückbezugszeitraum	69
		c) Ausschüttungen im Rückbezugszeitraum	69
		d) Ausnahmen von der Rückbeziehung	70
	4.	Im Rückbezugszeitraum ausgeschiedene Mitunternehmer	71
	5.	Organschaft	72
	6.	Rückwirkungssperre	72
V.		Übergang des Zinsvortrags (§ 20 Abs. 9 UmwStG)	73

3 Einbringung von Anteilen an Kapitalgesellschaften oder Genossenschaften, § 21 UmwStG — 74

A. Einführung — 74

B. Anwendungsbereich — 74
- I. Sachlicher Anwendungsbereich — 74
- II. Persönlicher Anwendungsbereich — 74
- III. Verhältnis zu § 20 UmwStG — 75

C. Anteilstausch (§ 21 Abs. 1 UmwStG) — 76
- I. Einfacher Anteilstausch — 76
- II. Qualifizierter Anteilstausch — 76
  1. Grundsätzliches — 76
  2. Gegenstand der Einbringung — 77
  3. Zurechnung der Anteile beim Einbringenden — 77

		4. Mehrheitsvermittelnde Beteiligung	78
		5. Gewährung neuer Anteile	81
	D.	Zeitpunkt des Anteilstausches	81
	E.	Bewertung der eingebrachten Anteile bei der übernehmenden Gesellschaft (§ 21 Abs. 1 UmwStG)	81
		I. Bewertungswahlrecht beim qualifizierten Anteilstausch	81
		II. Ausübung des Bewertungswahlrechts	82
		III. Einschränkung des Bewertungswahlrechts	82
	F.	Berechnung der Anschaffungskosten beim Einbringenden für die neuen Anteile (§ 21 Abs. 2 UmwStG)	82
	G.	Auswirkungen der Sacheinlage für die übernehmende Gesellschaft	84
	H.	Einbringungsgewinn	84
§ 4		Die Besteuerung des Anteilseigners	86
	A.	Regelungsbereich	86
		I. Allgemeines	86
		II. Sachlicher Anwendungsbereich	86
		III. Persönlicher Anwendungsbereich	88
	B.	§ 22 Abs. 1 UmwStG: Veräußerung von Anteilen aus einer Betriebseinbringung	88
		I. Allgemeines	88
		II. Tatbestand des § 22 Abs. 1 UmwStG	88
		1. Anteilsveräußerung oder Verwirklichung gleichgestellter Vorgänge	89
		III. Rechtsfolge der schädlichen Anteilsveräußerung	91
		1. Rückwirkender Einbringungsgewinn I	91
		2. Nachträgliche Anschaffungskosten	92
		3. Folgen eines Einbringungsgewinns I für die übernehmende Gesellschaft	92
		4. Verfahrensrecht	92
		IV. Besteuerung des Veräußerungsgewinns	93
	C.	Veräußerung von Anteilen aus einem Anteilstausch (§ 22 Abs. 2 UmwStG)	94
		I. Allgemeines	94
		1. Veräußerung oder der Veräußerung gleichgestellte Ereignisse	94
		2. Besonderes Merkmal des Einbringenden	95
		3. Vorhergehende Veräußerung der erhaltenen Anteile durch den Einbringenden	95
		II. Rechtsfolge der Veräußerung der eingebrachten Anteile durch die übernehmende Gesellschaft	96
	D.	Rechtsfolgen eines fehlenden Nachweises gemäß § 22 Abs. 3 UmwStG	99
		I. Allgemeines	99
		II. Inhalt des Nachweises	99
		III. Nachweisverpflichteter	100
		IV. Art des Nachweises	100
		V. Rechtsfolgen eines nichterbrachten Nachweises	101
	E.	Juristische Personen des öffentlichen Rechts oder steuerbefreite Körperschaften als veräußernde Anteilseigner (§ 22 Abs. 4 UmwStG)	101

§ 5

F.	Bescheinigungsverfahren über die nachträgliche Einbringungsgewinnbesteuerung (§ 22 Abs. 5 UmwStG)	101

§ 5 Auswirkungen der Einbringung bei der übernehmenden Gesellschaft   103

A. Grundsätzliches   103

B. Der Grundsatz des § 23 UmwStG: Die steuerliche Rechtsnachfolge   105
- I. Steuerliche Rechtsnachfolge im Zusammenhang mit dem Ertragsteuerrecht   106
- II. Rechtsnachfolge in die verfahrensrechtliche Position des Einbringenden   106
  1. Einbringungen im Wege der Einzelrechtsübertragung   107
  2. Einbringungen im Wege der Gesamtrechtsnachfolge   107

C. Ansatz des übernommenen Vermögens zu Buchwerten oder Zwischenwerten   108
- I. Sachlicher Anwendungsbereich des § 23 Abs. 1 UmwStG   108
- II. Ansatz des übernommenen Vermögens zum Buchwert   108
  1. Steuerliche Rechtsnachfolge   109
  2. Fortgeltung/Anrechnung von Besitz- bzw. Verbleibenszeiten   110
  3. Steuerfreie Rücklagen   110
  4. Firmen-/Geschäftswert   111
- III. Ansatz des eingebrachten Vermögens mit einem Zwischenwert (§ 23 Abs. 3 UmwStG)   111
  1. Zwischenwertansatz   111
  2. Rechtsnachfolge   111
  3. Abschreibungen   112
  4. Firmenwert/Geschäftswert   112
  5. Besitzzeitanrechnung   113

D. Übernahme des Vermögens zum gemeinen Wert   113
- I. Allgemeines   113
- II. Folgen der Einbringung im Wege der Einzelrechtsnachfolge   114
  1. Grundsatz   114
  2. Abschreibungen   114
  3. Besitzzeitanrechnung   115
- III. Steuerliche Folgen einer Einbringung nach dem Umwandlungsgesetz   115

E. Gewerbesteuer   115

F. Umsatzsteuer   116

G. Aufstockung der Wertansätze bei nachträglicher Einbringungsgewinnbesteuerung (§ 23 Abs. 2 UmwStG)   116
- I. Grundsätzliches   116
- II. Voraussetzungen für die Wertaufstockung bei einem Anteilstausch   117
- III. Art und Auswirkungen der Wertaufstockung   117
  1. Allgemeines   117
  2. Bilanzsteuerrechtliche Behandlung des Erhöhungsbetrags   118

H. Gewerbesteuerlicher Verlustvortrag des Einbringenden (§ 23 Abs. 5 UmwStG)   119

I. Einbringungsfolgegewinn (§ 23 Abs. 6 UmwStG)   119

§ 6		Einbringung von Betriebsvermögen in eine Personengesellschaft	120
	A.	Einführung	120
		I. Allgemeines	120
		II. Grundsystematik des § 24 UmwStG	120
	B.	Regelungsbereich des § 24 UmwStG	122
		I. Sachlicher Anwendungsbereich	122
		II. Persönlicher Anwendungsbereich	123
		III. Aufzählung der einzelnen, von § 24 UmwStG erfassten Sachverhalte	123
	C.	Einbringungsvorgänge außerhalb des Anwendungsbereichs des § 24 UmwStG	125
		I. Einbringung eines (Teil-)Betriebs, Mitunternehmeranteils oder einer 100%igen Beteiligung an einer Kapitalgesellschaft ohne Gewährung von Gesellschaftsrechten (sog. verdeckte Einlage)	125
		II. Einbringung eines (Teil-)Betriebs in das Sonderbetriebsvermögen	126
		III. Einbringung einzelner Wirtschaftsgüter	126
		IV. Einbringung gegen Ausgleichszahlung	126
		V. Sonstige Vorgänge	128
	D.	Verhältnis des § 24 UmwStG zu anderen Vorschriften	128
	E.	Tatbestand des § 24 Abs. 1 UmwStG	129
		I. Übersicht	129
		II. Einbringungsgegenstand	129
		1. Betrieb	129
		2. Teilbetrieb	130
		3. Mitunternehmeranteil	130
		III. Aufnehmende Gesellschaft	130
		IV. Einbringungsvorgänge i.S.d. § 24 UmwStG	130
		1. Einbringung durch Einzelrechtsnachfolge	131
		2. Einbringung im Wege der Gesamtrechtsnachfolge	131
		V. Gewährung einer Mitunternehmerstellung	131
		VI. Einbringender	132
	F.	Bewertungswahlrecht, § 24 Abs. 2 UmwStG	132
		I. Bewertungswahlrecht	132
		II. Ausübung des Bewertungswahlrechts	133
		III. Einschränkungen des Bewertungswahlrechts	134
	G.	Einbringungsgewinn	134
		I. Ermittlung des Einbringungsgewinns	134
		II. Rücklage nach §§ 6b, 6c EStG	135
		III. Einbringungsgewinn bei verrechenbaren Verlusten i.S.d. § 15a Abs. 2 EStG	136
		IV. Einkommensteuerlich Behandlung des Einbringungsgewinns	136
		V. Gewerbesteuerliche Behandlung des Einbringungsgewinns	137
	H.	Zeitpunkt der Einbringung	138
		I. Einbringung durch Einzelübertragung	138
		II. Einbringung im Wege der Umwandlung	138
		III. Einbringung durch Umwandlung kombiniert mit Einzelrechtsübertragung	139
		IV. Auswirkungen der Rückbeziehung	139

| | | 1. Rechtsfolgen der steuerlichen Rückbeziehung für die übernehmende Personengesellschaft | 140 |

        1. Rechtsfolgen der steuerlichen Rückbeziehung für die übernehmende Personengesellschaft   140
            a) Bestimmung des Übergangsstichtags   140
            b) Vermögensübergang   140
            c) Verträge im Rückbezugszeitraum   140
            d) Gewinnermittlung   140

I. Auswirkungen der Einbringung für die Gewinnermittlung der Übernehmerin   141
    I. Weitere Gewinnermittlung mit dem übernommenen Vermögen   141
        1. Ansatz zum Buchwert   141
            a) Buchwertansatz   141
            b) Steuerliche Rechtsnachfolge   141
            c) Besitzzeitanrechnung   142
            d) Fortführung von Ergänzungsbilanzen   142
        2. Zwischenwertansatz   142
        3. Ansatz mit dem gemeinen Wert   142
        4. Betrieblicher Schuldzinsenabzug (§ 4 Abs. 4a EStG)   143
        5. Zinsvortrag (§ 4h Abs. 1 Satz 2 EStG)   143
        6. Nachversteuerungspflichtiger Betrag aus Thesaurierungsbegünstigung (§ 34a EStG)   143
    II. Einbringungsfolgegewinn   144
    III. Verlustverwertung   144
        1. Einkommensteuer/Körperschaftsteuer   144
        2. Verluste bei beschränkter Haftung (§ 15a EStG)   144
        3. Gewerbesteuer   145
            a) Einbringung durch natürliche Person   145
            b) Einbringung durch eine Kapitalgesellschaft   147

J. Gewinne aus der Veräußerung der einbringungsgeborenen Mitunternehmeranteile   148
    I. Einkommensteuer/Körperschaftsteuer   148
    II. Gewerbesteuer   148

K. Auswirkungen der Sacheinlage für den Einbringenden   149
    I. Unmittelbare Rechtsfolgen   149
    II. Folgewirkungen auf vorangegangenen Betriebsvermögenstransfer und andere Vorgänge   149

L. Nachträglicher Einbringungsgewinn bei Veräußerung von Anteilen an Körperschaften innerhalb von sieben Jahren (§ 24 Abs. 5 UmwStG)   149
    I. Sinn und Zweck der Regelung   149
    II. Schädliche Veräußerung innerhalb der Sperrfrist (Tatbestand)   150
        1. Übersicht   150
        2. Veräußerung im Sinne des § 24 Abs. 5 UmwStG   150
        3. Gewinnbeteiligung einer Person, auf die § 8b Abs. 2 KStG Anwendung findet   151
    III. Rechtsfolge: Nachträglicher Einbringungsgewinn   151

Anhang I   152
Anhang II   153
Stichwortverzeichnis   229

Abkürzungsverzeichnis

Abs.	Absatz
AO	Abgabenordnung
a.A.	anderer Ansicht
Art.	Artikel
a.F.	alte Fassung
a.E.	am Ende
AG	Aktiengesellschaft
AktG	Aktiengesetz
AStG	Außensteuergesetz
Alt.	Alternative
AfA	Absetzung für Abnutzung
Abschn.	Abschnitt
AdV	Aussetzung der Vollziehung
BFH	Bundesfinanzhof
BStBl	Bundessteuerblatt
BT-Drucksache	Bundestagsdrucksache
BgA	Betrieb gewerblicher Art
BMF	Bundesministerium der Finanzen
bzw.	beziehungsweise
BewG	Bewertungsgesetz
ca.	circa
DStR	Deutsches Steuerrecht (Zeitschrift)
d.h.	das heißt
DB	Der Betrieb (Zeitschrift)
EStG	Einkommensteuergesetz
EG	Europäische Gemeinschaft
EG-FRL	Fusionsrichtlinie der Europäischen Gemeinschaft
EU	Europäische Union
EWR	Europäischer Wirtschaftsraum
etc.	et cetera
EnWG	Gesetz über die Elektrizitäts- und Gasversorgung
EUR	Euro
EFG	Entscheidungen der Finanzgerichte (Zeitschrift)
ErbStG	Erbschaftsteuer- und Schenkungsteuergesetz
EStR	Einkommensteuer-Richtlinien
FR	Finanz-Rundschau
f., ff.	folgende (Singular, Plural)
FG	Finanzgericht
GewStG	Gewerbesteuergesetz
GmbH	Gesellschaft mit beschränkter Haftung
GmbHR	GmbH-Rundschau (Zeitschrift)
GbR	Gesellschaft bürgerlichen Rechts
GmbHG	Gesetz betreffend die Gesellschaften mit beschränkter Haftung
GrEStG	Grunderwerbsteuergesetz

Abkürzungsverzeichnis

GWG	geringwertige Wirtschaftsgüter
GewStR	Gewerbesteuer-Richtlinien
h.A.	herrschende Ansicht
HGB	Handelsgesetzbuch
h.M.	herrschende Meinung
i.S.d.	im Sinne des
i.d.R.	in der Regel
i.V.m.	in Verbindung mit
i.R.d.	im Rahmen des
i.H.d.	in Höhe des
INF	Die Information über Steuer und Wirtschaft (Zeitschrift)
InvZul	Investitionszulage
i.S.v.	im Sinne von
KG	Kommanditgesellschaft
KStG	Körperschaftsteuergesetz
KGaA	Kommanditgesellschaft auf Aktien
lit.	litera (lateinisch für Buchstabe)
m.w.N.	mit weiteren Nachweisen
Mio.	Millionen
Nr.	Nummer
NV	Nicht Veröffentlicht
n.F.	neue Fassung
OHG	Offene Handelsgesellschaft
OFD	Oberfinanzdirektion
Rn.	Randnummer
Rz.	Randziffer
sog.	so genannt
SEStEG	Gesetz über steuerliche Begleitmaßnahmen zur Einführung der Europäischen Gesellschaft und zur Änderung weiterer steuerlicher Vorschriften
SE	Societas Europaea (lateinisch für Europäische Gesellschaft)
Tz.	Teilziffer
TEUR	Tausend Euro
UmwStG	Umwandlungs-Steuergesetz
UmwG	Umwandlungsgesetz
u.a.	unter anderem
u.U.	unter Umständen
UStG	Umsatzsteuergesetz
UStR	Umsatzsteuer-Richtlinien
vgl.	vergleiche
z.B.	zum Beispiel
Ziff.	Ziffer(n)

Literaturverzeichnis

Blümich, Kommentar zu EStG, KStG, GewStG und Nebengesetzen (Loseblattsammlung) (zitiert: Bearbeiter in Blümich)

Borggräfe, Joachim, Grunderwerbsteuern als Anschaffungsnebenkosten einer aktienrechtlichen Eingliederung, DStR 1980, 123 ff.

Dötsch/Jost/Pung/Witt, KStG-Kommentar (Loseblattsammlung) (zitiert: Dötsch)

Haritz/Benkert, Kommentar zum Umwandlungssteuergesetz, 2. Auflage München, 2001 (zitiert: Haritz/Benkert)

Heine, Kurt, Die Grunderwerbsteuer als aktivierungspflichtige Anschaffungskosten des Grundstückserwerbs oder Aufwand, Information StW 2004, 583 ff.

Herrmann/Heuer/Raupach, Kommentar zur Einkommensteuer und Körperschaftsteuer (Loseblattsammlung) (zitiert: Bearbeiter in H/H/R)

Kowalik Dr. Andreas, Merklein Sandra, Scheipers Dr. Thomas, Ertragsteuerliche Beurteilung der Anwachsung nach den Änderungen des UmwStG aufgrund des SEStEG, DStR 2008, 173 ff.

Lutter, Umwandlungsgesetz (Kommentar), 4. Auflage Köln, 2009 (zitiert: Bearbeiter in Lutter)

Patt, Joachim, Anwendung des Halbeinkünfteverfahrens auf einbringungsgeborene Anteile, FR 2004, 561 ff

Rödder, Prof. Dr. Thomas, Schumacher, Dr. Andreas, Das SEStEG – Überblick über die endgültige Fassung und die Änderung gegenüber dem Regierungsentwurf, DStR 2007, 369 ff.

Schmidt, Ludwig, Einkommensteuergesetz, 28. Auflage München, 2009 (zitiert: Ludwig Schmidt)

Schmitt/Hörtnagel/Stratz, Umwandlungsgesetz – Umwandlungssteuergesetz, 5. Auflage München, 2009 (zitiert: S/H/S)

Schumacher, Dr. Andreas, Neumann, Ralf, Ausgewählte Zweifelsfragen zur Aus- und Abspaltung von Kapitalgesellschaften und Einbringung von Unternehmensteilen in Kapitalgesellschaften, DStR 2008, 325 ff.

Stengel, Dr. Gerhard, Steuerliche Rückwirkung nach § 2 UmwStG bei der Ausgliederung von Körperschaften, DB 2008, 2329 ff.

Thiel Prof. Dr. Jochen, Eversberg Horst, van Lisshaut Dr. Ingo, Neumann Dr. Steffen, Der Umwandlungssteuer-Erlaß 1998, GmbHR 1998, 397

Widmann/Mayer, Umwandlungsrecht (Loseblattsammlung) (zitiert: W/M)

§ 1 Einführung

Der Begriff **„Einbringung"** ist ein steuerrechtlicher Begriff. Im Umwandlungsrecht bzw. Umwandlungsgesetz ist dieser Begriff ebenso wenig aufzufinden wie im sonstigen Zivilrecht. Das Umwandlungssteuergesetz in der Fassung des SEStEG regelt die Besteuerung der Einbringung eines Betriebes oder Teilbetriebes oder Mitunternehmeranteils in eine Kapitalgesellschaft oder eine Genossenschaft (§ 20), die Einbringung von Anteilen an Kapitalgesellschaften in eine Kapitalgesellschaft (§ 21) sowie die Einbringung eines Betriebes oder Teilbetriebes oder eines Mitunternehmeranteils in eine Personengesellschaft (§ 24).

Da aus umwandlungssteuerrechtlicher Sicht die Einbringung in eine Kapitalgesellschaft grundsätzlich gegen Gewährung von Gesellschaftsrechten erfolgt, spricht § 20 UmwStG auch von einer Sacheinlage.

Steuerrechtlich sind die Sachverhalte der Einbringung in den §§ 1 Abs. 3, 20 ff. enumerativ aufgezählt. Zivilrechtlich fallen sowohl Übertragungen von Wirtschaftsgütern im Wege der Einzelrechtsnachfolge als auch die Übertragung im Wege der Gesamtrechts- bzw. Sonderrechtsnachfolge unter den umwandlungssteuerrechtlichen Begriff der Einbringung. Somit werden unter anderem die nachfolgend aufgeführten umwandlungsrechtlichen Vorgänge durch § 20 UmwStG geregelt:

- Verschmelzung einer oder mehrerer Personenhandelsgesellschaften / Partnerschaftsgesellschaften auf eine Kapitalgesellschaft i.S.d. §§ 3, 39 ff., 45a, 46 ff. UmwG
- Ausgliederung aus einer Körperschaft auf eine Kapitalgesellschaft i.S.d. §§ 123 Abs. 3 ff. UmwG
- Ausgliederung aus einem Einzelunternehmen oder einer Personenhandelsgesellschaft oder Partnerschaftsgesellschaft auf eine Kapitalgesellschaft i.S.d. §§ 123 Abs. 3 ff. UmwG
- Aufspaltung und Abspaltung einer Personenhandelsgesellschaft oder Partnerschaftsgesellschaft auf eine oder mehrere Kapitalgesellschaften i.S.v. §§ 123 Abs. 1 und 2 ff. UmwG
- Formwechsel von einer Personenhandelsgesellschaft oder Partnerschaftsgesellschaft in eine Kapitalgesellschaft aufgrund der gesetzlichen Verweise in § 25 UmwStG
- Die (erweiterte) Anwachsung durch Übertragung der Anteile der Gesellschafter einer Personengesellschaft als Sacheinlage gegen Gewährung von Gesellschaftsanteilen an die Einbringenden, § 738 BGB.

Die Vorschriften der §§ 20 ff. UmwStG sind hingegen nicht anwendbar, wenn lediglich einzelne Wirtschaftsgüter die nicht als Betrieb, Teilbetrieb oder Mitunternehmeranteil i.S.d. §§ 20 Abs. 1, 24 Abs. 1 UmwStG zu qualifizieren sind, gegen Gewährung von Gesellschaftsrechten auf eine Kapitalgesellschaft bzw. Personengesellschaft übertragen werden. Einzige Ausnahme hiervon ist der Anteilstausch gemäß § 21 UmwStG.

A. Gesetzliche Regelung der Einbringung in Kapitalgesellschaften (§§ 20 bis 23 UmwStG)

Der steuerrechtliche Tatbestand einer Einbringung in Kapitalgesellschaften ist in den §§ 20 bis 23 UmwStG geregelt. Diese Vorschriften wurden durch das SEStEG im Jahre 2006 wesentlich gegenüber den vorhergehenden Regelungen geändert. Hierdurch ist aber eine Anwendung des bis zum 12.12.2006 geltenden Umwandlungssteuerrechts nicht ausgeschlossen. Dieses gilt weiterhin unter anderem für nach dem alten Umwandlungssteuerrecht einbringungsgeborene Anteile. Diese Qualifikation kann durch erneute Einbringung der „einbringungsgeborenen Anteile nach altem Recht"

§ 1 Einführung

auf die hierbei erhaltenen Anteile an der übernehmenden Gesellschaft übertragen werden, mit der Folge, dass auch auf diese bestimmte Vorschriften des „alten" Umwandlungssteuerrechts Anwendung finden.

6 Das SEStEG hat zu einer Europäisierung der Einbringungsvorschriften des UmwStG geführt. Einbringungen mit Auslandsbezug stellen danach entgegen der bisherigen Rechtslage unter bestimmten Voraussetzungen in weiterem Umfang als bisher keine Entstrickung mehr dar.

7 Eine weitere wesentliche Folge des SEStEG ist die Abkehr von dem Buchwertansatz als Regelbewertung bei Einbringungsfällen. Einbringungen sind nunmehr grundsätzlich zum gemeinen Wert i.S.d. allgemeinen Teils des Bewertungsgesetzes durchzuführen. Solange es sich um eine Einbringung i.S.d. §§ 20 ff. UmwStG handelt, sind davon Ausnahmen zulässig. Hierfür müssen jedoch die Voraussetzungen der §§ 20 ff. UmwStG erfüllt sein, da eine analoge Anwendung der Regelungen der §§ 20 ff UmwStG auf andere Sachverhalte ausscheidet. Nur bei Vorliegen der Voraussetzungen der §§ 20 ff UmwStG können Umstrukturierungsvorgänge entgegen dem allgemein gültigen Grundsatz des Ertragsteuerrechts ohne Aufdeckung der stillen Reserven des übertragenen Vermögens erfolgen. Dies resultiert nicht in einem Besteuerungsverzicht. Denn die – als Gegenleistung für die Sacheinlage – an den Einbringenden neu ausgegebenen Anteile sind entweder aufgrund ihrer Betriebsvermögenseigenschaft beim Einbringenden oder gemäß § 17 Abs. 6 und 7 EStG steuerverstrickt. Durch die §§ 20 ff. UmwStG wird somit ein tauschähnlicher Vorgang – Übertragung von Betriebsvermögen gegen Gewährung von Gesellschaftsanteilen –, der gemäß § 6 Abs. 6 EStG grundsätzlich als Veräußerungstatbestand gewertet würde, im Zeitpunkt der Umstrukturierung ertragsteuerneutral behandelt. Die Besteuerung der stillen Reserven des übertragenen Betriebsvermögens wird hierdurch jedoch nur verschoben. Die als Gegenleistung gewährten neuen Anteile bilden das steuerliche Surrogat für das übertragene Vermögen und die darin enthaltenen stillen Reserven. Die Anteile entsprechen im Einbringungszeitpunkt wertmäßig dem Wert des hingegebenen Vermögens. Dadurch wird die steuerliche Erfassung der stillen Reserven des hingegebenen Vermögens bei einer späteren Veräußerung der als Gegenleistung erworbenen Anteile sichergestellt.

8 Die §§ 20 bis 23 UmwStG betreffen Steuervergünstigungen für Unternehmensumstrukturierungen auf den Gebieten der Einkommensteuer, Körperschaftsteuer und Gewerbesteuer. Im Gegensatz zu den §§ 3 bis 9 UmwStG erfassen die §§ 20 bis 23 UmwStG über die handelsrechtlichen Umwandlungen hinausgehend auch Umstrukturierungen, die nicht in den Anwendungsbereichen des Umwandlungsgesetzes fallen. Infolge dessen sind von dem Anwendungsbereich der §§ 20 bis 23 UmwStG auch Einbringungen im Wege der Einzelrechtsnachfolge erfasst.

9 Ausgangsnorm für die steuerliche Behandlung von inländischen Einbringungsvorgängen ist § 20 Abs. 1 UmwStG. Dieser Abs.atz definiert den Betriff der Sacheinlage als Tatbestandsvoraussetzung für eine Einbringung i.S.d. § 20 UmwStG. Die Rechtsfolgen einer Einbringung gemäß § 20 Abs. 1 UmwStG sind in den §§ 20 Abs. 2 bis 8, 22 und 23 UmwStG geregelt.

10 Die Steuerneutralität der Einbringung ist ausgeschlossen, wenn und soweit das eingebrachte Betriebsvermögen bei der übernehmenden Gesellschaft nicht der Körperschaftsteuer unterliegt, weil die übernehmende Gesellschaft von der Körperschaftsteuer befreit ist oder kein inländisches Besteuerungsrecht besteht (§ 20 Abs. 2 Satz 2 Nr. 1 und 3 UmwStG). Auch zur Vermeidung negativer Anschaffungskosten für die erhaltenen Anteile kann eine teilweise Aufdeckung von stillen Reserven zwingend geboten sein. Dies kann z.B. dann der Fall sein, wenn neben den Anteilen zulässigerweise auch eine andere Gegenleistung durch die übernehmende Gesellschaft gewährt wird. Weist der eingebrachte (Teil-)Betrieb oder Mitunternehmeranteil zum Umwandlungsstichtag ein negatives Kapital auf, scheidet eine steuerneutrale Einbringung aus. Auch in diesem Fall müssen die stillen Reserven soweit aufgedeckt werden, dass sich Aktiva und Passiva ausgleichen.

A. Gesetzliche Regelung der Einbringung in Kapitalgesellschaften (§§ 20 bis 23 UmwStG)

Es gibt darüber hinaus noch einige weitere Sachverhalte, in denen ein Zwang zur Aufstockung der Buchwerte der eingebrachten Vermögensgegenstände besteht. Auf diese wird in den späteren Kapiteln näher eingegangen werden.

Einbringungen i.S.d. §§ 20 ff. UmwStG haben sicherlich mit die größte Bedeutung in der Beratungspraxis im Vergleich zu den sonstigen Umwandlungsmöglichkeiten. Dies liegt unter anderem daran, dass nicht nur die handelsrechtlichen Umwandlungsmöglichkeiten nach dem Umwandlungsgesetz, sondern auch eine ganze Reihe weiterer Einzelrechtsübertragungen begünstigt sind.

Neben den typischen Vorgängen der Schaffung von Holding- bzw. Konzernstrukturen, die Trennung von Unternehmensbereichen, die Auslagerung von Unternehmensteilen auf Tochtergesellschaften und die Änderung der Gesellschaftsstruktur eines Einzelunternehmens erlangen die §§ 20 ff. UmwStG in Folge der Europäisierung der Einbringungsvorschriften durch das SEStEG immer größere Bedeutung für grenzüberschreitende Umstrukturierungen.

Des Weiteren werden häufig Einbringungen als Zwischenschritte im Rahmen einer mehrstufigen Umstrukturierung zur Vorbereitung nachfolgender Umwandlungen oder Unternehmensveräußerungen eingesetzt. In der Regel ist in den Fällen der Vorbereitung einer Unternehmensveräußerung aber zusätzlich die Vorschrift des § 22 UmwStG und somit die siebenjährige Sperrfrist zu beachten.

Latent schwebt über sämtlichen Einbringungen, die ausschließlich steuerlich motiviert sind, immer die Gefahr einer rechtsmissbräuchlichen Steuergestaltung und somit der Anwendung des § 42 AO. Diese Gefahr kann nicht durch den Verweis auf die in § 22 Abs. 1 und 2 UmwStG geregelten speziellen Missbrauchsvorschriften gebannt werden, da § 42 AO durch das Umwandlungssteuergesetz nicht ausdrücklich ausgeschlossen wird (§ 42 Abs. 2 AO).

Die §§ 20 bis 23 UmwStG enthalten ausschließlich Regelungen für die Einkommensteuer, Körperschaftsteuer und Gewerbesteuer. Nicht erfasst werden die von Einbringungsvorgängen häufig ebenfalls betroffene Umsatzsteuer und Grunderwerbsteuer. Zwar wurden schon mehrfach Versuche unternommen, die Grunderwerbsteuer für zumindest einzelne Fälle im Umwandlungssteuergesetz zu regeln. Diese Versuche scheiterten jedoch stets. Daher bleibt es dabei, dass es in den Sacheinlagevorgängen des § 20 UmwStG regelmäßig zu einem grunderwerbsteuerpflichtigen Rechtsträgerwechsel kommt[1]. Nur in wenigen Ausnahmefällen führt ein Umstrukturierungsvorgang nach den §§ 20 ff. UmwStG nicht zur Verwirklichung eines Erwerbstatbestandes i.S.d. Grunderwerbsteuergesetzes[2]. Von diesen Ausnahmetatbeständen ist in der alltäglichen Praxis allein die Umwandlung im Wege des Formwechsels von größerer Bedeutung.

Durch die steuerrechtlichen Entwicklungen in der jüngeren Vergangenheit wurde der Anwendungsbereich der §§ 20 ff. UmwStG zwar nicht direkt, so doch indirekt eingeschränkt. Hervorzuheben sind hier insbesondere die Änderungen der Mantelkaufvorschriften in § 8c KStG und § 10a GewStG sowie die im Rahmen des Jahressteuergesetzes 2009 neu erlassene Vorschrift des § 2 Abs. 4 UmwStG. Auf diese Vorschriften wird ebenfalls in den nachfolgenden Kapiteln näher eingegangen werden.

---

[1] siehe z. B. Erlass des Finanzministeriums Baden Württemberg vom 19.12.1997, DStR 1998, 146
[2] Dötsch, vor §§ 20 bis 23 UmwStG Rn. 44

B. Gesetzliche Regelung der Einbringung in Personengesellschaften (§ 24 UmwStG)

17 Die Einbringung eines Betriebs, Teilbetriebs und Mitunternehmeranteils in eine Personengesellschaft ist in § 24 UmwStG geregelt. Neben Fällen der Einzelrechtsnachfolge fallen darunter auch – wie bereits erwähnt – einige Fälle der Gesamtrechtsnachfolge nach dem UmwG wie z. B. die Verschmelzung und Auf- und Abs.paltung von Personengesellschaften auf Personengesellschaften und die Ausgliederung von Körperschaften und Personengesellschaften auf Personengesellschaften.

18 Im Gegensatz zu den §§ 20 bis 23 UmwStG wurde § 24 UmwStG durch das SEStEG nur in wenigen Punkten geändert. Dies betrifft hauptsächlich die Folgen der geänderten Regelbewertung. Nachwie vor ist aber unter bestimmten Voraussetzungen eine Buchwertfortführung möglich. Unter welchen Voraussetzungen dies erreicht werden kann und welche weiteren Besonderheiten bei der Einbringung in Personengesellschaften zu beachten sind, wird in dem zweiten Abschnitt des Buches näher ausgeführt. Dabei wird allein schon aufgrund der gesetzlichen Verweise auf einzelne Vorschriften der §§ 20 bis 23 UmwStG häufig auf die Ausführungen im ersten Kapitel diese Buches Bezug genommen werden.

19 § 6 Abs. 5 EStG, der, soweit es sich um Einzelwirtschaftsgüter handelt, auch eine Art von Einbringungen in Personengesellschaften regelt, wird nur kurz angesprochen, da eine ausführlichere Behandlung dieser Vorschrift den Rahmen dieses Buches gesprengt hätte. Insoweit ist auf die einschlägige (Kommentar-)Literatur zu verweisen.

§ 2 Die Einbringung in Kapitalgesellschaften gemäß § 20 UmwStG

A. Einbringung von Unternehmensteilen in eine Kapitalgesellschaft oder Genossenschaft, § 20 UmwStG

Die Einbringung von Betrieben, Teilbetrieben oder Mitunternehmeranteilen in eine Kapitalgesellschaft oder eine Genossenschaft ist in § 20 UmwStG geregelt. Dies gilt sowohl für den Tatbestand (§ 20 Abs. 1 UmwStG) also auch für die Rechtsfolgen, soweit es die Bewertung des eingebrachten Vermögens und der neuen Anteile an der übernehmenden Gesellschaft (§ 20 Abs. 2 bis 9 UmwStG) anbelangt. § 20 UmwStG findet jedoch nur Anwendung, wenn der persönliche und sachliche Anwendungsbereich, die in § 1 Abs. 3 bzw. Abs. 4 UmwStG geregelt sind, eröffnet sind.

Folgende Punkte sind in §20 UmwStG geregelt

- Abs. 1: sachliche Voraussetzungen einer Sacheinlage i.S.d. § 20 UmwStG
- Abs. 2 Satz 1: Regelbewertung
- Abs. 2 Satz 2 und 2: Sachliche und formale Voraussetzungen einer abweichenden Bewertung zum Buchwert oder einem Zwischenwert
- Abs. 2 Satz 4: Mindestansatz im Fall des Erhalts von zusätzlichen Leistungen
- Abs. 3: Rechtsfolgen des Wertansatzes bei der übernehmenden Gesellschaft für den Einbringenden
- Abs. 4: Voraussetzungen für die Anwendung der §§ 16 Abs. 4, 34 EStG auf einen Einbringungsgewinn des Einbringenden
- Abs. 5: Zeitpunkt der Sacheinlage und Stichtag der Bewertung
- Abs. 6 Satz 1 bis 3: Rückbeziehung des steuerlichen Übertragungsstichtags
- Abs. 6 Satz 4: Verweis auf § 2 Abs. 3 und 4 UmwStG
- Abs. 7: Sonderfall der Einbringung einer ausländischen Betriebsstätte
- Abs. 8: Sonderfall der Einbringung einer steuerlich transparenten ausländischen Gesellschaft
- Abs. 9: Verbot des Übergangs eines Zinsvortrags.

B. Sachlicher Anwendungsbereich

Seit dem SEStEG existieren spezielle Regelungen zum sachlichen Anwendungsbereich des Umwandlungssteuergesetzes. Für den Tatbestand der Sacheinlage i.S.d. § 20 Abs. 1 UmwStG ist dieser sachliche Anwendungsbereich in § 1 Abs. 3 UmwStG geregelt. Nur wenn ein Sachverhalt in diesen Anwendungsbereich fällt, ist der Tatbestand des § 20 Abs. 1 UmwStG zu prüfen.

Die in § 1 Abs. 3 UmwStG enthaltenen Regelungen schränken den Anwendungsbereich des § 20 UmwStG ein. Danach kommt § 20 UmwStG nur zur Anwendung, wenn

- das Betriebsvermögen durch Verschmelzung, Aufspaltung oder Abs.paltung gemäß §§ 2, 123 Abs. 1 und 2 UmwG von einer Personengesellschaft auf eine Kapitalgesellschaft oder Genossenschaft übergeht;

- das Betriebsvermögen durch Umwandlung einer ausländischen Personengesellschaft auf eine Kapitalgesellschaft oder eine Genossenschaft übergeht, wobei die nach ausländischem Recht vorgenomme Umwandlung einer Verschmelzung, Aufspaltung und Abspaltung i.S.d. §§ 2, 123 Abs. 1 und 2 UmwG gleichkommen muss;
- das Betriebsvermögen durch Ausgliederung von Unternehmensteilen gemäß § 123 Abs. 3 UmwG auf eine Kapitalgesellschaft oder Genossenschaft übergeht;
- das Betriebsvermögen von einem ausländischen Rechtsträger, der nach einem Typenvergleich den spaltungsfähigen Rechtsträgern i.S.d. § 124 UmwG vergleichbar ist, im Wege einer Umwandlung übergeht, die nach ausländischem Gesellschaftsrecht den Grundprinzipien einer Ausgliederung gemäß § 123 Abs. 3 UmwG entspricht;
- das Betriebsvermögen durch Einzelrechtsnachfolge auf eine Kapitalgesellschaft oder Genossenschaft übergeht.

5 Weitere Vorgänge werden aufgrund des abschließenden Charakters der Aufzählung in § 1 Abs. 3 UmwStG nicht vom sachlichen Anwendungsbereich des § 20 UmwStG erfasst. Für alle sonstigen Vorgänge gelten vielmehr die allgemeinen Entstrickungsgrundsätze[1].

1. Keine Einbringung durch Anwachsung

6 Nicht in den Anwendungsbereich des § 20 UmwStG fällt die Einbringung durch Anwachsung, da dieser Vorgang unter keinen der in § 1 Abs. 3 UmwStG enumerativ aufgezählten Sachverhalte subsumiert werden kann. Die Anwachsung stellt eine Übertragung im Wege der Gesamtrechtsnachfolge dar, weshalb keine Übertragung von Wirtschaftsgütern im Wege der Einzelrechtsnachfolge (§ 1 Abs. 3 Nr. 4 UmwStG) vorliegt. Da die Anwachsung aber auch keine Verschmelzung oder Spaltung i.S.d. Umwandlungsgesetzes ist, gelten für sie die allgemeinen Grundsätze[2].

2. Übertragung des wirtschaftlichen Eigentums oder des dinglichen Eigentums

7 Zur Erfüllung des Einbringungstatbestandes ist aufgrund des Wortlauts des § 1 Abs. 3 UmwStG die Übertragung des Eigentums notwendig, die Übertragung nur des wirtschaftlichen Eigentums reicht nicht aus. Sämtliche in § 1 Abs. 3 UmwStG aufgezählten Sachverhalte setzen nämlich die Übertragung des dinglichen Eigentums voraus. Da die Aufzählung in § 1 Abs. 3 UmwStG abschließend ist, is davon auszugehen, dass durch eine Übertragung des wirtschaftlichen Eigentums der Anwendungsbereich des § 20 UmwStG nicht eröffnet wird[3]. Für den Fall, dass in der Praxis bei Übertragung lediglich des wirtschaftlichen Eigentums auf § 20 UmwStG zurückgegriffen werden soll, empfiehlt es sich daher, vorab eine verbindliche Auskunft von den zuständigen Finanzbehörden einzuholen.

---

1 W/M, Anhang 8
2 wohl streitig; wie hier Dötsch, § 20 UmwStG Rn. 6; a.A. Kowallik, Merklein, Scheipers, DStR 2008, 173ff.; Schumacher, Neumann, DStR 2008, 325 ff.
3 vgl. auch Gesetzesbegründung, BT-Drucksache 16/2710, 58 zu § 1 UmwStG Abs. 3; a.A. Herrlinghaus, FR 2007, 286 Schmacher/Neumann, DStR 2008, 325 ff.

A. Einbringung von Unternehmensteilen in eine Kapitalgesellschaft oder Genossenschaft, § 20 UmwStG

I. Persönlicher Anwendungsbereich

Im Zusammenhang mit dem persönlichen Anwendungsbereich ist zwischen der Person des Einbringenden und der übernehmenden Gesellschaft zu trennen. Die Anforderungen an die übernehmende Gesellschaft und an die Person des Einbringenden sind in § 1 Abs. 4 Satz 1 Nr. 1 UmwStG bzw. § 1 Abs. 4 Satz 1 Nr. 2 UmwStG geregelt.

II. Übernehmende Gesellschaft

Als übernehmende Gesellschaften kommen gemäß § 20 Abs. 1 UmwStG nur Kapitalgesellschaften oder Genossenschaften in Betracht. Weitere Voraussetzung ist gemäß § 1 Abs. 4 Satz 1 Nr. 1 UmwStG, dass die übernehmende Gesellschaft eine EU/EWR-Gesellschaft ist. Als übernehmende Gesellschaften kommen daher sowohl Kapitalgesellschaften oder Genossenschaften i.S.d. § 1 Abs. 1 Nr. 1 oder Nr. 2 KStG als auch ausländische Gesellschaften, die nach den Rechtsvorschriften eines Mitgliedsstaates der EU/EWR gegründet worden sind und nach einem Typenvergleich einer Kapitalgesellschaft oder Genossenschaft entsprechen, in Frage. Zum Typenvergleich siehe BFH, Urteil vom 19.3.1996, BStBl II 1996, 312 ff.

Weitere Voraussetzungen sind, dass

- sowohl Sitz als auch Ort der Geschäftsleitung der übernehmenden Gesellschaft sich innerhalb eines Mitgliedsstaates der EU/EWR befinden und
- die übernehmende Gesellschaft aufgrund von Doppelbesteuerungsabkommen mit Drittstaaten nicht als außerhalb der EU/EWR ansässig gilt.

Keine Voraussetzung für die Öffnung des Anwendungsbereichs des § 20 UmwStG ist die unbeschränkte oder beschränkte Körperschaftsteuerpflicht der übernehmenden Gesellschaft im Zeitpunkt der Einbringung. Dies ist nur bei der Bewertung des eingebrachten Betriebsvermögens von Bedeutung (vgl. § 20 Abs. 2 Satz 2 Nr. 3 UmwStG).

2. Einbringender

In der Person des Einbringenden müssen ebenfalls bestimmte Voraussetzungen erfüllt sein, ansonsten kommt es nicht zur Anwendung des § 1 Abs. 3 UmwStG und der §§ 20 ff. UmwStG. Gemäß § 1 Abs. 4 Satz 1 Nr. 2 UmwStG erfüllen zwei Personengruppen diese persönlichen Anwendungsvoraussetzungen.

a) Personen i.S.d. § 1 Abs. 4 Satz 1 Nr. 2 lit. a UmwStG

Zu den Personen, die gemäß § 1 Abs. 4 Satz 1 Nr. 2 lit. a UmwStG als Einbringende i.S.d. § 20 UmwStG gelten können, gehören

- natürliche Personen mit Wohnsitz oder gewöhnlichem Aufenthalt im EU/EWR-Bereich,
- eine Gesellschaft i.S.d. Art. 48 EG-Vertrag / Art. 34 EWR-Abkommen (Kapitalgesellschaft, Genossenschaft und sonstige juristische Personen des privaten und öffentlichen Rechts, die einen Erwerbszweck verfolgen mit Sitz und Ort der Geschäftsleitung (Doppelansässigkeit) im EU/EWR-Bereich) oder

- eine Personengesellschaft mit Sitz und Ort der Geschäftsleitung im EU/EWR-Bereich, sowei die an der Personengesellschaft beteiligten Körperschaften, Personenvereinigungen, Vermögens massen oder natürlichen Personen auch zu dem vorgenannten Personenkreis gehören.

14 Bei Personen i.S.d. § 1 Abs. 4 Satz 1 Nr. 2 lit. a UmwStG hat die Frage, ob die stillen Reserven an der in Folge der Einbringung erworbenen neuen Gesellschaftsanteilen an der übernehmenden Gesell schaft dem deutschen Besteuerungsrecht unterliegen, keine Bedeutung für die Anwendung des § 2 UmwStG.

b) Personen i.S.d. § 1 Abs. 4 Satz 1 Nr. 2 lit. b UmwStG

15 Zu den Personen i.S.d. § 1 Abs. 4 Satz 1 Nr. 2 lit. b UmwStG gehören
- natürliche Personen mit Wohnsitz und gewöhnlichem Aufenthalt außerhalb des EU/EWR-Be reichs (Drittland), Gesellschaften i.S.d. Art. 48 EG-Vertrag / Art. 34 EWR-Abkommen (Kapi talgesellschaften, Genossenschaften und sonstige juristische Personen des privaten und öffent lichen Rechts, die einen Erwerbszweck verfolgen, mit Sitz oder Ort der Geschäftsleitung in einer Drittland oder eine nicht in Art. 48 EG-Vertrag / Art. 34 EWR-Abkommen genannte Gesellschaf (z. B. nicht rechtsfähige Vereine und Stiftungen und Anstalten) mit Sitz und Ort der Geschäfts leitung im EU/EWR-Bereich,
- eine nicht in Art. 48 EG-Vertrag / Art. 34 EWR-Abkommen genannte Gesellschaft (z. B. nich rechtsfähige Vereine und Stiftungen und Anstalten) mit Sitz und / oder Ort der Geschäftsleitun außerhalb des EU/EWR-Bereichs,
- eine Personengesellschaft mit Sitz oder Ort der Geschäftsleitung in einem Drittland oder
- eine Personengesellschaft mit Sitz und Ort der Geschäftsleitung im EU/EWR-Bereich, sowe die an der Personengesellschaft beteiligten Körperschaften, Personenvereinigungen, Vermögens massen oder natürliche Personen auch zu dem vorgenannten Personenkreis gehören.

16 Zusätzlich müssen bei dem vorstehend aufgeführten Personenkreis die stillen Reserven an den i Folge der Einbringung erworbenen Gesellschaftsrechten an der übernehmenden Gesellschaft zur steuerlichen Übertragungsstichtag unbeschränkt dem deutschen Besteuerungsrecht unterliegen un somit das deutsche Besteuerungsrecht an den stillen Reserven des übertragenen Betriebsvermögens an dessen Stelle die Gesellschaftsanteile an der übernehmenden Gesellschaft treten, nicht beschränk wird. Diese weitere Voraussetzung muss nur zum steuerlichen Übertragungsstichtag vorliegen. Ei späterer Wegfall des inländischen Besteuerungsrechts führt nicht zum Entfallen der persönliche Anwendungsvoraussetzungen des § 20 UmwStG. Dies ergibt sich u. a. aus dem Rückschluss aus § 2 Abs. 1 Satz 6 Nr. 6 UmwStG.

17 Das nachfolgende Schaubild erläutert, wie bei der vorstehenden Personengruppe danach zu differen zieren ist, ob die erhaltenen Anteile im Privatvermögen, im ausländischen Betriebsvermögen ode im Betriebsvermögen einer inländischen Betriebsstätte gehalten werden.

A. Einbringung von Unternehmensteilen in eine Kapitalgesellschaft oder Genossenschaft, § 20 UmwStG

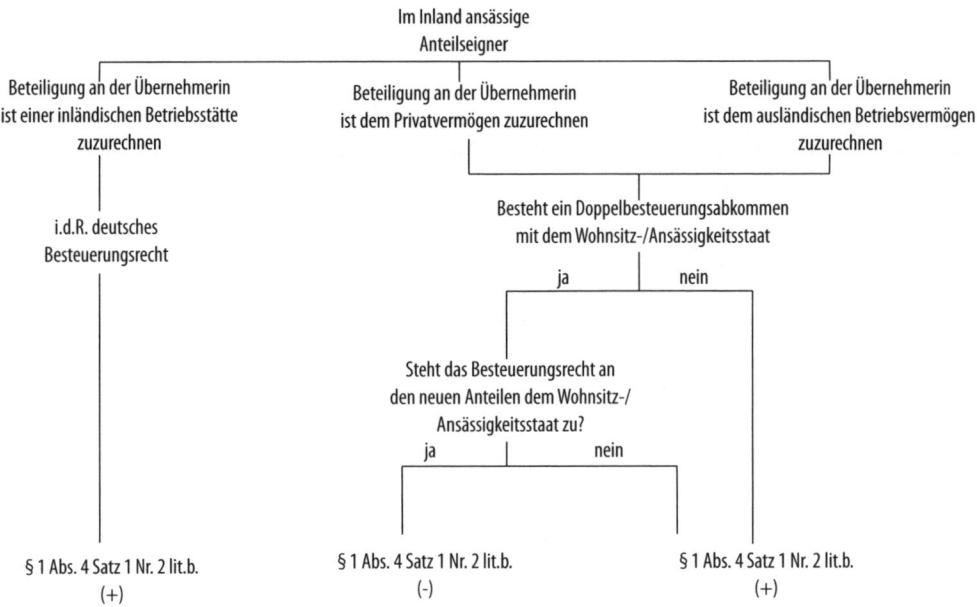

Eine schädliche Beschränkung des inländischen Besteuerungsrechts i.S.d. § 1 Abs. 4 Satz 1 Nr. 2 lit. b UmwStG liegt bereits dann vor, wenn in einem Doppelbesteuerungsabkommen die Vermeidung der Doppelbesteuerung durch die sogenannte Anrechnungsmethode geregelt ist. Es kommt insoweit nicht darauf an, ob es im Fall der Veräußerung tatsächlich zur Anrechnung einer Steuer kommt; die abstrakte Möglichkeit reicht aus.

Hingegen liegt in der Anwendung des § 8b Abs. 2 KStG auf den Veräußerungsgewinn aus den für die Sacheinlage erhaltenen (Geschäfts-)Anteilen keine Beschränkung des inländischen Besteuerungsrechts.

I. Der Begriff der Sacheinlage i.S.d. § 20 Abs. 1 UmwStG

Die Sacheinlage ist in § 20 Abs. 1 Satz 1 definiert als Einbringung eines Betriebs, Teilbetriebs oder eines Mitunternehmeranteils in eine Kapitalgesellschaft oder Genossenschaft gegen Erhalt von neuen Anteilen an dieser Gesellschaft. Sind zusätzlich die persönlichen und sachlichen Anwendungsvoraussetzungen des § 1 Abs. 3 und 4 erfüllt, finden die Abs. 2 bis 9 des § 20 UmwStG Anwendung.

Eine Sacheinlage setzt demnach Folgendes voraus:

- Gegenstand der Sacheinlage müssen Wirtschaftsgüter sein, die einen steuerlichen Betrieb, Teilbetrieb oder Mitunternehmeranteil bilden.
- Übernehmender Rechtsträger muss eine Kapitalgesellschaft oder Genossenschaft sein, die die persönlichen (Ansässigkeits-)Voraussetzungen des § 1 Abs. 4 Satz 1 Nr. 1 UmwStG erfüllt.
- Die Betriebsvermögensübertragung erfolgt auf einem der in § 1 Abs. 3 UmwStG aufgeführten Wegen.
- Der Einbringende erhält für die Betriebsvermögensübertragung u. a. neue Anteile an der übernehmenden Gesellschaft.

Hieraus wird ersichtlich, dass der Begriff der Sacheinlage i.S.d. § 20 UmwStG nicht mit dem handelsrechtlichen Sacheinlagebegriff (§§ 5 Abs. 4, 56 GmbHG, 27 Abs. 1 AktG) übereinstimmt. Bilden die übertragenen Wirtschaftsgüter keinen Betrieb, Teilbetrieb oder Mitunternehmeranteil, so scheidet eine Begünstigung der Einbringung aus. Dasselbe gilt für die Einbringung von Privatvermögen, z. B. einer Beteiligung an einer vermögensverwaltenden Gesellschaft bürgerlichen Rechts.

23 Sind die vorstehend aufgeführten Voraussetzungen nicht erfüllt, finden die in den § 20 Abs. 2 bis UmwStG geregelten Rechtsfolgen auf die Übertragung der Wirtschaftsgüter keine Anwendung, auc keine analoge Anwendung[4].

24 Ob die übertragenen Wirtschaftsgüter bei dem übernehmenden Rechtsträger ebenfalls Betriebsver mögen darstellen oder bei diesem eine bestimmte Dauer verbleiben, ist für die Anwendung des § 2 UmwStG auf den Einbringungsvorgang ohne Bedeutung.

1. Gegenstand der Sacheinlage

25 Als Gegenstand der Sacheinlage kommt ausschließlich in Betracht:
- ein ganzer Betrieb,
- ein ganzer Teilbetrieb oder
- ein ganzer Mitunternehmeranteil oder Teile davon.

a) Betrieb

26 § 20 UmwStG enthält keine Definition des Begriffs „Betrieb". Infolgedessen muss auf die Vorschrifte des Einkommensteuergesetzes, die §§ 16 i.V.m. 13, 15 und 18 EStG zurückgegriffen werden. Als Be trieb im Sinne dieser Vorschriften gilt jede organisatorische Zusammenfassung personeller, sach licher und anderer Arbeitsmittel zu einer selbständigen Einheit, die auf die Erreichung eines arbeits bzw. produktionstechnischen Zwecks gerichtet ist und der Erzielung von Gewinneinkünften nac § 2 Abs. 2 Nr. 1 EStG dient. Es kann sich somit sowohl um einen land- und forstwirtschaftliche Betrieb, ein Gewerbebetrieb, um ein Vermögen, das einer selbständigen Tätigkeit dient, um eine Betrieb einer Körperschaft, den BgA einer Körperschaft des öffentlichen Rechts oder um wG eine Körperschaft (siehe § 14 AO) handeln.

27 Ob der Betrieb bereits seine werbende Tätigkeit aufgenommen haben muss, um als Betrieb i.S. § 20 Abs. 1 UmwStG anerkannt zu werden, ist streitig. Es dürfte aber wohl ausreichen, dass bei der Beschluss über die Einbringung alle wesentlichen Betriebsgrundlagen bereits vorhanden sind un ein selbstständig lebensfähiger Organismus zu erwarten ist (**sogenannter Betrieb im Aufbau**[5]). Die reicht nach der Rechtsprechung des BFH für einen Betrieb i.S.d. § 16 EStG aus[6].

28 Ist der Betrieb im Zeitpunkt der Sacheinlage eingestellt bzw. als Liebhaberei eingestuft, liegt wede Betriebsvermögen noch ein Betrieb i.S.d. § 20 Abs. 1 UmwStG vor[7].

29 Bei einer Betriebsaufspaltung stellt das Vermögen des Besitzunternehmens einen Betrieb i.S.d. § 2 Abs. 1 UmwStG dar, mit der Folge, dass der Betrieb des Besitzunternehmens erfolgsneutral in d Betriebsgesellschaft eingebracht werden kann. Dasselbe gilt bei der Betriebsverpachtung.

30 Ebenso stellt eine freiberufliche Einzelpraxis oder ein Einzelunternehmen, das einer sonstigen selb ständigen Tätigkeit gemäß § 18 Abs. 1 EStG dient, einen Betrieb i.S.d. § 20 Abs. 1 UmwStG dar.

31 Streitig ist, ob die Tätigkeit einer Kapitalgesellschaft, die ausschließlich Vermögensverwaltung be treibt, ein Betrieb i.S.d. § 20 Abs. 1 UmwStG ist. Dies betrifft insbesondere die grundbesitzverwa tenden oder die Holding-Kapitalgesellschaften. Der Wortlaut des § 20 Abs. 1 UmwStG enthä insoweit keine Ausschlussregelung, weshalb auch bei diesen Kapitalgesellschaften ein Betrieb anzu erkennen sein sollte[8].

---

4 vgl. Dötsch, § 20 UmwStG Rn. 19
5 vgl. W/M, § 20 UmwStG Rn. 7
6 BFH, Urteil v. 7.1.1991, BStBl II 1992, 380
7 siehe Dötsch, § 20 UmwStG Rn. 25
8 vgl. hierzu W/M, § 20 UmwStG Rn. 5; Wolff in Blümich, § 20 UmwStG Rn. 35; S/H/S, § 20 UmwStG Rn. 9

A. Einbringung von Unternehmensteilen in eine Kapitalgesellschaft oder Genossenschaft, § 20 UmwStG

Als Sacheinlage i.S.d. § 20 Abs. 1 UmwStG sind außerdem der BgA einer Körperschaft des öffentlichen Rechts, ein öffentliches Unternehmen oder der wG einer Körperschaft zu qualifizieren[9].

b) Anteile an einer Kapitalgesellschaft oder Genossenschaftsanteile als Gegenstand eines Betriebes

Wird ein Betrieb eingebracht, in dessen Betriebsvermögen sich Anteile an einer Kapitalgesellschaft oder Geschäftsanteile an einer Genossenschaft befinden, findet auf die gesamte Einbringung § 20 Abs. 1 UmwStG Anwendung. Die Anteile an der Kapitalgesellschaft oder die Gesellschaftsanteile an der Genossenschaft sind hierbei unselbständige Bestandteile des Sachanlagegegenstandes „Betrieb"[10].

Dies gilt auch dann, wenn es sich um 100%ige Beteiligungen handelt. Etwas anderes gilt hingegen, wenn nicht der „Betrieb" als solches, sondern nur die 100%ige Beteiligung bzw. die Anteile an Kapitalgesellschaften oder Gesellschaftsanteile an Genossenschaften übertragen werden. Dann kommt es bei Vorliegen der weiteren Voraussetzungen zur Anwendung des § 21 UmwStG. § 20 Abs. 1 UmwStG findet in diesen Fällen keine Anwendung, auch nicht bzgl. der 100%igen Beteiligung, da diese keinen Teilbetrieb i.S.d. § 20 Abs. 1 UmwStG darstellt[11].

Insgesamt ist zu unterscheiden zwischen der Einbringung einbringungsgeborener Anteile alten Rechts als Wirtschaftsgüter eines Betriebes i.S.d. § 20 Abs. 1 UmwStG und der Einbringung sonstiger Anteile als Bestandteil einer Betriebseinbringung[12].

Soll hinsichtlich mehrheitsvermittelnden Anteilen an einer Kapitalgesellschaft, die zu einem Betrieb i.S.d. § 20 Abs. 1 UmwStG, der ebenfalls in die übernehmende Gesellschaft eingebracht wird, erreicht werden, dass die Anteile nach § 21 UmwStG und nicht nach § 20 Abs. 1 UmwStG übertragen werden, ist dies unter Umständen dadurch möglich, dass die Einbringung der Anteile vor bzw. nach der Einbringung des Betriebs durchgeführt wird. Voraussetzung hierfür ist jedoch, dass die mehrheitsvermittelnde Beteiligung keine funktional wesentliche Betriebsgrundlage ist, denn nur dann kann die mehrheitsvermittelnde Beteiligung im Rahmen der Betriebseinbringung i.S.d. § 20 Abs. 1 UmwStG unbeschadet zurückbehalten werden. Bei einer solchen Vorgehensweise ist die Gesamtplanrechtsprechung des BFH zu beachten. Es besteht die Gefahr der Zusammenfassung der beiden Teilschritte zu einer einheitlichen Betriebseinbringung i.S.d. § 20 Abs. 1 UmwStG.

c) Anteile an einer Mitunternehmerschaft als Gegenstand eines Betriebs i.S.d. § 20 UmwStG

Wird ein Mitunternehmeranteil im Rahmen einer Betriebseinbringung als Wirtschaftsgut des eingebrachten Betriebes mit eingebracht, liegt neben der Einbringung eines Betriebs außerdem noch die Einbringung eines Mitunternehmeranteils vor[13]. Anders als die Beteiligung an einer Kapitalgesellschaft (vgl. § 2 Rn. 33), stellt der Mitunternehmeranteil ertragsteuerlich kein Wirtschaftsgut des eingebrachten Betriebes dar. Der Mitunternehmeranteil ist ein eigenständiger Sacheinlagegegenstand, der gleichrangig neben den Sacheinlagegegenständen „Betrieb" und „Teilbetrieb" steht.

---

vgl. z.B. BFH, Urteil vom 7.8.2002, BFH/NV 2003, 277
vgl. W/M, § 20 UmwStG Rn. 10 und 171; S/H/S, § 20 UmwStG Rn. 22f., BMF, Schreiben vom 25.3.1998, BStBl I 1998, 268, Tz. 20.08
vgl. Patt, FR 2004, 561
vgl. hierzu näher Dötsch, § 20 UmwStG Rn. 32
vgl. S/H/S, § 20 UmwStG Rn. 26, BMF, Schreiben vom 25.3.1998, BStBl I 1998, 268, Tz. 20.14

d) Betrieb einer Personengesellschaft

38 Eine Einbringung eines „Betriebs" ist auch die Einbringung sämtlicher wesentlicher Betriebsgrundlagen des Gesamthandsvermögens und des Sonderbetriebsvermögens einer mitunternehmerisch tätigen Personengesellschaft. Einbringende dürften in diesem speziellen Fall die unmittelbaren oder mittelbaren Mitunternehmer der Personengesellschaft, deren wesentliche Betriebsgrundlagen übertragen worden sind, sein[14]. Eine andere Meinung vertritt die Auffassung, dass die Personengesellschaft Einbringende ist[15].

2. Betrieb im Ganzen

39 Die Einbringung eines Betriebes im Ganzen setzt voraus, dass sämtliche wesentlichen Betriebsgrundlagen des Betriebes auf die übernehmende Gesellschaft übertragen werden[16]. Werden nicht wesentliche Betriebsgrundlagen zurückbehalten, schließt dies eine Sacheinlage gemäß § 20 Abs. UmwStG nicht aus.

a) Begriff der wesentlichen Betriebsgrundlage

40 Im Rahmen der Bestimmung, ob ein Wirtschaftsgut wesentlich für einen Geschäftsbetrieb ist, is zwischen der sogenannten funktionalen Betrachtungsweise und der quantitativen Betrachtungsweise zu unterscheiden. Nach der sogenannten funktionalen Betrachtungsweise richtet sich die Wesentlichkeit eines Wirtschaftsgutes danach, ob es in dem Unternehmen tatsächlich eingesetzt wird, aufgrund seiner Funktion im Betriebsablauf zur Erreichung des Unternehmenszwecks erforderlich und auch von einem besonderen Gewicht für die Führung des Betriebs ist[17]. Keine Rolle spielt insoweit ob in dem betreffenden Wirtschaftsgut stille Reserven enthalten sind. Die sogenannte quantitative Betrachtungsweise stellt darauf ab, ob in dem Wirtschaftgut erhebliche stille Reserven ruhen[18].

41 Im Rahmen der Anwendung des § 20 UmwStG kommt es nach herrschender Lehre, ständiger Rechtsprechung und dem Willen des Gesetzgebers allein auf die funktionale Betrachtungsweise an[19]. Die Finanzverwaltung hat sich dieser Auffassung weitestgehend angeschlossen, wobei zwischen der Buchwertfortführung und dem Ansatz des gemeinen Wertes unterschieden wird. Im Falle der Buchwertfortführung soll die rein funktionale Betrachtungsweise gelten. Bei Ansatz des gemeinen Wertes, d.h. Aufdeckung sämtlicher stiller Reserven, sollen wie im Rahmen des § 16 EStG, die funktionale und die quantitative Betrachtung herangezogen werden[20].

aa) Bewegliche Wirtschaftsgüter als wesentliche Betriebsgrundlagen

42 Bewegliche Wirtschaftsgüter sind wesentliche Betriebsgrundlagen, wenn sie für die Betriebsführung ein wirtschaftliches Gewicht besitzen und nicht jederzeit ersetzbar sind. Dies trifft insbesondere au Wirtschaftsgüter des Anlagevermögens zu. Ob ein bewegliches Wirtschaftsgut des Anlagevermögens eine wesentliche Betriebsgrundlage darstellt, ist in jedem Einzelfall neu zu prüfen. Dabei is

---

14 W/M, § 20 UmwStG Rn. R49 und Rn. R62, der aber selbst eine andere Auffassung vertritt.
15 vgl. FN 14
16 BFH, Urteil vom 16.2.1996, BStBl II 1996, 342; BMF, Schreiben vom 25.3.1998, BStBl I 1998, 268, Tz. 20.08
17 vgl. z. B. BFH, Urteil vom 19.1.1983, BStBl II 1983, 312
18 vgl. z. B. BFH, Urteil vom 2.10.1997, BStBl II 1998, 104
19 S/H/S, § 20 UmwStG Rn. 20 m.w.N.; BFH, Urteil vom 2.10.1997, BStBl II 1998, 104; BT-Drucksache 16/2710 zu § 2 Abs. 1 UmwStG
20 vgl. Dötsch, § 20 UmwStG Rn. 44

A. Einbringung von Unternehmensteilen in eine Kapitalgesellschaft oder Genossenschaft, § 20 UmwStG

insbesondere zu prüfen, ob die Wirtschaftsgüter benötigt werden, um den Betrieb als intakte Wirtschafts- oder Organisationseinheit zu erhalten. Von Bedeutung kann sein, ob die Wirtschaftsgüter kurzfristig wieder beschafft werden können.

Wirtschaftsgüter des Umlaufvermögens stellen in der Regel keine wesentlichen Betriebsgrundlagen dar[21]. 43

b) Immaterielle Wirtschaftsgüter

Immaterielle Wirtschaftsgüter können wesentliche Betriebsgrundlagen sein, wenn sie zur Erreichung des Betriebszwecks erforderlich sind und ein besonderes wirtschaftliches Gewicht für die Betriebsführung haben. Dies kann der Fall sein bei Patenten, Marken und ähnlichen gewerblichen Schutzrechten, Erfindungen etc. Den immateriellen Wirtschaftsgütern ist jedoch nur dann ein besonderes wirtschaftliches Gewicht für die Betriebsführung zuzurechnen, wenn die Umsätze in erheblichen Umfang auf der Verwertung des Rechts oder sonstigen Wirtschaftsgütern beruhen[22]. 44

c) Grundstücke

Grundstücke eines Betriebes unterliegen ebenfalls der Wesentlichkeitsbetrachtung. Danach haben Grundstücke ein besonderes wirtschaftliches Gewicht für die Betriebsführung, wenn 45

- die Betriebsführung durch die Lage des Grundstücks bestimmt wird oder
- das Grundstück auf die Bedürfnisse des Betriebs zugeschnitten ist oder
- der Betrieb aus anderen innerbetrieblichen Gründen ohne ein Grundstück dieser Art den Betrieb nicht fortführen könnte (Auffangklausel).

Fällt ein Grundstück in eine dieser drei Kategorien, stellt dieses Grundstück eine wesentliche Betriebsgrundlage dar. 46

Regelmäßig zählen Grundstücke, die in den Betriebsablauf eingebunden sind, zu wesentlichen Betriebsgrundlagen des Unternehmens. Dies gilt insbesondere, wenn zwischen der Errichtung eines Betriebsgebäudes und der Aufnahme der betrieblichen Nutzung ein unmittelbarer zeitlicher Zusammenhang besteht, da in solchen Fällen nach der Rechtsprechung des BFH vermutet wird, dass die Baulichkeit auf die Betriebsbedürfnisse des Unternehmens zugeschnitten sind[23]. 47

Damit gehört nach der Rechtsprechung zu den wesentlichen Betriebsgrundlagen z.B. das Fabrikgrundstück und unter bestimmten Voraussetzungen Hallen, Büro- und Verwaltungsgebäude, wenn sie auf die Bedürfnisse des Betriebs baulich zugeschnitten sind oder wenn sie die räumliche und funktionale Grundlage für die Geschäftstätigkeit des Betriebs bilden[24]. 48

Sind die Grundstücke hingegen nur von geringer wirtschaftlicher Bedeutung, so stellen sie keine wesentliche Betriebsgrundlage dar. Hier kann insbesondere die Größe des betreffenden Grundstücks in Verhältnis zu den weiteren Betriebsgrundstücken von Bedeutung sein. 49

d) Beteiligungen an Kapitalgesellschaften

Wesentliche Betriebsgrundlage eines Geschäftsbetriebes können auch Anteile an einer Kapitalgesellschaft sein. Dies ist z.B. der Fall, wenn die Beteiligung den Betrieb in der Art einer unselbständigen Betriebsabteilung fördert und ergänzt, was nach Auffassung des BFH bei der Beteiligung einer Kapitalgesellschaft, mit der eine Organschaft besteht, anzunehmen ist[25]. Nachdem diese Entscheidung zu einem Zeitpunkt ergangen ist, in dem für eine körperschaftsteuerliche Organschaft neben der finanziellen auch die wirtschaftliche und die organisatorische Eingliederung erforderlich war, 50

---

[21] vgl. BFH, Urteil vom 29.11.1988, BStBl II 1989, 602
[22] vgl. BFH, Urteil vom 1.6.1978, BStBl II 1978, 545; BFH, Urteil vom 14.9.1989, BFH/NV 1990, 522
[23] BFH, Urteil von 12.9.1991, BStBl II 1992, 347
[24] ausführlicher hierzu Dötsch, § 20 UmwStG Rn. 54 ff.
[25] BFH, Urteil vom 24.4.1991, BStBl II 1991, 623

ist zweifelhaft, ob die Auffassung des BFH bei der jetzigen Rechtslage, nach der es für eine körperschaftsteuerliche Organschaft nur noch auf die finanzielle Eingliederung ankommt, zukünftig noch Bestand haben wird.

51 In anderen als den Organschaftsfällen stellt die Beteiligung an einer Kapitalgesellschaft eine wesentliche Betriebsgrundlage dar, wenn sie dazu bestimmt ist, die gewerbliche Betätigung des Betrieb entscheidend zu fördern, sie also dazu dienen soll, den Abs.atz von Produkten des Betriebs zu ge währleisten oder zwischen dem Betrieb und der Kapitalgesellschaft enge geschäftliche Beziehunge bestehen.

52 Für die Einordnung als wesentliche Betriebsgrundlage nicht ausreichen dürfte alleine die Qualif kation der Beteiligung an der Kapitalgesellschaft als notwendiges Betriebsvermögen, da damit noc nicht feststeht, dass die Beteiligung für den Betrieb unverzichtbar ist (sogenannte funktionale Be trachtungsweise). Hingegen ist unmaßgeblich, ob der Betriebsinhaber seine Kapitalgesellschaftsbe teiligung als notwendiges Betriebsvermögen erkannt und in der Bilanz auch aktiviert hat[26].

53 Hält der Betrieb, der eingebracht werden soll, eine Beteiligung an der Kapitalgesellschaft, in die e eingebracht werden soll, so kann diese Beteiligung auch wesentliche Betriebsgrundlage des Betriebe sein. Für diese Fälle sieht die Finanzverwaltung jedoch eine Billigkeitsregelung vor, wonach dies Anteile an der Kapitalgesellschaft zurückbehalten werden können, ohne nachteilige steuerliche Fo gen auszulösen[27]. Die nicht eingebrachten Anteile an der übernehmenden Kapitalgesellschaft gelte nach der Einbringung als erhaltene Anteile aus der Sacheinlage i.S.d. § 20 UmwStG.

54 Bei einer Betriebsaufspaltung stellt die Beteiligung des Besitzunternehmens an der Betriebskapita gesellschaft eine wesentliche Betriebsgrundlage des Besitzunternehmens dar.

ee) Sonstige Wirtschaftsgüter

55 Weitere wesentliche Betriebsgrundlagen eines Unternehmens können z.B. alle Rechte oder imma terielle Werte eines Betriebes sein, soweit sie für die Weiterführung des Betriebs notwendig und u verzichtbar sind. Hierunter fallen z.B. Rechte aus Pacht- oder Leasingverträgen über die Nutzun eines wesentlichen Wirtschaftsgutes, Mandantenstamm, etc. Forderungen und Geldbestände zähle regelmäßig nicht zu den wesentlichen Betriebsgrundlagen. Ebenso wenig gehören Betriebsschulde regelmäßig zu den wesentlichen Betriebsgrundlagen[28].

56 Die Beteiligung an einer gewerblichen Personengesellschaft (Mitunternehmeranteil) ist steuerlic kein Wirtschaftsgut und kann daher auch keine wesentliche Betriebesgrundlage des Betriebs (od Teilbetriebs) sein, zu dessen Betriebsvermögen der Mitunternehmeranteil gehört (vgl. § 2 Rn. 37).

b) Folgen der Zurückbehaltung wesentlicher Betriebsgrundlagen

57 Werden eine oder mehrere wesentliche Betriebsgrundlagen eines Betriebes im Rahmen einer Ei bringung nicht mit übertragen, sind die Voraussetzungen einer Betriebseinbringung i.S.d. § 20 Abs. UmwStG nicht erfüllt. Der Vorgang ist als Übertragung einer Vielzahl von Einzelwirtschaftsgüter im Austausch gegen eine Beteiligung an der übernehmenden Gesellschaft zu behandeln.

58 Wird eine wesentliche Betriebsgrundlage nicht auf die übernehmende Gesellschaft übertragen, so dern dieser nur zur Nutzung überlassen, liegt ebenfalls keine Betriebseinbringung i.S.d. § 20 Abs. UmwStG vor[29]. Dasselbe dürfte gelten, sofern statt des zivilrechtlichen Eigentums lediglich das wir schaftliche Eigentum an einer wesentlichen Betriebsgrundlage übertragen wird (siehe § 2 Rn. 7).

---

26 vgl. BFH, Urteil vom 6.3.2003, BStBl II 2003, 658 ff.
27 BMF, Schreiben vom 25.3.1998, BStBl I 1998, 268, Tz. 20.11
28 BFH, Urteil vom 7.7.1998, BStBl II, 1999, 209
29 BFH, Urteil vom 16.2.1996, BStBl II 1996, 342

A. Einbringung von Unternehmensteilen in eine Kapitalgesellschaft oder Genossenschaft, § 20 UmwStG

Besondere Vorsicht ist geboten bei der Übertragung wesentlicher Betriebsgrundlagen im Vorfeld einer Einbringung gemäß § 20 Abs. 1 UmwStG. Erfolgt die Übertragung der wesentlichen Betriebsgrundlage in einem zeitlichen Zusammenhang mit der Einbringung und ist diese Übertragung mit der Umstrukturierung wirtschaftlich verknüpft, liegt nach Auffassung der Finanzverwaltung eine zu § 20 Abs. 1 UmwStG schädliche Zurückbehaltung einer wesentlichen Betriebsgrundlage vor[30]. Als Beispiel sei hier genannt die Übertragung eines Betriebsgrundstücks in das Betriebsvermögen einer GmbH & Co. KG (z. B. gemäß § 6 Abs. 5 Satz 2 und 3 EStG) unmittelbar vor Einbringung des Einzelunternehmens in eine Kapitalgesellschaft und anschließende Verpachtung der betriebsnotwendigen Grundstücke an diese Kapitalgesellschaft. Dieselbe Vorsicht ist geboten, wenn in einem zeitlichen und wirtschaftlichen Zusammenhang mit der Einbringung eines Betriebs in eine Kapitalgesellschaft eine wesentliche Betriebsgrundlage an eine Konzerngesellschaft veräußert wird. Aufgrund der Gesamtplanrechtsprechung könnte darin ein einheitlich zu beurteilender wirtschaftlicher Vorgang mit schädlicher Auswirkung auf die Einbringung i.S.d. § 20 UmwStG gesehen werden[31]. 59

c) Verwendung der überführten Wirtschaftsgüter bei der übernehmenden Kapitalgesellschaft

Die Fortführung des übertragenen Betriebes bzw. die Art und Weise der Verwendung der übertragenen Wirtschaftsgüter durch die übernehmende Kapitalgesellschaft hat keine Auswirkungen auf die Anwendung des § 20 UmwStG. Maßgeblich ist allein die Existenz eines begünstigten Sacheinlagegegenstandes i.S.d. § 20 Abs. 1 UmwStG aus der Sicht des Einbringenden. Die übernehmende Kapitalgesellschaft kann demzufolge den Betrieb auch unmittelbar einstellen, veräußern oder wesentliche Betriebsgrundlagen veräußern, ohne dass dies Auswirkungen auf die steuerliche Behandlung der Einbringung hätte. Unerheblich ist daher auch die Verbleibensdauer des eingebrachten Betriebsvermögens im Betriebsvermögen der übernehmenden Gesellschaft. Nach der Rechtsprechung des BFH war in der Vergangenheit in einer solchen Vorgehensweise auch kein Gestaltungsmissbrauch i.S.d. § 42 AO zu sehen[32]. 60

Eine Veräußerung durch die übernehmende Gesellschaft kann jedoch steuerliche Auswirkungen für den Einbringenden haben. Die Veräußerung einer zum eingebrachten Betrieb gehörenden Beteiligung an einer Kapitalgesellschaft innerhalb der Sieben-Jahres-Frist des § 22 UmwStG führt rückwirkend zu einem Einbringungsgewinn des Einbringenden gemäß § 22 Abs. 2 Satz 1 UmwStG (vgl. § 4 Rn. 26). 61

d) Exkurs: Betriebsaufspaltung

Das Besitzunternehmen im Rahmen einer Betriebsaufspaltung kann Gegenstand einer Betriebseinbringung i.S.d. § 20 Abs. 1 UmwStG sein. Zu den wesentlichen Betriebsgrundlagen des Besitzunternehmens gehören diejenigen Wirtschaftsgüter, die die Grundlage der sachlichen und personellen Verflechtung bilden. Auch die Anteile an der Betriebskapitalgesellschaft sind wesentliche Betriebsgrundlage des Besitzunternehmens. 62

Im Zeitpunkt der Betriebseinbringung gemäß § 20 Abs. 1 UmwStG müssen die personelle und sachliche Verflechtung gegeben sein, ansonsten besteht das Besitzunternehmen als solches nicht; es existiert kein Betrieb mehr i.S.d. § 20 Abs. 1 UmwStG. Ausnahmsweise bleibt das Besitzunternehmen bei Entfallen der personellen und/oder sachlichen Verflechtung als Betrieb bestehen, wenn es eine 63

---

[30] BMF, Schreiben vom 25.3.1998, BStBl I 1998, 268, Tz. 20.09
[31] vgl. Dötsch, § 20 UmwStG Rn. 65
[32] BFH, Urteil vom 19.5.1993, BStBl II 1993, 889

64 Bei Einbringung des Betriebes des Besitzunternehmens in die Betriebskapitalgesellschaft müssen die Anteile des Besitzunternehmens an der Betriebskapitalgesellschaft nicht mit übertragen werden, obwohl sie zu den wesentlichen Betriebsgrundlagen gehören[33]. Die zurückbehaltenen Anteile an der Kapitalgesellschaft gelten in diesem Fall nicht als entnommen. Sie sind künftig als aus einer Sacheinlage zum Buchwert erworbener Anteil i.S.d. § 22 Abs. 1 UmwStG zu behandeln[34].

65 Etwas anderes gilt, wenn der Betrieb eines Besitzunternehmens in eine andere Kapitalgesellschaft als die Betriebskapitalgesellschaft eingebracht werden soll. Dann müssen die Anteile an der Betriebskapitalgesellschaft als wesentliche Betriebsgrundlage mit auf die andere Kapitalgesellschaft übertragen werden. Die vorgenannte Billigkeitsregelung der Finanzverwaltung findet in diesem Fall keine Anwendung.

3. Teilbetrieb

66 Ein Teilbetrieb i.S.d. § 20 Abs. 1 UmwStG kann sein:
- ein land- und forstwirtschaftlicher Teilbetrieb eines Einzelunternehmens oder einer Personengesellschaft;
- ein gewerblicher Teilbetrieb oder
- eine freiberufliche oder sonstiger selbständiger Arbeit dienende Teilpraxis.

67 Eine inländische Betriebsstätte einer im EU/EWR-Ausland ansässigen Gesellschaft ist nicht zwingend ein gewerblicher Teilbetrieb, sondern nur, sofern die allgemeinen Voraussetzungen eines „Teilbetriebs" erfüllt sind.

a) Teilbetriebsbegriff

68 Im Umwandlungssteuergesetz ist der Begriff „Teilbetrieb" nicht gesetzlich definiert. Die Rechtsprechung und die Finanzverwaltung greifen auf die von der Rechtsprechung zu den §§ 13 f., 16 und 18 EStG entwickelte Begriffsbestimmung zurück. Dies ist insbesondere seit der Geltung des SEStEG umstritten, da seither die grenzüberschreitenden Fälle auch von § 20 Abs. 1 UmwStG erfasst werden und nicht mehr wie vor dem SEStEG von einer Spezialvorschrift (§ 23 UmwStG a.F.). Deshalb wird in der Literatur vermehrt vertreten, dass im Rahmen des § 20 Abs. 1 UmwStG für die Beurteilung des Vorliegens eines Teilbetriebs auf die EG-Fusionsrichtlinie zurückgegriffen werden muss, die eine eigene Begriffsdefinition enthält (siehe Art. 2 lit. i EG-FRL). Die Finanzverwaltung hält jedoch nach wie vor noch an den bisherigen Grundsätzen zur Auslegung des Teilbetriebsbegriffs fest.

---

[33] siehe § 2 Rn. 54; vgl. außerdem BMF, Schreiben vom 25.3.1998, BStBl I 1998, 268, Tz. 20.11
[34] vgl. Dötsch, § 20 UmwStG Rn. 71

A. Einbringung von Unternehmensteilen in eine Kapitalgesellschaft oder Genossenschaft, § 20 UmwStG

a) Voraussetzungen eines Teilbetriebs i.S.d. § 16 EStG

Ein Teilbetrieb i.S.d. Rechtsprechung zu § 16 EStG ist ein organisch geschlossener mit einer gewissen Selbständigkeit ausgestatteter Teil eines Gesamtbetriebs, der – für sich betrachtet – alle Merkmale eines Betriebs i.S.d. EStG aufweist und als solcher lebensfähig ist[35]. Ob diese Voraussetzungen vorliegen, muss in einer Einzelfallbetrachtung geprüft werden. Aus dem Bestehen eines Teilbetriebes folgt per definitionem, dass das Unternehmen mindestens einen weiteren Teilbetrieb in diesem Sinne hat[36].

Die nachfolgenden Ausführungen konzentrieren sich auf den gewerblichen Teilbetrieb als in der Praxis relevantesten Fall. Zum land- und forstwirtschaftlichen Teilbetrieb und zum freiberuflichen Teilbetrieb, für die weitestgehend ebenfalls die Ausführungen zum gewerblichen Teilbetrieb gelten, vgl. Dötsch, § 20 Rn. 80 und § 20 Rn. 96 ff.

b) Gewerblicher Teilbetrieb i.S.d. § 16 EStG

Das Vorliegen der Voraussetzung für die Annahme eines gewerblichen Teilbetriebes ist im Rahmen einer Einzelfallbetrachtung zu prüfen und hängt u. a. davon ab, ob es sich um einen Fertigungs-, Handels- oder Dienstleistungsbetrieb handelt. Voraussetzung ist, dass der Teilbetrieb eine gewisse Selbständigkeit aufweist. Dies bedeutet jedoch keine vollständige Selbständigkeit. Es können zwischen mehreren Teilbetrieben auch Verbindungen bestehen, z. B. in bestimmten zentralen Tätigkeitsbereichen wie Kantine, Buchhaltung, EDV etc.

Unterscheidet sich die mit den übertragenen Wirtschaftsgütern ausgeführte Tätigkeit von der übrigen gewerblichen Tätigkeit eines Betriebes deutlich, ist von einer gewissen Selbständigkeit auszugehen. Eine solche Annahme ist gerechtfertigt bei Vorliegen einer sachlichen Verselbständigung innerhalb eines einheitlichen Betriebes sowie einer räumlichen Trennung eines Betriebsteils von den übrigen Betriebsteilen, sofern der betroffene Betrieb seine eigenen Betriebsmittel hat.

Die Rechtsprechung hat für die Beurteilung des Vorliegens eines Teilbetriebes bestimmte Kennzeichen entwickelt wie z. B. eigenes Anlagevermögen, eigener Kundenstamm etc.[37].

Neben der „gewissen" Selbständigkeit ist weitere Voraussetzung für die Annahme eines Teilbetriebes die eigene Lebensfähigkeit. Dies bedeutet nicht, dass der Teilbetrieb profitabel sein muss, sondern dass der Teilbetrieb die Ausübung einer eigenständigen betrieblichen Tätigkeit ermöglicht[38]. Unerheblich ist der Anteil des Teilbetriebes am Wert des Gesamtbetriebes.

Der Teilbetrieb muss als solcher sämtliche Merkmale eines Gewerbebetriebes erfüllen. Infolgedessen reicht es nicht aus, dass eine Tätigkeit, die eigentlich keine gewerbliche Tätigkeit darstellt, von einer Kapitalgesellschaft ausgeübt wird und dadurch die Einkünfte hieraus aufgrund Rechtsform der Kapitalgesellschaft gewerblich sind. Hat z. B. eine operativ tätige Körperschaft einen von der eigengewerblichen Tätigkeit abgegrenzten vermögensverwaltenden Bereich, ist dieser vermögensverwaltende Bereich in der Regel kein Teilbetrieb i.S.d. § 16 EStG.

c) Gewerblicher Teilbetrieb i.S.d. EG-Fusionsrichtlinie

Der in der EG-Fusionsrichtlinie definierte Teilbetriebsbegriff ist dem Teilbetriebsbegriff des § 16 EStG weitgehend angenährt. Er unterscheidet sich jedoch in einigen Punkten, auf die hier nicht näher eingegangen werden soll. Ausführlicher hierzu vgl. Dötsch, § 20 Rn. 89 ff.

---

5 ständige Rechtsprechung, vgl. z. B. BFH, Urteil vom 20.1.2005, BStBl II 2005, 395
6 BFH, Urteil vom 12.4.1989, BStBl II 1989, 653 f
7 vgl. W/M, § 20 UmwStG Rn. 79-83 m.w.N., S/H/S, § 20 UmwStG Rn. 86 ff.; Ludwig Schmidt, § 16 Rn. 140 ff.; Stuhrmann in Blümich, EStG, § 16 EStG Rn. 124 ff.; Geissler in H/H/R, EStG, § 16 EStG Rn. 140 ff.
8 BFH, Urteil vom 23.11.1998, BStBl II 1998, 367

§ 2   Die Einbringung in Kapitalgesellschaften gemäß § 20 UmwStG

77 Zusammenfassend bleibt festzuhalten, dass, sollte in dem ein oder anderen Fall vom „alten" Teilbetriebsbegriff des § 16 EStG abgewichen werden wollen, zunächst eine verbindliche Auskunft bei der zuständigen Finanzbehörden eingeholt werden sollte, solange die Finanzverwaltung noch an den alten Teilbetriebsbegriff festhält.

b)   Teilbetriebe als Einbringungsgegenstand

78 Voraussetzung der Sacheinlage nach § 20 Abs. 1 UmwStG ist die Einbringung eines Teilbetriebes. Anders als bei der Spaltung nach § 15 Abs. 1 Satz 2 UmwStG ist daher nicht erforderlich, dass bei dem Einbringenden ebenfalls ein (Teil-)Betrieb zurückbleibt[39]. Ebenso wenig wird vorausgesetzt, dass der Teilbetrieb bei der übernehmenden Gesellschaft ebenfalls als Teilbetrieb fortgeführt wird.

c)   Teilbetriebe kraft Fiktion

79 Neben den „richtigen" Teilbetrieben fallen in den Anwendungsbereich verschiedener Vorschriften auch sogenannte fiktive Teilbetriebe. Hierzu gehören z. B. gemäß § 15 Abs. 1 Satz 3 UmwStG eine 100%ige Beteiligung an einer Kapitalgesellschaft sowie ein Mitunternehmeranteil.

80 Diese Fiktion ist auf eine Sacheinlage i.S.d. § 20 Abs. 1 UmwStG nicht übertragbar, da zum einen für eine 100%ige Kapitalgesellschaftsbeteiligung die spezielle Regelung des § 21 UmwStG einen eigenen Sacheinlagetatbestand enthält bzw. zum anderen ein Mitunternehmeranteil stets einen eigenen Sacheinlagegegenstand nach § 20 Abs. 1 UmwStG darstellt.

81 Eine weitere Ausnahme gilt für Strom- oder Gasnetze eines Energieversorgungsunternehmens (vgl. § 6 Abs. 4 EnWG nF).

d)   Teilbetriebe im Aufbau

82 Der Teilbetriebsbegriff i.S.d. § 16 EStG erfasst auch Teilbetriebe im Aufbau, sofern zum Zeitpunkt des Einbringungsvertrags oder Umwandlungsbeschlusses alle wesentlichen Betriebsgrundlagen bereits vorhanden sind und bei zielgerechter Weiterverfolgung des Aufbauplans ein selbständiger Organismus zu erwarten ist, der sich zudem von der Tätigkeit im übrigen Gesamtunternehmen nach Lage und/oder Funktion deutlich abheben muss[40]. Unter Anwendung des Teilbetriebsbegriffes der EG-Fusionsrichtlinie kann ein Teilbetrieb im Aufbau hingegen kein Sacheinlagegegenstand i.S.d. § 20 UmwStG sein.

e)   Teilbetrieb im Ganzen

83 Voraussetzung für eine Einbringung eines Teilbetriebs i.S.d. § 20 Abs. 1 UmwStG ist die Übertragung aller wesentlicher Betriebsgrundlagen dieses Teilbetriebes. Ist diese Voraussetzung nicht erfüllt, d.h. wird eine oder mehrere wesentliche Betriebsgrundlagen zurückbehalten, liegt eine Veräußerung einer Vielzahl von Einzelwirtschaftsgütern im Wege des Tauschs vor. Wird die im Tausch erworbene Beteiligung an der übernehmenden Gesellschaft Betriebsvermögen des übertragenden Rechtsträgers, ist diese Beteiligung mit dem gemeinen Wert der übertragenen Wirtschaftsgüter anzusetzen (siehe § 6 Abs. 6 Satz 1 EStG).

---

[39] vgl. H/B, UmwStG, 2. Auflage, § 20 Rn. 99
[40] BFH, Urteil vom 1.2.1989, BStBl II 1989, 458

A. Einbringung von Unternehmensteilen in eine Kapitalgesellschaft oder Genossenschaft, § 20 UmwStG

Die Vollständigkeit der Übertragung aller wesentlicher Betriebsgrundlagen des Sacheinlagegegenstandes „Teilbetriebs" gilt ebenso bei der Einbringung durch eine Personengesellschaft. Beim Teilbetrieb einer Personengesellschaft ergibt sich die Besonderheit, dass wesentliche Betriebsgrundlagen auch dem Mitunternehmer gehörende Wirtschaftsgüter sein können, die der Mitunternehmerschaft zur Nutzung überlassen werden und eine wesentliche Funktion in dem Teilbetrieb, der eingebracht werden soll, besitzen. Diese Wirtschaftsgüter des Sonderbetriebsvermögens des Mitunternehmers sind zwingend mit einzubringen (vgl. §2 Rn. 38). 84

c) Sonderproblem: Gemeinsam genutzte wesentliche Betriebsgrundlagen

In einem Gesamtbetrieb werden häufig wesentliche Betriebsgrundlagen von mehreren Teilbetrieben gemeinschaftlich genutzt. Dies betrifft z. B. das gemeinsame Betriebsgrundstück. Fraglich ist, ob diese gemeinschaftliche Nutzung einer für mehrere Teilbetriebe wesentlichen Betriebsgrundlage eine Einbringung eines Teilbetriebes i.S.d. § 20 Abs. 1 UmwStG verhindert bzw. generell der Annahme von Teilbetrieben entgegensteht. Diese Auffassung vertritt wohl die Finanzverwaltung, die die Teilbetriebseigenschaft verneint, wenn wesentliche Betriebsgrundlagen von mehreren Teilbereichen eines Unternehmens genutzt werden[41]. Nach einer in der Literatur vertretenen Auffassung trennt die Finanzverwaltung jedoch nicht zwischen der Tatbestandsmäßigkeit des Teilbetriebs und der Frage der Teilbetriebseinbringung. Für die Qualifikation eines Teilbereiches als Teilbetrieb ist es nicht maßgeblich, ob ein Wirtschaftsgut für mehrere Teilbereiche eine wesentliche Betriebsgrundlage darstellt. So hindert nach dem BFH die gemeinsame Nutzung desselben Betriebsgrundstückes nicht die Annahme mehrerer selbständiger Teilbetriebe[42]. Für die Anwendung des § 20 Abs. 1 UmwStG bedeutet dies, dass die gemeinsame Nutzung einer wesentlichen Betriebsgrundlage nicht der Annahme eines Teilbetriebes i.S.d. § 20 Abs. 1 UmwStG entgegensteht, jedoch möglicherweise eine Teilbetriebseinbringung i.S.d. § 20 Abs. 1 UmwStG verhindert. Dieses Problem kann im Einzelfall dadurch gelöst werden, dass 85

- das gemeinschaftlich genutzte Wirtschaftsgut zivilrechtlich geteilt wird,
- an dem gemeinschaftlich genutzten Wirtschaftsgut nach dem Verhältnis der tatsächlichen Nutzung Bruchteilseigentum eingeräumt wird[43],
- das gesamte gemeinschaftlich genutzte Wirtschaftsgut auf die Übernehmerin übertragen wird. In diesem Fall ist der Anforderung an die Teilbetriebsübertragung – dass alle wesentlichen Betriebsgrundlagen des übertragenden Teilbetriebs übergehen – Genüge getan. Ob mit dem zurückgebliebenen Betriebsteil nunmehr ohne die gemeinschaftlich genutzte wesentliche Betriebsgrundlage eine begünstigte Teilbetriebseinbringung oder -veräußerung möglich wäre, spielt für die Anwendung des § 20 Abs. 1 UmwStG keine Rolle. Insoweit muss in jedem Einzelfall geprüft werden, ob durch den Wegfall der wesentlichen Betriebsgrundlage in Bezug auf das bei dem Restbetrieb verbleibende Betriebsvermögen keine Betriebsaufgabe im ertragsteuerrechtlichen Sinne verwirklicht wird.

Wird das gemeinschaftlich genutzte und wesentliche Wirtschaftsgut allerdings von der Einbringung ausgenommen, liegt keine Sacheinlage i.S.d. § 20 Abs. 1 UmwStG vor, unabhängig davon, aus welchen Gründen die Übertragung nicht vorgenommen wurde. 86

---

[41] BMF, Schreiben vom 25.3.1998, BStBl I 1998, 268, Tz. 15.07
[42] BFH, Urteil vom 13.2.1996, BStBl II 1996, 409
[43] Thiel/Eversberg/van Lisshaut/Neumann, GmbHR 1998, 397 ff.

g) Zeitpunkt des Vorliegens der Teilbetriebseigenschaft

87 Für die Anwendung des § 20 Abs. 1 UmwStG ist entscheidend, dass im Zeitpunkt des Umwandlungsbeschlusses oder des Abschlusses des Einbringungsvertrages die Voraussetzungen des Teilbetriebs vorgelegen haben[44]. Infolgedessen ist es zulässig, durch geeignete organisatorische Umstellungen im Unternehmen Teilbetriebe kurz vor der Fassung des Umwandlungsbeschlusses bzw. des Abschlusses des Einbringungsvertrages zu schaffen. Außerdem ist es unschädlich, wenn im Falle der rückbezogenen Einbringung gemäß § 20 Abs. 5, 6 UmwStG zum steuerlichen Übertragungsstichtag die Voraussetzungen für einen Teilbetrieb noch nicht vorlagen[45].

4. Mitunternehmeranteil

88 Als weiterer Sachgegenstand in § 20 Abs. 1 UmwStG aufgeführt ist der Mitunternehmeranteil. In Betracht kommen insoweit der Anteil an einer gewerblichen Mitunternehmerschaft einer inländischen oder ausländischen Personengesellschaft i.S.d. § 15 Abs. 1 EStG, an einer Mitunternehmerschaft der Land- und Forstwirtschaft oder an einer freiberuflichen Mitunternehmerschaft.

89 Im Einzelnen können dies z. B. sein:
- die Beteiligung eines Kommanditisten an einer gewerblichen oder einer teilweise gewerblich tätigen Kommanditgesellschaft, sofern der Kommanditist auch Mitunternehmer der Personengesellschaft ist;
- die Beteiligung eines persönlich haftenden Gesellschafters an einer KGaA;
- die Beteiligung an einer gewerblich geprägten Personengesellschaft i.S.d. § 15 Abs. 3 Nr. 2 EStG
- die Beteiligung als Komplementär an einer Kommanditgesellschaft, wenn die Kommanditgesellschaft zumindest teilweise eine gewerbliche Tätigkeit ausübt;
- die Beteiligung an einer gewerblich tätigen oHG;
- die Beteiligung an einer gewerblich oder freiberuflich tätigen GbR oder einer GbR, die einen land- und forstwirtschaftlichen Betrieb führt;
- die Beteiligung an einer mitunternehmerisch tätigen Bruchteilsgemeinschaft;
- die Beteiligung an einer atypisch stillen Gesellschaft am Handelsgewerbe einer Kapitalgesellschaft (Kapitalgesellschaft und atypisch still) und die Beteiligung an einer atypisch stillen Gesellschaft am Handelsgewerbe einer Personengesellschaft;
- die Beteiligung an einer mitunternehmerischen oder atypischen Unterbeteiligung an einem Mitunternehmeranteil;
- die Beteiligung eines Miterben an einem im Nachlass befindlichen Betriebsvermögen;
- die Beteiligung an einer ausländischen (Kapital-)Gesellschaft, die nach inländischem Recht als transparent, d.h. wie eine Personengesellschaft, zu beurteilen ist;
- die Beteiligung an einer ausländischen Gesellschaft, für die § 15 Abs. 1 Satz 1 Nr. 2 Satz EStG anzuwenden ist, weil sie über eine inländische Betriebsstätte verfügt.

---

44 BMF, Schreiben vom 25.3.1998, BStBl I. 1998, 268, Tz. 20.19
45 vgl. Dötsch, § 20 UmwStG Rn. 113

A. Einbringung von Unternehmensteilen in eine Kapitalgesellschaft oder Genossenschaft, § 20 UmwStG

Bezug auf die Voraussetzungen, unter denen eine Mitunternehmerschaft vorliegt und Gesellschafter als Mitunternehmer einzustufen sind, d.h. die Mitunternehmerinitiative und das Mitunternehmerrisiko, wird auf die Ausführungen in der Steuerrechtsliteratur verwiesen[46].

Der Mitunternehmeranteil als Sacheinlagegegenstand

Gemäß § 20 Abs. 1 UmwStG handelt es sich bei dem Mitunternehmeranteil um einen eigenständigen Sacheinlagegegenstand. Dies gilt auch dann, wenn er zusammen mit einem Betrieb oder Teilbetrieb in eine übernehmende Gesellschaft eingebracht wird. Der Mitunternehmeranteil setzt sich zusammen aus dem Anteil am Gesellschaftsvermögen (Gesamthandsvermögen) und dem Sonderbetriebsvermögen des Mitunternehmers. Bei der Einbringung eines Mitunternehmeranteils ist daher grundsätzlich zu beachten, dass auch wesentliche Betriebsgrundlagen im Sonderbetriebsvermögen auf die übernehmende Gesellschaft mit übertragen werden müssen[47]. Ist die Übertragung von wesentlichen Betriebsgrundlagen, die sich im Sonderbetriebsvermögen des Mitunternehmers befinden, aus rechtlichen Gründen nicht möglich, scheidet eine Anwendung des § 20 Abs. 1 UmwStG grundsätzlich aus. Zu einer Anwendung des § 20 Abs. 1 UmwStG gelangt man in diesen Fällen allenfalls dann, wenn man die Übertragung wirtschaftlichen Eigentums für ausreichend erachtet (vgl. hierzu § 2 Rn. 7).

Werden wesentliche Betriebsgrundlagen unabhängig davon, ob sie sich im Gesamthandsvermögen oder im Sonderbetriebsvermögen des Mitunternehmeranteils befinden, nicht auf die übernehmende Gesellschaft übertragen, sind die Voraussetzungen für eine Sacheinlage i.S.d. § 20 Abs. 1 UmwStG nicht erfüllt. Ähnliches gilt, wenn wesentliche Betriebsgrundlagen des Mitunternehmeranteils in einem zeitlichen und sachlichen Zusammenhang mit der Einbringung aus dem Betriebsvermögen des Mitunternehmeranteils entnommen und z.B. in ein anderes Betriebsvermögen überführt werden. Auch in diesen Fällen geht die Finanzverwaltung von der Zurückbehaltung von wesentlichen Betriebsgrundlagen aus, welche die Anwendung des § 20 UmwStG für das übertragene restliche Betriebsvermögen ausschließt[48].

Veräußert die übernehmende Gesellschaft unmittelbar nach der Einbringung den Mitunternehmeranteil oder Teile hiervon oder wesentliche Betriebsgrundlagen des Mitunternehmeranteils, hat dies keine Auswirkung auf den Einbringungsvorgang. Es bleibt bei der Anwendung des § 20 UmwStG.

Wesentliche Betriebsgrundlagen im Sonderbetriebsvermögen

Zur Einordnung von Wirtschaftsgütern als Sonderbetriebsvermögen vgl. ausführlich Ludwig Schmidt, § 15 Rn. 506 ff.; Dötsch, § 20 UmwStG Rn. 128 ff.

Nicht jedes Wirtschaftsgut, das notwendiges Sonderbetriebsvermögen I ist, stellt zugleich eine wesentliche Betriebsgrundlage dar. Als Wirtschaftsgüter des Sonderbetriebsvermögens I, die zu den wesentlichen Betriebsgrundlagen des Mitunternehmeranteils gehören, kommen insbesondere Betriebsgrundstücke, Erfindungen und Patente in Betracht. Nicht zu den wesentlichen Betriebsgrundlagen gehören in der Regel Forderungen eines Mitunternehmers aus einem Darlehen an die Mitunternehmerschaft. Diese Beurteilung kann unter Umständen anders ausfallen, wenn der Abzug der Darlehensforderung aufgrund ihrer Höhe existenzbedrohend für den Betrieb wäre.

---

vgl. Ludwig Schmidt, § 15 Rn. 263 ff. m.w.N.
BFH, Urteil vom 11.12.2001, BStBl II 2004, 474 ff.
BMF, Schreiben vom 25.3.1998, BStBl I. 1998, 268, Tz. 20.12 i.V.m. 20.09

96 Auch Sonderbetriebsvermögen II kann zu den funktional wesentlichen Betriebsgrundlagen des Mitunternehmeranteils gehören[49].

97 Regelmäßig keine wesentliche Betriebsgrundlage stellen gewillkürtes Sonderbetriebsvermögen und negatives Sonderbetriebsvermögen II, wie z. B. Verbindlichkeiten zur Finanzierung der Beteiligung an der Mitunternehmerschaft, dar[50].

98 Zusammengefasst sind den wesentlichen Betriebsgrundlagen eines Mitunternehmeranteils diejenigen Wirtschaftsgüter des mitunternehmerischen Betriebsvermögens, d.h. des Gesamthandsvermögens und des Sonderbetriebsvermögens, zuzuordnen, die (i) in dem von der Mitunternehmerschaft betriebenen Unternehmen eingesetzt werden und ein wesentliches wirtschaftliches Gewicht besitzen und (ii) für das Funktionieren der Mitunternehmerstellung unverzichtbar sind.

Hierzu gehören nach herrschender Meinung u. a. die Beteiligung des Kommanditisten einer GmbH & Co. KG an der Komplementär-GmbH[51].

99 Ist der einbringende Mitunternehmer einer GmbH & Co. KG zugleich Gesellschafter der Komplementär-GmbH und soll der Mitunternehmeranteil in die Komplementär-GmbH eingebracht werden, akzeptiert die Finanzverwaltung aus Billigkeitsgründen die Zurückbehaltung der Anteile des Mitunternehmers an der Komplementär-GmbH. § 20 UmwStG bleibt trotzdem anwendbar[52]. Die Beteiligung des Mitunternehmers an der Komplementär-GmbH verliert durch die Einbringung ihre Sonderbetriebsvermögenseigenschaft und gilt fortan als Beteiligung i.S.d. § 22 Abs. 1 UmwStG, die zum Buchwert in das Privatvermögen überführt worden ist. Das gleiche gilt für sämtliche Kapitalgesellschaftsbeteiligungen im Sonderbetriebsvermögen, wenn der Mitunternehmeranteil in die betreffende Kapitalgesellschaft eingebracht wird.

c) Bruchteil eines Mitunternehmeranteils

100 Eine Person muss nicht ihren gesamten Mitunternehmeranteil auf die übernehmende Gesellschaft übertragen, um in den Genuss des § 20 UmwStG zu gelangen. Gegenstand einer begünstigten Einbringung kann demnach auch der Bruchteil eines Mitunternehmeranteils sein[53]. Dies hat nunmehr auch der Gesetzgeber in seiner Begründung zum SEStEG bestätigt[54].

101 Wird nur ein Bruchteil eines Mitunternehmeranteils als Sacheinlage i.R.d. § 20 Abs. 1 UmwStG eingebracht, stellt sich die Frage, ob wesentliche Betriebsgrundlagen im Sonderbetriebsvermögen ebenfalls anteilig übertragen werden müssen oder ob diese vollständig zurückbehalten werden können.

102 Der Rechtsprechung des BFH zur Veräußerung von Bruchteilen eines Mitunternehmeranteils folgend, vertritt Dötsch die Auffassung, dass das wesentliche Sonderbetriebsvermögen für Zwecke des § 20 UmwStG quotal mit übertragen werden muss[55]. Vor dem Hintergrund dieser Rechtsauffassung ist bei der Einbringung von Bruchteilen an Mitunternehmeranteilen hinsichtlich des Sonderbetriebsvermögens wie folgt zu unterscheiden:

- Sind in dem Sonderbetriebsvermögen keine wesentlichen Betriebsgrundlagen enthalten, kann dieses bei einer Einbringung eines Bruchteiles des Mitunternehmeranteils zurückbehalten werden, ohne die Anwendung des § 20 Abs. 1 UmwStG zu gefährden.

---

49 BMF, Schreiben vom 16.8.2000, BStBl I 2000, 1253
50 vgl. BFH, Urteil vom 27.11.1984, BStBl II 1985, 232 m.w.N.
51 vgl. Verfügung der OFD Münster von 10.9.2002, DB 2002, 2080; Geißler in H/H/R, § 16 EStG Rn. 121 a. E.
52 BMF, Schreiben vom 25.3.1998, BStBl I 1998, 268, Tz. 20.12 i.V.m. 20.11
53 W/M, § 20 UmwStG Rn. 94; H/B, UmwStG, 2. Auflage, § 20 Rn. 107; BMF, Schreiben vom 25.3.1998, BStBl I 1998, 268, Tz. 20.13
54 BT-Drucksache 16/2710, 69; Einzelbegründung zu § 20 Abs. 1 UmwStG
55 Dötsch, § 20 UmwStG Rn. 143; S/H/S, § 20 UmwStG Rn. 155 f. m.w.N.

A. Einbringung von Unternehmensteilen in eine Kapitalgesellschaft oder Genossenschaft, § 20 UmwStG

Sind in dem Sonderbetriebsvermögen wesentliche Betriebsgrundlagen enthalten, muss dieses bei der Einbringung eines Bruchteils eines Mitunternehmeranteils quotal mit übertragen werden, damit § 20 Abs. 1 UmwStG Anwendung findet.

Werden wesentliche Betriebsgrundlagen, die sich im Sonderbetriebsvermögen befinden, überquotal mit übertragen, so liegt grundsätzlich eine Einbringung i.S.d. § 20 UmwStG vor. Der überschießende Teil des mit übertragenden Sonderbetriebsvermögens fällt hingegen nicht in den Anwendungsbereich des § 20 UmwStG. Vielmehr sind auf diesen die allgemeinen Grundsätze mit der Folge einer Gewinnrealisierung anzuwenden. Ein Rückgriff auf § 6 Abs. 5 Satz 3 Nr. 3 EStG scheidet aus, da die Übertragung des Sonderbetriebsvermögens gegen Gewährung von Gesellschaftsrecht und nicht unentgeltlich erfolgte.

Erfolgt die Übertragung des Sonderbetriebsvermögens, in welchem sich wesentliche Betriebsgrundlagen befinden, unterquotal, liegt die Einbringung eines Mitunternehmerteilanteils vor, soweit sich der Anteil am Gesellschaftsvermögen und am Sonderbetriebsvermögen decken. Hinsichtlich des überschießenden Anteils am Gesellschaftsvermögen erfolgt die Übertragung außerhalb des Anwendungsbereichs des § 20 Abs. 1 UmwStG. Hierfür gelten die allgemeinen Grundsätze.

IV. Übernehmende Gesellschaft

Als übernehmende Gesellschaft eines Sacheinlagegegenstandes i.S.d. § 20 Abs. 1 UmwStG kommen Kapitalgesellschaften oder Genossenschaften in Betracht. Hierbei kann es sich sowohl um inländische als auch um ausländische Gesellschaften, die aufgrund eines Typenvergleichs der inländischen Kapitalgesellschaft bzw. Genossenschaft gleichstehen, handeln. Weitere Voraussetzungen, die an die übernehmende Gesellschaft gestellt werden, sind in § 1 Abs. 4 UmwStG geregelt.

Die übernehmende Gesellschaft braucht weder zum rückbezogenen steuerlichen Übertragungsstichtag noch zum Zeitpunkt des Einbringungsvertrags oder Umwandlungsbeschlusses existent sein[56]. Es reicht aus, wenn sie erst im Rahmen des Einbringungsvorganges gegründet wird (Sachgründung). Bei grenzüberschreitenden Einbringungen ist § 20 Abs. 6 Satz 4 i.V.m. § 2 Abs. 3 UmwStG zu berücksichtigen.

V. Einbringen des Sacheinlagegegenstandes

§ 20 UmwStG enthält keine Definition des Begriffs „Einbringen". Hierfür bedarf es eines Rückgriffs auf § 1 Abs. 3 UmwStG, der eine abschließende Aufzählung derjenigen Einbringungsvorgänge enthält, die zur Anwendung des § 20 UmwStG führen. Welcher der Einbringungssachverhalte des § 1 Abs. 3 UmwStG letztendlich verwirklicht wird, ist für die Anwendung des § 20 Abs. 1 UmwStG ohne Bedeutung. Steuerliche Unterschiede können sich aber ergeben in Bezug auf:

- die Grunderwerbsteuer (beim Formwechsel fällt im Gegensatz zu den sonstigen Einbringungsmöglichkeiten keine Grunderwerbsteuer an);
- die weitere Besteuerung des eingebrachten Betriebsvermögens bei der übernehmenden Gesellschaft (§ 23 UmwStG). Unterschiede ergeben sich zwischen der Einzelrechtsnachfolge und der Gesamtrechtsnachfolge, bei der der Eintritt in die Rechtsstellung des einbringenden Unternehmens angenommen wird (§ 23 Abs. 4 UmwStG);
- verfahrensrechtliche Vorschriften.

---

[56] BMF, Schreiben vom 25.3.1998, BStBl I 1998, 268, Tz. 20.20 i.V.m. 02.08

§ 2 Die Einbringung in Kapitalgesellschaften gemäß § 20 UmwStG

1. Einbringung im Wege der Einzelrechtsnachfolge

106 Eine Einbringung im Wege der Einzelrechtsnachfolge unter Anwendung des § 20 Abs. 1 UmwStG kommt nur in Betracht bei (i) Sachgründung einer Kapitalgesellschaft oder Genossenschaft, (ii) Sachkapitalerhöhung bei einer Kapitalgesellschaft oder Genossenschaft und (iii) Einzelübertragung von Sonderbetriebsvermögen im Zusammenhang mit der handelsrechtlichen Umwandlung einer Personengesellschaft.

107 Die Sachgründung ist sehr aufwendig. Z. B. müssen in Bezug auf sämtliche Verträge, die übertragen werden sollen, die Vertragspartner um Zustimmung zur Vertragsübernahme gefragt werden. Jedoch gibt es für bestimmte Einbringungsvorgänge keine Alternative zur Einbringung durch Einzelrechtsnachfolge. Dies gilt insbesondere für die Einbringung von Einzelbetrieben, die nicht im Handelsregister eingetragen sind, die Einbringung des (Teil-)Betriebs einer Gesellschaft bürgerlichen Rechts oder der Mitunternehmeranteile an einer Gesellschaft bürgerlichen Rechts und für die Einbringung von Privatvermögen.

108 Bei der Einbringung durch Einzelrechtsnachfolge (Sachgründung) sind folgende Schritte zu beachten:
- Notarielle Beurkundung des Gründungsprotokolls
- Notarielle Beurkundung der Satzung, beinhaltend u.a. die Verpflichtung zur Einbringung der Sacheinlage (konkrete Beschreibung)
- Abfassen eines Sachgründungsberichts (nur GmbH)
- Abfassen eines Gründungsberichts der Gründer (nur AG)
- Abfassen eines Gründungsprüfungsberichts der Mitglieder des Vorstands und des Aufsichtsrats (nur AG)
- Bericht des Gründungsprüfers (nur AG)
- Übertragung der Sacheinlagegegenstände auf die Kapitalgesellschaft in Gründung vor der Anmeldung der Eintragung der neuen Kapitalgesellschaft zum Handelsregister (bei der AG kann die dingliche Erfüllung auch nach Anmeldung und Eintragung erfolgen)
- Erstellen und Unterzeichnung der Gesellschafterliste (nur GmbH)
- Erstellen einer Liste der Mitglieder des Aufsichtsrates (nur AG)
- Erstellen einer Werthaltigkeitsbestätigung i.d.R. durch einen Wirtschaftsprüfer oder Steuerberater
- Berechnung des der Gesellschaft zur Last fallenden Gründungsaufwandes (nur AG)
- Anmeldung der Neugründung zum Handelsregister. Folgende Anlagen sind mit einzureichen:
  - Beglaubigte Abschrift des Gründungsprotokolls einschließlich der Satzung
  - Niederschrift über die konstituierende Aufsichtsratssitzung mit Bestellung des ersten Vorstands durch den Aufsichtsrat (nur AG)
  - Gründungsbericht der Gründer (nur AG)
  - Prüfungsbericht der Mitglieder des Vorstands und des Aufsichtsrats (nur AG)
  - Prüfungsbericht des Gründungsprüfers nur (AG)
  - Unterzeichnete Gesellschafterliste (nur GmbH)
  - Verträge zur Übertragung der Sacheinlagegegenstände
  - Sachgründungsbericht (nur GmbH)

A. Einbringung von Unternehmensteilen in eine Kapitalgesellschaft oder Genossenschaft, § 20 UmwStG

- Berechnung des der Gesellschaft zur Last fallenden Gründungsaufwandes (nur AG)
- Liste der Mitglieder des Aufsichtsrates (nur AG)
- Werthaltigkeitsbestätigung.

Dieselben Grundsätze gelten für die Sachkapitalerhöhung bei einer bestehenden GmbH oder AG. Hier sind folgende Schritte durchzuführen:

- Einberufung der Gesellschafterversammlung/Hauptversammlung
- Notarielle Beurkundung des Sachkapitalerhöhungsbeschlusses, beinhaltend u. a. Kapitalerhöhungsbeschluss, konkrete Beschreibung der Verpflichtung zur Erbringung einer Sacheinlage und Satzungsänderung
- Notarielle Beglaubigung der Übernahmeerklärung (nur GmbH)
- Übertragung der Sacheinlagegegenstände auf die Kapitalgesellschaft vor der Anmeldung der Eintragung der Kapitalerhöhung zum Handelsregister (bei der AG kann die dingliche Erfüllung auch nach Anmeldung und Eintragung erfolgen)
- Erstellen und Unterzeichnung einer Liste der Übernehmer der neuen Stammeinlagen (nur GmbH)
- Erstellen eines Zeichnungsscheines und Zeichnung der neuen Aktien (nur AG)
- Unterzeichnung der Gesellschafterliste (vom Notar zu erstellen und zu unterzeichnen; nur GmbH)
- Berechnung der der Gesellschaft durch die Ausgabe der neuen Aktien entstehenden Kosten (nur AG)
- Erstellen einer Werthaltigkeitsbestätigung i.d.R. durch einen Wirtschaftsprüfer oder Steuerberater (nicht zwingend erforderlich, aber empfehlenswert)
- Abfassen eines Sachkapitalerhöhungsberichts (gesetzlich nicht vorgesehen; u.U. empfehlenswert)
- Erstellen eines Berichts über die Prüfung der Sacheinlagen (nur AG)
- Anmeldung der Sachkapitalerhöhung und deren Durchführung (nur AG) zum Handelsregister
Folgende Anlagen sind mit einzureichen:
  - Beglaubigte Abschrift des Kapitalerhöhungsbeschlusses
  - Notariell beglaubigte Übernahmeerklärung (nur GmbH)
  - Liste der Übernehmer der neuen Stammeinlagen (nur GmbH)
  - Unterzeichnete Gesellschafterliste (nur GmbH)
  - Zweitschrift des Zeichnungsscheines (nur AG)
  - Vom Vorstand unterschriebenes Verzeichnis der Zeichner (nur AG)
  - Verträge zur Übertragung der Sacheinlagegegenstände
  - Evtl. Sachkapitalerhöhungsbericht (nur GmbH)
  - Bericht über die Prüfung der Sacheinlagen (nur AG)
  - Evtl. Werthaltigkeitsbestätigung (nur GmbH)
  - Berechnung der der Gesellschaft durch die Ausgabe der neuen Aktien entstehenden Kosten (nur AG)
  - Vollständiger Wortlaut der Satzung mit der Bescheinigung des Notars nach § 54 Abs. 1 Satz 2 GmbHG bzw. § 181 AktG.

2. Einbringung durch Anwachsung

110 Von dem Anwendungsbereich des § 20 UmwStG alte Fassung wurde auch das sogenannte Anwachsungsmodell erfasst, wonach alle Kommanditisten einer GmbH & Co. KG ausscheiden und anstelle einer Abfindung als Gegenleistung neue Geschäftsanteile an der Komplementär-GmbH aus einer Kapitalerhöhung erhalten[57]. Es ist streitig, ob dieser Fall der Anwachsung auch noch in den sachlichen Anwendungsbereich des § 20 UmwStG in der Fassung des SEStEG fällt, da die Anwachsung nicht zu den in § 1 Abs. 3 UmwStG aufgelisteten Einbringungssachverhalten zählt. Aufgrund des abschließenden Charakters des § 1 Abs. 3 UmwStG ist davon auszugehen, dass die Anwachsung seit dem SEStEG nicht mehr vom Anwendungsbereich des § 20 UmwStG erfasst wird.

3. Einbringung durch handelsrechtliche Umwandlung

111 Gemäß § 1 Abs. 3 UmwStG kann ein Sacheinlagegegenstand unter Anwendung des § 20 UmwStG auch im Wege der Verschmelzung oder der Spaltung, durch Formwechsel oder vergleichbare ausländische Vorgänge erfolgen (siehe § 2 Rn. 4). Somit sind folgende Einbringungssachverhalte bezogen auf die einzelnen Rechtsformen möglich:

- Verschmelzung einer oder mehrerer Personenhandelsgesellschaften oder Partnerschaftsgesellschaften auf eine Kapitalgesellschaft oder Genossenschaft;
- Auf- und Abs.paltung einer Personenhandelsgesellschaft oder Partnerschaftsgesellschaft auf eine Kapitalgesellschaft oder Genossenschaft;
- Formwechsel einer Personenhandelsgesellschaft bzw. Partnerschaftsgesellschaft in eine Kapitalgesellschaft;
- Ausgliederung aus einer Kapitalgesellschaft auf eine Kapitalgesellschaft oder Genossenschaft;
- Ausgliederung aus einer Gebietskörperschaft auf eine Kapitalgesellschaft oder Genossenschaft;
- Ausgliederung aus einer Personenhandelsgesellschaft oder Partnerschaftsgesellschaft auf eine Kapitalgesellschaft oder Genossenschaft;
- Ausgliederung aus einem (im Handelsregister eingetragenen) Einzelunternehmen auf eine Kapitalgesellschaft oder Genossenschaft;
- Ausgliederung aus einem eingetragenen Verein, einer eingetragenen Genossenschaft oder einer rechtsfähigen Stiftung auf eine Kapitalgesellschaft oder Genossenschaft.

112 In den ersten drei vorstehend genannten Fällen ist bzw. sind Gegenstand der Einbringung i.S.d. § 2 Abs. 1 UmwStG die Mitunternehmeranteile. In den restlichen vorstehend aufgelisteten Fällen können Gegenstand der Einbringung sein ein Betrieb, ein Teilbetrieb oder ein Mitunternehmeranteil.

113 Nicht in jedem der vorstehend aufgeführten Fälle kommt es jedoch zur Anwendung des § 20 UmwStG. Eine Einschränkung ist vorzunehmen für:

- vermögensverwaltend tätige oder nicht gewerblich geprägte Personengesellschaften als übertragende Rechtsträger, die nicht von dem Anwendungsbereich des § 20 UmwStG erfasst werden;
- Verschmelzungen von Personengesellschaften auf Kapitalgesellschaften oder Genossenschaften, bei denen keine neuen Anteile ausgegeben werden;
- Spaltungen ohne Kapitalerhöhung;

---

57 W/M, § 20 UmwStG Rn. R 107

A. Einbringung von Unternehmensteilen in eine Kapitalgesellschaft oder Genossenschaft, § 20 UmwStG

- bestimmte Arten von Spaltungen, da aus umwandlungssteuergesetzlichen Gründen das übertragene Vermögen steuerliche Betriebs- oder Teilbetriebseigenschaft haben muss. Abweichend hiervon ist handelsrechtlich auch die Übertragung von Einzelwirtschaftsgütern möglich;
- den Formwechsel einer Personengesellschaft, bei dem zur Einbringung von Mitunternehmeranteilen nach § 20 Abs. 1 UmwStG zusätzlich die wesentlichen Betriebsgrundlagen des Sonderbetriebsvermögens übertragen werden müssen.

4. Einbringung als einheitlicher Vorgang

Die als Sacheinlage zu übertragenden Wirtschaftsgüter müssen in einem einheitlichen Vorgang übertragen werden. Dies bedeutet nicht, dass die Übertragung zwingend in einem Akt erfolgen muss. Es ist ausreichend, wenn die Übertragung in mehreren, zeitlich aufeinanderfolgenden Einzelakten erfolgt, die einen einheitlichen Vorgang darstellen, da sie auf einem einheitlichen Willensentschluss, d.h. Einbringungsvertrag, Sachgründungsbericht etc. beruhen und zwischen den einzelnen Übertragungsvorgängen ein zeitlicher und sachlicher Zusammenhang besteht[58].

5. Umwandlung von Personengesellschaften bei Vorhandensein von Sonderbetriebsvermögen

Bei der Umwandlung von Personengesellschaften, bei denen im Sonderbetriebsvermögen wesentliche Betriebsgrundlagen enthalten sind, besteht das Problem, dass die handelsrechtliche Umwandlung lediglich die Wirtschaftsgüter des übertragenden Rechtsträgers, d.h. der übertragenden Personengesellschaft erfasst und das Sonderbetriebsvermögen des Gesellschafters im Rahmen der handelsrechtlichen Umwandlung nicht mit übertragen wird.

Da aber § 20 Abs. 1 UmwStG die Übertragung auch im Sonderbetriebsvermögen befindlicher wesentlicher Betriebsgrundlagen voraussetzt, sind neben der handelsrechtlichen Umwandlung zwingend weitere zivilrechtliche Vereinbarungen notwendig, durch die das betroffene (Sonder-)Betriebsvermögen im Wege der Einzelrechtsnachfolge übertragen wird.

Insoweit gibt es verschiedene alternative Vorgehensweisen:

- Das Sonderbetriebsvermögen kann vor der Einbringung in das Gesamthandsvermögen derselben Mitunternehmerschaft übertragen werden. Erfolgt diese Übertragung gemäß § 6 Abs. 5 Satz 3 Nr. 2 EStG zum Buchwert, ist bei der nachfolgenden Einbringung des Mitunternehmeranteils § 6 Abs. 5 Satz 6 EStG zu beachten, wonach der Buchwertansatz nachträglich entfällt, wenn innerhalb von sieben Jahren nach der Überführung des Wirtschaftsgutes aus dem Sonderbetriebsvermögen in das Gesamthandsvermögen ein Anteil einer Körperschaft an diesem Wirtschaftsgut begründet oder erhöht wird.
- Die Überführung des Sonderbetriebsvermögens gemäß § 6 Abs. 5 Satz 2 und 3 EStG in das Sonderbetriebsvermögen einer anderen Mitunternehmerschaft zum Buchwert kann bei sachlichem und zeitlichem Zusammenhang mit der späteren Einbringung zum Ausschluss der Anwendung des § 20 UmwStG führen (siehe § 2 Rn. 59).
- Die im Sonderbetriebsvermögen befindlichen wesentlichen Betriebsgrundlagen können auch direkt auf den übernehmenden Rechtsträger übertragen werden. In diesem Fall muss es sich zusammen mit der Umwandlung um einen einheitlichen Übertragungsakt handeln, der durch Aufnahme in den Umwandlungsbeschluss herbeigeführt werden kann. Da bereits in Folge der

---

58 BFH, Urteil vom 12.4.1985, BStBl II 1989, 653

handelsrechtlichen Umwandlung Anteile an der Übernehmerin ausgegeben werden, müssen für die Übertragung des Sonderbetriebsvermögens nicht ebenfalls neue Gesellschaftsanteile ausgegeben werden.

118 Der Ausgleich zu Gunsten des Gesellschafters, der neben seinem Mitunternehmeranteil auch noch Sonderbetriebsvermögen überträgt, kann z. B. dadurch erfolgen, dass

- zu Gunsten des betreffenden Anteilseigners bis zum Ausgleich des Mehrwertes inkongruente Gewinnausschüttung erfolgen, wobei die Zulässigkeit inkongruenter Gewinnausschüttungen nach Auffassung der Finanzverwaltung nur unter sehr engen Voraussetzungen gegeben ist;
- in Höhe des Mehrwertes der betroffene Anteilseigner ein Gesellschafterdarlehen erhält;
- die anderen Anteilseigner an den betroffenen Anteilseigner eine Ausgleichszahlung i.H.d. Mehrwertes leisten;
- der betroffene Anteilseigner von dem übernehmenden Rechtsträger für das übertragene Wirtschaftsgut aus dem Sonderbetriebsvermögen einen Kaufpreis erhält;
- die sonstigen Mitunternehmer, die kein Sonderbetriebsvermögen einbringen, ein Aufgeld in die Kapitalrücklage des übernehmenden Rechtsträgers zahlen.

VI. Die Person des Einbringenden

119 Der als Einbringender in Betracht kommende Personenkreis ergibt sich aus § 1 Abs. 4 UmwStG (siehe § 2 Rn. 12 ff.).

120 Wird ein (Teil-)Betrieb oder ein Mitunternehmeranteil einer Personengesellschaft eingebracht, ist nicht die Personengesellschaft Einbringende, sondern die Mitunternehmer. Bei einer doppelstöckigen Personengesellschaft sind die Einbringenden demnach die Mitunternehmer der Obergesellschaft.

VII. Einbringung gegen Gewährung neuer Anteile

1. Ausgabe neuer Anteile

121 Gemäß § 20 Abs. 1 UmwStG müssen als Gegenleistung für die Sacheinlage neue Gesellschaftsanteile des übernehmenden Rechtsträgers ausgegeben werden. Dies geschieht entweder durch Gründung des aufnehmenden Rechtsträgers i.R.d. Umwandlung oder durch Kapitalerhöhung bei dem aufnehmenden Rechtsträger. Ohne Bedeutung für die Erfüllung dieser Voraussetzung sind die Höhe der gewährten Beteiligung, die Höhe des Nennbetrages der neuen Anteile sowie die gesellschaftsrechtliche Ausgestaltung der neuen Anteile.

122 Fraglich ist, ob auch die nach dem GmbH-Gesetz zulässige Aufstockung eines bereits vorhandenen Geschäftsanteils als Ausgabe eines neuen Anteils i.S.d. § 20 Abs. 1 UmwStG zu behandeln ist. Nach Dötsch und Widmann/Mayer reicht die Aufstockung bereits vorhandener Geschäftsanteile einer GmbH i.R.d. § 20 Abs. 1 UmwStG aus[59]. Aus Sicherheitsgründen sowie aus Praktikabilitätsgründen empfiehlt es sich jedoch, neue Anteile auszugeben, da in diesem Fall z. B. nicht das Problem entstehen kann, dass ein einheitlicher Geschäftsanteil einer GmbH zugleich nach § 21 UmwStG a.F. bzw. § 22 Abs. 1 UmwStG verstrickt ist.

---

59 vgl. Dötsch, § 20 UmwStG Rn. 171; W/M, § 20 UmwStG Rn. 456, anders nunmehr wohl § 20 UmwStG Rn. R 134 ff.

A. Einbringung von Unternehmensteilen in eine Kapitalgesellschaft oder Genossenschaft, § 20 UmwStG

Nicht den Anforderungen der Ausgabe neuer Anteile genügt es, wenn 123
- im Rahmen der Umwandlung nach dem Umwandlungsgesetz keine neuen Anteile ausgegeben werden (§§ 54, 68 ff. UmwG);
- die Sacheinlage im Wege einer verdeckten Einlage erbracht wird;
- bei einer Sacheinlage in eine KGaA die Stellung als persönlich haftender Gesellschafter gewährt wird;
- die übernehmende Gesellschaft ausschließlich eigene Anteile gewährt.

Die Übertragung eigener Anteile stellt einen nach allgemeinen Grundsätzen zu beurteilenden 124 Tausch dar. Werden hingegen neben den eigenen Anteilen noch neue Anteile gewährt, findet § 20 Abs. 1 UmwStG Anwendung.

2. Ausschluss des § 20 Abs. 1 UmwStG bei Umwandlung ohne Kapitalerhöhung

Nach dem Umwandlungsgesetz sind Sachverhaltskonstellationen möglich, in denen i.R.d. Ver- 125 schmelzung oder Spaltung keine Kapitalerhöhung erfolgen darf (§§ 54 Abs. 1, 68 Abs. 1 UmwG). Dies gilt, wenn und soweit
- die übernehmende Gesellschaft Anteile eines übertragenen Rechtsträgers innehat,
- ein übertragender Rechtsträger eigene Anteile innehat oder
- ein übertragender Rechtsträger Anteile an der übernehmenden Gesellschaft innehat, auf welche die Einlagen nicht in voller Höhe bewirkt sind.

Somit scheidet z. B. eine Kapitalerhöhung und damit eine Anwendung des § 20 Abs. 1 UmwStG bei 126 einer Aufwärtsverschmelzung einer 100%igen Tochtergesellschaft auf ihre Muttergesellschaft aus. Eventuell kommt in diesen Fällen die Anwachsung des Betriebsvermögens durch Ausscheiden der Komplementär-GmbH bei einer GmbH & Co. KG oder durch Verschmelzung der Komplementär-GmbH auf die Kommanditisten-Kapitalgesellschaft in Betracht.

Bei einer Abwärtsverschmelzung einer Mutter-Personenhandelsgesellschaft auf eine 100%ige Toch- 127 ter-Kapitalgesellschaft ist die Anwendung des § 20 UmwStG hingegen nur dann zwingend ausgeschlossen, wenn die Anteile an der Tochtergesellschaft nicht voll eingezahlt sind (§ 54 Abs. 1 Satz 1 Nr. 3, 68 Abs. 1 Satz 1 Nr. 3 UmwG). Ansonsten besteht bei der Abwärtsverschmelzung die Möglichkeit der Durchführung einer Kapitalerhöhung und somit die Möglichkeit der Gewährung neuer Anteile i.S.d. § 20 Abs. 1 UmwStG.

3. Umwandlung einer Personengesellschaft in eine KGaA

Wird eine Personengesellschaft in eine KGaA umgewandelt, kommt es für die Erfüllung der Voraus- 128 setzung des § 20 Abs. 1 UmwStG, der „Gewährung neuer Anteile", darauf an, ob bzw. inwieweit für die übertragenen Wirtschaftsgüter Kommanditaktien ausgegeben werden oder die Stellung als persönlich haftender Gesellschafter eingeräumt wird. Nach herrschender Auffassung findet bei einer Übertragung der Sacheinlagegegenstände als Vermögenseinlage des persönlich haftenden Gesellschafters § 20 UmwStG keine Anwendung, da die Stellung als persönlich haftender Gesellschafter kein Anteil an einer Kapitalgesellschaft i.S.d. § 20 Abs. 1 UmwStG ist[60]. Vielmehr ist dieser Vorgang als Sacheinlage in eine KGaA nach § 24 UmwStG zu beurteilen[61].

129 Streitig ist, wie eine Einbringung zu behandeln ist, wenn sowohl Kommanditaktien als auch die Stellung eines persönlich haftenden Gesellschafters gewährt werden. Sowohl § 20 UmwStG als auch § 24 UmwStG setzen die Einbringung eines (Teil-)Betriebs bzw. eines Mitunternehmeranteils voraus. Wird in einem einheitlichen Vorgang nur ein (Teil-)Betrieb übertragen, wird die Auffassung vertreten, dass weder § 20 UmwStG noch § 24 UmwStG anzuwenden ist[62]. Bei Mitunternehmeranteilen kann die Situation abweichen, wenn der Mitunternehmeranteil in Bruchteile aufgespalten werden kann.

VIII. Zusätzliche Leistungen

130 Unschädlich für die Anwendbarkeit des § 20 UmwStG ist es, wenn neben der Ausgabe neuer Anteile zusätzliche Leistungen an die Einbringenden gewährt werden. Insoweit kommen z. B. in Betracht

- die Gewährung von Geld- oder Sachwerten,
- die Übernahme privater Schulden des/der Einbringenden,
- die Einräumung einer typisch stillen Beteiligung oder
- der Ausweis eines Gesellschafterdarlehens.

B. Rechtsfolgen der Sacheinlage

131 Rechtsfolge des Vorliegens der Voraussetzung des § 20 Abs. 1 UmwStG ist, dass der übernehmenden Gesellschaft in Bezug auf den Bewertungsansatz der übertragenen Wirtschaftsgüter ein Wahlrecht zusteht. Die übernehmende Gesellschaft hat die Wahl zwischen dem gemeinen Wert als dem gesetzlich vorgesehenen Grundfall, dem Buchwert oder jedem beliebigen zwischen dem gemeinen Wert und dem Buchwert liegenden Zwischenwert.

132 Die Ausübung dieses Wahlrechtes hat sowohl Konsequenzen für die weitere steuerliche Behandlung des übernommenen Vermögens bei der übernehmenden Gesellschaft als auch für die steuerlichen Verhältnisse des Einbringenden. Denn durch den Bewertungsansatz bei der übernehmenden Gesellschaft wird der Veräußerungspreis für das eingebrachte Vermögen bei dem Einbringenden festgelegt sowie die steuerlichen Anschaffungskosten für die hierfür gewährten neuen Anteile an der übernehmenden Gesellschaft. Führt der Ansatz der übernommenen Wirtschaftsgüter bei der übernehmenden Gesellschaft auf Grund der steuerlichen Werteverknüpfung (§ 20 Abs. 3 Satz 1 UmwStG) zu einem Einbringungsgewinn des Einbringenden, hat der Einbringende diesen Gewinn nach den für ihn geltenden steuerlichen Vorschriften zu versteuern. Dabei sind jedoch die speziellen Regelungen des § 20 Abs. 4 UmwStG in Bezug auf den Steuertarif und die Freibeträge zu beachten, wenn der Einbringende eine natürliche Person ist.

133 Nachfolgende Darstellung zeigt die unterschiedlichen Auswirkungen der Ausübung des Bewertungswahlrechtes für den Einbringenden und die übernehmende Gesellschaft:

---

60 vgl. H/B, UmwStG, 2. Auflage, § 20 Rn. 142, Schaumburg in Lutter, UmwG 4. Auflage, Anhang 1 nach § 122l Rn. 129
61 vgl. W/M, § 20 UmwStG Rn. 476
62 vgl. Dötsch, § 20 UmwStG Rn. 186; a. A. H/B, UmwStG, 2. Auflage, § 20 Rn. 142

B. Rechtsfolgen der Sacheinlage

Auswirkungen des Wertansatzes bei der übernehmenden Gesellschaft

Buchwert	Zwischenwert	gemeiner Wert
Maßgeblichkeit des Buchwertes für die weitere Gewinnermittlung	Zwischenwertansatz durch verhältnismäßige Aufstockung stiller Reserven	Ansatz des gemeinen Wertes durch Aufdeckung sämtlicher stiller Reserven
Zurechnung des eingebrachten Betriebsvermögens ab dem steuerlichen Übertragungsstichtag	Maßgeblichkeit des Zwischenwertes für die weitere Gewinnermittlung	Maßgeblichkeit des gemeinen Wertes für die weitere Gewinnermittlung
steuerliche Rechtsnachfolge (z. B. AfA, Besitz- und Verbleibenszeiten, Rücklagen)	Zurechnung des eingebrachten Betriebsvermögens ab dem steuerlichen Übertragungsstichtag	steuerliche Rechtsnachfolge bei handelsrechtl. Umwandlung, aber ohne Besitzzeitenanrechnung
	grds. steuerliche Rechtsnachfolge (§ 23 Abs. 3 UmwStG; § 23 Abs. 1 UmwStG)	Erhöhung der AfA-Bemessungsgrundlage um die Aufstockungsbeträge
	Erhöhung der AfA-Bemessungsgrundlage um die Aufstockungsbeträge	Bei Einbringung durch Einzelrechtsnachfolge liegt eine Anschaffung vor

Auswirkungen des Wertansatzes beim Einbringenden

Buchwert	Zwischenwert	gemeiner Wert
Veräußerungspreis entspricht dem Buchwert des übertragenen Vermögens	Veräußerungspreis entspricht dem Zwischenwert des übertragenen Vermögens	Veräußerungspreis entspricht dem gemeinen Wert des übertragenen Vermögens
kein Einbringungsgewinn	Einbringungsgewinn i.H.d. Differenz zwischen Zwischenwert und Buchwert des übertragenen Vermögens	Einbringungsgewinn i.H.d. Differenz zwischen gemeinem Wert und Buchwert des übertragenen Vermögens
Anschaffungskosten der neuen Anteile entsprechen dem Buchwert	Anschaffungskosten der neuen Anteile entsprechen dem Zwischenwert	Anschaffungskosten der neuen Anteile entsprechen dem gemeinen Wert
Übertragenes Vermögen wird dem Einbringenden ab dem steuerlichen Übertragungsstichtag nicht mehr zugerechnet (ab diesem Zeitpunkt keine Einkünfte mehr aus diesem Vermögen)	Übertragenes Vermögen wird dem Einbringenden ab dem steuerlichen Übertragungsstichtag nicht mehr zugerechnet (ab diesem Zeitpunkt keine Einkünfte mehr aus diesem Vermögen)	Übertragenes Vermögen wird dem Einbringenden ab dem steuerlichen Übertragungsstichtag nicht mehr zugerechnet (ab diesem Zeitpunkt keine Einkünfte mehr aus diesem Vermögen)

neue Anteile sind sperrfristbehaftet (§ 22 Abs. 1 UmwStG)	neue Anteile sind sperrfristbehaftet (§ 22 Abs. 1 UmwStG)	neue Anteile sind <u>nicht</u> sperrfristbehaftet; Steuerverstrickung nur nach allg. Vorschriften
laufender Gewinn bei „Entnahme" unwesentlicher Wirtschaftsgüter ins Privatvermögen	laufender Gewinn bei „Entnahme" unwesentlicher Wirtschaftsgüter ins Privatvermögen	laufender Gewinn bei „Entnahme" unwesentlicher Wirtschaftsgüter ins Privatvermögen

I. Bewertungswahlrecht (§ 20 Abs. 2 und 3 UmwStG)

1. Umfang und Gegenstand der Bewertung

134 Als Regelbewertung ist in § 20 Abs. 2 Satz 1 UmwStG die Bewertung des eingebrachten Betriebsvermögens mit seinem gemeinen Wert vorgesehen. Auf Antrag kann die übernehmende Gesellschaft hiervon jedoch abweichen und das übertragene Betriebsvermögen mit dem Buchwert oder einem Wert, der zwischen dem Buchwert und dem gemeinen Wert liegt, ansetzen (§ 20 Abs. 2 Satz 2 UmwStG).

135 Das Wahlrecht kann von der übernehmenden Gesellschaft nur einheitlich für sämtliche übertragenen Wirtschaftsgüter ausgeübt werden (§ 20 Abs. 2 Satz 2 UmwStG). Dies gilt auch z. B. für die Fälle der Einbringung eines Mitunternehmeranteils im Wege einer handelsrechtlichen Umwandlung und der gleichzeitigen im Sonderbetriebsvermögen befindlichen wesentlichen Betriebsgrundlagen. Die einheitliche Ausübung des Bewertungswahlrechtes bedeutet insbesondere, dass im Falle der Wahl eines Zwischenwertansatzes oder des Ansatzes zum gemeinen Wert die aufgedeckten stillen Reserven auf alle werthaltigen Wirtschaftsgüter anteilmäßig zu verteilen sind und eine selektive Aufstockung der stillen Reserven nur einzelner Wirtschaftsgüter nicht zulässig ist.

136 Werden hingegen mehrere Sacheinlagen im Sinne des § 20 Abs. 1 UmwStG erbracht, kann in Bezug auf die einzelnen Sacheinlagen das Bewertungswahlrecht unterschiedlich ausgeübt werden, innerhalb der jeweiligen Sacheinlage aber wiederum nur einheitlich. Ein solcher Fall ist z. B. gegeben bei der Übertragung eines Betriebes, zu dessen Betriebsvermögen eine oder mehrere mitunternehmerische Beteiligungen gehören bzw. bei der Übertragung eines Einzelunternehmens durch eine natürliche Person, die zugleich eine mehrheitsvermittelnde, in ihrem Privatvermögen gehaltene Beteiligung an einer Kapitalgesellschaft einbringt.

137 Nur ein Wahlrecht besteht jedoch bei der Einbringung eines Betriebes, in dessen Betriebsvermögen sich eine mehrheitsvermittelnde Beteiligung an einer Kapitalgesellschaft befindet sowie bei der Einbringung eines Betriebes, der über mehrere Teilbetriebe verfügt[63].

---

63 siehe W/M, § 20 UmwStG Rn. 671

2. Auswirkungen des Bewertungsansatzes

Die Auswirkungen des Bewertungsansatzes lassen sich kurz wie folgt darstellen:

138

Buchwertansatz	Zwischenwertansatz	Ansatz zum gemeinen Wert
Kein Einbringungsgewinn	Gezielte Nutzung von Verlustvorträgen durch freie Bestimmung des Einbringungsgewinns möglich	Voller Einbringungsgewinn (wie bei Veräußerung)
Verlagerung der stillen Reserven des Sacheinlagegegenstandes auf die erhaltenen Anteile	Verlust des Freibetrags nach § 16 Abs. 4 EStG und der Tarifermäßigung gem. § 34 EStG	Bei natürlichen Personen gelten die §§ 16 Abs. 4 und 34 Abs. 1 und 3 EStG
Sperrfrist des § 22 Abs. 1 UmwStG	Neue Anteile sind sperrfristverhaftet gem. § 22 Abs. 1 UmwStG	Neue Anteile sind nicht sperrfristverhaftet
Anschaffungskosten für die neuen Anteile entsprechen dem Buchwert	Anschaffungskosten der erhaltenen Anteile übersteigen den Buchwertansatz	
Steuerfreie Entstrickung bei Steuerausländern möglich		
Keine Aufstockung von Abschreibungsvolumen	Aufstockung des Abschreibungsvolumens	Maximale Aufstockung des Abschreibungsvolumens

a) Buchwertansatz

Untergrenze des Wertansatzes für das eingebrachte Betriebsvermögen ist der Buchwert (§ 20 Abs. 2 Satz 2 UmwStG). Bei der Einbringung eines Mitunternehmeranteils wird der Buchwert durch das Kapital des Mitunternehmers in der Gesamthandsbilanz, zuzüglich eines positiven Ergänzungsbilanzkapitals, abzüglich eines negativen Ergänzungsbilanzkapitals und zuzüglich des Kapitals aus der Sonderbilanz, soweit Wirtschaftsgüter des Sonderbetriebsvermögens eingebracht werden, gebildet.

139

Die Ermittlung des Buchwertes hat auf den Zeitpunkt des steuerlichen Übertragungsstichtages, bei einer Rückbeziehung der Einbringung folglich auf den rückbezogenen Übertragungsstichtag zu erfolgen. Wird der Übertragungsstichtag auf den Bilanzstichtag zurückbezogen, ergibt sich der Buchwert aus der auf den Bilanzstichtag aufgestellten Bilanz. Fällt der Übertragungsstichtag nicht auf den Bilanzstichtag, ist die Aufstellung einer Zwischenbilanz gesetzlich nicht vorgesehen. Der Buchwert kann in diesen Fällen aus einer fiktiven Bilanz unter Beachtung der Gewinnermittlungsvorschriften ermittelt werden. Werden nicht sämtliche Wirtschaftsgüter des übertragenen Betriebsvermögens mit dem Buchwert angesetzt, liegt ein Zwischenwertansatz vor und die aufgedeckten stillen Reserven sind anteilmäßig auf die übertragenen Wirtschaftsgüter zu verteilen.

140

b) Ansatz des gemeinen Wertes

141 Die Regelbewertung und zugleich die Obergrenze für den Ansatz des Sacheinlagegegenstandes ist der gemeine Wert. Dieser Ansatz gilt als gewählt, wenn kein ausdrücklicher Antrag auf Minderbewertung gem. § 20 Abs. 2 Satz 2 und 3 UmwStG erfolgt.

142 Der gemeine Wert wird weder im Umwandlungssteuergesetz noch in anderen Einzelsteuergesetzen legal definiert, weshalb die allgemeinen Bewertungsvorschriften des Bewertungsgesetzes zur Anwendung kommen. Unter gemeinem Wert ist somit der Wert zu verstehen, der im gewöhnlichen Geschäftsverkehr nach der Beschaffenheit des Wirtschaftsgutes unter Außerachtlassung ungewöhnlicher und persönlicher Verhältnisse bei einer Veräußerung des Wirtschaftsgutes zu erzielen wäre (§ 9 Abs. 2 und 3 BewG). Ohne Bedeutung ist, ob ein fiktiver Erwerber den eingebrachten Sacheinlagegegenstand fortführen würde.

143 Bei der Ermittlung des gemeinen Wertes eines Sacheinlagegegenstandes sind auch selbstgeschaffene immaterielle Wirtschaftsgüter, wie z. B. Patente und ein originärer good will sowie ein Gewinnaufschlag zu berücksichtigen.

144 Sind in dem Sacheinlagegegenstand Pensionsrückstellungen enthalten, bestimmt sich der gemeine Wert dieser Pensionsrückstellungen abweichend von den allgemeinen Bewertungsvorschriften nach § 6a EStG (vgl. § 20 Abs. 2 Satz 1 Halbsatz 2 UmwStG). Die Ermittlung des gemeinen Wertes erfolgt auf den Zeitpunkt der Einbringung im Sinne des § 20 Abs. 5 und 6 UmwStG.

145 Wird ein Teilbetrieb eingebracht, ist ebenfalls ein originärer Geschäftswert bei der Ermittlung des gemeinen Wertes des Teilbetriebes zu berücksichtigen[64].

146 Weist die Übernehmerin im Zusammenhang mit den übertragenen Wirtschaftsgütern einen originären Geschäftswert nicht aus, liegt trotz Aufdeckung sämtlicher stiller Reserven in den sonstigen übertragenen Wirtschaftsgütern kein Ansatz zum gemeinen Wert vor, sondern ein Zwischenwertansatz, mit der Folge, dass auf den Einbringungsgewinn einer natürlichen Person die §§ 16 Abs. 4, 34 Abs. 1 und 3 EStG keine Anwendung finden. Ist der als gemeiner Wert ausgegebene Wertansatz **offenkundig** zu niedrig, so ist eine abweichende Erklärung der Übernehmerin in der betreffenden Bilanz unbeachtlich und der Vorgang muss als Einbringung zu Zwischenwerten behandelt werden[65]. Um den Anforderungen eines Ansatzes mit dem richtigen gemeinen Wert einschließlich des Geschäftswertes Genüge zu tun, ist zu empfehlen, dass der Geschäftswert oder Praxiswert nach allgemein anerkannten Berechnungsmethoden ermittelt wird. Eine freie Schätzung des Geschäftswertes oder des Praxiswertes dürfte aus Sicht der Finanzverwaltung nicht ausreichen für eine Inanspruchnahme der Rechtsfolgen eines Ansatzes zum gemeinen Wert.

c) Zwischenwertansatz

147 Der Ansatz von Zwischenwerten bedeutet die teilweise Aufdeckung der vorhandenen stillen Reserven des eingebrachten Vermögens. In welcher Höhe die übernehmende Gesellschaft die stillen Reserven aufdeckt, steht im Ermessen der übernehmenden Gesellschaft. Deckt sie nur teilweise die vorhandenen stillen Reserven auf, muss dies einheitlich für sämtliche übertragenen Wirtschaftsgüter erfolgen, in denen stille Reserven enthalten sind[66]. Insoweit gilt jedoch, dass ein originärer Geschäftswert/Praxiswert erst dann zu berücksichtigen ist, wenn die stillen Reserven in den sonstigen

---

64 BFH, Urteil vom 24.04.1980, BStBl II 1980, 690
65 BMF, Schreiben vom 25.03.1998, BStBl I 1998, 268, Tz. 20.36
66 Grundsatz der gleichmäßigen Aufstockung, BFH, Urteil vom 24.05.1984, BStBl II 1984, 747

B. Rechtsfolgen der Sacheinlage

übertragenen Wirtschaftsgütern vollständig aufgedeckt sind und trotz allem noch eine Differenz zu dem gewählten Zwischenwertansatz verbleibt[67].

> **Beispiel:**
>
> Einbringung eines Einzelunternehmens in eine AG zur Neugründung (Sachgründung). Die AG soll ein Grundkapital von Euro 500.000 haben.
>
> Schlussbilanz des Einzelunternehmens zum 31.12.2008

Aktiva (in TEUR)		Passiva (in TEUR)	
Grund und Boden	500	Kapital	250
Gebäude	1.000	Verbindlichkeiten	5.200
Maschinen	2.000		
Umlaufvermögen	1.500		
Forderungen	300		
Kasse	150		
Gesamt	5.450	Gesamt	5.450

Stille Reserven in den einzelnen Wirtschaftsgütern des Einzelunternehmens

Aktiva (in TEUR)		Passiva (in TEUR)	
Grund und Boden	250		
Gebäude	400		
Maschinen	200		
Umlaufvermögen	500		
Forderungen	0		
Kasse	0		
Originärer Firmenwert	300		
Stille Reserven (gesamt)	1.650		

Das Einzelunternehmen hat einen gemeinen Wert von 7,1 Mio. Euro. Darin enthalten sind stillle Reserven in Höhe von insgesamt 1,65 Mio. Euro. Im Rahmen der Sachgründung der AG mit einem Grundkapital von 500.000 Euro sind stille Reserven in Höhe von 250.000 Euro (Grundkapital 500.000 Euro ./. Eigenkapital Einzelunternehmen von 250.000 Euro) aufzudecken. Da in dem Anlagevermögen und dem Umlaufvermögen ausreichend stille Reserven von 1,35 Mio. Euro enthalten sind, bleibt der originäre Firmenwert außer Ansatz. Der Firmenwert käme erst in Ansatz, wenn stille Reserven von mehr als 1,35 Mio. Euro aufzudecken wären.

Die Aufdeckung der stillen Reserven hat bei allen Wirtschaftsgütern, in denen stille Reserven enthalten sind, prozentual gleichmäßig zu erfolgen. Dieser Prozentsatz ergibt sich aus der Gegenüberstellung der aufzudeckenden stillen Reserven zu den vorhandenen stillen Reserven der bilanzierten Wirtschaftsgüter; in dem vorliegenden Fall beträgt er also (250.000 : 1.350.000) ca. 18,518%. Die Aufstockungsbeträge sind unter Anwendung dieses Prozentsatzes zu ermitteln.

---

[67] BMF, Schreiben vom 25.03.1998 BStBl I 1998, 268, Tz. 22.08; BFH, Urteil vom 24.05.1984, BStBl II 1984, 747; S/H/S, § 20 UmwStG Rn. 300; W/M, § 20 UmwStG Rn. R 636

Die Eröffnungsbilanz der AG sieht daher folgendermaßen aus:

Aktiva			Passiva	
(in EUR)			(in EUR)	
Grund und Boden	500.000		Kapital	500.000
	46.296	546.296		
Gebäude	1.000.000		Verbindlichkeiten	5.200.000
	74.074	1.074.074		
Maschinen	2.000.000			
	37.037	2.037.037		
Umlaufvermögen	1.500.000			
	92.593	1.592.593		
Forderungen		300.000		
Kasse		150.000		
Gesamt		5.700.000	Gesamt	5.700.000

148 Bei der Einbringung eines Mitunternehmeranteils in eine Kapitalgesellschaft wird die übernehmende Gesellschaft Mitunternehmerin. Die Aufdeckung der stillen Reserven erfolgt in diesem Fall in der Regel in einer positiven Ergänzungsbilanz für die übernehmende Gesellschaft bei der Mitunternehmerschaft.

3. Ausübung des Wahlrechts

149 Das Wahlrecht in Bezug auf den Bewertungsansatz des Sacheinlagegegenstandes steht ausschließlich der übernehmenden Gesellschaft zu, auch wenn dieser Ansatz steuerliche Auswirkungen auf die einbringenden Personen hat. Bei der Ausübung des Wahlrechtes ist die übernehmende Gesellschaft nicht an den Wertansatz in ihrer eigenen Handelsbilanz gebunden, da insoweit der Maßgeblichkeitsgrundsatz nicht zu beachten ist[68]. Bei dem Ansatzwahlrecht des § 20 Abs. 2 UmwStG handelt es sich um ein autonomes steuerliches Bewertungswahlrecht. Es besteht infolgedessen die Möglichkeit, dass der Wertansatz in der Handelsbilanz und in der Steuerbilanz der übernehmenden Gesellschaft nicht überstimmen. Die Wertabweichungen sind durch einen steuerlichen aktiven oder passiven Korrekturposten auszugleichen. Der Korrekturposten verbraucht sich in der Folgezeit einkommensneutral z. B. durch Abschreibung derjenigen Wirtschaftsgüter, die wertmäßig unterschiedlich angesetzt worden sind, oder durch Veräußerung dieser Wirtschaftsgüter.

150 Das Bewertungswahlrecht wird durch Antrag der übernehmenden Gesellschaft ausgeübt. Wählt die übernehmende Gesellschaft den Ansatz des gemeinen Wertes, bedarf es keines gesonderten Antrages, da es sich hierbei um die gesetzliche Regelbewertung handelt. Ein gesonderter Antrag ist vielmehr nur erforderlich, wenn eine Bewertung zum Buchwert oder Zwischenwert gewählt wird.

151 Die Wahl des Buchwertes oder Zwischenwertes wird durch entsprechenden Ansatz der eingebrachten Wirtschaftsgüter in einer steuerlichen Einbringungsbilanz bzw. Schlussbilanz der übernehmenden Gesellschaft dokumentiert. Bis spätestens zur erstmaligen Abgabe der steuerlichen Schlussbilanz bei dem für die Besteuerung der übernehmenden Gesellschaft zuständigen Finanzamt ist der Antrag auf Bewertung der Sacheinlage unterhalb des gemeinen Wertes durch die übernehmende Gesellschaft zu stellen (vgl. § 20 Abs. 2 Satz 3 UmwStG). Nach der Antragstellung ist eine Änderung des Wahlrechtes nicht mehr möglich, da es mit der erstmaligen Ausübung verwirkt ist.

---

68 vgl. BT-Drucksache 16/2710, 69, Einzelbegründung zu § 20 Abs. 2 UmwStG

In den Fällen, in denen ein einzelner Mitunternehmeranteil in die übernehmende Gesellschaft eingebracht wird, erfolgt die Ausübung des Bewertungswahlrechtes nicht in der Steuerbilanz der übernehmenden Gesellschaft, sondern in der Steuerbilanz der Personengesellschaft. Wählt die übernehmende Gesellschaft den Zwischenwertansatz oder den Ansatz zum gemeinen Wert, ist bei der Personengesellschaft eine positive Ergänzungsbilanz für die übernehmende Gesellschaft zu bilden.

Zu den Auswirkungen einer Bilanzänderung oder einer Bilanzberichtigung auf die Ausübung des Wahlrechts vgl. ausführlich Dötsch, § 20 UmwStG Rn. 213 ff.

4. Einschränkung des Bewertungswahlrechts

Liegen bestimmte Umstände vor, kann die übernehmende Gesellschaft von dem Wahlrecht gem. § 20 Abs. 2 UmwStG nicht oder nur in eingeschränktem Umfang Gebrauch machen. Dies gilt für

- die Einbringung von Vermögen mit negativem Kapital (§ 20 Abs. 2 Satz 2 Nr. 2 UmwStG)
- die Einbringung gegen Gewährung von Zusatzleistungen
- die Fälle hoher Entnahmen nach dem rückbezogenen Übertragungsstichtag
- die Einbringung in eine steuerbefreite Übernehmerin (§ 20 Abs. 2 Satz 2 Nr. 1 UmwStG)
- die Einbringungen, die zum Verlust des Besteuerungsrechts für die Sacheinlage führen (§ 20 Abs. 2 Satz 2 Nr. 3 UmwStG).

a) Einbringung von Vermögen mit negativem Kapital (§ 20 Abs. 2 Satz 2 Nr. 2 UmwStG)

Eine Buchwertfortführung ist ausgeschlossen, sofern die Passivposten des eingebrachten Betriebsvermögens die Aktivposten übersteigen (negatives Kapital). Gem. § 20 Abs. 2 Satz 2 Nr. 2 UmwStG hat die übernehmende Gesellschaft in diesen Fällen das übernommene Betriebsvermögen mindestens mit einem Wert von 0 Euro anzusetzen. Infolgedessen müssen die stillen Reserven in dem übertragenen Betriebsvermögen soweit aufgedeckt werden, dass die Aktivposten den Passivposten entsprechen. Die Einbringung erfolgt daher zum gemeinen Wert oder zum Zwischenwert, sofern die stillen Reserven in dem eingebrachten Vermögen höher sind als das negative Kapital.

Die zwingende Aufstockung der Werte in Höhe des negativen Kapitals hat zur Folge, dass

- ein Einbringungsgewinn in Höhe des negativen Kapitals entsteht, der von dem Einbringenden zu versteuern ist;
- die neuen Anteile, Anteile im Sinne des § 22 Abs. 1 UmwStG sind (sperrfristverhaftet);
- die Anschaffungskosten für die neuen Anteile 0 Euro betragen (entsprechend dem Wertansatz bei der übernehmenden Gesellschaft);
- die übernehmende Gesellschaft ihren Gewinn mit dem übernommenen Betriebsvermögen nach Maßgabe des § 22 Abs. 3 UmwStG ermittelt.

Soll trotz negativen Kapitals des zu übertragenden Betriebsvermögens eine Buchwertfortführung erreicht werden, sind entweder betriebliche Schulden zurückzubehalten oder muss das negative Kapital vor der Einbringung durch Einlagen ausgeglichen werden. Reichen die stillen Reserven in dem übertragenen Betriebsvermögen nicht aus, das negative Kapital zu beseitigen, sind ebenfalls Einlagen in das zu übertragende Betriebsvermögen vor der Einbringung zwingend notwendig.

158 Bei der Einbringung eines Betriebes einer Personengesellschaft besteht dieselbe Problematik, wenn nur ein Gesellschafter über ein negatives (steuerliches) Kapital zum Einbringungsstichtag verfügt. Dies gilt selbst dann, wenn das Kapital der Personengesellschaft insgesamt positiv ist.

b) Gewährung von Zusatzleistungen

159 Eine Einschränkung des Ansatzwahlrechtes ist auch in den Fällen möglich, in denen neben den neuen Anteilen weitere Gegenleistungen für die Sacheinlage gewährt werden. Übersteigt der gemeine Wert der Zusatzleistungen den Buchwert des Sacheinlagegegenstandes, ist eine Buchwertfortführung ausgeschlossen. Gem § 20 Abs. 2 Satz 4 UmwStG muss das übertragene Betriebsvermögen mindestens dem gemeinen Wert der Zusatzleistung entsprechen. Der gemeine Wert der sonstigen Wirtschaftsgüter stellt folglich die Untergrenze des Wertansatzes dar. Überschreitet der gemeine Wert der Zusatzleistungen den gemeinen Wert der Sacheinlage, liegen insoweit verdeckte Gewinnausschüttungen vor.

160 Keine zusätzliche Gegenleistung im Sinne des § 20 Abs. 2 UmwStG ist die Bildung einer Kapitalrücklage im Sinne des § 272 Abs. 2 Nr. 4 HGB.

161 Gründe für die Gewährung von Zusatzleistungen sind:
- Die Möglichkeit des steuerfreien Buchwertverkaufes des eingebrachten Vermögens und
- Die Möglichkeit des wertmäßigen Ausgleichs unter mehreren Einbringenden[69]

162 Streitig ist, ob die Übernahme eine einem einbringenden Mitunternehmer von der Personengesellschaft zugesagten Pension die Gewährung einer Zusatzleistung im Sinne des § 20 Abs. 2 Satz 4 UmwStG darstellt[70].

c) Aufdeckung stiller Reserven bei hohen Entnahmen nach dem rückbezogenen Übertragungsstichtag

163 Werden in dem Zeitraum zwischen dem rückbezogenen Übertragungsstichtag und der Eintragung der Einbringungsmaßnahme in einem öffentlichen Register Entnahmen aus dem übertragenen Betriebsvermögen getätigt, kann dies zur Einschränkung des Ansatzwahlrechts gem. § 20 Abs. 2 Satz 2 UmwStG führen. Hat der Abzug der Buchwerte der entnommenen Wirtschaftsgüter zur Folge, dass am steuerlichen Übertragungsstichtag die Passivposten die Buchwerte der (verbliebenen) Aktivposten des eingebrachten (Teil-)Betriebs übersteigen, müssen die vorhandenen stillen Reserven mindestens bis zum Ausgleich dieses negativen Kapitals aufgedeckt werden[71].

---

69 vgl. § 2 Rn. 118
70 contra Zusatzleistung: S/H/S, § 20 UmwStG Rn. 353; H/B, UmwStG, 2. Auflage, § 20 Rn. 114 ff.; W/M § 20 UmwStG Rn. 776 ff.; Dötsch, § 20 UmwStG Rn. 222 mit weiterer Begründung; pro Zusatzleistung: BMF, Schreiben vom 25.03.1998, BStBl I 1998, 268, Tz. 20.42 ff.
71 vgl. W/M, § 20 UmwStG Rn. 822; BMF, Schreiben vom 25.03.1998, BStBl I 1998, 268, Tz. 20.25; a.A. H/B, UmwStG, 2. Auflage, § 20 Rn. 284

d) Einbringung in eine steuerbefreite Übernehmerin (§ 20 Abs. 2 Satz 2 Nr. 1 UmwStG)

Kein Bewertungswahlrecht, sondern zwingend der Ansatz der übertragenen Wirtschaftsgüter zum gemeinen Wert ist gesetzlich vorgeschrieben, wenn und soweit das eingebrachte Betriebsvermögen bei der übernehmenden Gesellschaft nicht der Besteuerung mit Körperschaftsteuer unterliegt (§ 20 Abs. 2 Satz 2 Nr. 1 UmwStG).

164

e) Verlust des Besteuerungsrechts für die Sacheinlage (§ 20 Abs. 2 Satz 2 Nr. 3 UmwStG)

Ebenfalls ausgeschlossen ist ein Ansatz unter dem gemeinen Wert für Wirtschaftsgüter, bei denen das inländische Besteuerungsrecht für die stillen Reserven in Folge der Einbringung verloren geht (§ 20 Abs. 2 Satz 2 Nr. 3 UmwStG). Betrifft dies nicht sämtliche Wirtschaftsgüter des Sacheinlagegegenstandes, gilt dieser Ausschluss des Bewertungswahlrechtes nur für diejenigen Wirtschaftsgüter, bei denen das inländische Besteuerungsrecht verloren geht. Im Übrigen bleibt das Ansatzwahlrecht bestehen.

165

Vorstehender Ausschluss des Ansatzwahlrechtes gilt nicht nur bei einem vollständigen Verlust des inländischen Besteuerungsrechtes, sondern auch, wenn das inländische Besteuerungsrecht für die stillen Reserven beschränkt wird. Dies ist immer dann der Fall, wenn vor der Einbringung (i) ein Besteuerungsrecht ohne Anrechnungsverpflichtung bestand und nach der Einbringung ein Besteuerungsrecht mit Anrechnungsverpflichtung gegeben ist oder gar kein Besteuerungsrecht mehr besteht oder (ii) vor der Einbringung ein Besteuerungsrecht mit Anrechnungsverpflichtung bestand und nachher das Besteuerungsrecht entfällt.

166

f) Kein Bewertungswahlrecht bei erstmaliger Verstrickung von Betriebsvermögen

Wird in Folge der Einbringung erstmalig das inländische Besteuerungsrecht begründet, hat die übernehmende Gesellschaft insoweit den gemeinen Wert zum Zeitpunkt der Einbringung in der Steuerbilanz anzusetzen. Dies folgt aus den allgemeinen Bestimmungen des § 8 Abs. 1 KStG in Verbindung mit den §§ 4 Abs. 1 Satz 7 und 6 Abs. 1 Nr. 5a EStG.

167

g) Keine Einschränkung des Bewertungswahlrechts bei fehlendem Besteuerungsrecht für erhaltene Anteile

Entgegen der bis zum Inkrafttreten des SEStEG geltenden Rechtslage entfällt das Bewertungswahlrecht und infolgedessen auch die Möglichkeit der Buchwertfortführung nicht, wenn die einem Steuerausländer aus dem EU/EWR-Bereich für die Einbringung gewährten Anteile an der übernehmenden Gesellschaft nicht dem inländischen Besteuerungsrecht unterliegen. Grund hierfür ist, dass innerhalb eines Zeitraumes von sieben Jahren ab der Sacheinlage die Veräußerung der erhaltenen neuen Anteile durch den Steuerausländer zu einem nachträglichen, im Inland zu versteuernden Einbringungsgewinn führt. Nach Ablauf dieser Frist ist eine steuerfreie Entstrickung der stillen Reserven des Sacheinlagegegenstandes auf der Ebene des Einbringenden gegeben.

168

II. Auswirkungen der Sacheinlage für die übernehmende Gesellschaft

169 Durch die Übernahme des Vermögens aus der Sacheinlage kann sich im Zeitpunkt des steuerlichen Übertragungsstichtags ein Gewinn bei der Übernehmerin ergeben (sog. **Einbringungsfolgegewinn**). Dies ist z. B. durch Vereinigung von Forderungen und Verbindlichkeiten möglich, wenn zu dem eingebrachten Betriebsvermögen eine Forderung gegen die übernehmende Gesellschaft gehört, die teilweise abgeschrieben wurde. Durch Konfusion der Forderung und der Verbindlichkeit entsteht ein Einbringungsfolgegewinn bei der übernehmenden Gesellschaft in Höhe der Differenz zwischen teilweise abgeschriebener Forderung und der Verbindlichkeit. Dieser Gewinn unterliegt sowohl der Körperschaftsteuer als auch der Gewerbesteuer. Gem. § 23 Abs. 6 i.V.m. § 6 Abs. 1 und 3 UmwStG kann die steuerliche Auswirkung dieses Einbringungsfolgegewinns durch Rücklagenbildung auf die drei folgenden Wirtschaftsjahre verteilt werden.

170 Die der Übernehmerin zuzurechnenden und von ihr getragenen Einbringungskosten sind sofort abzugsfähige Betriebsausgaben, wenn es sich nicht um Kosten handelt, die unmittelbar der Übernahme bestimmter Wirtschaftsgüter zuzuordnen sind. Einbringungskosten sind sämtliche Kosten, die im Zusammenhang mit der Durchführung der Einbringung oder Umwandlungsmaßnahme stehen. Sie werden nach dem objektiven Veranlassungsprinzip auf den Einbringenden und die übernehmende Gesellschaft verteilt. Zu den objektbezogenen Kosten gehört die Grunderwerbsteuer aus der Übernahme von Grundstücken. Die Grunderwerbsteuer ist nicht als sofort abzugsfähige Betriebsausgabe zu behandeln, sondern stellt zusätzliche Anschaffungskosten der Wirtschaftsgüter dar, bei deren Erwerb sie angefallen ist[72]. Wird die Grunderwerbsteuer durch einen Tatbestand des § 1 Abs. 3 GrEStG ausgelöst, ist es streitig, ob die Grunderwerbsteuer zu den aktivierungspflichtigen Anschaffungskosten der eingebrachten Beteiligung gehört[73]. Die Nachaktivierung der zusätzlichen Anschaffungskosten kann erstmals in der Bilanz der übernehmenden Gesellschaft für das Wirtschaftsjahr, in das der Entstehungszeitpunkt der Grunderwerbsteuer fällt, erfolgen, da für die Grunderwerbsteuer die Rückbeziehung gem. § 20 Abs. 5 und Abs. 6 UmwG nicht gilt. Wird demnach die Einbringung z. B. auf den 31.12. eines Jahres zückbezogen, ist die Grunderwerbsteuer, die erst im Folgejahr entstanden ist, erstmals in der Bilanz der übernehmenden Gesellschafterin des Folgejahres zu aktivieren.

III. Rechtsfolgen der Sacheinlage für den Einbringenden (§ 20 Abs. 4 bis 6 UmwStG)

1. Nachträgliche Auswirkung für den Einbringenden und das eingebrachte Betriebsvermögen

171 Das eingebrachte Betriebsvermögen ist dem Einbringenden letztmals bis zum Ablauf des steuerlichen Übertragungsstichtages zuzurechnen. Infolgedessen ist ein Rumpfwirtschaftsjahr zu bilden, wenn die Einbringung eines Einzelunternehmens nicht zum regulären Ende des Wirtschaftsjahres des eingebrachten Einzelunternehmens stattfindet.

---

72 BMF, Schreiben vom 25.03.1998, BStBl I 1998, 268, Tz. 22.01
73 pro Anschaffungskosten: FG München, Urteil vom 21.06.2005, EFG 2007, 252; W/M, § 20 UmwG Rn. R 721; Pro abzugsfähige Betriebsausgabe: Borggräfe, DStR 1980, 123; Heine, Information StW 2004, 583

B. Rechtsfolgen der Sacheinlage

Außerdem muss, sofern der Gewinn aus dem eingebrachten Betriebsvermögen bis zur Einbringung nach § 4 Abs. 3 EStG ermittelt worden ist, die Gewinnermittlung zum steuerlichen Übertragungsstichtag auf Betriebsvermögensvergleich umgestellt werden. 172

Die Einbringung kann auch Auswirkungen auf in der Vergangenheit stattgefundene Übertragungs- oder Umstrukturierungsvorgänge im eingebrachten Betriebsvermögen haben. Grund hierfür sind die im Zusammenhang mit verschiedenen Rechtsvorschriften enthaltenen Sperr-, Behalte- und Verbleibensvoraussetzungen, die unter Umständen verletzt werden, weil die Einbringung als fiktive Veräußerung behandelt wird. Im Wesentlichen geht es um die Fristen gemäß §§ 6 Abs. 3 und Abs. 5 EStG, 7g Abs. 3 EStG, 16 Abs. 3 und Abs. 5 EStG, 34a EStG, 6 Abs. 3, 18 Abs. 3, 22 Abs. 1 und 24 Abs. 5 UmwStG, 5 Abs. 3 und 6 Abs. 3 GrEStG sowie 13a ErbStG[74]. 173

Eine erhebliche Bedeutung in diesem Zusammenhang hat § 6 Abs. 5 Satz 6 EStG. Durch die Einbringung eines Mitunternehmeranteils in eine Kapitalgesellschaft gegen Gewährung neuer Anteile an dieser Kapitalgesellschaft an den Einbringenden wird die Beteiligung einer Kapitalgesellschaft an den durch den Mitunternehmeranteil verkörperten, übertragenen Wirtschaftsgütern begründet oder erhöht. Handelt es sich bei zumindest einem der Wirtschaftsgüter des Gesamthandsvermögens bzw. des Sonderbetriebsvermögens um ein Wirtschaftsgut, das gem. § 6 Abs. 5 Satz 3 EStG zum Buchwert in das Gesamthandsvermögen oder das Sonderbetriebsvermögen übertragen wurde, wird durch die Einbringung der Tatbestand des § 6 Abs. 5 Satz 6 EStG verwirklicht. Folge hiervon ist, dass die in der Vergangenheit stattgefundene Übertragung des Einzelwirtschaftsguts nach § 6 Abs. 5 Satz 3 EStG nunmehr nachträglich als zum Teilwert erfolgt behandelt wird, wenn die Einbringung innerhalb von sieben Jahren nach der Übertragung des Einzelwirtschaftsgutes gem. § 6 Abs. 5 Satz 3 EStG erfolgt. Um diese Folgen einer Einbringung zu vermeiden, sollte vor einer geplanten Umstrukturierung grundsätzlich geprüft werden, ob innerhalb der letzten sieben Jahre vor dem steuerlichen Übertragungsstichtag eine Vermögensübertragung gem. § 6 Abs. 5 Satz 3 EStG von Einzelwirtschaftsgütern in das Gesamthandsvermögen der Personengesellschaft bzw. deren Tochterpersonengesellschaft oder Enkelpersonengesellschaft usw. stattgefunden hat. 174

Eine Einbringung eines Betriebs- oder Mitunternehmeranteils im Sinne des § 20 Abs. 1 UmwStG hat auch Auswirkungen auf die Thesaurierungsbegünstigung im Sinne des § 34a EStG. § 34a Abs. 6 Nr. 2 EStG regelt ausdrücklich, dass der nachversteuerungspflichtige, thesaurierte Betrag in den Fällen der Einbringung eines Betriebs oder Mitunternehmeranteils in eine Kapitalgesellschaft oder Genossenschaft nachzuversteuern ist. Dies gilt unabhängig davon, ob die Einbringung durch Einzelrechtsübertragung oder im Rahmen einer handelsrechtlichen Umwandlung erfolgt und unabhängig vom Ansatz des Sacheinlagegegenstandes. D.h., selbst eine Buchwerteinbringung eines Betriebs oder Mitunternehmeranteils führt zu einer Nachversteuerung der thesaurierten Beträge. 175

Die in § 34a Abs. 6 EStG angeordnete Nachversteuerung gilt nach Auffassung von Dötsch nicht für die Einbringung eines Teilbetriebes[75]. 176

2. Einbringungsgewinn

Jede Einbringung im Sinne des § 20 Abs. 1 UmwG ist aus Sicht des Einbringenden eine Betriebsveräußerung oder die Veräußerung des Teils eines Mitunternehmeranteils. Abweichend von den allgemeinen Regelungen enthält § 20 Abs. 2 bis 6 UmwStG spezielle Regelungen in Bezug auf den Veräußerungspreis, die Anwendung der Freibetragsregelung und die Tarifermäßigung gem. §§ 16 Abs. 4, 177

---

74 Eine umfassende, aber nicht abschließende Auflistung derartiger Vorschriften findet sich in Dötsch, § 20 UmwStG Rn. 242.
75 vgl. Dötsch, § 20 UmwStG Rn. 244 b

34 Abs. 1 und 3 EStG und den Zeitpunkt der Ermittlung des Buchwertes des eingebrachten Betriebsvermögens sowie den Zeitpunkt des Entstehens des Einbringungsgewinns. Darüber hinaus gelten die allgemeinen Vorschriften.

178 Der Veräußerungspreis des Einbringenden ergibt sich aus dem Wertansatz der übertragenen Wirtschaftsgüter bei der übernehmenden Gesellschaft. Setzt die übernehmende Gesellschaft die übertragenen Wirtschaftsgüter mit einem Zwischenwert oder dem gemeinen Wert an, entsteht bei dem Einbringenden ein Einbringungsgewinn (Einbringungsgewinn im engeren Sinne). Nur wenn das eingebrachte Betriebsvermögen bei der übernehmenden Gesellschaft mit dem Buchwert angesetzt wird, entsteht kein Einbringungsgewinn im engeren Sinne.

179 Ein Einbringungsgewinn im weiteren Sinne entsteht, wenn im Zusammenhang mit der Einbringung i.S.d. § 20 Abs. 1 UmwStG unwesentliche Betriebsgrundlagen in das Privatvermögen überführt werden oder anlässlich der Einbringung Rücklagen aufzulösen sind.

180 Ist die übernehmende Gesellschaft aufgrund des negativen Kapitals des übertragenen Betriebsvermögens oder der gewährten Zusatzleistungen gezwungen, die stillen Reserven der übertragenen Wirtschaftsgüter (teilweise) aufzustocken, führt dies zu einem Einbringungsgewinn im engeren Sinne.

3. Berechnung des Einbringungsgewinns

181 Der Einbringungsgewinn wird wie folgt ermittelt:

Wertansatz der Sacheinlage („Veräußerungspreis")
./. Buchwert der Sacheinlage
./. Einbringungskosten (die dem Einbringenden zugeordnet werden)
Einbringungsgewinn

a) Veräußerungspreis

182 Der Veräußerungspreis als Ausgangsgröße für die Ermittlung des Einbringungsgewinns entspricht dem Wert, mit dem die übernehmende Gesellschaft das eingebrachte Betriebsvermögen ansetzt. Wirtschaftsgüter, die beim Einbringenden bisher keiner inländischen Besteuerung unterfielen und infolge der Einbringung erstmals in die inländische Steuerhoheit gelangen und somit mit dem gemeinen Wert anzusetzen sind, rechnen nicht zum Veräußerungspreis i.S.d. § 20 Abs. 3 Satz 1 UmwStG.

183 Folgender Aufstellung ist zu entnehmen, woraus sich der jeweilige Veräußerungspreis ergibt:

Einbringungsgegenstand	Veräußerungspreis ergibt sich aus
Einbringung eines (Teil-)Betriebs	Ansatz der eingebrachten Wirtschaftsgüter in der Steuerbilanz der übernehmenden Gesellschaft
Einbringung eines (Teil-)Betriebs mit darin enthaltenen Mitunternehmeranteilen	Ansatz in der Bilanz der übernehmenden Gesellschaft hinsichtlich des eingebrachten (Teil-)Betriebs Ansätze aus der Steuerbilanz der Mitunternehmerschaft hinsichtlich des eingebrachten Mitunternehmeranteils
Einbringung eines Mitunternehmeranteils	Ansätze aus der Steuerbilanz der Personengesellschaft, deren Anteile eingebracht werden
Einbringung des (Teil-)Betriebs einer Personengesellschaft	Ansätze in der Steuerbilanz der übernehmenden Gesellschaft

b) Einbringungskosten

184 Wie bereits ausgeführt, sind die im Rahmen der Einbringung anfallenden Kosten nach dem objektiven Veranlassungsprinzip dem Einbringenden und der übernehmenden Gesellschaft zuzuordnen. Soweit die Kosten dem Einbringenden zugeordnet werden können, mindern diese den Einbringungsgewinn. Hierbei kann es sich insbesondere handeln um

- Kosten der Rechts- und Steuerberatung für den Einbringenden,
- Kosten für die Planung und Vorbereitung der Umwandlung,
- Kosten für den Vollzug der Umwandlung, soweit der übertragende Rechtsträger betroffen ist,
- Kosten für die Einbringungsbilanz und den Einbringungsvertrag.

4. Einbringungsverlust

185 Fraglich ist, wie die Einbringungskosten zu behandeln sind, wenn die übernehmende Gesellschaft die Buchwerte fortführt oder wenn die Einbringungskosten, die beim Zwischenwertansatz oder beim Ansatz zum gemeinen Wert aufgedeckten stillen Reserven übersteigen. Nach einer in der Literatur vertretenen Auffassung kommt es in diesen Fällen zu einem Einbringungsverlust[76]. Eine andere Auffassung behandelt in diesen Fällen die Einbringungskosten als nachträgliche Anschaffungskosten auf die erhaltenen Anteile[77]. Zu diesem Meinungsstreit ausführlicher vgl. Dötsch, § 20 UmwStG Rn. 254.

---

[76] Dötsch, § 20 UmwStG Rn. 254; H/B, UmwStG, 2. Aufl., § 20 Rn. 230 m.w.N.
[77] W/M, § 20 UmwStG Rn. R 1105

5. Gewinne anlässlich der Einbringung

186 Werden Wirtschaftsgüter, die nicht zu den wesentlichen Betriebsgrundlagen des übertragenen (Teil-)Betriebs oder Mitunternehmeranteils gehören, von dem Einbringenden zurückbehalten, kann dies zu einem Einbringungsgewinn im weiteren Sinne führen. Dies gilt jedoch nicht, sofern der Einbringende eine Körperschaft ist oder bei Einbringung eines Teilbetriebs durch eine natürliche Person oder eine Personengesellschaft, da in diesen Fällen die zurückbehaltenen Wirtschaftsgüter regelmäßig ihre Betriebsvermögenseigenschaft behalten. Anders ist die Rechtslage, wenn der gesamte Betrieb einer Personengesellschaft eingebracht wird. In diesem Fall bedeutet bei einer Einbringung durch eine natürliche Person die Zurückbehaltung von Wirtschaftsgütern die Überführung dieser Wirtschaftsgüter in das Privatvermögen der natürlichen Person. Hierdurch entsteht ein Gewinn in Höhe der Differenz zwischen dem gemeinen Wert des Wirtschaftsgutes und dem Buchwert des Wirtschaftsgutes im Zeitpunkt des steuerlichen Übertragungsstichtags.

187 Dasselbe gilt im Falle der Einbringung des gesamten Anteils eines Mitunternehmers an der Mitunternehmerschaft. Behält der Mitunternehmer Wirtschaftsgüter, die seinem notwendigen oder gewillkürten Sonderbetriebsvermögen zuzurechnen waren, zurück, verlieren diese Wirtschaftsgüter ihre Eigenschaft als Sonderbetriebsvermögen mit Ablauf des steuerlichen Übertragungsstichtags, da der einbringende Mitunternehmer nach Übertragung seines gesamten Mitunternehmeranteils seine Stellung als Mitunternehmer verloren hat und insofern kein Sonderbetriebsvermögen mehr haben kann in Bezug auf diese Mitunternehmerschaft. Die in den zurückbehaltenen Wirtschaftsgütern enthaltenen stillen Reserven sind zum steuerlichen Umwandlungsstichtag aufzudecken und von dem Einbringenden zu versteuern. Diese Grundsätze finden keine Anwendung, wenn der Einbringende eine Kapitalgesellschaft oder eine mitunternehmerische Personengesellschaft ist, da dann die zurückbehaltenen Wirtschaftsgüter mit Beendigung der Sonderbetriebsvermögenseigenschaft in den Eigenbetrieb des Einbringenden zurückfallen.

6. Einkunftsart, Entstehungszeitpunkt

188 Der Einbringungsgewinn ist derjenigen Einkunftsart zuzurechnen, der die Einkünfte aus der Sacheinlage angehören. D.h., es handelt sich entweder um Einkünfte aus Land- und Forstwirtschaft, aus Gewerbebetrieb oder aus selbständiger Arbeit.

189 Der Einbringungsgewinn entsteht im Zeitpunkt des steuerlichen Übertragungsstichtags. Dies gilt sowohl für den Einbringungsgewinn im engeren Sinne als auch für den Einbringungsgewinn im weiteren Sinne infolge der Zurückbehaltung von Wirtschaftsgütern. Der Einbringungsgewinn ist in dem Veranlagungszeitraum, in den der steuerliche Übertragungsstichtag fällt, zu versteuern.

7. Gewinnmindernde Rücklage nach § 6b EStG

190 Die Einbringung gemäß § 20 Abs. 1 UmwStG ist eine Veräußerung i.S.d. § 6b EStG. Der Einbringende hat daher bei Vorliegen der sonstigen Voraussetzungen die Möglichkeit, durch Bildung einer § 6b Rücklage die Versteuerung des Einbringungsgewinns hinauszuschieben, soweit dieser auf begünstigte Wirtschaftsgüter i.S.d. § 6 Abs. 1 Satz 1 EStG.

191 Wird der Einbringungsgewinn auf die Anschaffungskosten oder Herstellungskosten eines Reinvestitions-Wirtschaftsgut übertragen, oder eine § 6b-Rücklage gebildet, ist auf den verbleibenden Teil des Einbringungsgewinns die Tarifvergünstigung gemäß § 34 Abs. 1 und 3 EStG nicht anwendbar (vgl. § 34 Abs. 3 Satz 6 EStG). Dies gilt auch im Fall der späteren Auflösung der Rücklage.

B. Rechtsfolgen der Sacheinlage

3. Steuerpflicht des Einbringungsgewinns

Auf den Einbringungsgewinn finden die allgemeinen Steuervorschriften Anwendung. Dies gilt insbesondere für die §§ 3 und 3c EStG sowie im Falle einer einbringenden Körperschaft, Personenvereinigung oder Vermögensmasse die §§ 5 und 8b KStG.

a) Einbringung durch eine natürliche Person

Natürliche Personen haben den Einbringungsgewinn nach den allgemeinen Grundsätzen zu versteuern. In diesem Zusammenhang ist insbesondere die Befreiungsvorschrift des § 3 Nr. 40 EStG (Teileinkünfteverfahren) zu berücksichtigen. Sind Gegenstand einer Einbringung nach § 20 Abs. 1 UmwStG auch Anteile an einer Köperschaft, Personenvereinigung oder Vermögensmasse, deren Leistungen zu Einnahmen i.S.d. § 20 Abs. 1 Nr. 1 EStG gehören (in der Praxis regelmäßig Anteile an inländischen oder ausländischen Kapitalgesellschaften), weil diese Anteile in dem übertragenen Betriebsvermögen enthalten sind, ist der Veräußerungspreis (Wertansatz des übertragenen Betriebsvermögens durch die übernehmende Gesellschaft) anteilig auf die Beteiligung zu verteilen. Insoweit unterliegt der Einbringungsgewinn dem Teileinkünfteverfahren gemäß § 3 Nr. 40 EStG.

Gleiches gilt, wenn Anteile an Kapitalgesellschaften anlässlich einer Einbringung in das Privatvermögen entnommen (überführt) werden. Der gemeine Wert dieser Anteile ist gemäß § 3 Nr. 40 EStG teilweise von der Steuer befreit. Werden die Anteile in ein anderes Betriebsvermögen des Einbringenden überführt, kann der Vorgang hingegen vollständig steuerneutral sein.

b) Einbringung durch eine Körperschaft

Das Körperschaftsteuergesetz kennt keine spezielle Befreiungsnorm für den Einbringungsgewinn. Somit unterliegt der Einbringungsgewinn sowohl bei beschränkter als auch bei unbeschränkter Steuerpflicht der Körperschaftsteuer. Entfällt der Einbringungsgewinn jedoch auf die stillen Reserven, die in Anteilen an einer Körperschaft, einer Personenvereinigung oder einer Vermögensmasse enthalten sind, deren Leistungen zu den Einnahmen i.S.d. § 20 Abs. 1 Nr. 1, 2, 9 und 10a EStG gehören, findet auf diesen Teil des Einbringungsgewinns § 8b KStG Anwendung. Die Steuerfreiheit des § 8b KStG gilt auch, soweit die Körperschaft einen Mitunternehmeranteil einbringt und ihr somit der Einbringungsgewinn im Rahmen der Gewinnfeststellung der Personengesellschaft zugerechnet wird. Somit bleibt der Einbringungsgewinn, soweit er auf Anteile an Kapitalgesellschaften und anderen Körperschaften, Personenvereinigungen oder Vermögensmassen im vorgenannten Sinne entfällt, gemäß § 8b Abs. 2 Satz 1 KStG bei der einbringenden Körperschaft außer Ansatz.

Abweichend hiervon entfällt die Steuerbefreiung des auf entsprechende Anteile zurückzuführenden Einbringungsgewinns,

- wenn und soweit auf die eingebrachten Anteile eine gewinnwirksame TeilwertAbschreibung vorgenommen worden ist (§ 8b Abs. 2 Satz 4 KStG),
- wenn und soweit auf die eingebrachte Beteiligung eine gewinnwirksame § 6b-Rücklage in Abzug gebracht worden ist (§ 8b Abs. 2 Satz 5 KStG),
- wenn Einbringender ein Kreditinstitut, Finanzdienstleistungsinstitut oder ein Lebens- oder Krankenversicherungsunternehmen ist und die Voraussetzungen des § 8b Abs. 6 oder 7 KStG vorliegen,
- wenn es sich bei den eingebrachten Anteilen um einbringungsgeborene Anteile alten Rechts handelt und die Rückausnahmen gemäß § 8b Abs. 4 Satz 2 KStG nicht vorliegen.

c) Anwendung der §§ 16 Abs. 4, 34 EStG

197 Im Falle der Aufgabe oder Veräußerung eines (Teil-)Betriebs durch eine natürliche Person kommt die natürliche Person unter bestimmten Umständen in den Genuss eines Freibetrages nach § 16 Abs. 4 EStG und/oder einer Tarifvergünstigung nach § 34 EStG. Dasselbe gilt bei der Veräußerung eines Mitunternehmeranteils durch eine natürliche Person.

198 Da die Einbringung eines (Teil-)Betriebs sowie eines Mitunternehmeranteils gemäß § 20 Abs. 1 UmwStG steuerlich gesehen einen Veräußerungstatbestand verwirklicht, kommt die Anwendung der §§ 16 Abs. 4, 34 EStG auch in den Fällen der Einbringung in Betracht. Dies ist abhängig von der Ausübung des Ansatzwahlrechtes.

199 Führt die übernehmende Gesellschaft die Buchwerte der übertragenen Wirtschaftsgüter fort, entsteht beim Einbringenden kein Einbringungsgewinn im engeren Sinne. Ein Einbringungsgewinn kann allein darauf beruhen, dass unwesentliche Wirtschaftsgüter von dem Einbringenden zurückbehalten werden. Auf diesen Einbringungsgewinn im weiteren Sinne finden die §§ 16 Abs. 4 und 34 EStG keine Anwendung (vgl. zum Freibetrag nach § 16 Abs. 4 EStG § 20 Abs. 4 Satz 1 UmwStG).

200 Auch bei einem Ansatz des Sacheinlagegegenstandes zum Zwischenwert bei der übernehmenden Gesellschaft findet die Tarifermäßigung gemäß § 34 Abs. 1 und 3 EStG und der Freibetrag gemäß § 16 Abs. 4 EStG auf den Einbringungsgewinn, der infolge der teilweisen Aufdeckung der stillen Reserven bei der übernehmenden Gesellschaft entsteht, gemäß § 20 Abs. 4 Satz 1 und Satz 2 UmwStG keine Anwendung.

201 Lediglich die Einbringung zu gemeinen Werten führt dazu, dass eine natürliche Person als Einbringender bei Vorliegen der weiteren Voraussetzungen den Freibetrag gemäß § 16 Abs. 4 EStG und die Tarifermäßigung gemäß § 34 Abs. 1 und 3 EStG in Anspruch nehmen kann (vgl. § 20 Abs. 4 UmwStG). Zu dem tarifbegünstigten Einbringungsgewinn zählt in diesem Fall auch ein Gewinnzuschlag wegen Auflösung einer zuvor gebildeten gewinnmindernden Rücklage[78].

202 In bestimmten Fällen kann trotz des Ansatzes zum gemeinen Wert die Tarifermäßigung des § 34 Abs. 1 oder 3 EStG nicht in Anspruch genommen werden. Dies gilt z. B. wenn

- für einen Teil des Einbringungsgewinns eine Rücklage gemäß § 6b oder § 6c EStG gebildet worden ist;
- soweit das Teileinkünfteverfahren auf den Einbringungsgewinn anzuwenden ist (vgl. § 20 Abs. 4 Satz 2 UmwStG);
- ein Teil eines Mitunternehmeranteils eingebracht wird (§ 20 Abs. 4 Satz 1 UmwStG).

203 Wird der Mitunternehmeranteil an einer Grundstückshandelsgesellschaft eingebracht, scheidet nach der Rechtsprechung des BFH die Tarifermäßigung nach § 34 Abs. 1 oder 3 EStG wohl ebenfalls aus[79].

d) Gewerbesteuer

204 Ist Einbringender eine natürliche Person und handelt es sich bei dem eingebrachten Betriebsvermögen um einen Gewerbebetrieb i.S.d. § 2 Abs. 1 GewStG, unterfällt der Einbringungsgewinn nicht der Gewerbesteuer. Dies folgt daraus, dass der Gewerbesteuer nur der laufende Gewinn aus dem Gewerbebetrieb unterliegt und nicht außerordentliche Einkünfte wie z. B. aus einer Betriebsveräußerung. Ebensowenig findet ein Einbringungsverlust (vgl. § 2 Rn. 185) bei der Gewerbesteuer Berücksichtigung.

---

[78] vgl. zur § 6b-Rücklage BMF, Schreiben vom 25.03.1998, BStBl I 1998, 268, Tz. 20.39
[79] vgl. BFH, Urteil vom 14.12.2006, BStBl II 2007, 777 und Urt. vom 10.05.2007, BFH/NV 2007, 2023

B. Rechtsfolgen der Sacheinlage

Ein Einbringungsgewinn im weiteren Sinne aus z. B. der Zurückbehaltung unwesentlicher Betriebsgrundlagen gehört ebenfalls nicht zum Gewerbeertrag.

Ausnahmen von der Freistellung bei der Gewerbesteuer gelten für

- die Einbringung eines verschmelzungsgeborenen (Teil-)Betriebs oder Mitunternehmeranteils i.S.d. § 18 Abs. 3 UmwStG zum Zwischenwert oder gemeinen Wert;
- die Einbringung des Teils eines Mitunternehmeranteils[80];
- die Einbringung eines Mitunternehmeranteils aus der Beteiligung an einer Grundstückshandelsgesellschaft.

Abweichend von der Behandlung des Einbringungsgewinns bei natürlichen Personen als Einbringende ist der Einbringungsgewinn einer Kapitalgesellschaft, deren Betrieb oder Teilbetrieb eingebracht wird, Bestandteil des gewerbesteuerpflichtigen Gewerbeertrags. Soweit der Einbringungsgewinn auf Anteile an Kapitalgesellschaften, die mitsamt des Betriebs oder Teilbetriebs der Kapitalgesellschaft übertragen wurden, entfällt, bleibt dieser gemäß § 8b Abs. 2 KStG außer Ansatz. Insoweit unterliegt der Einbringungsgewinn auch nicht der Gewerbesteuer.

Die Einbringung eines Mitunternehmeranteils in eine Kapitalgesellschaft oder Genossenschaft gemäß § 20 Abs. 1 UmwStG ist eine Veräußerung i.S.d. § 7 Satz 2 GewStG. Führt die übernehmende Gesellschaft nicht die Buchwerte des eingebrachten Mitunternehmeranteils fort, gehört der Einbringungsgewinn zum Gewerbeertrag der Mitunternehmerschaft, deren Mitunternehmeranteil eingebracht wird, soweit Einbringende eine Körperschaft, Personenvereinigung oder Vermögensmasse war.

Bringt eine gewerbliche Mitunternehmerschaft ihren Betrieb in eine Kapitalgesellschaft oder Genossenschaft gemäß § 20 Abs. 1 UmwStG ein, unterliegt der Einbringungsgewinn nicht der Gewerbesteuer, wenn und soweit an der Mitunternehmerschaft natürliche Personen als Mitunternehmer unmittelbar beteiligt sind. Soweit an der gewerblichen Mitunternehmerschaft aber Kapitalgesellschaften, andere Körperschaften, Personenvereinigungen oder Vermögensmassen oder eine Personengesellschaft unmittelbar beteiligt sind, rechnet der Einbringungsgewinn gemäß § 7 Satz 2 Nr. 1 GewStG auch zum Gewerbeertrag.

Darüber hinaus ist der Einbringungsgewinn gemäß § 7 Satz 2 Nr. 2 GewStG ebenfalls gewerbesteuerpflichtig, wenn eine gewerbliche Mitunternehmerschaft an einer anderen Mitunternehmerschaft beteiligt ist (doppelstöckige Personengesellschaft) und die Obergesellschaft ihren Mitunternehmeranteil in eine Kapitalgesellschaft oder Genossenschaft einbringt. Der gewerbesteuerpflichtige Einbringungsgewinn fällt bei der Untergesellschaft an und wird von dieser geschuldet.

C. Anschaffungskosten der erhaltenen Anteile

Die Ermittlung der Anschaffungskosten für die im Rahmen der Einbringung erhaltenen neuen Anteile an der übernehmenden Gesellschaft erfolgt gemäß § 20 Abs. 3 und Abs. 5 Satz 3 UmwStG. Danach gilt der Wert, mit dem die übernehmende Gesellschaft das eingebrachte Vermögen ansetzt, für den Einbringenden als Anschaffungskosten der neuen Gesellschaftsanteile (vgl. § 20 Abs. 3 Satz 1 UmwStG). Dieser Wert ergibt sich aus der Steuerbilanz der übernehmenden Gesellschaft bzw. der Steuerbilanz der Personengesellschaft, deren Anteile eingebracht werden. Werden die von der übernehmenden Gesellschaft in ihrer Steuerbilanz ausgewiesenen Werte des eingebrachten Vermögens in Folge einer Betriebsprüfung geändert, führt dies auch zu einer Änderung der Anschaffungskosten der Anteile.

) vgl. BFH, Urt. v. 14.12.2006, BFH/NV 2007, 601

212 Gehören zu dem eingebrachten Vermögen auch werthaltige Wirtschaftsgüter, für die im Inland kein Besteuerungsrecht besteht bzw. infolge der Einbringung begründet wird, führt dies ebenfalls zu einer Erhöhung der Anschaffungskosten. In diesem Fall sind die Anschaffungskosten der erhaltenen Anteile gemäß § 20 Abs. 3 Satz 1 UmwStG um die gemeinen Werte dieser Wirtschaftsgüter zu erhöhen (§ 20 Abs. 3 Satz 2 UmwStG).

213 Eine Minderung der Anschaffungskosten der erhaltenen Anteile hat die Gewährung von Zusatzleistungen neben den neuen Anteilen an der übernehmenden Rechtsträgerin zur Folge (§ 20 Abs. 3 Satz 3 UmwStG). Der gemeine Wert dieser Zusatzleistungen ist von dem sich nach § 20 Abs. 3 Satz 1 und 2 UmwStG ergebenden Wert abzuziehen.

214 Einbringungskosten, die der übernehmenden Gesellschaft zuzuordnen sind, die aber vom Einbringenden getragen werden, erhöhen zusätzlich die Anschaffungskosten des Einbringenden für die neuen Anteile.

215 Hat der Einbringende in Bezug auf das eingebrachte Betriebsvermögen im Rückbezugszeitraum Entnahmen oder Einlagen getätigt, die ihm steuerlich zuzurechnen sind, mindern die Buchwerte der Entnahmen bzw. erhöhen die sich nach § 6 Abs. 1 Nr. 5 EStG ergebenden Werte der Einlagen die Anschaffungskosten der neuen Anteile an der übernehmenden Gesellschaft.

216 Im Ergebnis sind die Anschaffungskosten für die neuen Anteile wie folgt zu ermitteln[81]:

    Wertansatz des übernommenen Vermögens bei der übernehmenden Gesellschaft

+ gemeiner Wert der zusätzlichen Leistungen, die der Einbringende an die übernehmende Gesellschaft oder an andere Gesellschafter als Ausgleichsleistungen (Aufgeld) erbringt

+ gemeiner Wert der eingebrachten Vermögensgegenstände, die vor und nach der Sacheinlage nicht dem inländischen Besteuerungsrecht unterliegen

./. gemeiner Wert der Wirtschaftsgüter, die neben den neuen Anteilen gewährt werden

+ Wert der Einbringungskosten, die der Einbringende trägt, die aber der übernehmenden Gesellschaft zuzuordnen sind

+ Teilwert, fortgeführte Anschaffung- bzw. Herstellungskosten oder gemeiner Wert gemäß § 6 Abs. 2 Satz 5 EStG der Einlagen, die nach dem steuerlichen Umwandlungsstichtag im Rückbeziehungszeitraum getätigt werden (§ 20 Abs. 5 Satz 3 UmwStG)

./. Buchwert der Entnahmen nach dem steuerlichen Umwandlungsstichtag im Rückbeziehungszeitraum, § 20 Abs. 5 Satz 3 UmwStG

    Anschaffungskosten (Untergrenze = 0 €)

IV. Zeitpunkt der Sacheinlage und Rückbeziehung (§ 20 Abs. 5 und 6 UmwStG)

1. Steuerlicher Einbringungszeitpunkt

217 Der steuerliche Einbringungszeitpunkt entscheidet über den Zeitpunkt der Zurechnung des übertragenen Vermögens beim Einbringenden bzw. bei der übernehmenden Gesellschaft aus steuerlicher Sicht. Steuerlich ausschlaggebend ist regelmäßig der Übergang des wirtschaftlichen Eigentums an

---

81 Vgl. Dötsch, § 20 UmwStG Rn. 293

B. Rechtsfolgen der Sacheinlage

...en Wirtschaftsgütern der Sacheinlage auf die übernehmende Gesellschaft. Dies ist normalerweise ...er Übergang von Besitz, Nutzen und Lasten. Erfolgt die Einbringung in Form einer Verschmelzung ...der Spaltung nach dem Umwandlungsgesetz geht das wirtschaftliche Eigentum in der Regel mit der ...intragung der Umwandlung im Handelsregister über.

Abweichend von der Übertragung des wirtschaftlichen Eigentums an den Wirtschaftsgütern des ...acheinlagegegenstands kann der Einbringungsvorgang auf bis zu acht Monate rückbezogen werden. Infolge dessen ist eine Umwandlung bis zum 31. August eines Jahres möglich, wenn man der Umwandlung die Schlussbilanz des einzubringenden Unternehmens mit dem Bilanzstichtag 31.12. ...es Vorjahres zugrunde legen will. Entscheidend in diesem Zusammenhang ist, dass die Umwandlung bis zum 31.08. beim Handelsregister angemeldet worden ist bzw. im Zusammenhang mit einem ...inbringungsvertrag das wirtschaftliche Eigentum bis zu diesem Zeitpunkt übergegangen ist. **218**

Aus steuerlicher Sicht führt die Rückbeziehung gemäß § 20 Abs. 6 UmwStG dazu, dass eine rückwirkende Vermögensübertragung mit allen steuerlichen Konsequenzen für die Einkommen- und Vermögensteuer fingiert wird. Dies bedeutet sogar, dass in den Fällen der Umwandlung zur Neugründung bzw. in den Fällen der Einbringung in eine neu gegründete Gesellschaft die Existenz der aufnehmenden Gesellschaft ab dem rückbezogenen Übertragungsstichtag steuerlich unterstellt wird, selbst wenn diese Gesellschaft am Übertragungsstichtag rechtlich noch nicht existierte. **219**

Weiter bedeutet die Rückbeziehung nach § 20 Abs. 6 UmwStG, dass für die Annahme einer Sacheinlage unerheblich ist, wenn im Zeitpunkt des rückbezogenen Übertragungsstichtags die Voraussetzungen des Sacheinlagegegenstandes nach § 20 Abs. 1 UmwStG noch nicht erfüllt waren. D.h., eine rückbezogene Einbringung ist selbst dann möglich, wenn z. B. der Teilbetrieb erst in dem Zeitraum zwischen dem steuerlichen Übertragungsstichtag und dem Abschluss des Einbringungsvertrages bzw. der Fassung des Umwandlungsbeschlusses geschaffen wurde. **220**

Eine Rückbeziehung ist nur auf Antrag möglich. Dieser Antrag unterliegt keinen Formerfordernissen, kann also auch formfrei gestellt werden. Er gilt für sämtliche Steuerarten, die von der Rückwirkung betroffen sind, also für die Einkommensteuer, die Körperschaftsteuer und die Gewerbesteuer. Streitig ist, ob der Antrag ausschließlich durch die übernehmende Gesellschaft oder gemeinsam durch den Einbringenden und die übernehmende Gesellschaft gestellt werden kann[82]. Die Ausübung des Antragsrechts erfolgt genauso wie die Ausübung des Bewertungswahlrechtes im Rahmen der Bilanz oder der Steuererklärung der übernehmenden Gesellschaft, die für das Wirtschaftsjahr abgegeben wird, in dem die Einbringung stattgefunden hat[83]. **221**

Erfolgt die Einbringung auf den Jahreswechsel, ist zu empfehlen, klar zum Ausdruck zu bringen, ob der 31.12. eines Jahres oder der 1.1. des Folgejahres der steuerliche Übertragungsstichtag sein soll. Fehlt eine derartige klarstellende Formulierung, muss durch Auslegung ermittelt werden, welchem Feststellungszeitraum oder Veranlagungszeitraum die Vermögensübertragung steuerlich zuzurechnen ist[84]. **222**

2. Rückbezugszeitraum

Die Rückbeziehung ist längstens für einen Zeitraum von acht Monaten möglich. Entscheidend für die Rechtzeitigkeit des „Vollzugs" der Einbringung ist der Beginn des Rückbezugszeitraumes. Für Verschmelzungen ist dies der Tag der Anmeldung der Umwandlung beim Handelsregister (§ 20 **223**

---

[82] für alleiniges Antragsrecht der übernehmenden Gesellschaft: BMF, Schreiben vom 25.03.1998, BStBl I 1998, 268, Tz. 20.19; H/B, UmwStG, 2. Aufl., § 20 Rn. 271; für gemeinsames Antragsrecht: vgl. W/M, § 20 UmwStG Rn. 603 nunmehr aufgegeben, vgl. § 20 UmwStG Rn. R 276
[83] BMF, Schreiben vom 25.03.1998, BStBl I 1998, 268, Tz. 20.31
[84] Vgl. hierzu Formulierungsbeispiele in den Mustersätzen im Anhang

Abs. 6 Satz 1 UmwStG). Insoweit stimmt die Acht-Monats-Frist des § 20 Abs. 6 Satz 1 UmwStG mit der handelsrechtlichen Fristsetzung in § 17 Abs. 2 Satz 4 UmwG überein.

224 Die Eintragung einer Umwandlung trotz Verstoßes gegen die Acht-Monats-Frist führt dazu, dass die Umwandlung rechtlich wirksam vollzogen ist. Abweichend hiervon führt ein solcher Verstoß gegen die Acht-Monats-Frist dazu, dass aus steuerlicher Sicht der steuerliche Übertragungsstichtag nach den allgemeinen Grundsätzen zu bestimmen ist und somit auf den Tag der Eintragung der Verschmelzung in das Handelsregister fällt[85]. Die vorstehend aufgeführten Grundsätze gelten gemäß § 20 Abs. 6 Satz 2 UmwStG auch für die Spaltung, bei der § 17 UmwG entsprechend anwendbar ist.

225 Für andere Fälle der Einbringung, d.h. Einbringungen außerhalb des UmwG, beginnt der Rückbeziehungszeitraum am Tag des Abschlusses des Einbringungsvertrages, es sei denn, das wirtschaftliche Eigentum an dem eingebrachten Vermögen geht erst zu einem späteren Zeitpunkt über. Dann gilt dieser spätere Zeitpunkt als Beginn des Rückbezugszeitraumes (vgl. § 20 Abs. 6 Satz 3 UmwStG).

226 In diesen Fällen kann als steuerlicher Übertragungsstichtag jeder beliebige Zeitraum innerhalb der Rückbezugsfrist gewählt werden. Anders als bei der Einbringung unter Anwendung des UmwG kommt es nicht auf die Schlussbilanz des übertragenden Rechtsträger an.

3. Wirkung der rückbezogenen Einbringung

a) Vermögensübergang

227 Die rückbezogene Einbringung führt zu einem fiktiven Vermögensübergang auf den Ablauf des Übertragungsstichtags (§ 20 Abs. 5 Satz 1 UmwStG). Folgen der Rückbeziehung aus ertragsteuerlichen Sicht sind:

- Der Bewertungszeitpunkt für das übertragene Vermögen ist der steuerliche Übertragungsstichtag;
- Das übertragene Vermögen unterliegt bei der übernehmenden Kapitalgesellschaft zum Übertragungsstichtag der Steuer;
- Ab dem rückbezogenen Übertragungsstichtag verwirklichte Vorgänge sind der übernehmenden Gesellschaft zuzurechnen;
- Eine im Zusammenhang mit der Einbringung neu gegründete Gesellschaft hat ab dem Übertragungsstichtag eine Körperschaft- und Gewerbesteuererklärung abzugeben, auch wenn sie zivilrechtlich erst später existiert;
- Ein etwaiger Einbringungsgewinn des Einbringenden entsteht am rückbezogenen Übertragungsstichtag;
- Der rückbezogene Übertragungsstichtag bestimmt den Zeitpunkt und die steuerlichen Rahmenbedingungen für die Entstehung und Versteuerung eines nachträglichen Einbringungsgewinns gemäß § 22 Abs. 1 UmwStG;
- Die infolge der Einbringung erhaltenen neuen Anteile werden dem Einbringenden ab dem rückbezogenen Übertragungsstichtag zugerechnet;
- Ab dem rückbezogenen Übertragungsstichtag läuft die Sperrfrist des § 22 UmwStG.

---

85 Dötsch, § 20 UmwStG Rn. 308; H/B, UmwStG, 2. Aufl., § 20 Rn. 298

Es werden von der Rückbeziehung nicht sämtliche Steuerarten erfasst, sondern ausschließlich die Einkommensteuer, Körperschaftsteuer und Gewerbesteuer. Für sämtliche sonstige Steuern bleibt es bei der Maßgeblichkeit des tatsächlichen zivilrechtlichen Übergangs. Infolge dessen fällt z. B. die Grunderwerbsteuer nicht bereits auf den rückbezogenen Übertragungsstichtag an, sondern erst, wenn ein Tatbestand des § 1 GrEStG tatsächlich verwirklicht worden ist.

b) Verträge im Rückbezugszeitraum

Sachverhalte und Rechtsvorgänge, die der Einbringende in dem Zeitraum zwischen dem rückbezogenen Übertragungsstichtag und dem rechtlichen Vollzug der Einbringung verwirklicht hat, werden der übernehmenden Gesellschaft zugerechnet. Somit sind z. B. Verträge zwischen der Personengesellschaft und ihren Mitunternehmern ab dem steuerlichen Übertragungsstichtag nicht mehr nach einkommensteuerlichen, sondern nach körperschaftsteuerlichen Grundsätzen zu beurteilen[86].

Im Falle der Einbringung einer Personengesellschaft in eine Kapitalgesellschaft gilt unter anderem folgendes:

- Verträge zwischen der Personengesellschaft und ihren Gesellschaftern, die am steuerlichen Übertragungsstichtag bereits existierten, sind ab dem steuerlichen Übertragungsstichtag nach körperschaftsteuerlichen Grundsätzen zu beurteilen. Tätigkeitsvergütungen, die bisher als Sonderbetriebseinnahmen zu qualifizieren waren, werden zu Einkünften aus nichtselbständiger Tätigkeit. Außerdem finden die Grundsätze einer verdeckten Gewinnausschüttung Anwendung. Liegen die Voraussetzungen einer verdeckten Gewinnausschüttung in dem Rückbeziehungszeitraum vor, wird diese jedoch gemäß § 20 Abs. 5 Satz 2 UmwStG nicht als verdeckte Gewinnausschüttung, sondern als dem Einbringenden zuzurechnende Entnahme behandelt, die die Anschaffungskosten des Einbringenden für die erhaltenen neuen Anteile an der übernehmenden Gesellschaft schmälert.

- Wurde der Vertrag zwischen der Personengesellschaft und ihren Gesellschaftern im Rückbezugszeitraum, aber erst nach dem steuerlichen Übertragungsstichtag, abgeschlossen, ist dieses Vertragsverhältnis ab dem Zeitpunkt des wirksamen Vertragsschlusses nach körperschaftsteuerlichen Gesichtspunkten zu beurteilen.

- Erhält ein Gesellschafter von der Personengesellschaft Zahlungen ohne vertragliche Grundlage, sind diese bis zu dem Zeitpunkt der Eintragung der Einbringung im Handelsregister als Entnahmen des Einbringenden zu behandeln.

Scheidet ein Mitunternehmer infolge der Einbringung als Mitunternehmer aus der Personengesellschaft aus, sind die zwischen dem Einbringenden und der Personengesellschaft auch nach der Übertragung des Mitunternehmeranteils weiterhin bestehenden vertraglichen Verhältnisse neu zu beurteilen. Dies gilt insbesondere für Tätigkeitsvergütungen und für Darlehensverträge zwischen dem Einbringenden und der Personengesellschaft. Diese Einkünfte des Einbringenden sind ab dem steuerlichen Übertragungsstichtag anders zu qualifizieren, nämlich als Einkünfte aus nichtselbständiger Tätigkeit bzw. als Einkünfte aus Kapitalvermögen.

c) Ausschüttungen im Rückbezugszeitraum

Enthält das übertragene Vermögen Anteile an einer Kapitalgesellschaft und schüttet diese Kapitalgesellschaft im Rückbezugszeitraum Gewinne an ihre Gesellschafter aus, ist diese Gewinnausschüttung wie folgt zu behandeln:

---

[86] BMF, Schreiben vom 25. 03. 1998, BStBl I 1998, 268, Tz. 20. 21

- Ausschüttungen, die vor dem Übertragungsstichtag beschlossen wurden und im Rückbezugszeitraum an den Einbringenden ausgeschüttet worden sind, sind von dem Einbringenden gemäß § 24 Nr. 2 i.V.m. § 20 Abs. 1 Nr. 1 EStG zu versteuern.
- Wurde die Gewinnausschüttung vor dem steuerlichen Übertragungsstichtag beschlossen und erfolgt die Vereinnahmung durch die übernehmende Gesellschaft, weil die Dividende in dem rückwirkend eingebrachten Betrieb oder Teilbetrieb erfasst wird, ist die Dividende mit dem Ausschüttungsanspruch zu verrechnen.
- Wurde die Gewinnausschüttung nach dem steuerlichen Übertragungsstichtag beschlossen, erfolgt die Zurechnung der Gewinnausschüttung bei der übernehmenden Gesellschaft. Die Gewinnausschüttung ist nach körperschaftsteuerlichen Vorschriften, z. B. § 8b Abs. 1 KStG zu behandeln. Erhält trotz dieser grundsätzlichen Zurechnung der Einbringende die Gewinnausschüttung, ist streitig, ob es sich hierbei um eine Weiterausschüttung der übernehmenden Gesellschaft an den Einbringenden handelt, die unter die Abgeltungssteuer fällt, oder um eine zusätzliche Gegenleistung i.S.d. § 20 Abs. 3 Satz 3 UmwStG[87].

d) Ausnahmen von der Rückbeziehung

233 Die steuerliche Rückbeziehung gilt gemäß § 20 Abs. 5 Satz 2 UmwStG nicht für Einlagen und Entnahmen nach dem steuerlichen Übertragungsstichtag. Dementsprechend sind Einlagen als Zuführung eines Wirtschaftsguts zum Betriebsvermögen des eingebrachten (Teil-)Betriebs oder Mitunternehmeranteils zu behandeln und bei der übernehmenden Gesellschaft mit dem Wert nach § 6 Abs. Nr. 5 EStG zum Zeitpunkt der tatsächlichen Zuführung und nicht dem steuerlichen Übertragungsstichtag anzusetzen. Bei Vorliegen der Voraussetzungen kommt jedoch auch eine Bewertung nach § 6 Abs. 5 EStG in Betracht.

234 Der steuerliche Wert der Einlage erhöht die Anschaffungskosten der neuen Anteile an der übernehmenden Gesellschaft.

235 Die Sonderregelung des § 20 Abs. 5 Satz 2 UmwStG für Entnahmen gilt nur bis zur Eintragung der Einbringung im Handelsregister oder Genossenschaftsregister. Nach diesem Zeitpunkt sind sämtliche unentgeltlichen Abgaben von Betriebsvermögen in der übernehmenden Gesellschaft an den Anteilseigner als verdeckte Gewinnausschüttungen zu behandeln.

236 Die Entnahme von Wirtschaftsgütern im Rückbezugszeitraum führt dazu, dass das Betriebsvermögen der übernehmenden Gesellschaft in Höhe des Buchwertes des übernommenen Wirtschaftsgutes zum Zeitpunkt der Entnahme erfolgsneutral zu verringern ist. Der Einbringende hingegen hat den Entnahmegewinn (Differenz zwischen Teilwert oder gemeinem Wert und Buchwert im Zeitpunkt der Entnahme) im Veranlagungszeitraum der tatsächlichen Entnahmehandlung zu versteuern. Zugleich verringern sich die Anschaffungskosten des Einbringenden für die neuen Anteile an der übernehmenden Gesellschaft um den Buchwert des entnommenen Wirtschaftsgutes.

---

[87] vgl. Dötsch, § 20 UmwStG Rn. 318

B. Rechtsfolgen der Sacheinlage

Entnahme eines abschreibungsfähigen Wirtschaftsgutes im Rückbeziehungszeitraum	
Auswirkungen bei der übernehmenden Gesellschaft	Auswirkungen bei dem Einbringenden
Die übernehmende Gesellschaft bilanziert das entnommene Wirtschaftsgut zum steuerlichen Übertragungsstichtag.	Anschaffungskosten der erhaltenen Anteile werden um den Buchwert des entnommenen Wirtschaftsgutes im Zeitpunkt der Entnahme reduziert (§ 20 Abs. 5 Satz 3 UmwStG).
AfA für das entnommene Wirtschaftsgut bis zum tatsächlichen Zeitpunkt der Entnahme mindert Einkommen und Gewerbeertrag der übernehmenden Gesellschaft im Veranlagungszeitraum der Entnahme.	Nachträgliche Einkünfte des Einbringenden in Höhe des Teilwertes des entnommenen Wirtschaftsgutes ./. Buchwert des entnommenen Wirtschaftsgutes jeweils im Zeitpunkt der Entnahme (nicht begünstigte Einkünfte i.S.d. § 34 EStG).
Vermögen der übernehmenden Gesellschaft ist steuerneutral um den Buchwert des entnommenen Wirtschaftsgutes zum Zeitpunkt der Entnahme zu mindern.	

Liegt der Buchwert aller Entnahmen im Rückbezugszeitraum über dem Buchwert der Sacheinlage zum steuerlichen Übertragungsstichtag, ist zwingend erforderlich, dass das eingebrachte Vermögen mit einem über dem Buchwert liegenden Wert angesetzt wird. Nur so ist gewährleistet, dass der Buchwert der entnommenen Wirtschaftsgüter von den Anschaffungskosten der neuen Anteile an der übernehmenden Gesellschaft abgezogen werden kann, ohne dass diese negativ werden.

Im Rückbezugszeitraum ausgeschiedene Mitunternehmer

Mitunternehmer, die ihre Beteiligung im Rückwirkungszeitraum übertragen, nehmen an der Einbringung nicht teil. Für diese gilt § 20 Abs. 5 Satz 1 UmwStG nicht. Im Falle der unentgeltlichen Übertragung des Mitunternehmeranteils gilt für den Erwerber § 6 Abs. 3 EStG. Die Einbringung durch den Erwerber kann innerhalb der zulässigen Grenzen des § 20 Abs. 6 UmwStG auf einen Stichtag zurückbezogen werden, an dem er noch nicht Mitunternehmer war.

Erfolgt die Übertragung des Mitunternehmeranteils entgeltlich, erzielt der ausscheidende Mitunternehmer einen Veräußerungsgewinn im Sinne des § 16 Abs. 1 Nr. 2 und Abs. 2 EStG, sofern es sich hierbei um eine natürliche Person handelt. Dieser Veräußerungsgewinn ist von dem ausscheidenden Mitunternehmer zusammen mit dem laufenden Gewinn im Rückbezugszeitraum bis zu seinem Ausscheiden persönlich zu versteuern.

> An der BCD-KG sind B und C zu je 25% und D zu 50% beteiligt. D hat seinen Anteil am 30.05.2008 zu einem Preis von 1,0 Mio. € (Kapitalkonto 250.000 €) erworben. Am 31.07.2008 beschließen B, C und D einstimmig die Einbringung sämtlicher Mitunternehmeranteile in die BCD GmbH (Einbringung als Sachgründung). Steuerlicher Übertragungsstichtag ist der 31.12.2007.
>
> Die Rückbeziehung der Sacheinlage auf den 31.12.2007 ist gemäß § 20 Abs. 5 und Abs. 6 UmwStG zulässig. Dies gilt unabhängig davon, dass D erst am 30.05.2008, also innerhalb des Rückbeziehungszeitraumes, von A erworben hat. Auch die Tatsache, dass die BCD GmbH am 31.12.2007 noch nicht existierte, steht einer steuerlichen Rückbeziehung nicht entgegen. Der BCD GmbH sind vielmehr sämtliche Geschäftsvorfälle der KG ab dem 01.01.008 zuzurechnen.

Soweit es den Gesellschafter A betrifft, findet eine Zurechnung der Geschäftsvorfälle bei der GmbH nicht statt. Dieser, und nicht die GmbH, hat den auf ihn entfallenden laufenden Gewinn (50% des gesamten laufenden Gewinns) für die Zeitdauer seiner Beteiligung an der KG im Rückbeziehungszeitraum (01.01. bis 30.05.2008) sowie seinen Veräußerungsgewinn zu versteuern.

5. Organschaft

240 Durch die Rückbeziehung gemäß § 20 Abs. 5 und 6 UmwStG können die Voraussetzungen eines Organschaftsverhältnisses nicht rückwirkend begründet werden. Etwas anderes gilt jedoch, wenn die Eingliederungsvoraussetzungen bereits am rückbezogenen Übertragungsstichtag existiert haben und lediglich die Organgesellschaft an dem steuerlichen Übertragungsstichtag noch nicht als Kapitalgesellschaft existierte, sondern z. B. nur als Personengesellschaft. War also die übernehmende Kapitalgesellschaft bereits zu Beginn eines Wirtschaftsjahres an der Personengesellschaft beteiligt, d.h. lag die finanzielle Eingliederung bereits zu diesem Zeitpunkt vor, und wird die Personengesellschaft in eine Kapitalgesellschaft mit steuerlicher Rückwirkung formgewechselt, ist eine Organschaft ab dem laufenden Wirtschaftsjahr möglich, wenn die weiteren Voraussetzungen erfüllt werden.

6. Rückwirkungssperre

241 Die steuerliche Rückwirkung einer Einbringung ist gemäß § 20 Abs. 6 Satz 4 UmwStG ausgeschlossen, wenn hierdurch sogenannte weiße Einkünfte entstehen würden. Dies betrifft ausschließlich die Fälle der grenzüberschreitenden Sacheinlage. Bei der Rückwirkungssperre des § 20 Abs. 6 Satz UmwStG handelt es sich um eine sachlich und zeitlich eingeschränkte Rückwirkungssperre. Sie gilt nicht generell, sondern nur für Wirtschaftsgüter, bei denen sich im Rückbezugszeitraum eine Nicht-Besteuerung wegen fehlendem Besteuerungsrecht ergeben würde und nur für den Zeitraum der Rückbeziehung, in dem sich aufgrund der ausländischen Regelung eine Nicht-Besteuerung ergeben würde. Dies kann z. B. der Fall sein, wenn das ausländische Recht eine Rückbeziehung mit einer Dauer von weniger als acht Monaten vorsieht (so z. B. Österreich, wo die Rückbeziehung nur für einen Zeitraum von sechs Monaten zugelassen ist).

242 Bedeutender als der Verweis auf § 2 Abs. 3 UmwStG ist jedoch der Verweis auf den mit dem Jahressteuergesetz 2009 neu eingefügten Abs. 4 des § 2 UmwStG. Durch diesen Verweis soll verhindert werden, dass durch die steuerliche Rückbeziehung einer Einbringung die Rechtsfolgen des § 8c KStG umgangen werden. Verluste und Zinsvorträge des Einbringenden können somit nicht von einem Einbringungsgewinn abgezogen werden, wenn dies ohne rückbezogene Einbringung ebenfalls nicht zulässig gewesen wäre. Dies gilt auch für im Rückbeziehungszeitraum entstandene Verluste des Einbringenden.

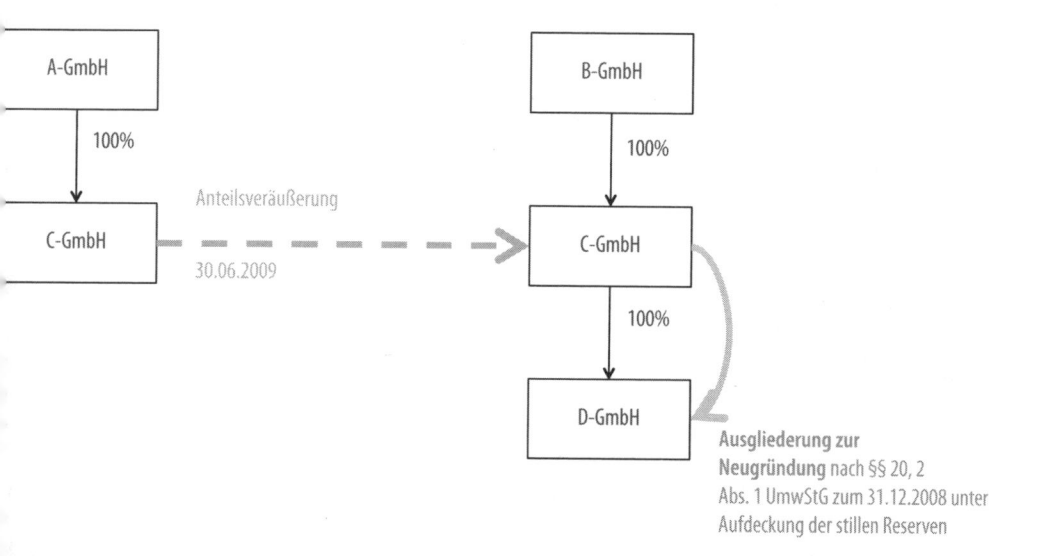

```
A-GmbH                          B-GmbH
  │                                │
 100%                             100%
  │      Anteilsveräußerung        │
  ▼    ┄┄┄┄┄┄┄┄┄┄┄┄┄┄┄┄▶           ▼
C-GmbH                          C-GmbH
        30.06.2009                 │
                                 100%
                                   │
                                   ▼
                                D-GmbH
                                        Ausgliederung zur
                                        Neugründung nach §§ 20, 2
                                        Abs. 1 UmwStG zum 31.12.2008 unter
                                        Aufdeckung der stillen Reserven
```

Aufgrund der Veräußerung der Anteile an der C-GmbH von der A-GmbH an die B-GmbH gehen die Verlustvorträge der C-GmbH gemäß § 8c KStG vollständig unter.

Durch die rückbezogene Ausgliederung des Betriebs auf die D-GmbH unter Aufdeckung der stillen Reserven wird versucht, durch den dabei entstehenden Einbringungsgewinn bei der C-GmbH die Verlustvorträge der C-GmbH zumindest teilweise zu nutzen. Dies wird nunmehr jedoch durch § 2 Abs. 4 UmwStG untersagt.

Durch den Verweis auf § 20 Abs. 6 UmwStG in § 24 Abs. 4 UmwStG gilt diese Verlustsperre auch bei Einbringungen in eine Personengesellschaft mit steuerlicher Rückwirkung.

243

Übergang des Zinsvortrags (§ 20 Abs. 9 UmwStG)

§ 20 Abs. 9 UmwStG regelt das Schicksal des sog. Zinsvortrags (§ 4h Abs. 1 EStG), der in dem eingebrachten Betriebsvermögen entstanden ist. Der Zinsvortrag, der für den eingebrachten Betrieb oder Mitunternehmeranteil gesondert festgestellt worden ist, geht gemäß § 20 Abs. 9 UmwStG nicht auf die übernehmende Gesellschaft über. Dies gilt unabhängig davon, ob bei der Einbringung die übernehmende Gesellschaft das Betriebsvermögen mit dem gemeinen Wert, einem Zwischenwert oder dem Buchwert ansetzt. Nach wohl h.M. soll dies auch bei der Einbringung eines Mitunternehmerteils gelten, obwohl nach dem Wortlaut des § 20 Abs. 9 UmwStG nur der „Zinsvortrag des eingebrachten Betriebs" betroffen ist[88].

244

Bei dem Einbringenden sind bei Einbringung eines Betriebes oder eines Mitunternehmeranteils die Zinsaufwendungen definitiv von dem Betriebsausgabenabzug ausgeschlossen. Wird hingegen nur ein Teilbetrieb eingebracht, bleibt der Zinsvortrag des Einbringenden im Zusammenhang mit dem Restbetrieb unberührt.

245

---

siehe hierzu ausführlicher Dötsch, § 20 UmwStG Rn. 340

§ 3 Einbringung von Anteilen an Kapitalgesellschaften oder Genossenschaften, § 21 UmwStG

A. Einführung

1 Seit Einführung des SEStEG gilt für die Einbringung von Anteilen an Kapitalgesellschaften oder Genossenschaften die Vorschrift des § 21 UmwStG. Danach sind die eingebrachten Anteile bei der übernehmenden Gesellschaft grundsätzlich mit dem gemeinen Wert anzusetzen (sog. „einfacher Anteilstausch", § 21 Abs. 1 Satz 1 UmwStG), es sei denn, die übernehmende Gesellschaft hat nach der Einbringung aufgrund ihrer Beteiligung einschließlich der eingebrachten Anteile nachweisbar unmittelbar die Mehrheit der Stimmrechte an der erworbenen Gesellschaft (sog. „qualifizierter Anteilstausch", § 21 Abs. 1 Satz 2 UmwStG). In diesem Fall hat die übernehmende Gesellschaft das Wahlrecht, auf Antrag die eingebrachten Anteile mit dem Buchwert oder einem höheren Wert (Zwischenwert), höchstens jedoch mit dem gemeinen Wert, anzusetzen.

2 § 21 UmwStG enthält für den Anteilstausch zum Teil andere Bewertungsgrundsätze und unterschiedliche Rechtsfolgen bei der Besteuerung des Anteilseigners gegenüber der Einbringung von Betriebsvermögen gemäß § 20 UmwStG.

B. Anwendungsbereich

I. Sachlicher Anwendungsbereich

3 Der sachliche Anwendungsbereich des § 21 UmwStG ist in § 1 Abs. 3 UmwStG geregelt. Für den Anteilstausch gilt dabei die Spezialnorm des § 1 Abs. 3 Nr. 5 UmwStG. Da § 1 Abs. 3 Nr. 5 UmwStG keine Einschränkungen vorsieht, werden von dem Anwendungsbereich des § 21 Abs. 1 UmwStG sämtliche Vorgänge erfasst, die zu einer anderen steuerlichen Zurechnung der Anteile bei der übernehmenden Gesellschaft führen (Einzelrechtsübertragung, Umwandlungen etc.). Zur Verwirklichung des steuerlichen Tatbestandes des Anteilstausches reicht unter Umständen, wie sich aus § Abs. 1 Nr. 2 AO ergibt, die Übertragung des wirtschaftlichen Eigentums an den Anteilen der erworbenen Gesellschaft aus. Es muss daher für die Anwendung des § 21 UmwStG nicht zwingend auch das zivilrechtliche Eigentum an den Anteilen der erworbenen Gesellschaft auf die übernehmende Gesellschaft übertragen werden[1].

II. Persönlicher Anwendungsbereich

4 Der persönliche Anwendungsbereich, d.h., ob und wenn ja, welche Voraussetzungen der Einbringende und die übernehmende Gesellschaft erfüllen müssen, damit sie in den Anwendungsbereich des § 21 UmwStG fallen, ist für den Anteilstausch in § 1 Abs. 4 UmwStG geregelt. Dabei gilt in dem Fall des Anteilstausches § 1 Abs. 4 UmwStG nur für die übernehmende Gesellschaft. Für die Pers

---

[1] vgl. Verfügung des Bayerischen Landesamtes für Steuern vom 6. März 2006, DB 2006, 644

B. Anwendungsbereich

[D]es Einbringenden bestehen keine besonderen Anwendungsvoraussetzungen, da § 1 Abs. 4 Satz 1 Nr. 2 UmwStG sich nicht auf § 1 Abs. 3 Nr. 5 UmwStG, in welchem der sachliche Anwendungsbereich des Anteilstausches geregelt ist, bezieht.

Einbringende können somit alle natürlichen Personen, Körperschaften, Personenvereinigungen, Vermögensmassen und Personengesellschaften bzw. deren Mitunternehmer sein, die im Inland, im ausländischen EU-/EWR-Bereich oder in Drittstaaten ansässig sind.

Übernehmende Gesellschaften können hingegen nur die in § 1 Abs. 4 Satz 1 Nr. 1 UmwStG vorgesehenen Gesellschaften sein. Als übernehmende Gesellschaft kommt daher nur eine Kapitalgesellschaft oder Genossenschaft in Betracht bzw. eine vergleichbare Gesellschaft mit Ansässigkeit im EU-/EWR-Ausland.

Die Anteile, die eingebracht werden, können sowohl an inländischen als auch an EU-/EWR-Gesellschaften wie Drittstaaten-Gesellschaften bestehen.

II. Verhältnis zu § 20 UmwStG

[Is]t die Beteiligung an der Kapitalgesellschaft oder Genossenschaft, die übertragen werden soll, Teil eines Betriebes, Teilbetriebes oder Mitunternehmeranteils, der gemäß § 20 UmwStG in die übernehmende Gesellschaft eingebracht werden soll, wird die Übertragung der Anteile an der Kapitalgesellschaft nicht separat nach § 21 UmwStG behandelt, sondern die Anteile an der Kapitalgesellschaft fallen als Wirtschaftsgut des Betriebsvermögens mit in den Anwendungsbereich des § 20 UmwStG. Eine Ausnahme gilt unter Umständen dann, wenn eine mehrheitsvermittelnde Beteiligung an einer Kapitalgesellschaft nicht zu den wesentlichen Betriebsgrundlagen des übertragenen Betriebsvermögens gehört. In diesem Fall kann unter Umständen für die Übertragung der Anteile § 21 Abs. 1 UmwStG zur Anwendung gelangen[2].

[Si]nd die Anteile Wirtschaftsgut eines Teilbetriebes, der gemäß § 20 Abs. 1 UmwStG übertragen wird, ist § 21 UmwStG auf die Übertragung der Anteile allenfalls dann anzuwenden, wenn die Beteiligung sachlich dem Restbetrieb zuzuordnen ist oder sogenanntes neutrales Vermögen darstellt. Ansonsten fällt die Mitübertragung der Anteile als Wirtschaftsgut des Teilbetriebs unter § 20 Abs. 1 UmwStG.

§ 21 UmwStG findet auch Anwendung für die Übertragung einer 100%igen Beteiligung an einer Kapitalgesellschaft oder Genossenschaft, obwohl eine 100%ige Beteiligung an einer Kapitalgesellschaft oder Genossenschaft im Rahmen einzelner Vorschriften des Umwandlungssteuergesetzes als Teilbetrieb gilt. Da aber für den Anteilstausch eine Spezialnorm im Umwandlungssteuergesetz geschaffen wurde, scheidet die Anwendung des § 20 Abs. 1 UmwStG in diesen Fällen aus.

[D]er Formwechsel einer vermögensverwaltenden Personengesellschaft in eine Kapitalgesellschaft oder Genossenschaft, zu deren Gesellschaftsvermögen die Beteiligung an einer Kapitalgesellschaft oder Genossenschaft gehört, stellt insoweit keinen Fall des § 25 UmwStG dar, sondern einen Anteilstausch i.S.d. § 21 UmwStG.

[D]agegen liegt kein Fall eines Anteilstausches i.S.d. § 21 Abs. 1 UmwStG vor, wenn die Anteile an einer ausländischen Kapitalgesellschaft oder Genossenschaft übertragen werden und diese ausländische Kapitalgesellschaft oder Genossenschaft nach dem deutschen Steuerrecht nicht als Kapitalgesellschaft oder Genossenschaft, sondern quasi als Personengesellschaft (transparente Gesellschaft) zuzuordnen ist.

---

vgl. BMF, Schreiben vom 5. Januar 2004, BStBl I 2004, 44

C. Anteilstausch (§ 21 Abs. 1 UmwStG)

13 § 21 Abs. 1 UmwStG unterscheidet zwischen dem einfachen Anteilstausch als Grundtatbestand (§ 21 Abs. 1 Satz 1 UmwStG) und dem qualifizierten Anteilstausch (§ 21 Abs. 1 Satz 2 UmwStG).

I. Einfacher Anteilstausch

14 Gesetzlich definiert ist der einfache Anteilstausch als
- Einbringung von
- Anteilen
- an einer Kapitalgesellschaft oder Genossenschaft (erworbene Gesellschaft)
- in eine andere Kapitalgesellschaft oder Genossenschaft (übernehmende Gesellschaft)
- gegen Gewährung auch von neuen Anteilen an der übernehmenden Gesellschaft, vorausgesetzt
- die übernehmende Gesellschaft besitzt nach dem Anteilstausch an der erworbenen Gesellschaft nicht die Mehrheit der Stimmrechte (Abgrenzung zum qualifizierten Anteilstausch i.S.d. § 21 Abs. 1 Satz 2 UmwStG).

15 Bei den eingebrachten Anteilen kann es sich sowohl um Anteile aus dem Privatvermögen als auch um Anteile aus einem Betriebsvermögen, steuerverstrickte Anteile nach §§ 17, 23 EStG, 21 UmwStG a.F. sowie Anteile von Steuerausländern, für die bisher im Inland kein Besteuerungsrecht bestand, handeln.

II. Qualifizierter Anteilstausch

1. Grundsätzliches

16 Der qualifizierte Anteilstausch ist in § 21 Abs. 1 Satz 2 UmwStG definiert wie folgt:
- Einbringung
- ihm zuzurechnender Anteile
- an einer Kapitalgesellschaft oder Genossenschaft (erworbene Gesellschaft)
- durch den Einbringenden
- in eine andere Kapitalgesellschaft oder Genossenschaft (übernehmende Gesellschaft)
- gegen Gewährung auch von neuen Anteilen an der übernehmenden Gesellschaft
- und
- die übernehmende Gesellschaft hat nach dem Anteilstausch aufgrund ihrer Beteiligung einschließlich der eingebrachten Anteile nachweisbar unmittelbar die Mehrheit der Stimmrechte an der erworbenen Gesellschaft inne.

17 Dabei bedeutet die Bezeichnung „mehrheitsvermittelnde Beteiligung" nicht, dass die eingebrachte Beteiligung alleine die Mehrheit der Stimmrechte verkörpert. Vielmehr reicht es aus, dass die übernehmende Gesellschaft nach der Einbringung die Mehrheit der Stimmrechte insgesamt, also gegebenenfalls als Summe aus ihren bereits vor der Einbringung gehaltenen Anteilen und der infolge der Einbringung erhaltenen Anteile, besitzt.

C. Anteilstausch (§ 21 Abs. 1 UmwStG)

Neben der Gewährung der Anteile an der übernehmenden Gesellschaft können auch ihm Rahmen des § 21 UmwStG zusätzliche Leistungen von der übernehmenden Gesellschaft an den Einbringenden erbracht werden. 18

2. Gegenstand der Einbringung

Gegenstand der Einbringung können Anteile an den in § 1 Abs. 1 Nr. 1 und 2 KStG aufgezählten Kapitalgesellschaften und Genossenschaften inklusive der ausländischen Gesellschaften des EU-/EWR-Bereichs oder aus Drittstaaten, die einer Kapitalgesellschaft bzw. Genossenschaft vergleichbar sind, sein. Hierzu gehören insbesondere 19

- SE, AG, GmbH und KGaA
- Ähnliche ausländische Kapitalgesellschaften
- SC und Genossenschaften i.S.d. § 1 Abs. 1 Nr. 2 KStG und
- Vergleichbare ausländische Genossenschaften.

Es muss sich um Anteile an einer Kapitalgesellschaft oder Genossenschaft handeln, die einen Anteil am Nennkapital repräsentieren, unabhängig davon ob sie Stimmrechte repräsentieren oder nicht und unabhängig davon, ob der Einbringende sie im Privatvermögen oder im Betriebsvermögen hält. 20

Erfasst wird die Einbringung nur von Anteilen bzw. Anwartschaftsrechten an Anteilen (besser: Bezugsrechte)[3]. Werden zusammen mit den Anteilen weitere Wirtschaftsgüter, z. B. die Verbindlichkeit, die im Zusammenhang mit dem Erwerb der eingebrachten Beteiligung begründet wurde, übertragen, gehört diese Verbindlichkeit nicht zum Einbringungsgegenstand. Die Übernahme der Verbindlichkeit durch die übernehmende Gesellschaft stellt eine sonstige Leistung dar, die zusätzlich zu der Gewährung der neuen Gesellschaftsrechte erbracht wird. 21

Wird die Finanzierungsverbindlichkeit zurückbehalten, steht diese nach der Einbringung im Zusammenhang mit dem Erwerb der neuen Anteile der übernehmenden Gesellschaft. Da bei natürlichen Personen, die ihre durch Anteilstausch erworbenen Anteile im Privatvermögen halten, ab 2009 im Zusammenhang mit den Anteilen entstehenden Aufwendungen nicht mehr abzugsfähig sind, empfiehlt es sich, zu prüfen, ob nicht die Mitübertragung der Finanzierungsverbindlichkeit günstiger ist. Denn das Abzugsverbot für die Schuldzinsen gemäß § 20 Abs. 9 Satz 1 2. Halbsatz EStG gilt nicht für die übernehmende Gesellschaft. 22

3. Zurechnung der Anteile beim Einbringenden

Die eingebrachten Anteile müssen dem einbringenden Steuerpflichtigen steuerlich zuzurechnen sein. Es reicht somit aus, wenn der Steuerpflichtige wirtschaftlicher Eigentümer i.S.d. § 39 Abs. 2 Nr. 1 AO der Anteile ist und er dieses wirtschaftliche Eigentum überträgt. Dies gilt z. B. für den Treugeber bei Treuhandverhältnissen gemäß § 39 Abs. 2 Nr. 1 Satz 2 AO sowie für Gesellschafter einer vermögensverwaltenden Personengesellschaft, die die von ihr gehaltenen Kapitalgesellschaftsanteile einbringt (§ 39 Abs. 2 Nr. 2 AO). Dasselbe trifft zu, wenn die Gesellschafter der vermögensverwaltenden Gesellschaft ihre Anteile an der Gesellschaft einbringen. In diesem Fall handelt es sich auch um ein Anteilstausch i.S.d. § 21 Abs. 1 UmwStG. 23

W/M, § 21 UmwStG Rn. 17

4. Mehrheitsvermittelnde Beteiligung

24 Voraussetzung für den qualifizierten Anteilstausch ist, dass die übernehmende Gesellschaft nach der Einbringung aufgrund ihrer Beteiligung einschließlich der eingebrachten Anteile nachweisbar unmittelbar die Mehrheit der Stimmrechte an der erworbenen Gesellschaft hat. Ausschlaggebend ist daher nicht der Anteil der übernehmenden Gesellschaft am Stamm-/Nennkapital der eingebrachten Gesellschaft, sondern der Umfang des Stimmrechts. Zur Ermittlung des Umfangs des Stimmrechte der übernehmenden Gesellschaft werden Stimmrechte, die die übernehmende Gesellschaft bereits vor der Einbringung an der erworbenen Gesellschaft inne hatte zusammengerechnet mit den neu hinzuerworbenen Stimmrechten. Infolgedessen reicht eine beliebige Aufstockung im Wege der Einbringung aus, wenn die übernehmende Gesellschaft schon eine unmittelbare Mehrheitsbeteiligung besitzt.

25 Stimmrechtsmehrheit i.S.d. § 21 Abs. 1 Satz 2 UmwStG bedeutet mehr als die Hälfte aller Stimmen, also 50% + eine Stimme. Nicht erforderlich ist eine qualifizierte Mehrheit, selbst wenn das Gesetz oder die Satzung der erworbenen Gesellschaft für alle oder bestimmte Beschlüsse eine derartige Stimmenmehrheit vorsieht. Ebenfalls außer Acht zu lassen sind Stimmrechtsbindungsverträge, Nießbrauchsrechte, Vetorechte für Minderheitsgesellschafter, Stimmrechtsausschlüsse für bestimmte Beschlüsse oder sonstige Vereinbarungen über die Ausübung der Stimmrechte.

26 Folgende Fälle erfüllen die Voraussetzungen des § 21 Abs. 1 Satz 2 UmwStG (nicht abschließend):

- Einbringung einer mehrheitsvermittelnden Beteiligung

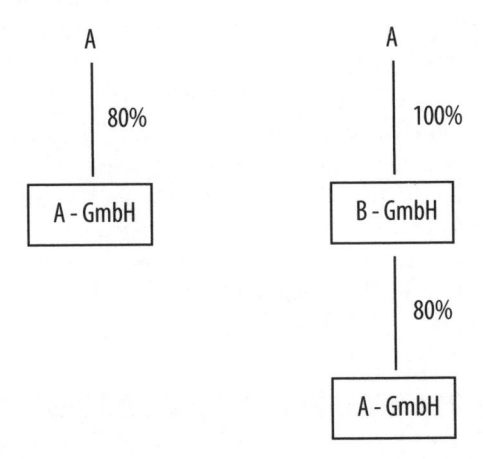

```
      A                          A
      |                          |
     80%                       100%
      |                          |
  [A - GmbH]                 [B - GmbH]
                                 |
                                80%
                                 |
                             [A - GmbH]
```

- Eine Beteiligung unter 50% wird eingebracht und die übernehmende Gesellschaft ist nach der Einbringung aufgrund einer bereits vor der Einbringung vorhandenen Beteiligung mit mehr als 50% beteiligt

C. Anteilstausch (§ 21 Abs. 1 UmwStG)

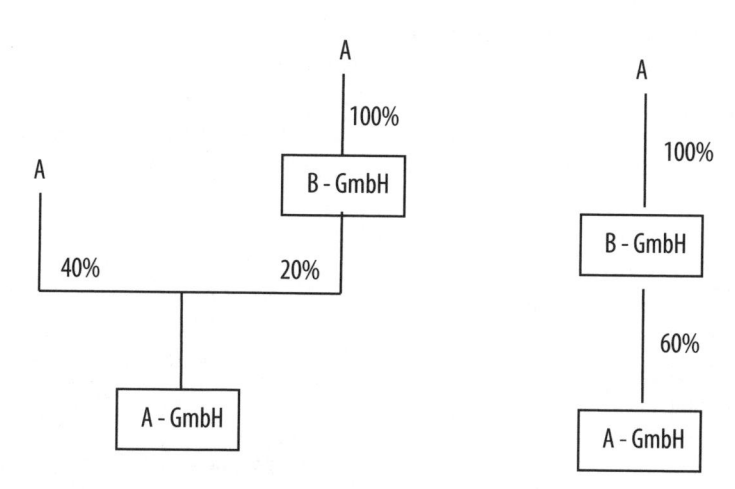

Eine Minderheitsbeteiligung wird eingebracht und die übernehmende Gesellschaft hält bereits vor der Einbringung die Mehrheit an der „eingebrachten" Gesellschaft

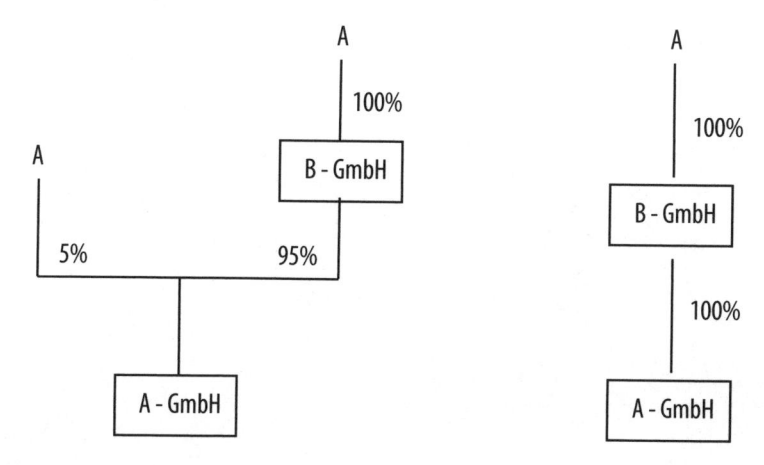

Eine 100%ige Beteiligung wird eingebracht

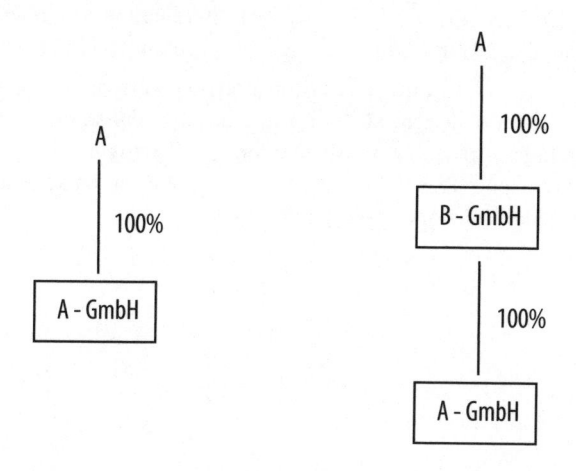

§ 3 Einbringung von Anteilen an Kapitalgesellschaften oder Genossenschaften, § 21 UmwStG

- Mehrere Gesellschafter einer Kapitalgesellschafvt, die zusammen die Stimmenmehrheit an der Kapitalgesellschaft inne haben, bringen ihre Beteiligung ein

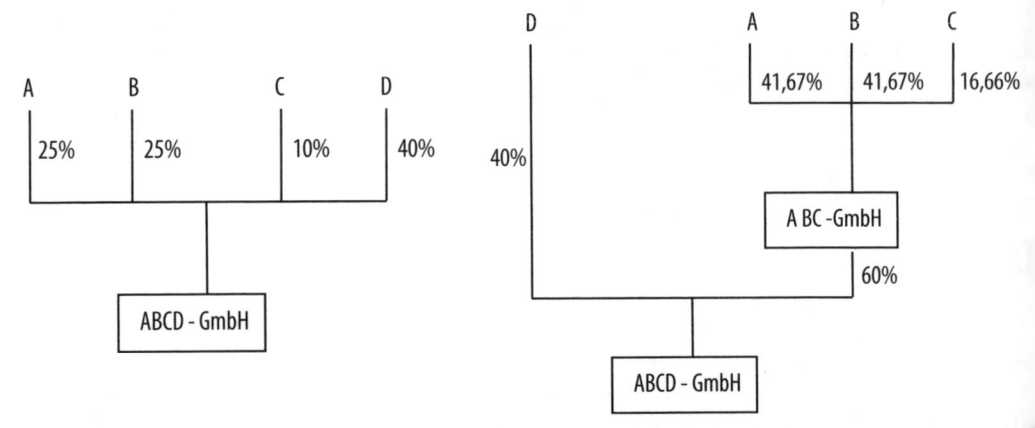

27 Nicht ausreichend ist, wenn die Stimmrechtsmehrheit nur mittelbar über eine andere Gesellschaft oder durch eine unmittelbare und mittelbare Beteiligung an der erworbenen Gesellschaft zustande kommt.

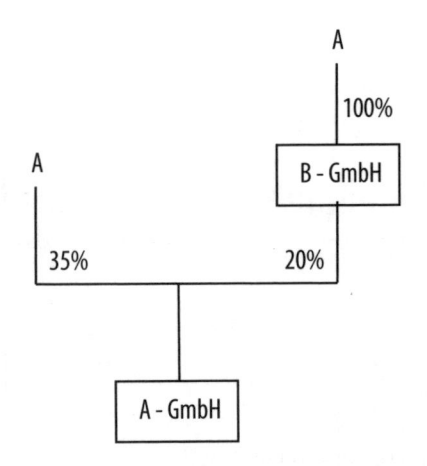

Die unmittelbare Beteiligung i.H.v. 35% und die mittelbare Beteiligung in Höhe von weiteren 20% können für Zwecke des § 21 Abs. 2 Satz 2 UmwStG nicht zusammengerechnet werden.

28 Die Beweislast für das Vorliegen der unmittelbaren Stimmrechtsmehrheit liegt beim Einbringenden. Dieser muss nachweisen, dass zum Zeitpunkt des Anteilstausches die Voraussetzungen der mehrheitsvermittelnden Beteiligung vorliegen, was insbesondere bei Beteiligungen an ausländischen Gesellschaften Probleme bereiten kann. Der Verlust der Stimmenmehrheit nach dem Anteilstausch hat keinerlei Auswirkungen auf den Einbringungsvorgang.

5. Gewährung neuer Anteile

§ 21 Abs. 1 Satz 2 UmwStG setzt voraus, dass im Zusammenhang mit der Übertragung der Anteile an der erworbenen Gesellschaft dem Einbringenden „neue" Anteile an der übernehmenden Gesellschaft gewährt werden (vgl. hierzu näher § 2 Rn. 121 ff.). Werden neben den neuen Anteilen auch vorhandene eigene Anteile der übernehmenden Gesellschaft gewährt, ist dies für die Anwendung des § 21 Abs. 1 Satz 2 UmwStG unschädlich. Es handelt sich hierbei um eine zusätzliche sonstige Leistung, die zulässig ist.

D. Zeitpunkt des Anteilstausches

Für den Zeitpunkt des Anteilstausches gelten mangels anderweitiger Regelungen die allgemeinen Grundsätze. Somit ist maßgeblich der zivilrechtliche Vollzug der Übertragung der Anteile der erworbenen Gesellschaft auf die übernehmende Gesellschaft bzw. die Verschaffung des wirtschaftlichen Eigentums an der eingebrachten Beteiligung. Eine steuerliche Rückbeziehung wie in den Fällen des § 20 Abs. 1 UmwStG ist für den Anteilstausch nicht vorgesehen. Einzige Ausnahme hiervon ist der Formwechsel einer vermögensverwaltenden Personengesellschaft, für den die Rückbeziehungsmöglichkeit des § 25 Satz 2 UmwStG gilt. Außerdem ist ausnahmsweise eine Rückbeziehung dann aus Vereinfachungsgründen zulässig, wenn der Rückbezugszeitraum sehr kurz ist und die Rückwirkung für den Einbringenden und die übernehmende Gesellschaft ohne steuerliche Auswirkung bleibt. Eine in der Literatur vertretene Auffassung will zumindest für bestimmte Fälle des Anteilstausches die Möglichkeit der steuerlichen Rückwirkung aus § 2 UmwStG herleiten.[4]

E. Bewertung der eingebrachten Anteile bei der übernehmenden Gesellschaft (§ 21 Abs. 1 UmwStG)

Hinsichtlich der Bewertung der eingebrachten Anteile bei der übernehmenden Gesellschaft ist zu unterscheiden zwischen dem einfachen Anteilstausch und dem qualifizierten Anteilstausch. Beim einfachen Anteilstausch hat die übernehmende Gesellschaft die Anteile zwingend mit dem gemeinen Wert anzusetzen. Eine Maßgeblichkeit der Handelsbilanz für die Steuerbilanz ist unbeachtlich. Für den qualifizierten Anteilstausch gelten Besonderheiten.

Bewertungswahlrecht beim qualifizierten Anteilstausch

Beim qualifizierten Anteilstausch hat die übernehmende Gesellschaft das Wahlrecht, die eingebrachten Anteile mit dem gemeinen Wert (Regelbewertung), dem Buchwert oder einem Wert zwischen dem Buchwert und dem gemeinen Wert (Zwischenwert) anzusetzen. Gehörten die eingebrachten Anteile zu dem Privatvermögen des Einbringenden, treten an die Stelle des Buchwertes die steuerlichen Anschaffungskosten (§ 21 Abs. 2 Satz 5 UmwStG).

Der Maßgeblichkeitsgrundsatz der Handelsbilanz für die Steuerbilanz gilt nicht. Somit ist es zulässig, in der Steuerbilanz der übernehmenden Gesellschaft einen anderen Wertansatz zu wählen als in der Handelsbilanz. Bei abweichenden Bewertungsansätzen kommt es zur Bildung eines Ausgleichspostens (vgl. § 2 Rn. 149).

Stengel, DB 2008, 2329 ff.

35 Bringt ein Einbringender mehrere mehrheitsvermittelnde Beteiligungen an verschiedenen Kapitalgesellschaften oder Genossenschaften ein, besteht für die übernehmende Gesellschaft die Möglichkeit, das Bewertungswahlrecht in Bezug auf die einzelnen mehrheitsvermittelnden Beteiligungen unterschiedlich auszuüben. Das selbe gilt, wenn mehrere Einbringende zusammen eine mehrheitsvermittelnde Beteiligung an einer bestimmten Kapitalgesellschaft oder Genossenschaft übertragen. Dies stellt steuerlich verschiedene Anteilstauschvorgänge mit jeweils eigenem Bewertungswahlrecht dar, selbst dann, wenn die von den einzelnen Einbringenden übertragenen Anteile erst zusammen die Stimmenmehrheit vermitteln.

36 Noch nicht abschließend geklärt ist die Frage, ob der übernehmenden Gesellschaft das Bewertungswahlrecht mehrfach zusteht, wenn eine Personengesellschaft mit mehreren Gesellschaftern ihre mehrheitsvermittelnde Beteiligung überträgt[5].

II. Ausübung des Bewertungswahlrechts

37 Will die übernehmende Gesellschaft von der Regelbewertung zum gemeinen Wert abweichen, muss sie dies beantragen. Der Antrag ist spätestens bis zur erstmaligen Abgabe der steuerlichen Schlussbilanz des Veranlagungszeitraumes, in den die Einbringung fällt, bei dem für die Besteuerung der übernehmenden Gesellschaft zuständigen Finanzamt zu stellen. Nach der erstmaligen Ausübung des Bewertungswahlrechtes ist eine Änderung des Wahlrechts nicht mehr möglich.

III. Einschränkung des Bewertungswahlrechts

38 Das Bewertungswahlrecht der übernehmenden Gesellschaft ist gesetzlich nur dann eingeschränkt, wenn dem Einbringenden Zusatzleistungen gewährt werden. In diesem Fall sind die eingebrachten Anteile mindestens mit dem gemeinen Wert der Zusatzleistungen, höchstens jedoch mit dem gemeinen Wert der Anteile, zu aktivieren (vgl. § 21 Abs. 1 Satz 3 UmwStG). Ist der gemeine Wert der Zusatzleistungen höher als der Buchwert oder die steuerlichen Anschaffungskosten der eingebrachten Beteiligung, entsteht ein Einbringungsgewinn. Ist der gemeine Wert der Zusatzleistung sogar höher als der gemeine Wert der eingebrachten Anteile, liegt eine verdeckte Gewinnausschüttung vor. Keine Einschränkung des Bewertungswahlrechts ist gegeben bei negativen Anschaffungskosten der Beteiligung.

F. Berechnung der Anschaffungskosten beim Einbringender für die neuen Anteile (§ 21 Abs. 2 UmwStG)

39 Bei der Ermittlung der Anschaffungskosten des Einbringenden für die neuen Anteile ist wie folgt zu unterscheiden:
- einfacher Anteilstausch: Anschaffungskosten entsprechen dem Wertansatz der übernehmenden Gesellschaft gemäß § 21 Abs. 1 UmwStG (gemeiner Wert)
- qualifizierter Anteilstausch: Anschaffungskosten entsprechen dem Wertansatz der übernehmenden Gesellschaft gemäß § 21 Abs. 1 UmwStG (Buchwert, Zwischenwert oder gemeiner Wert)
- grenzüberschreitender qualifizierter Anteilstausch und steuerliche Erfassung der eingebrachten Beteiligung in einer inländischen Betriebsstätte: Anschaffungskosten entsprechen dem Wertan-

---

5 so Dötsch, § 20 UmwStG Rn. 48

F. Berechnung der Anschaffungskosten beim Einbringenden für die neuen Anteile (§ 21 Abs. 2 UmwStG)

satz der übernehmenden Gesellschaft gemäß § 21 Abs. 1 UmwStG (Buchwert, Zwischenwert oder gemeiner Wert)

- grenzüberschreitender qualifizierter Anteilstausch ohne unbeschränktes inländisches Besteuerungsrecht aufgrund inländischer Betriebsstätte: Anschaffungskosten entsprechen entweder dem Buchwert/Anschaffungskosten der Anteile oder einem Zwischenwert auf Antrag des Einbringenden.

In den ersten drei Fällen gilt der Grundsatz der Werteverknüpfung. In dem letzten Fall besteht keine Werteverknüpfung (keine Werteverknüpfung über die Grenze), vielmehr hat der Einbringende ein Wahlrecht.

Die Ermittlung der Anschaffungskosten für die neu erworbenen Anteile erfolgt gemäß den § 21 Abs. 2 Satz 1 bis 3 und Satz 6 i.V.m. § 20 Abs. 2 Satz 3 UmwStG. Folgendes Bewertungsschema ist anzuwenden:

Wertansatz der eingebrachten Beteiligung bei der übernehmenden Gesellschaft

+ **gemeiner Wert der vom Einbringenden zusätzlich an die übernehmende Gesellschaft oder andere Gesellschafter erbrachten Leistungen („Aufgeld")**

./. **gemeiner Wert der neben den neuen Anteilen gewährten zusätzliche Leistungen (§ 21 Abs. 2 Satz 6 UmwStG)**

+ **Wert der vom Einbringenden übernommenen, der übernehmenden Gesellschaft zuzuordnenden Einbringungskosten**

Anschaffungskosten der erhaltenen Anteile (Untergrenze i.d.R. 0 €)

Die Anschaffungskosten betragen grundsätzlich mindestens 0 €. Negative Anschaffungskosten sind nur ausnahmsweise möglich bei Einbringung von Anteilen mit negativen Anschaffungskosten, ohne dass der Einbringende eine zusätzliche Leistung erhält.

Wie bereits erwähnt, existiert im Grundsatz zwischen dem Ansatz des Sacheinlagegegenstandes bei der übernehmenden Gesellschaft und den steuerlichen Anschaffungskosten der erworbenen Anteile an der übernehmenden Gesellschaft eine strenge Werteverknüpfung. Ausnahmsweise steht dem Einbringenden ein eigenes Ansatzwahlrecht zu, wenn mindestens eine der nachfolgenden Voraussetzungen erfüllt ist (§ 21 Abs. 2 Satz 2 UmwStG):

- Die Stillen Reserven in den eingebrachten Anteilen unterliegen nach der Einbringung nicht mehr dem inländischen Besteuerungsrecht;
- Das inländische unbeschränkte Besteuerungsrecht an den stillen Reserven in den eingebrachten Anteilen wird beschränkt;
- Der Einbringende unterliegt in Bezug auf die erhaltenen Anteile nach der Einbringung nicht dem inländischen Besteuerungsrecht oder dieses wird beschränkt (vgl. Doppelbesteuerungsabkommen mit Tschechien, Slowakei und Zypern).

In allen diesen Fällen entsprechen die steuerlichen Anschaffungskosten der erhaltenen Anteile grundsätzlich dem gemeinen Wert der eingebrachten Anteile mit der Folge, dass es zu einer sofortigen Versteuerung aller stillen Reserven kommt. Ausnahmsweise kann der Einbringende auf Antrag als Anschaffungskosten der erhaltenen Anteile den Buchwert (oder die Anschaffungskosten) oder einen Zwischenwert ansetzen, wenn die Voraussetzungen des § 21 Abs. 2 Satz 3 Nr. 1 oder Nr. 2 UmwStG vorliegen[6].

---

ausführlicher hierzu vgl. Dötsch, § 21 UmwStG Rn. 59 bis 62

45 Der Antrag, die erhaltenen Anteile abweichend von dem Grundsatz des § 21 Abs. 2 Satz 2 UmwStG nicht mit dem gemeinen Wert sondern mit einem darunter liegenden Wert anzusetzen, ist vom Einbringenden bis zur erstmaligen Abgabe der Steuererklärung für den Veranlagungszeitraum, in dem die Einbringung erfolgt ist, zu stellen. Ob die Ausübung des Bewertungswahlrechts nachträglich geändert werden kann, ist streitig.

G. Auswirkungen der Sacheinlage für die übernehmende Gesellschaft

46 Aufgrund der Tatsache, dass eine Veräußerung der eingebrachten Anteile innerhalb der Sperrfrist von sieben Jahren zu einer rückwirkenden Besteuerung eines Einbringungsgewinns unter den Voraussetzungen des § 22 Abs. 2 UmwStG führen kann, kann dies (auf Antrag der übernehmenden Gesellschaft) zu einer nachträglichen Aufstockung der eingebrachten Anteile im Wirtschaftsjahr der Anteilsveräußerung kommen (§ 23 Abs. 2 UmwStG).

47 Zu den Einbringungskosten, die der übernehmenden Gesellschaft zuzurechnen sind vgl. § 2 Rn. 170.

48 Wird durch die Einbringung der Beteiligung an einer Kapitalgesellschaft der grunderwerbsteuerliche Tatbestand des § 1 Abs. 3 GrEStG erfüllt, gehört die bei der übernehmenden Gesellschaft anfallende Grunderwerbsteuer nach wohl herrschender Meinung zu den aktivierungspflichtigen Anschaffungskosten der eingebrachten Beteiligung[7].

H. Einbringungsgewinn

49 Ein Anteilstausch gemäß § 21 Abs. 1 UmwStG ist ein tauschähnlicher Vorgang, mit der Besonderheit, dass der Veräußerungspreis für die eingebrachte Beteiligung nach § 21 Abs. 2 UmwStG bestimmt wird und die Anwendung der einkommensteuerrechtlichen Freibetragsregelungen und Tarifermäßigungen durch § 21 Abs. 3 UmwStG geregelt wird. Darüber hinaus gelten die allgemeinen Vorschriften. Zusätzliche Wirtschaftsgüter, die dem Einbringenden neben den neuen Anteilen gewährt werden, erhöhen nicht unmittelbar den Veräußerungspreis bzw. den Einbringungsgewinn Mittelbar haben sie aber Einfluss auf den Veräußerungspreis, da sie zu einem Mindestansatz der erworbenen Beteiligung über dem Buchwert bzw. den Anschaffungskosten führen, wenn der gemeine Wert der Zusatzleistung diesen Buchwert bzw. diese Anschaffungskosten übersteigt.

50 Ermittelt wird der Einbringungsgewinn wie folgt:

Veräußerungspreis
./. **Einbringungskosten, die der Einbringende zu tragen hat**
./. **Buchwert/Anschaffungskosten der eingebrachten Beteiligung**
./. **Freibetrag gemäß § 16 Abs. 4 oder § 17 Abs. 3 EStG**
Einbringungsgewinn (dies kann auch ein negatives Ergebnis sein)

51 Als Veräußerungspreis kommt in Betracht
- Der Wert, mit dem die übernehmende Gesellschaft die eingebrachte Beteiligung gemäß § 21 Abs. 2 Satz 1 UmwStG ansetzt oder
- Der gemeine Wert in den Fällen des grenzüberschreitenden Anteilstausches gemäß § 21 Abs. 2 Satz 2 UmwStG oder

---

[7] siehe auch FG München, Urt. vom 21. Juni 2005, EFG 2007, 252; W/M, § 20 UmwStG Rn. 1009

H. Einbringungsgewinn

- In den Fällen des § 21 Abs. 2 Satz 3 UmwStG auf Antrag der Buchwert bzw. die Anschaffungskosten oder ein Zwischenwert der eingebrachten Anteile.

Einbringungskosten, die dem Einbringenden zugeordnet werden können, mindern den Einbringungsgewinn. Sie sind bei der Berechnung des Einbringungsgewinns auch dann zu berücksichtigen, wenn sie erst später oder bereits früher anfallen. 52

Führt die übernehmende Gesellschaft die Buchwerte fort oder sind die beim Zwischenwertansatz aufgedeckten stillen Reserven geringer als die Einbringungskosten, kann der Abzug der Einbringungskosten zu einem Einbringungsverlust führen. 53

Der Einbringungsgewinn ist nach den allgemeinen steuerlichen Vorschriften zu versteuern. Dies sind die §§ 3 und 3c EStG sowie §§ 5 und 8b KStG. 54

Die Steuerbefreiung des § 17 Abs. 3 EStG bei einer Einbringung von Anteilen aus dem Privatvermögen einer natürlichen Person greift nur dann, wenn die Beteiligung mit dem gemeinen Wert angesetzt wird. 55

Stammt die eingebrachte Beteiligung aus dem Betriebsvermögen einer natürlichen Person, findet § 16 Abs. 4 EStG nur dann auf den Einbringungsgewinn Anwendung, wenn der gemeine Wert der Beteiligung angesetzt wird und die eingebrachte Beteiligung das gesamte Nennkapital umfasst (§ 21 Abs. 3 Satz 1 Halbsatz 2 UmwStG). 56

Bei einbringungsgeborenen Anteile i.S.d. § 21 UmwStG a.F. gelten für die Besteuerung des Einbringungsgewinns die Vorschriften des § 21 Abs. 1 Satz 1 und 2 UmwStG a.F. 57

Die Anwendung der Tarifermäßigung gemäß § 34 EStG auf den Einbringungsgewinn ist in jedem Fall ausgeschlossen. 58

Wird die eingebrachte Beteiligung aus einem Betriebsvermögen einer natürlichen Person übertragen, stellt der Einbringungsgewinn i.d.R. gewerbesteuerlich einen laufenden Gewinn dar. Handelt es sich um einbringungsgeborene Anteile i.S.d. § 21 UmwStG a.F., gelten im Hinblick auf die Gewerbesteuer die Sonderregelungen des § 21 UmwStG a.F. 59

Ist Einbringende eine Körperschaft, findet auf den Einbringungsgewinn im Grundsatz § 8b Abs. 2 KStG Anwendung, der auch für Gewerbesteuerzwecke gilt. 60

§ 4 Die Besteuerung des Anteilseigners

A. Regelungsbereich

I. Allgemeines

1 Die Besteuerung des Anteilseigners infolge der Einbringung ist in § 22 UmwStG geregelt. An die Stelle des früheren Systems der einbringungsgeborenen Anteile ist mit Inkrafttreten des SEStEG die Besteuerungssystematik des § 22 UmwStG getreten. Die Veräußerung der erhaltenen Anteile innerhalb der siebenjährigen Sperrfrist des § 22 UmwStG führt nunmehr rückwirkend zu einer Besteuerung des Einbringungsvorgangs, sofern bei der Einbringung nicht sämtliche stille Reserven der eingebrachten Wirtschaftsgüter aufgedeckt wurden. Es wird rückwirkend ein Einbringungsgewinn (sog. Einbringungsgewinn I) ermittelt auf den Zeitpunkt des steuerlichen Übertragungsstichtags. Erst nach Ablauf der siebenjährigen Sperrfrist findet § 22 UmwStG keine Anwendung mehr und es gelten die allgemeinen Bestimmungen über die Veräußerung von Kapitalgesellschaftsanteilen.

II. Sachlicher Anwendungsbereich

2 Gegenstand des § 22 UmwStG ist die Bestimmung, Ermittlung und die Regelung weiterer Auswirkungen des nachträglichen Einbringungsgewinns für den Fall, dass entweder die im Rahmen der Einbringung übertragenen Anteile oder die aus der Einbringung erhaltenen Anteile veräußert werden bzw. andere Vorgänge realisiert werden, die der Gesetzgeber als der Veräußerung vergleichbar erachtet. § 22 UmwStG ist somit die Nachfolgeregelung des § 21 UmwStG a.F. zu den einbringungsgeborenen Anteilen.

3 § 22 Abs. 2 UmwStG tritt in den Fällen des Anteilstausches an die Stelle des ehemaligen § 8b Abs. 4 Satz 1 Nr. 2 KStG und § 26 Abs. 2 Satz 1 UmwStG a.F.

4 Ist die siebenjährige Sperrfrist des § 22 UmwStG abgelaufen, sind die Regelungen des § 22 UmwStG zukünftig für den betreffenden Einbringungsvorgang unbeachtlich.

5 Von § 22 UmwStG erfasst werden
- Anteile, die infolge einer Sacheinlage i.S.d. § 20 Abs. 1 UmwStG als Gegenleistung an den Einbringenden ausgegeben wurden und
- Anteile, die entweder im Rahmen einer Sacheinlage gemäß § 20 Abs. 1 UmwStG oder im Rahmen eines Anteilstausches gemäß § 21 UmwStG auf die übernehmende Gesellschaft übertragen worden sind (§ 22 Abs. 2 Satz 1 UmwStG).

6 Bei einer Betriebseinbringung i.S.d. § 20 Abs. 1 UmwStG sind somit betroffen sämtliche Anteile an der übernehmenden Gesellschaft, die der Einbringende als Gegenleistung für die Sacheinlage erhalten hat. Wurden neben der Sacheinlage noch weitere Wirtschaftsgüter übertragen, die nicht unter § 20 Abs. 1 UmwStG fallen, und erhält der Einbringende hierfür auch Anteile an der übernehmenden Gesellschaft, findet auf diese Anteile § 22 Abs. 1 UmwStG keine Anwendung.

7 Die im Rahmen eines Formwechsels einer Personengesellschaft gemäß § 25 UmwStG erhaltenen Anteile an der danach bestehenden Kapitalgesellschaft sind ebenfalls Anteile i.S.d. § 22 Abs. 1 UmwStG

A. Regelungsbereich

In Bezug auf den Anteilstausch erfasst § 22 Abs. 2 UmwStG die eingebrachten Anteile oder diejenigen Anteile an einer Kapitalgesellschaft oder Genossenschaft, die als Bestandteil einer Betriebseinbringung i.S.d. § 20 Abs. 1 UmwStG auf die übernehmende Gesellschaft übertragen worden sind. War der Einbringende bereits vor der Einbringung an der übernehmenden Gesellschaft beteiligt, fällt diese Beteiligung nicht in den Anwendungsbereich des § 22 Abs. 2 UmwStG.

Eine Besonderheit stellen die sog. derivativen Anteile aus einem Einbringungsvorgang dar (§ 22 Abs. 7 UmwStG). Hierbei handelt es sich um Anteile, die nicht unmittelbar infolge einer Einbringung i.S.d. §§ 20 und 21 UmwStG als Gegenleistung erhalten wurden, sondern die aufgrund des § 22 Abs. 7 UmwStG entsprechend zu behandeln sind. Derartige derivative Anteile entstehen im Rahmen einer Betriebseinbringung i.S.d. § 20 Abs. 1 UmwStG, wenn infolge der Betriebseinbringung stille Reserven aus den übertragenen Wirtschaftsgütern nicht nur auf die als Gegenleistung erhaltenen neuen Anteile an der übernehmenden Gesellschaft übergehen, sondern auch auf Anteile, die der Einbringende als zusätzliche Leistung erhalten hat oder auf Altanteile des Einbringenden an der übernehmenden Gesellschaft. Dasselbe kann für „junge" Anteile aus z.B. einer Barkapitalerhöhung gelten, wenn stille Reserven aus den bestehenden Anteilen, die aus einer Einbringung i.S.d. § 20 Abs. 1 UmwStG stammen, auf diese jungen Anteile übergehen.

Die derivativen Anteile i.S.d. § 22 Abs. 7 UmwStG gelten mithin als mitverstrickt. Die Mitverstrickung entsteht in der Quote, in der rechnerisch zum Zeitpunkt einer Gesellschaftsgründung oder Kapitalerhöhung stille Reserven von Anteilen aus einer Einbringung auf diese derivativen Anteile übergehen. Insoweit kann auf die Grundsätze zur Infektionstheorie bei einbringungsgeborenen Anteilen zurückgegriffen werden[1].

Kommt es zum Übergang stiller Reserven von Anteilen, die auf aus einer Sacheinlage erhaltenen Anteilen beruhen, kommt es ebenfalls zu einer Mitverstrickung. Dies ist z.B. der Fall, wenn die übernehmende Gesellschaft zum Buchwert auf eine andere Körperschaft verschmolzen wird. Die Anteile an der übernehmenden Körperschaft treten steuerlich an die Stelle der Anteile an der im Rahmen der Einbringung übernehmenden Gesellschaft. Für die Veräußerung der mitverstrickten Anteile gelten steuerlich dieselben Rechtsfolgen (§ 22 Abs. 1 UmwStG) wie für die im Rahmen der Einbringung originär als Gegenleistung erhaltenen Anteile.

In Verbindung mit einem Anteilstausch gelten Anteile als mitverstrickt, auf die stille Reserven von den eingebrachten Anteilen verlagert werden, sofern diese nicht als Gegenleistung erworben worden sind. Dies gilt z.B. für im Rahmen einer Kapitalerhöhung gebildete und neu ausgegebene junge Anteile, die unter dem gemeinen Wert ausgegeben werden. Soweit in diesem Fall stille Reserven auf diese Junganteile übergehen, gelten sie als mitverstrickt i.S.d. § 22 Abs. 1 UmwStG. Das trifft auch auf Anteile zu, auf die stille Reserven, die auf einer eingebrachten Beteiligung beruhen, übergehen (z.B. Verschmelzung zum Buchwert).

§ 22 UmwStG gilt nicht für einbringungsgeborene Anteile alten Rechts.

§ 22 UmwStG hat ausschließlich dann Bedeutung, wenn die Einbringung i.S.d. § 20 oder § 21 UmwStG nicht zum gemeinen Wert erfolgt ist. In den Fällen der Einbringung zum gemeinen Wert besteht keine Raum für eine Anwendung des § 22 UmwStG, da dann bereits sämtliche stille Reserven in den übertragenen Wirtschaftsgütern der Besteuerung unterworfen worden sind. Problematisch ist in den Fällen der Einbringung zum gemeinen Wert die Änderung des gemeinen Wertes des Sacheinlagegegenstandes im Rahmen einer Betriebsprüfung. Kann die übernehmende Gesellschaft aus verfahrensrechtlichen Gründen ihre Steuerbilanz nicht mehr anpassen, erfolgte die Einbringung tatsächlich nicht zum gemeinen Wert und § 22 UmwStG findet Anwendung.

---

[1] siehe Gesetzgeber, BT-Drucksache 16/3369, Tz. 31

15 Zeitlich ist die Anwendung des § 22 UmwStG beschränkt auf einen Zeitraum von sieben Jahren ab dem steuerlichen Einbringungszeitpunkt, d.h. dem gegebenenfalls rückbezogenen steuerlichen Übertragungsstichtag. Die Frist beginnt an dem auf den steuerlichen Übertragungsstichtag folgenden Tag. Nach Ablauf dieses Sieben-Jahres-Zeitraumes finden auf eine Anteilsveräußerung ausschließlich die allgemeinen Vorschriften Anwendung. Bei dieser Sieben-Jahres-Frist handelt es sich um eine objektive (Ausschluss-)Frist, deren EU-Vereinbarkeit in der Literatur höchst streitig ist.

III. Persönlicher Anwendungsbereich

16 § 22 Abs. 1 UmwStG betrifft den Einbringenden, unabhängig davon, ob es sich hierbei um einen Steuerinländer oder einen Steuerausländer handelt. Die Vorschrift des § 22 Abs. 1 UmwStG gilt außerdem für die Rechtsnachfolger des Einbringenden. Diese werden wie der Einbringende behandelt. Darüber hinaus können auch sonstige Dritte in den Regelungsbereich des § 22 Abs. 1 UmwStG einbezogen sein, wenn auf deren Anteile stille Reserven von den erhaltenen Anteilen eines Einbringenden übergehen (§ 22 Abs. 7 UmwStG).

17 Der Tatbestand des § 22 Abs. 2 UmwStG (Anteilstausch) stellt auf die übernehmende Gesellschaft ab. Übernehmende Gesellschaft in diesem Sinne kann jede inländische oder EU-/EWR-ausländische Kapitalgesellschaft oder Genossenschaft sein.

B. § 22 Abs. 1 UmwStG: Veräußerung von Anteilen aus einer Betriebseinbringung

I. Allgemeines

18 Die Rechtsfolge des § 22 Abs. 1 UmwStG, die nachträgliche Besteuerung eines Einbringungsgewinns, setzt voraus, dass der Einbringende die infolge der Einbringung erhaltenen Anteile an der übernehmenden Gesellschaft innerhalb der Sieben-Jahres-Frist veräußert oder einen der Veräußerung gleichgestellten Vorgang auslöst. Wird dieser Tatbestand erfüllt, sind im Nachhinein die in den übertragenen Wirtschaftsgütern im Einbringungszeitpunkt enthaltenen stillen Reserven aufzudecken und zu versteuern. Dabei ist zu beachten, dass sich der Einbringungsgewinn über den Zeitraum der sieben Jahre um jeweils ein Siebtel für jedes volle Zeitjahr seit dem Einbringungszeitpunkt verringert.

19 Im Gegenzug erhöhen sich die steuerlichen Anschaffungskosten der erhaltenen Anteile des Einbringenden um den nachträglichen Einbringungsgewinn und außerdem kann die übernehmende Gesellschaft auf Antrag ab dem Zeitpunkt der Anteilsveräußerung die Wertansätze der übernommenen Wirtschaftsgüter unter den Voraussetzungen des § 23 Abs. 2 UmwStG erhöhen.

II. Tatbestand des § 22 Abs. 1 UmwStG

20 Der Tatbestand des § 22 Abs. 1 UmwStG setzt sich aus folgenden Merkmalen zusammen:
- Veräußerung
- oder Verwirklichung eines gleichgestellten Vorganges

- der aus einer Sacheinlage unter dem gemeinen Wert erhaltenen Anteile oder von mitverstrickten Anteilen
- durch den Einbringenden oder durch den Rechtsnachfolger
- oder durch Dritte (bei mitverstrickten Anteilen)
- innerhalb der siebenjährigen Sperrfrist,
- soweit die Sacheinlage keine Anteile an Kapitalgesellschaften oder Genossenschaften enthält, für die ein inländisches Besteuerungsrecht besteht.

1. Anteilsveräußerung oder Verwirklichung gleichgestellter Vorgänge

§ 22 Abs. 1 UmwStG setzt eine Anteilsveräußerung voraus. Veräußerung in diesem Sinne ist jede entgeltliche Übertragung des zivilrechtlichen oder wirtschaftlichen Eigentums der Anteile auf einen anderen Rechtsträger. Hierzu gehört auch

- die entgeltliche Überlassung des Bezugsrechts eines Anteilseigners von erhaltenen Anteilen an einen Dritten zur Teilnahme an einer Kapitalerhöhung,
- die teilentgeltliche Übertragung der erhaltenen Anteile, soweit es den entgeltlichen Teil betrifft (Aufteilung erfolgt nach dem Verhältnis des Wertes der Gegenleistung zum Verkehrswert der Beteiligung),
- der Tausch,
- die Einbringung der erhaltenen Anteile (alleine oder zusammen mit einer Sachgesamtheit) gegen Gewährung von Gesellschaftsrechten in eine Personengesellschaft gemäß § 6 Abs. 5 Satz 3 EStG oder § 24 Abs. 1 UmwStG oder in eine Kapitalgesellschaft oder Genossenschaft gemäß §§ 20, 21 UmwStG,
- das Ausscheiden des Anteilseigners gegen Barabfindung im Rahmen einer Umwandlung der übernehmenden Gesellschaft,
- die Übertragung der Anteile im Zusammenhang mit einer (Teil-)Betriebsveräußerung (Anteile als Bestandteil des Betriebsvermögens).

Ob die entgeltliche Übertragung freiwillig oder unfreiwillig erfolgt ist, ist für die Zwecke des § 22 UmwStG unbedeutend.

Ist eine Veräußerung rechtswirksam vollzogen worden, kann sie nicht mehr rückabgewickelt werden, um die Folgen des § 22 Abs. 1 UmwStG zu verhindern. Anderes gilt für den Nichteintritt aufschiebender Bedingungen bzw. für den Eintritt einer auflösenden Bedingung. In diesen Fällen findet eine tatsächliche Rückabwicklung statt. Es handelt sich hierbei um ein Ereignis mit Wirkung für die Vergangenheit i.S.d. § 175 Abs. 1 Satz 1 Nr. 2 AO.

Maßgebend für die Entscheidung, ob die Veräußerung innerhalb der Sieben-Jahres-Frist des § 22 UmwStG verwirklicht worden ist, ist der Zeitpunkt der Übertragung des zivilrechtlichen oder wirtschaftlichen Eigentums. Erfolgt die Übertragung unter einer auflösenden Bedingung, ist die Veräußerung mit der Übertragung des wirtschaftlichen oder zivilrechtlichen Eigentums vollzogen. Bei einer aufschiebenden Bedingung gilt die Veräußerung erst ab dem Zeitpunkt des Bedingungseintritts als vollzogen, es sei denn, die Vertragsparteien haben durch entsprechende Regelungen vereinbart, dass schon vor Eintritt der Bedingung das wirtschaftliche Eigentum übergehen soll.

25 Wird das wirtschaftliche Eigentum vor dem zivilrechtlichen Eigentum übertragen, ist für die Zwecke des § 22 Abs. 1 Satz 1 UmwStG die Verschaffung des wirtschaftlichen Eigentums maßgeblich. Für die nachfolgenden besonderen Sachverhalte gelten folgende Vollzugszeitpunkt:

- In einem rechtlich bindenden Verkaufsangebot ist eine Veräußerung i.S.d. § 22 UmwStG zu sehen, wenn zusätzlich durch den Übergang von Besitz und Gefahr, Nutzungen und Lasten der Verkauf wirtschaftlich bereits mit dem Angebot vollzogen ist.
- Ein Tausch ist bereits dann eine Veräußerung der Anteile i.S.d. § 22 UmwStG, wenn das wirtschaftliche Eigentum an den hingegebenen Anteilen übergeht. Wann die Gegenleistung – das eingetauschte Wirtschaftsgut – erlangt wird, ist ohne Bedeutung.
- Der Anteilseigner, der im Rahmen einer Umwandlung der übernehmenden Gesellschaft gegen Barabfindung ausscheidet, verwirklicht die Veräußerung mit Eintragung der Umwandlung in das Handelsregister[2].

26 Neben den vorstehend aufgeführten Veräußerungstatbeständen gelten außerdem die in § 22 Abs. 1 Satz 6 UmwStG abschließend aufgezählten Ereignisse als Veräußerung i.S.d. § 22 UmwStG, mit der Folge, dass bei ihrer Verwirklichung die Rechtsfolgen des § 22 Abs. 1 Satz 1 bis 5 UmwStG entsprechend gelten. Zu den Veräußerungsersatztatbeständen zählen:

- die unmittelbare oder mittelbare unentgeltliche Übertragung der erhaltenen Anteile auf eine Kapitalgesellschaft oder Genossenschaft (nicht **auf eine andere Körperschaft, z.B. Stiftung**);
- die Einbringung der erhaltenen Anteile in eine Personengesellschaft zum Buchwert gemäß § 24 UmwStG (§ 22 Abs. 1 Satz 6 Nr. 2 UmwStG);
- die Einbringung der erhaltenen Anteile in eine Kapitalgesellschaft oder Genossenschaft gemäß §§ 20, 21 UmwStG zum gemeinen Wert (§ 22 Abs. 1 Satz 6 Nr. 2 UmwStG);
- die Einbringung der erhaltenen Anteile in eine Kapitalgesellschaft oder Genossenschaft gemäß §§ 20, 21 UmwStG unter Ansatz eines Zwischenwerts (§ 22 Abs. 1 Satz 6 Nr. 2 UmwStG);
- die Auflösung und Abwicklung (Liquidation) der Kapitalgesellschaft oder Genossenschaft, an der die erhaltenen Anteile bestehen (§ 22 Abs. 1 Satz 6 Nr. 3 UmwStG);
- die Herabsetzung des Kapitals der Gesellschaft, an der die erhaltenen Anteile bestehen, verbunden mit einer Rückzahlung an den Anteilseigner (§ 22 Abs. 1 Satz 6 Nr. 3 UmwStG);
- die Rückzahlung von Beträgen aus dem steuerlichen Einlagekonto gemäß § 27 KStG durch offene oder verdeckte Gewinnausschüttungen (§ 22 Abs. 1 Satz 6 Nr. 3 UmwStG);
- die unmittelbare oder mittelbare Veräußerung oder unentgeltliche Übertragung auf eine andere Kapitalgesellschaft oder Genossenschaft oder Einbringung zum Zwischenwert oder gemeinen Wert in eine Kapitalgesellschaft oder Genossenschaft der im Rahmen einer Buchwerteinbringung gemäß §§ 20, 21 UmwStG oder vergleichbaren ausländischen Einbringungen eingebrachten Anteile durch die übernehmende Gesellschaft (§ 22 Abs. 1 Satz 6 Nr. 4 UmwStG);
- die unmittelbare oder mittelbare Veräußerung, unentgeltliche Übertragung auf eine andere Kapitalgesellschaft oder Genossenschaft oder Einbringung zum Zwischenwert oder gemeinen Wert in eine weitere Kapitalgesellschaft oder Genossenschaft der im Rahmen einer Buchwerteinbringung gemäß §§ 20, 21 UmwStG oder eines vergleichbaren ausländischen Vorganges erhaltenen Anteile durch den Einbringenden (§ 22 Abs. 1 Satz 6 Nr. 5 UmwStG);
- Verlust der persönlichen Anwendungsvoraussetzungen des § 1 Abs. 4 UmwStG in Bezug auf den Einbringenden oder dessen Rechtsnachfolger oder die übernehmende Gesellschaft bzw. deren Rechtsnachfolgerin innerhalb der Sieben-Jahres-Frist (§ 22 Abs. 1 Satz 6 Nr. 6 UmwStG).

---

2 vgl. BMF, Schreiben vom 25. 03. 1998, BStBl I 1998, 268, Tz. 02.10

III. Rechtsfolge der schädlichen Anteilsveräußerung

1. Rückwirkender Einbringungsgewinn I

Liegen die Voraussetzungen des § 22 Abs. 1 UmwStG vor, führt dies zu einem nachträglichen Einbringungsgewinn. Dieser fällt rückwirkend in dem Veranlagungszeitraum an, in welchem der steuerliche Übertragungsstichtag liegt. Dieser nachträgliche Einbringungsgewinn wird vom Gesetz in Abgrenzung zum nachträglichen Einbringungsgewinn beim Anteilstausch gemäß § 22 Abs. 2 UmwStG als Einbringungsgewinn I bezeichnet.

Die Höhe des sog. Einbringungsgewinns I wird wie folgt ermittelt (vgl. § 22 Abs. 1 Satz 3 UmwStG):

Gemeiner Wert des eingebrachten Betriebsvermögens im steuerlichen Übertragungsstichtag

/. gemeiner Wert der im eingebrachten Betriebsvermögen befindlichen Anteile an Kapitalgesellschaft und Genossenschaften (für diese gilt § 22 Abs. 2 UmwStG)

/. Kosten, die im Rahmen der Vermögensübertragung bei dem Einbringenden entstanden sind

/. Wert, mit dem die übernehmende Gesellschaft das eingebrachte Betriebsvermögen angesetzt hat

Zwischensumme

/. 1/7 der Zwischensumme für jedes seit dem steuerlichen Übertragungsstichtag abgelaufene Zeitjahr bis zum steuerlichen Zeitpunkt der Veräußerung bzw. Wirksamkeitszeitpunkt des gleichgestellten Ereignisses

Einbringungsgewinn I

Der festzusetzende Einbringungsgewinn I ergibt sich wie folgt:

Einbringungsgewinn I

x Prozentsatz der nach § 22 Abs. 1 Satz 1 und/oder Satz 6 UmwStG übertragenen Beteiligung im Verhältnis zu der bei Einbringung erhaltenen Beteiligung

festzusetzender Einbringungsgewinn I

Das Hauptproblem bei der Ermittlung des Einbringungsgewinns I liegt darin, den gemeinen Wert des gesamten eingebrachten Betriebsvermögens zum steuerlichen Zeitpunkt der Einbringung, also zum steuerlichen Übertragungsstichtag, zu bestimmen, da dieser in der Vergangenheit liegt. Es wird daher empfohlen, auf den steuerlichen Übertragungsstichtag eine Bewertung des gemeinen Werts des eingebrachten Betriebsvermögens vorzunehmen und diesen Wert zu dokumentieren, um für zukünftige Veräußerungsfälle einen Wertnachweis zu besitzen.

Eine Besonderheit bei der Ermittlung des gemeinen Wertes des eingebrachten Betriebsvermögens gilt für eingebrachte Wirtschaftsgüter, für die vor der Einbringung im Inland kein Besteuerungsrecht bestand. Diese sind von dem gemeinen Wert des Betriebsvermögens unabhängig von ihrem Wertansatz gemäß § 20 Abs. 2 Satz 2 UmwStG in der Steuerbilanz der übernehmenden Gesellschaft mit ihrem gemeinen Wert abzuziehen.

32 Der gemäß den vorstehenden Ausführungen ermittelte „vorläufige" Einbringungsgewinn I verringert sich um jeweils ein Siebtel für jedes seit dem steuerlichen Übertragungsstichtag abgelaufene volle Zeitjahr. Das erste Zeitjahr beginnt mit Ablauf des steuerlichen Übertragungsstichtages (§ 20 Abs. 5 Satz 1 UmwStG).

33 Veräußert z.B. der Einbringende seine erhaltenen Anteile im vierten Zeitjahr nach dem steuerlichen Übertragungsstichtag, ist der „vorläufige" Einbringungsgewinn I um drei Siebtel zu mindern, da seit dem steuerlichen Übertragungsstichtag drei volle Zeitjahre vergangen sind.

34 § 22 Abs. 1 UmwStG fingiert nachträglich eine (Teil-)Betriebsveräußerung auf den Zeitpunkt des steuerlichen Übertragungsstichtages. Der Einbringungsgewinn I ist somit kein Gewinn aus einer Veräußerung von Anteilen an Kapitalgesellschaften oder Genossenschaften, sondern ein Gewinn i.S.d. § 16 EStG bzw. der §§ 14 oder 18 Abs. 3 EStG. Wurden im Zusammenhang mit der (Teil-)Betriebseinbringung auch Anteile an Kapitalgesellschaften oder Genossenschaften eingebracht, gilt für den hierauf entfallenden Teil des Einbringungsgewinns das Halbeinkünfteverfahren bzw. die Freistellung gemäß § 8b KStG.

35 Entsteht der nachträgliche Einbringungsgewinn bei einer natürlichen Person, kann diese nicht die Steuerbegünstigungen der §§ 16 Abs. 4, 34 EStG in Anspruch nehmen, da die Regelungen des § 22 Abs. 1 Satz 1 Halbsatz 2 UmwStG vorgehen.

2. Nachträgliche Anschaffungskosten

36 Die Versteuerung eines Einbringungsgewinns I führt automatisch zu nachträglichen Anschaffungskosten auf die erhaltenen Anteile in Höhe des Einbringungsgewinns I (§ 22 Abs. 1 Satz 4 UmwStG). Dies hat eine Verringerung des nach den allgemeinen steuerlichen Vorschriften zu beurteilenden Veräußerungsgewinns, Entnahmegewinns oder Ähnlichem zur Folge. Erhöht werden aber nur die Anschaffungskosten derjenigen erhaltenen Anteile, die veräußert werden und somit das Ereignis in § 22 Abs. 1 UmwStG auslösen und nicht auch die Anschaffungskosten derjenigen erhaltenen Anteile, die bei dem Einbringenden verbleiben[3].

37 Sind die erhaltenen Anteile Gegenstand einer Ketteneinbringung, liegen bei nachträglicher Festsetzung eines Einbringungsgewinns in Höhe des Einbringungsgewinns auch nachträgliche Anschaffungskosten bei den an der Ketteneinbringung beteiligten Personen vor.

3. Folgen eines Einbringungsgewinns I für die übernehmende Gesellschaft

38 Auf Antrag kann die übernehmende Gesellschaft nach Maßgabe des § 23 Abs. 2 UmwStG die Wertansätze der eingebrachten Wirtschaftsgüter nachträglich in Höhe des Einbringungsgewinns I aufstocken. Hierfür muss sie jedoch durch Vorlage einer amtlichen Bescheinigung nachweisen, dass die durch den Einbringungsgewinn I ausgelöste Steuer entrichtet worden ist.

4. Verfahrensrecht

39 Steuerpflichtiger in Bezug auf den Einbringungsgewinn I ist der Einbringende, unabhängig davon, ob dessen Rechtsnachfolger oder ein Dritter das die Besteuerung auslösende Ereignis i.S.d. § 22 Abs. 1 UmwStG verwirklicht hat.

40 Bei dem die Besteuerung auslösenden Ereignis handelt es sich um ein rückwirkendes Ereignis i.S.d. § 175 Abs. 1 Satz 1 Nr. 2 AO mit allen damit verbundenen Konsequenzen.

---

3 vgl. so auch Dötsch, § 22 UmwStG Rn. 61

B. § 22 Abs. 1 UmwStG: Veräußerung von Anteilen aus einer Betriebseinbringung

V. Besteuerung des Veräußerungsgewinns

Der Veräußerungsgewinn, also der Gewinn aus den nach dem steuerlichen Zeitpunkt der Einbringung in den erhaltenen Anteilen entstandenen stillen Reserven, ist nach den allgemeinen Grundsätzen zu versteuern. Der im Zusammenhang mit der Anteilsveräußerung entstandene Gewinn ist demnach aufzuteilen in einen Gewinn nach § 16 EStG (Einbringungsgewinn I gemäß § 22 UmwStG), auf den weder die Abgeltungssteuer bzw. das Teileinkünfteverfahren nach § 8b KStG Anwendung findet, und in einen Gewinn aus dem Anteilsverkauf (dieser entspricht den nach dem Einbringungszeitpunkt entstandenen stillen Reserven und dem linearen Abbaubetrag der in dem Einbringungszeitpunkt vorhandenen stillen Reserven), der durch Abgeltungssteuer bzw. Teileinkünfteverfahren oder § 8b KStG begünstigt ist[4].

Streitig ist, ob der Veräußerungsgewinn zum Gewerbeertrag des Einbringenden gemäß § 7 Satz 1 GewStG rechnet und somit der Gewerbesteuer unterliegt[5].

Beispiel zum Einbringungsgewinn I

Der Einzelunternehmer A bringt sein Einzelunternehmen in eine inländische A-GmbH ein i.S.d. § 20 UmwStG. Steuerlicher Übertragungsstichtag ist der 01.01.2008. Der Buchwert des eingebrachten Betriebsvermögens beträgt 300.000 €. Der gemeine Wert des eingebrachten Betriebsvermögens zum steuerlichen Übertragungsstichtag beträgt 600.000 €. Am 1. Juli 2009 verkauft A die im Rahmen der Einbringung erhaltenen Anteile an der A-GmbH zum Preis von 900.000 €.

Steuerliche Folgen bei A

Einbringungsgewinn I

Gemeiner Wert zum 01.01.2008	600.000,00 €
Buchwert des Betriebsvermögens am 01.01.2008	./. 300.000,00 €
Differenz	300.000,00 €
Davon 6/7, da bereits mehr als ein Zeitjahr vergangen ist	
6/7 von 300.000,00 €	**257.142,86 €**

Der Einbringungsgewinn I beträgt somit 257.142,86 €. Dieser ist nachträglich in dem Veranlagungszeitraum des steuerlichen Übertragungsstichtages zu versteuern. Der Einbringungsgewinn I unterliegt nicht dem Teileinkünfteverfahren. Außerdem können die §§ 16 Abs. 4, 34 EStG nicht in Anspruch genommen werden.

Tatsächlicher Veräußerungsgewinn aufgrund Anteilsverkauf im VZ 2008

Veräußerungspreis	900.000,00 €
Anschaffungskosten Anteile (= Buchwert des eingebrachten Betriebsvermögens zum steuerlichen Übertragungsstichtag)	./. 300.000,00 €
Nachträgliche Anschaffungskosten (= Einbringungsgewinn I)	./. 257.142,86 €
Veräußerungsgewinn	**342.857,14 €**

Der Veräußerungsgewinn unterliegt dem Teileinkünfteverfahren gemäß § 3 Nr. 40 EStG. Würde es sich bei dem Einbringenden um eine Kapitalgesellschaft handeln, würde auf den Veräußerungsgewinn § 8b Abs. 2 KStG Anwendung finden.

Weitere Folgen der Veräußerung (bei der übernehmenden Gesellschaft)

Der Einbringungsgewinn I von 257.142,86 € führt bei der übernehmenden GmbH nach § 23 Abs. 2 UmwStG zu einer wirtschaftsgutbezogenen Buchwertaufstockung in der Steuerbilanz.

---

vgl. BT-Drucksache 16/2710 „Allgemeine Begründung zu § 22 UmwStG"
Dötsch, § 22 UmwStG Rn. 67

C. Veräußerung von Anteilen aus einem Anteilstausch (§ 22 Abs. 2 UmwStG)

I. Allgemeines

44 Von der Systematik her entspricht § 22 Abs. 2 UmwStG dem Besteuerungskonzept des § 22 Abs. 1 UmwStG. Jedoch stellt § 22 Abs. 2 UmwStG allein auf die unmittelbare oder mittelbare Veräußerung der eingebrachten Anteile durch die übernehmende Gesellschaft ab. Dieses Verhalten eines „Dritten" führt zu einem nachträglichen Einbringungsgewinn für den Einbringenden. Diese Tatsache, dass das Verhalten der übernehmenden Gesellschaft unmittelbare steuerliche Konsequenzen für den Einbringenden haben kann, sollte bei der Gestaltung des Einbringungsvertrages zumindest in den Fällen Berücksichtigung finden, in denen der Einbringende z.B. aufgrund geringer Beteiligung an der übernehmenden Gesellschaft keinen Einfluss auf die Geschäftsführungsmaßnahmen der übernehmenden Gesellschaft hat. Zu denken ist hierbei insbesondere an Regelungen, wonach

- die Weiterübertragung der eingebrachten Anteile innerhalb der siebenjährigen Sperrfrist von der Zustimmung des Einbringenden abhängig ist;
- dem Einbringenden ein Informationsrecht in Bezug auf die eingebrachten Anteile gegenüber der übernehmenden Gesellschaft gewährt wird;
- für den Fall der Weiterübertragung innerhalb der siebenjährigen Sperrfrist dem Einbringenden ein Entschädigungsanspruch gegenüber der übernehmenden Gesellschaft eingeräumt wird.

45 § 22 Abs. 2 UmwStG setzt die Erfüllung folgender Tatbestandsmerkmale voraus:
- unmittelbare oder mittelbare Veräußerung
- oder Verwirklichung gleichgestellter Vorgänge (§ 22 Abs. 2 Satz 6 UmwStG)
- der eingebrachten, unter dem gemeinen Wert angesetzten Anteile
- oder der im Rahmen einer Einbringung gemäß § 20 Abs. 1 UmwStG im Betriebsvermögen enthaltenen Anteile an einer Kapitalgesellschaft und/oder Genossenschaft, die unter dem gemeinen Wert angesetzt worden sind und im Inland für die erhaltenen Anteile an der übernehmenden Gesellschaft ein Besteuerungsrecht besteht
- durch die übernehmende Gesellschaft oder deren Rechtsnachfolgerin
- innerhalb der siebenjährigen Sperrfrist
- der Einbringende ist keine durch § 8b KStG begünstigte Person
- soweit der Einbringende die erhaltenen Anteile noch nicht veräußert hat oder nach § 6 AStG ohne Stundung der Steuerschuld besteuert wurde.

1. Veräußerung oder der Veräußerung gleichgestellte Ereignisse

46 Zur Bestimmung eines Veräußerungsvorgangs bzw. eines Veräußerungsersatztatbestandes kann auf die Ausführungen zu § 22 Abs. 1 Satz 6 Nr. 1 bis 5 UmwStG Bezug genommen werden, da § 22 Abs. 2 Satz 6 Alt. 1 UmwStG diese für entsprechend anwendbar erklärt. An die Stelle des Einbringenden rückt für die Zwecke des § 22 Abs. 2 UmwStG die übernehmende Gesellschaft.

C. Veräußerung von Anteilen aus einem Anteilstausch (§ 22 Abs. 2 UmwStG)

Außerdem findet § 22 Abs. 2 Satz 1 bis 5 UmwStG Anwendung, wenn die übernehmende Gesellschaft oder deren Rechtsnachfolgerin die EU-/EWR-Ansässigkeitsvoraussetzungen des § 1 Abs. 2 Satz 1 Nr. 1 UmwStG innerhalb der siebenjährigen Sperrfrist verlieren (§ 22 Abs. 2 Satz 6 UmwStG i.E.). Ein Verlust der Ansässigkeitsvoraussetzungen in der Person des Einbringenden ist unbeachtlich.

2. Besonderes Merkmal des Einbringenden

Ein nachträglicher Einbringungsgewinn II wird nur gemäß § 22 Abs. 2 UmwStG dann besteuert, wenn die veräußerten Anteile nicht durch eine Person eingebracht wurden, die von der Steuerbegünstigung des § 8b Abs. 2 KStG profitiert. Diese Einschränkung des persönlichen Anwendungsbereiches des § 22 Abs. 2 UmwStG ist konsequent, da in den von dem Anwendungsbereich des § 22 Abs. 2 UmwStG ausgenommenen Fällen kein Transfer der in den eingebrachten Anteilen enthaltenen stillen Reserven in den Anwendungsbereich des § 8b KStG stattfindet.

§ 22 Abs. 2 UmwStG erfasst daher nur folgende Personen als Einbringende:

- natürliche Personen,
- Personengesellschaften, soweit natürliche Personen unmittelbar oder mittelbar als Mitunternehmer beteiligt sind,
- Kapitalgesellschaften, die Organgesellschaft zu einem Organträger sind, bei dem die Anwendung des § 8b Abs. 2 KStG ausgeschlossen ist (natürliche Person oder Personengesellschaft mit natürlichen Personen als Gesellschafter),
- Körperschaften, Personenvereinigungen und Vermögensmassen, bei denen § 8b Abs. 2 KStG gemäß § 8b Abs. 7 oder 8 KStG keine Anwendung findet.

3. Vorhergehende Veräußerung der erhaltenen Anteile durch den Einbringenden

Eine nachträgliche Besteuerung eines Einbringungsgewinns II scheidet aus, wenn und soweit der Einbringende im Zeitpunkt der Veräußerung der eingebrachten Anteile durch die übernehmende Gesellschaft die erhaltenen Anteile bereits veräußert hat (siehe § 22 Abs. 2 Satz 5 UmwStG).

Maßgeblich ist, dass der Einbringende zu einem Zeitpunkt, der vor der Veräußerung der eingebrachten Anteile durch die übernehmende Gesellschaft liegt, sämtliche unter dem gemeinen Wert angesetzten erhaltenen Anteile sowie sämtliche mitverstrickten Anteile an der übernehmenden Gesellschaft i.S.d. § 22 Abs. 7 UmwStG veräußert hat. Veräußert der Einbringende die erhaltenen bzw. mitverstrickten Anteile nur teilweise, findet die Befreiung von den Rechtsfolgen des § 22 Abs. 2 Satz 1 bis 4 UmwStG gegebenenfalls nur teilweise statt. Dasselbe gilt, wenn die erhaltene Beteiligung teilentgeltlich veräußert wird.

Erfolgt die Aufdeckung der stillen Reserven in den erhaltenen Anteilen auf andere Art und Weise, kommt es trotzdem zu der Besteuerung des Einbringungsgewinns II für den Einbringenden, es sei denn, der Einbringende hat die stillen Reserven in den erhaltenen Anteilen infolge des § 6 AStG zu einem Zeitpunkt vor der Anteilsveräußerung durch die übernehmende Gesellschaft aufzudecken gehabt und die hieraus resultierende Steuer tatsächlich gezahlt (siehe § 22 Abs. 2 Satz 5 Alt. 2 UmwStG).

II. Rechtsfolge der Veräußerung der eingebrachten Anteile durch die übernehmende Gesellschaft

53 Die Veräußerung der eingebrachten Anteile durch die übernehmende Gesellschaft führt bei Vorliegen der weiteren Voraussetzungen des § 22 Abs. 2 UmwStG dazu, dass der Einbringende nachträglich in dem Veranlagungszeitraum, in den der steuerliche Übertragungsstichtag fällt, einen Einbringungsgewinn (sog. Einbringungsgewinn II) zu versteuern hat.

54 Dieser Einbringungsgewinn II ist wie folgt zu ermitteln:

Gemeiner Wert der eingebrachten Beteiligung am steuerlichen Übertragungsstichtag

./. Kosten, die im Rahmen der Vermögensübertragung bei dem Einbringenden entstanden sind

./. Wert, mit dem der Einbringende die erhaltenen Anteile auf Antrag tatsächlich steuerlich angesetzt hat

Zwischensumme

./. 1/7 der Zwischensumme für jedes seit dem steuerlichen Übertragungsstichtag abgelaufene Zeitjahr bis zum steuerlichen Zeitpunkt der Veräußerung bzw. Wirksamkeitszeitpunkt des gleichgestellten Ereignisses

Einbringungsgewinn II

55 Der festzusetzende Einbringungsgewinn II ergibt sich nach folgendem Berechnungsschema:

Einbringungsgewinn II

x Prozentsatz der eingebrachten Beteiligung im Verhältnis zu den von der übernehmenden Gesellschaft veräußerten Anteile

Zwischensumme

x Prozentsatz der noch nicht veräußerten Anteile an der übernehmenden Gesellschaft durch den Einbringenden bzw. der von einer Besteuerung gemäß § 6 AStG ohne Steuer-Stundung ausgenommenen (erhaltenen) Beteiligung

festzusetzender Einbringungsgewinn II (zu versteuern im Veranlagungszeitraum des steuerlichen Übertragungszeitpunktes)

56 Die Verwirklichung eines die nachträgliche Besteuerung des Einbringungsgewinns II auslösenden Ereignisses durch die übernehmende Gesellschaft ist ein rückwirkendes Ereignis i.S.d. § 175 Abs. 1 Nr. 2 AO.

57 Auf die Versteuerung des Einbringungsgewinns II finden die allgemeinen Grundsätze, die für die Besteuerung von Gewinnen aus der Veräußerung von Anteilen gelten, Anwendung. Der Freibetrag gemäß § 16 Abs. 4 EStG und die Tarifvergünstigungen gemäß § 34 EStG sind demnach nicht anzuwenden.

58 In Höhe des Einbringungsgewinns II hat der Einbringende nachträgliche Anschaffungskosten auf seine erhaltenen Anteile. Insoweit gelten die Ausführungen unter § 4 Rn. 36 f. entsprechend.

59 Darüber hinaus erhöht der Einbringungsgewinn II die Anschaffungskosten der übernehmenden Gesellschaft auf die eingebrachten Anteile. Vorausgesetzt wird hier jedoch, dass zum einen die übernehmende Gesellschaft einen entsprechenden Antrag stellt und zum anderen die übernehmende Gesellschaft nachweist, dass der Einbringende die Steuer auf den Einbringungsgewinn II tatsächlich entrichtet hat.

C. Veräußerung von Anteilen aus einem Anteilstausch (§ 22 Abs. 2 UmwStG)

Beispiel zum Einbringungsgewinn II 60

A (natürliche Person) bringt zum 31.12.2009 seine 100%ige Beteiligung an der A-GmbH in die M-GmbH ein und erhält hierfür 100% der Anteile an der M-GmbH. Der Buchwert (Anschaffungskosten) der Beteiligung an der A-GmbH zum 31.12.2009 beträgt 600.000 €, der gemeine Wert 2.000.000 €.

Zum 01.05.2011 veräußert die M-GmbH die 100%ige Beteiligung an der A-GmbH an einen Dritten zu einem Kaufpreis von 6.000.000 €.

Steuerliche Folgen bei A

Einbringungsgewinn II

Gemeiner Wert der Anteile zum 31.12.2009	2.000.000,00 €
Buchwert/Anschaffungskosten der Anteile zum 31.12.2009	./. 600.000,00 €
Differenz	1.400.000,00 €
Davon 6/7, da bereits mehr als ein Zeitjahr vergangen ist	
6/7 von 1.400.000,00 €	**1.200.000,00 €**

Der Einbringungsgewinn II beträgt somit 1.200.000,00 €. Dieser ist nachträglich in dem Veranlagungszeitraum des steuerlichen Übertragungsstichtages zu versteuern. Der Einbringungsgewinn II unterliegt dem Teileinkünfteverfahren gemäß § 22 Abs. 2 UmwStG i.V.m. § 3 Nr. 40 EStG.

Außerdem erhöhen sich die Anschaffungskosten von A auf die Anteile an der M-GmbH um 1.200.000,00 €.

Veräußerungsgewinn der M-GmbH aufgrund Anteilsverkauf im VZ 2011

Veräußerungspreis	6.000.000,00 €
Buchwert der Anteile an der A-GmbH (bisher)	./. 600.000,00 €
Erhöhung des Buchwertes um den Einbringungsgewinn II	./. 1.200.000,00 €
Veräußerungsgewinn	**4.200.000,00 €**

Der Veräußerungsgewinn fällt unter die Steuerbefreiung nach § 8b Abs. 2 KStG.

In bestimmten Konstellationen kann es sogar zu einer „Konkurrenz" des Einbringungsgewinns I 61
nach § 22 Abs. 1 UmwStG und des Einbringungsgewinns II nach § 22 Abs. 2 UmwStG kommen, wie das folgende Beispiel zeigt.

Beispiel 62

Eine natürliche Person überträgt einen (Teil-)Betrieb gemäß § 20 Abs. 1 UmwStG auf die übernehmende Gesellschaft (Gesellschaft A). Der Einbringende bringt die aus der ersten Einbringung erhaltenen Anteile (Anteile A) dann zum Buchwert oder Zwischenwert gemäß § 21 Abs. 1 Satz 2 UmwStG in eine andere übernehmende Gesellschaft (Gesellschaft B) ein. Die Gesellschaft B veräußert die Anteile A innerhalb der Sieben-Jahres-Frist.

In diesem Fall sind zunächst auf den ersten Einbringungsvorgang die Rechtsfolgen des § 22 Abs. 1 UmwStG anzuwenden (Einbringungsgewinn I und nachträgliche Anschaffungskosten auf die erhaltenen Anteile A) und danach die Rechtsfolgen des § 22 Abs. 2 UmwStG unter Einbeziehung der Rechtsfolgen des § 22 Abs. 1 UmwStG.

Beispiel zum Einbringungsgewinn I und Einbringungsgewinn II bei Weiterveräußerung der Anteile durch die aufnehmende Gesellschaft 63

A hat ein Einzelunternehmen.

Schritt 1:

A bringt sein Einzelunternehmen zum 31.12.2009 nach § 20 Abs. 1 Satz 1 UmwStG in die T-GmbH ein gegen Gewährung einer 100%igen Beteiligung an der T-GmbH. Der Buchwert des Einzelunternehmens zum steuerlichen Übertragungsstichtag beträgt 2 Mio. €, der gemeine Wert 9 Mio. €.

§ 4 Die Besteuerung des Anteilseigners

Schritt 2:

Zum 31.12.2012 bringt A die 100%ige Beteiligung an der T-GmbH in die M-GmbH ein gegen Erhalt einer 100%igen Beteiligung an der M-GmbH. Die M-GmbH setzt die Anteile mit dem Buchwert von 2 Mio. € an. Der gemeine Wert der Anteile beträgt zum 31.12.2012 11 Mio. €.

Schritt 3:

Die M-GmbH verkauft in 2015 ihre 100%ige Beteiligung an der T-GmbH an einen Dritten zum Preis von 14 Mio. €.

Steuerliche Auswirkungen der Veräußerung der Anteile in 2015

Einbringungsgewinn I von A

Gemeiner Wert des eingebrachten Betriebsvermögens zum 31.12.2009	9.000.000,00 €
Buchwert des eingebrachten Betriebsvermögens zum 31.12.2009	./. 2.000.000,00 €
Differenz	7.000.000,00 €
Davon 2/7, da bereits fünf Zeitjahre abgelaufen (2010 bis 2014 einschließlich)	**1.400.000,00 €**

Der Einbringungsgewinn I beträgt 1.400.000,00 €. Dieser ist im Veranlagungszeitraum 2009 von A zu versteuern. Der Betrag von 1.400.000,00 € gilt als nachträgliche Anschaffungskosten des A an den erhaltenen Anteilen an der M-GmbH. Außerdem erhöhen sich der Buchwert der Anteile an der T-GmbH bei der M-GmbH und die Buchwerte des übernommenen Einzelunternehmens um 1.400.000,00 €.

Einbringungsgewinn II von A

Gemeiner Wert der Anteile an der T-GmbH zum 31.12.2012	11.000.000,00 €
Anschaffungskosten des A an den Anteilen der T-GmbH	./. 2.000.000,00 €
Nachträgliche Anschaffungskosten (Einbringungsgewinn I)	./. 1.400.000,00 €
Differenz	7.600.000,00 €
Davon 5/7, da bereits zwei Zeitjahre abgelaufen sind (2013 und 2014)	**5.428.571,43 €**

Der Einbringungsgewinn II beträgt 5.428.571,43 € und ist gemäß § 22 Abs. 2 UmwStG i.V.m. § 17 EStG im Veranlagungszeitraum 2012 als Anteilsveräußerungsgewinn zu versteuern. Er unterliegt dem Teileinkünfteverfahren.

Außerdem erhöhen sich durch den Einbringungsgewinn II die Anschaffungskosten bzw. der Buchwert der Anteile an der M-GmbH und der T-GmbH.

Veräußerungsgewinn bei M-GmbH

Veräußerungserlös 2015	14.000.000,00 €
Buchwert der Anteile an der T-GmbH bisher	./. 2.000.000,00 €
Erhöhung des Buchwertes um den Einbringungsgewinn I	./. 1.400.000,00 €
Erhöhung des Buchwertes um den Einbringungsgewinn II	./. 5.428.571,43 €
Veräußerungsgewinn in 2015	**5.171.428,57 €**

Der Veräußerungsgewinn fällt unter die Steuerbefreiung gemäß § 8b Abs. 2 KStG.

D. Rechtsfolgen eines fehlenden Nachweises gemäß § 22 Abs. 3 UmwStG

I. Allgemeines

Gemäß § 22 Abs. 3 UmwStG hat der Einbringende bzw. sein Rechtsnachfolger während der Siebenjahres-Frist jährlich den Verbleib der maßgebenden Anteile nachzuweisen. Dies soll die Finanzverwaltung in die Lage versetzen, zu prüfen, ob ein Tatbestand des § 22 Abs. 1 oder Abs. 2 UmwStG verwirklicht worden ist. Da § 22 Abs. 1 und Abs. 2 UmwStG keine Anwendung finden, wenn die Einbringung nach § 20 Abs. 1 UmwStG bzw. nach § 21 Abs. 1 UmwStG zum gemeinen Wert erfolgte, besteht in diesen Fällen auch keine Nachweispflicht.

Erbringt der Einbringende bzw. dessen Rechtsnachfolger den geforderten Nachweis nicht, gelten gemäß § 22 Abs. 3 Satz 2 UmwStG die Anteile i.S.d. § 22 Abs. 1 oder Abs. 2 UmwStG als veräußert. Die Regelungen des § 22 Abs. 1 oder Abs. 2 UmwStG finden infolgedessen Anwendung. Als Zeitpunkt der fiktiven Veräußerung gilt der Tag, der dem steuerlichen, gegebenenfalls rückbezogenen Übertragungsstichtag folgt, in dem Jahr der Sperrfrist, für das der Nachweis nicht erbracht wird. Erfolgte die Einbringung z.B. auf den 31.12.2008 und kann der Nachweis in 2011 nicht erbracht werden, wird die Veräußerung auf den 01.01.2010 fingiert.

II. Inhalt des Nachweises

Für den Inhalt des Nachweises ist zu unterscheiden zwischen Anteilen, die im Rahmen einer Betriebseinbringung i.S.d. § 20 UmwStG erhalten wurden und Anteilen, die im Rahmen eines Anteilstausches i.S.d. § 21 UmwStG erworben worden sind.

Im Falle einer Betriebseinbringung i.S.d. § 20 UmwStG ist jährlich der Nachweis darüber zu erbringen, wem die erhaltenen Anteile zuzurechnen sind. Entscheidend ist die steuerliche Rechtslage an dem Tag, der dem Einbringungszeitpunkt im Jahresrhythmus entspricht. Der Nachweis über die steuerliche Zurechnung der Anteile bezieht sich einerseits auf die erhaltenen Anteile (§ 22 Abs. 3 Satz 1 Nr. 1 UmwStG), andererseits aber auch auf diejenigen Anteile, die auf den erhaltenen Anteilen beruhen. Hierbei handelt es sich um solche Anteile, die aus einer Weitereinbringung der erhaltenen Anteile gemäß § 20 Abs. 1 oder § 21 Abs. 1 Satz 2 UmwStG zum Buchwert in eine andere Kapitalgesellschaft oder Genossenschaft erworben worden sind.

Der Nachweis in den Fällen der Weitereinbringung stellt den Einbringenden häufig vor erhebliche Schwierigkeiten, da ihm regelmäßig kein entsprechendes Auskunftsrecht zusteht, um die notwendigen Informationen in Erfahrung zu bringen. Daher ist es angebracht, für diese Fälle in den Einbringungsverträgen entsprechende Regelungen aufzunehmen, wodurch der Einbringende die notwendigen Informationen verlangen kann.

Die Nachweispflicht für die Fälle des Anteilstausches umfasst lediglich die steuerliche Zurechnung der eingebrachten Anteile (§ 22 Abs. 3 Satz 1 Nr. 2 UmwStG) sowie die auf diesen Anteilen beruhenden Anteile (vgl. § 4 Rn. 67).

Werden im Rahmen einer (Teil-)Betriebseinbringung auch Anteile an einer Kapitalgesellschaft oder Genossenschaft mit eingebracht, besteht eine erweiterte Nachweispflicht. In diesem Fall muss der Einbringende sowohl die Nachweispflicht gemäß § 22 Abs. 3 Satz 1 Nr. 1 UmwStG als auch die Nachweispflicht des § 22 Abs. 3 Satz 1 Nr. 2 UmwStG erfüllen.

III. Nachweisverpflichteter

71 Die Verpflichtung zur Erbringung des Nachweises über die steuerliche Zurechnung der betreffende Anteile betrifft nur den Einbringenden. Entstehen durch die Einbringung mitverstrickte Anteil i.S.d. § 22 Abs. 7 UmwStG, trifft die Nachweispflicht auch die Anteilseigner dieser mitverstrickte Anteile[6]. Dies kann zu erheblichen Problemen führen, da der Anteilseigner der mitverstrickten An teile über die Mitverstrickung nicht unbedingt Kenntnis erlangt haben muss.

IV. Art des Nachweises

72 § 22 Abs. 3 UmwStG stellt keine besonderen Anforderungen an die Art und die Form des Nach weises. Entscheidend ist, dass in dem Nachweis
- der Einbringende eindeutig bezeichnet wird,
- die maßgebenden Anteile bezeichnet werden und
- die steuerliche Zurechnung der Anteile auf den jeweiligen Stichtag dokumentiert wird.

73 Die steuerliche Zurechnung kann z.B. durch Vorlage eines Registerauszugs oder einer Bescheinigun der jeweils übernehmenden oder erwerbenden Gesellschaft nachgewiesen werden. In den Fällen de Anteilstausches sieht das Schreiben des BMF vom 4. September 2007[7] eine Erleichterung insowei vor, als eine schriftliche Bestätigung der übernehmenden Gesellschaft über das wirtschaftliche Ei gentum an den eingebrachten Anteilen und zur Gesellschafterstellung ausreichen.

74 Ist der Nachweis mangelhaft, geht dies zu Lasten des Einbringenden, mit der Folge, dass es zu eine nachträglichen Einbringungsgewinnversteuerung kommt.

75 Der Nachweis muss jährlich bis zum 31. Mai erbracht werden. Erstmals ist der Nachweis bis zum 31 Mai desjenigen Kalenderjahres zu erbringen, welches dem Kalendertag des ersten Jahres nach den steuerlichen Einbringungstag nachfolgt. Erfolgt beispielsweise die Einbringung eines Betriebes i 2009 zum 31.12.2008, ist erstmals zum 31.05.2010 der Nachweis über die steuerliche Zurechnun zu erbringen[8].

76 Ob es sich bei der Frist zum 31.05. eines jeden Jahres um eine Ausschlussfrist handelt, ist streitig Der Wortlaut des § 22 Abs. 3 UmwStG spricht für eine Ausschlussfrist. Die Finanzverwaltung ha jedoch die Anforderungen etwas aufgeweicht, indem sie den Nachweis so lange zulässt, wie eine Än derung der betreffenden Bescheide verfahrensmäßig möglich ist. Dies bedeutet, dass im Falle eine Rechtsbehelfsverfahrens der Nachweis längstens noch bis zum Abschluss des Klageverfahrens er bracht werden kann[9].

---

[6] vgl. BMF, Schreiben vom 4. September 2007, DB 2007, 2006
[7] vgl. BMF, Schreiben vom 4. September 2007, DB 2007, 2006
[8] vgl. BMF, Schreiben vom 4. September 2007, DB 2007, 2006 mit weiteren Beispielen
[9] BMF, Schreiben vom 4. September 2007, DB 2007, 2006

F. Bescheinigungsverfahren über die nachträgliche Einbringungsgewinnbesteuerung (§ 22 Abs. 5 UmwStG)

V. Rechtsfolgen eines nichterbrachten Nachweises

Erbringt der Einbringende nicht bis zum 31.05. eines Jahres den notwendigen Nachweis, gelten die Anteile i.S.d. Abs. 1 oder des Abs. 2 gemäß § 22 Abs. 3 Satz 2 UmwStG an dem Tag, der dem Einbringungszeitpunkt folgt oder der in den Folgejahren diesem Kalendertag entspricht, als veräußert. Es handelt sich hierbei um eine Fiktion eines Veräußerungsvorganges i.S.d. § 22 Abs. 1 Satz 1 und Abs. 2 Satz 1 UmwStG mit den entsprechenden Rechtsfolgen. Demzufolge führt das Fehlen eines entsprechenden Nachweises zur rückwirkenden Versteuerung eines Einbringungsgewinns I bzw. II unter Beachtung der Siebtel-Regelung.

Der Mangel des Nachweises hat zur Folge, dass sämtliche Anteile, d.h. die erhaltenen Anteile wie die mitverstrickten Anteile, des Nachweisverpflichteten als fiktiv veräußert gelten. Ist hinsichtlich dieser Anteile teilweise Rechtsnachfolge eingetreten, kann es zu einer Aufteilung kommen, insoweit, als einer oder mehrere der Verpflichteten für ihre Anteile der Nachweispflicht nicht nachkommen.

Streitig ist, ob die Fiktion des § 22 Abs. 3 Satz 2 UmwStG auch dazu führt, die seit dem steuerlichen Übertragungsstichtag in den Anteilen entstandenen stillen Reserven aufzudecken und einer Veräußerungsgewinnbesteuerung zu unterwerfen. Dötsch will die fiktive Veräußerung und deren Rechtsfolgen auf den Regelungsbereich des § 22 UmwStG beschränken, mit der Folge, dass es ausschließlich zu einer Besteuerung eines Einbringungsgewinns I oder Einbringungsgewinns II käme[10]. Nach Auffassung von Dötsch geht die Finanzverwaltung darüber hinaus und verlangt eine Besteuerung sämtlicher stiller Reserven, also auch der in dem Zeitraum seit der steuerlichen Einbringung bis zur fiktiven Veräußerung entstandenen stillen Reserven[11].

E. Juristische Personen des öffentlichen Rechts oder steuerbefreite Körperschaften als veräußernde Anteilseigner (§ 22 Abs. 4 UmwStG)

Nähere Ausführungen hierzu vergleiche Widmann/Mayer, Umwandlungsrecht, § 22 UmwStG Rn. 383 ff.

F. Bescheinigungsverfahren über die nachträgliche Einbringungsgewinnbesteuerung (§ 22 Abs. 5 UmwStG)

In § 22 Abs. 5 UmwStG ist das Bescheinigungsverfahren geregelt, welches dazu dient, die Voraussetzungen für eine Buchwertaufstockung bei der übernehmenden Gesellschaft gemäß § 22 Abs. 2 UmwStG zu schaffen. Die in diesem Verfahren erteilte Bescheinigung ist – wie unter § 4 Rn. 38 und § 4 Rn. 59 ausgeführt – Voraussetzung dafür, dass die übernehmende Gesellschaft als Folge eines nachträglichen Einbringungsgewinns die Werte der übernommenen Wirtschaftsgüter aufstocken darf.

Die Bescheinigung ist durch das Finanzamt, das für den Einbringenden zuständig ist, auszustellen. Die Ausstellung erfolgt nur auf Antrag der übernehmenden Gesellschaft bzw. deren Rechtsnachfolgerin und richtet sich auch nur an diese.

---

10 Dötsch, § 22 UmwStG Rn. 93 m.w.N.; Rödder/Schumacher, DStR 2007, 369 ff.
11 Dötsch, § 22 UmwStG Rn. 93

83 In der Bescheinigung werden zumindest die Höhe des zu versteuernden Einbringungsgewinns, die darauf entfallende festgesetzte Steuer und der darauf errichtete Betrag ausgewiesen (§ 22 Abs. Halbsatz 1 UmwStG).

84 Wird der zu versteuernde Einbringungsgewinn bzw. die darauf entfallende festgesetzte Steuer und der darauf entrichtete Betrag nachträglich herabgesetzt, wird dies durch die Behörde von Amts wegen dem Geschäftsleitungsfinanzamt der übernehmenden Gesellschaft bzw. deren Rechtsnachfolgerin mitgeteilt.

§ 5 Auswirkungen der Einbringung bei der übernehmenden Gesellschaft

A. Grundsätzliches

Ergänzend zu den bereits in den §§ 20 und 21 UmwStG für die übernehmende Gesellschaft enthaltenen Folgen der Einbringung enthält § 23 UmwStG weitere Regelungen bezogen auf die Körperschaftsteuer und Gewerbesteuer der übernehmenden Gesellschaft, soweit es die laufende Gewinnermittlung bei der übernehmenden Gesellschaft betrifft. So werden unter anderem die Fragen der Besitzzeitanrechnung, der Ermittlung der AfA für übernommene abnutzbare Wirtschaftsgüter sowie der Fortwirkung vom Einbringenden verwirklichter steuerlich bedeutsamer Tatbestände gegen die übernehmende Gesellschaft in § 23 UmwStG geregelt. Insgesamt enthält § 23 UmwStG Regelungen für folgende Fragestellungen bei der übernehmenden Gesellschaft:

§ 23 Abs. 1 UmwStG	§ 23 Abs. 2 UmwStG	§ 23 Abs. 3 UmwStG
Besitzzeitenanrechnung bei Ansatz der eingebrachten Wirtschaftsgüter unter dem gemeinen Wert	Wertaufstockung des übernommenen Betriebsvermögens in den Fällen des Entstehens eines Einbringungsgewinns I und der tatsächlichen Versteuerung durch den Einbringenden	Auswirkungen eines Zwischenwertansatzes auf die Gewinnermittlung der übernehmenden Gesellschaft (modifizierte steuerliche Rechtsnachfolge) und Behandlung der Wertaufstockung im Falle eines Einbringungsgewinns I und dessen tatsächlicher Versteuerung durch den Einbringenden
Auswirkungen der Einbringung bei der übernehmenden Gesellschaft		
§ 23 Abs. 4 UmwStG	§ 23 Abs. 5 UmwStG	§ 23 Abs. 6 UmwStG
Auswirkungen des Ansatzes des übernommenen Betriebsvermögens auf die Gewinnermittlung der übernehmenden Gesellschaft	Verbot der Nutzung eines vortragsfähigen GewSt-Verlustes des Einbringenden durch die übernehmende Gesellschaft	Möglichkeit der Rücklagenbildung im Falle eines Einbringungsfolgegewinns (§ 6 Abs. 1 UmwStG) und Verlust dieser Vergünstigung

Ohne bereits an dieser Stelle im Detail auf die Auswirkungen der Sacheinlage bei der übernehmenden Gesellschaft einzugehen, kann der allgemeingültige Grundsatz aufgestellt werden, dass die Auswirkungen der Sacheinlage auf die zukünftige Gewinnermittlung bei der übernehmenden Gesellschaft von der Bewertung der übernommenen Wirtschaftsgüter durch die übernehmende Gesellschaft im Zeitpunkt der Einbringung abhängt. Macht die übernehmende Gesellschaft von ihrem Bewertungswahlrecht Gebrauch und führt die Buchwerte der übernommenen Wirtschaftsgüter fort, wird die übernehmende Gesellschaft steuerlich als Rechtsnachfolgerin des Einbringenden behandelt. Sie hat die steuerlichen Verhältnisse des Einbringenden zu übernehmen. Dies gilt insbesondere für die Fort-

§ 5 Auswirkungen der Einbringung bei der übernehmenden Gesellschaft

führung von Rücklagen, für die Abschreibung und für Besitzzeiten. Setzt die übernehmende Gesellschaft hingegen Zwischenwerte für die übernommenen Wirtschaftsgüter an, führt dies grundsätzlich zwar auch zu einer steuerlichen Rechtsnachfolge. Jedoch gelten hinsichtlich der Abschreibung der übernommenen Wirtschaftsgüter Modifikationen.

3 Weicht die übernehmende Gesellschaft nicht von der Regelbewertung der §§ 20 und 21 UmwStG ab und setzt die übernommenen Wirtschaftsgüter mit dem gemeinen Wert an, führt die Einbringung trotz allem zu einer steuerlichen Rechtsnachfolge, soweit die Einbringung im Wege einer Umwandlung nach dem Umwandlungsgesetz erfolgt. Es findet aber im Gegensatz zum Buchwert- oder Zwischenwertansatz keine Anrechnung von Besitz- und Verbleibenszeiten statt und in Bezug auf die zukünftige Abschreibung der übernommenen Wirtschaftsgüter erfolgt dieselbe Modifikation wie beim Zwischenwertansatz (vgl. § 23 Abs. 4 Halbsatz 2 UmwStG). Erfolgt die Einbringung hingegen durch Einzelrechtsübertragung der Vermögensgegenstände wird der Vorgang wie ein normales entgeltliches Anschaffungsgeschäft behandelt, d.h. die übernehmende Gesellschaft führt weder die Besitznoch die Verbleibenszeiten fort und die Abschreibungen beginnt die übernehmende Gesellschaft von Neuem mit den gemeinen Werten der übernommenen Wirtschaftsgüter als Ausgangswert (vgl. § 23 Abs. 4 Halbsatz 1 UmwStG).

Auswirkungen des Ansatzes des übernommenen Betriebsvermögens		
Buchwert	Zwischenwert	Gemeiner Wert
		Einbringung im Wege der Umwandlung → Auswirkungen vergleiche Zwischenwertansatz
		Einbringung im Wege der Einzelrechtsnachfolge
steuerliche Rechtsnachfolge	steuerliche Rechtsnachfolge	keine steuerliche Rechtsnachfolge
Besitz- und Verbleibenszeiten werden angerechnet	Besitz- und Verbleibenszeiten werden angerechnet	Besitz- und Verbleibenszeiten werden nicht angerechnet
Fortführung der AfA (Bemessungsgrundlage und AfA-Methode bleiben unverändert)	Weiterführung der AfA unter Aufstockung der Bemessungsgrundlage	Neubeginn AfA (AfA-Methode und AfA-Berechnung)
Übernahme und Fortführung steuerfreier Rücklagen	Übernahme und Fortführung steuerfreier Rücklagen	
Wertaufholungspflicht bei vom Einbringenden durchgeführten Teilwertabschreibungen	Wertaufholungspflicht bei vom Einbringenden durchgeführten Teilwertabschreibungen	

Kein Übergang von Verlustvorträgen (§§ 10d EStG, 10a GewStG)	Kein Übergang von Verlustvorträgen (§§ 10d EStG, 10a GewStG)	Kein Übergang von Verlustvorträgen (§§ 10d EStG, 10a GewStG)
Keine Möglichkeit der Sofortabschreibung nach § 6 Abs. 2 und Abs. 2a EStG (GWG)	Keine Möglichkeit der Sofortabschreibung nach § 6 Abs. 2 und Abs. 2a EStG (GWG)	Keine Möglichkeit der Sofortabschreibung nach § 6 Abs. 2 und Abs. 2a EStG (GWG)
		Übernommener Firmen- oder Praxiswert gilt als entgeltlich angeschafft und kann abgeschrieben werden
		Kein Übergang der Anspruchsberechtigung für InvZul
		Keine gewerbesteuerliche Hinzurechnung nach § 8 Abs. 1 und 2 GewStG für übernommene Dauerschulden, dauernde Lasten und Renten

§ 23 UmwStG gilt nur für Einbringungen nach §§ 20 Abs. 1, 21 Abs. 1, 24 Abs. 1 (nur partiell, vgl. § 24 Abs. 4 Halbsatz 1 UmwStG) und den Formwechsel nach § 25 UmwStG in inländische übernehmende Gesellschaften und ausländische übernehmende Gesellschaften i.S.d. § 1 Abs. 4 Nr. 1 UmwStG und betrifft ausschließlich diejenigen Vermögensgegenstände, die zu dem Sacheinlagegegenstand gehören und die zudem dem deutschen Besteuerungsrecht unterliegen. Ausnahmsweise, nämlich auf Wirtschaftsgüter, die erst aufgrund der Einbringung vom deutschen Besteuerungsrecht erfasst werden, findet § 23 UmwStG keine Anwendung.

B. Der Grundsatz des § 23 UmwStG: Die steuerliche Rechtsnachfolge

Gemäß § 23 Abs. 1 und 3 UmwStG sowie aufgrund des Verweises in § 23 Abs. 4 Halbsatz 2 UmwStG folgt die weitere Behandlung des übertragenen Vermögens bei der übernehmenden Gesellschaft mit wenigen Ausnahmen dem Grundsatz der steuerlichen Rechtsnachfolge. Danach tritt die übernehmende Gesellschaft in die materiell-rechtlichen ertragsteuerlichen Rechtspositionen des Einbringenden ein und führt diese fort. Allein bei der Einbringung zu gemeinen Werten im Wege der Einzelrechtsübertragung gilt dieser Grundsatz nicht. Dieser Vorgang wird vielmehr für ertragsteuerliche Zwecke als entgeltlicher Anschaffungsvorgang behandelt.

Unabhängig von dem Grundsatz der steuerlichen Rechtsnachfolge bleibt es aber dabei, dass die Einbringung ein tauschähnlicher Vorgang ist. Dies ist insbesondere für die grunderwerbsteuerliche Behandlung der Einbringung von Bedeutung.

§ 5 Auswirkungen der Einbringung bei der übernehmenden Gesellschaft

I. Steuerliche Rechtsnachfolge im Zusammenhang mit dem Ertragsteuerrecht

7 § 23 Abs. 1, 3 und 4 Halbsatz 2 UmwStG verweisen auf § 12 Abs. 3 UmwStG, der eine generelle und uneingeschränkte Rechtsnachfolge vorsieht. Es werden von der übernehmenden Gesellschaft somit unter anderem alle vom Einbringenden verwirklichten ertragsteuerlich relevanten Tatbestandsmerkmale verwirklicht. Dies gilt insbesondere für

- die Zugehörigkeit eines Wirtschaftsgutes zum Anlage- oder Umlaufvermögen,
- die Dauer der Zugehörigkeit eines Wirtschaftsgutes zum Betriebsvermögen (Besitz- und Verbleibenszeiten),
- die Inanspruchnahme von steuerlichen Wahlrechten,
- Zuschreibungs-, Wertaufholung- und Auflösungsverpflichtungen und
- die Höhe der Anschaffungs- oder Herstellungskosten,

selbstverständlich nur, soweit es das übernommene Vermögen betrifft.

8 Das Rechtsnachfolgeprinzip wird jedoch insoweit eingeschränkt, als es die steuerlichen Umstände und Besonderheiten der übernehmenden Gesellschaft erfordern. So kann vor allem die Rechtsform der übernehmenden Gesellschaft dazu führen, dass einzelne Sachverhalte steuerlich zukünftig anders zu beurteilen sind als vor der Einbringung, z.B. bei Einbringung eines Einzelunternehmers in eine Kapitalgesellschaft oder der Umwandlung einer Personengesellschaft in eine Kapitalgesellschaft.

9 In Einzelfällen kann eine Einbringung über die steuerliche Rechtsnachfolge in dem vorstehend beschriebenen Sinne hinaus auch weitere (negative) Auswirkungen auf die steuerlichen Verhältnisse der übernehmenden Gesellschaft haben. Dies gilt z.B.

- für Verlustvorträge i.S.d. §§ 8c KStG und 10a GewStG, wenn im Rahmen der Einbringung neue Gesellschafter an der übernehmenden Gesellschaft in dem nach diesen Vorschriften relevanten Umfang beteiligt werden,
- für Rücklagen nach § 7g EStG, wenn nach der Einbringung die Höchstbeträge des § 7g EStG überschritten sind und
- für die Gewerbesteuerkürzung nach § 9 Nr. 1 Satz 2 GewStG, falls nach der Einbringung die übernehmende Gesellschaft auch gewerbliche Einkünfte erzielt.

II. Rechtsnachfolge in die verfahrensrechtliche Position des Einbringenden

10 § 23 UmwStG i.V.m. § 12 Abs. 3 Halbsatz 1 UmwStG regelt nur die materiell-rechtliche Rechtsnachfolge. Ob die übernehmende Gesellschaft auch verfahrensrechtlich in die Position des Einbringenden eintritt, hängt wie bisher (vor SEStEG) zum einen von der zivilrechtlichen Einordnung des Einbringungsvorgangs und zum anderen von der jeweiligen verfahrensrechtlichen Vorschrift ab. Dabei bedeutet verfahrensrechtliche Rechtsnachfolge z.B.

- Übernahme von Steuerforderungen und Steuerschulden,
- Weitergeltung von Verjährungsfristen,
- Fortlaufen von Rechtsbehelfsfristen,

B. Der Grundsatz des § 23 UmwStG: Die steuerliche Rechtsnachfolge

- Bestehenbleiben einer Stundung,
- Fortgeltung einer AdV,
- Übergang der Klagebefugnis.

Es ist zu unterscheiden zwischen einer Einbringung im Wege der Einzelrechtsübertragung und der Einbringung im Wege der Gesamtrechtsnachfolge.

I. Einbringungen im Wege der Einzelrechtsübertragung

Erfolgt die Einbringung im Wege der Einzelrechtsübertragung, tritt die übernehmende Gesellschaft in Bezug auf die verfahrensrechtliche Position des Einbringenden nicht dessen Rechtsnachfolge an. Der übertragende Rechtsträger bleibt somit Steuerschuldner, Adressat von Steuerbescheiden sowie Partei in Steuerprozessen. Die übernehmende Gesellschaft haftet aber gemäß § 75 AO unter bestimmten Umständen für bestimmte, im übertragenen (Teil-)Betrieb begründete (Steuer-)Schulden und Steuerabzugsbeträge.

Dies gilt grundsätzlich auch für die Fälle der Einbringung in der Form der Spaltung (Abspaltung, Ausgliederung). Jedoch gelten für diese Vorgänge Besonderheiten wie z.B. die gesamtschuldnerische Haftung des übertragenden Rechtsträgers und der übernehmenden Gesellschaft für die vor Wirksamwerden der Spaltung begründeten Verbindlichkeiten des übertragenden Rechtsträgers (vgl. § 133 Abs. 1 Satz 1 UmwG).

II. Einbringungen im Wege der Gesamtrechtsnachfolge

Erfolgt die Einbringung im Wege der Gesamtrechtsnachfolge, geht die Steuerschuld des Einbringenden auf die übernehmende Gesellschaft über (vgl. § 45 Abs. 1 Satz 1 AO), d.h. die übernehmende Gesellschaft tritt in das Steuerschuldverhältnis des Einbringenden ein. Dies gilt für sämtliche Einbringungen, die in Form einer Verschmelzung erfolgen. Außerdem gilt es für die Fälle der Aufspaltung und des Formwechsels (sinngemäße Anwendung des § 45 Abs. 1 AO). Keine Rechtsnachfolge in die verfahrensrechtliche Position findet hingegen statt in den sonstigen Fällen der Spaltung (vgl. § 5 Rn. 13).

Eine Ausnahme von der Rechtsnachfolge gilt für den Übergang der Klagebefugnis gegen einen (Gewinn-)Feststellungsbescheid in den Fällen, in denen eine Personengesellschaft durch die Umwandlung in eine Kapitalgesellschaft oder Genossenschaft handelsrechtlich beendet wird. Da die Personengesellschaft nicht selbst Steuersubjekt ist, geht die Klagebefugnis nicht auf die übernehmende Gesellschaft über, sondern auf die durch den (Gewinn-)Feststellungsbescheid beschwerten ehemaligen Gesellschafter der Personengesellschaft[1].

---

[1] Dötsch, § 23 UmwStG Rn. 18

C. Ansatz des übernommenen Vermögens zu Buchwerten oder Zwischenwerten

I. Sachlicher Anwendungsbereich des § 23 Abs. 1 UmwStG

16 § 23 Abs. 1 UmwStG findet unabhängig davon, ob die Einbringung gemäß § 20 Abs. 1 UmwStG eine (Teil-)Betriebs oder eines (Teil-)Mitunternehmeranteils zivilrechtlich im Wege der Einzel- oder Gesamtrechtsnachfolge stattfindet, immer dann Anwendung, wenn das übernommene Betriebsvermögen von der übernehmenden Gesellschaft zu einem Wert unter dem gemeinen Wert angesetzt wird. Dies gilt auch, wenn

- im übernommenen Betriebsvermögen Wirtschaftsgüter enthalten sind, die bisher nicht dem inländischen Besteuerungsrecht unterlagen und deshalb zwingend mit dem gemeinen Wert angesetzt werden müssen;
- es zu einem Zeitpunkt nach der Einbringung zu einer Buchwertaufstockung gemäß § 23 Abs. UmwStG kommt.

17 Setzt die übernehmende Gesellschaft das übernommene Betriebsvermögen mit einem Zwischenwert an, gilt in Bezug auf die steuerliche Rechtsnachfolge § 23 Abs. 3 UmwStG als lex specialis gegenüber § 23 Abs. 1 UmwStG. Dieser Vorrang gilt jedoch nur, soweit § 23 Abs. 3 UmwStG reicht. Außerhalb des § 23 Abs. 3 UmwStG ist auch für den Zwischenwertansatz auf § 23 Abs. 1 UmwStG zurück zu greifen. Dies hat insbesondere Bedeutung für die Besitzzeitanrechnung. Entgegen der Rechtslage bis zum Inkrafttreten des SEStEG ist nunmehr aufgrund des Wortlautes des § 23 Abs. 1 UmwStG davon auszugehen, dass es auch bei einem Zwischenwertansatz zu einer Besitzzeitenanrechnung kommt.

18 Bis zum Inkrafttreten des Jahressteuergesetzes 2009 erfasste der Wortlaut des § 23 Abs. 1 UmwStG nur die Fälle der Einbringung gemäß § 20 Abs. 1 UmwStG, mit der Folge, dass bei einem Anteilstausch i.S.d. § 21 UmwStG unabhängig vom Wertansatz der eingebrachten Beteiligung stets die Grundsätze über das entgeltliche Anschaffungsgeschäft gegolten hätten und keine steuerliche Rechtsnachfolge statt gefunden hätte. Mit dem Jahressteuergesetz 2009 wurde dies geändert. Nunmehr gilt § 23 Abs. 1 UmwStG auch für den Anteilstausch. Besondere Bedeutung hat dies bei einem Anteilstausch mit sog. einbringungsgeborenen Anteilen i.S.d. § 21 UmwStG a.F. Diese sind auch nach Übertragung auf die übernehmende Gesellschaft steuerverstrickt und es gelten die §§ 21 UmwStG a.F. und 8b Abs. KStG a.F. weiter.

II. Ansatz des übernommenen Vermögens zum Buchwert

19 Nur wenn das im Rahmen einer Sacheinlage übertragene Vermögen insgesamt mit dem Buchwert angesetzt wird, gilt § 23 Abs. 1 UmwStG uneingeschränkt. Dies gilt unabhängig von der Art der Einbringung.

20 Die Erhöhung des Wertansatzes von Grundbesitz, welcher im Rahmen der Einbringung mitübertragen wird, durch die anfallende Grunderwerbsteuer schließt die Anwendung des § 23 Abs. 1 UmwStG nicht aus. Denn es werden hierdurch weder stille Reserven aufgedeckt noch gehört die Grunderwerbsteuer zum Buchwert des übertragenen Wirtschaftsguts. Vielmehr handelt es sich hierbei um Aufwendungen der übernehmenden Gesellschaft auf das übernommene Wirtschaftsgut, die nachzuaktivieren sind.

C. Ansatz des übernommenen Vermögens zu Buchwerten oder Zwischenwerten

1. Steuerliche Rechtsnachfolge

Die steuerliche Rechtsnachfolge erfasst sämtliche Tatbestände und Sachverhalte, die die körperschaftsteuerliche Gewinnermittlung und die Ermittlung des Gewerbeertrags der übernehmenden Gesellschaften betreffen. Im Einzelnen bedeutet dies u.a. 21

- Fortführung von (Sonder- und erhöhten) Abschreibungen
- Weiterführung von Bewertungsfreiheiten
- Übernahme der steuerfreien Rücklagen und Rückstellungen
- Zurechnung der Herstellereigenschaft des Einbringenden
- Zurechnung des Anschaffungs- oder Herstellungszeitpunktes
- Zurechnung der Höhe der Anschaffungs- oder Herstellungskosten
- Übergang der gesetzlichen Verpflichtungen und Wahlrechte aus der vom Einbringenden vorgenommenen Gewinnermittlung.

Aufgrund der Fortführung von (Sonder- und erhöhten) Abschreibungen ist die übernehmende Gesellschaft an die vom Einbringenden gewählte Abschreibungsmethode, den Abschreibungssatz und die ermittelte, gewöhnliche Nutzungsdauer des betreffenden Wirtschaftsgutes gebunden. Nicht vollständig ausgenutzte Sonderabschreibungen oder erhöhte Abschreibungen können von der übernehmenden Gesellschaft im Rahmen der gesetzlichen Vorschriften nachgeholt werden. 22

Eine Inanspruchnahme der Sofortabschreibung gemäß § 6 Abs. 2 EStG für übernommene bewegliche Wirtschaftsgüter, die in der Schlussbilanz mit 150 € oder weniger angesetzt sind bzw. der Möglichkeit zur Bildung eines Sammelpostens für übernommene bewegliche Wirtschaftsgüter, die in der Schlussbilanz mit mehr als 150 € aber mit weniger als 1.000 € angesetzt sind, durch die übernehmende Gesellschaft kommt nicht in Betracht. 23

Wurde von dem Einbringenden auf ein übertragenes Wirtschaftsgut eine Teilwertabschreibung vorgenommen, muss die übernehmende Gesellschaft eine Wertaufholung durchführen, sofern und soweit nach dem steuerlichen Übertragungsstichtag eine Werterhöhung stattfindet. Hat sich der Teilwert bereits vor dem steuerlichen Übertragungsstichtag wieder erhöht, wirkt sich die Werterhöhung dagegen noch in der steuerlichen Schlussbilanz des Einbringenden aus. 24

Die steuerliche Rechtsnachfolge gilt auch für Pensionsrückstellungen im übertragenen (Teil-)Betrieb. Somit kommt es auch zu einer Anrechnung der Dienstzeiten und zur Geltung des Nachholverbotes gemäß § 6a Abs. 4 Satz 1 EStG von beim Einbringenden unterbliebenen Zuführungen zur Rückstellung. 25

Obwohl eine generelle und uneingeschränkte steuerliche Rechtsnachfolge eintritt, geht ein verbleibender Verlustabzug gemäß § 10d EStG nicht auf die übernehmende Gesellschaft über[2], sondern verbleibt beim Einbringenden, da die übernehmende Gesellschaft nicht mit dem Einbringenden steuerlich identisch ist. Dies gilt auch für den verrechenbaren Verlust eines Einbringenden i.S.d. § 15a EStG in den Fällen der Einbringung eine Mitunternehmeranteils, sofern die Mitunternehmerschaft nach der Einbringung fortbesteht[3]. In dem letzten Fall kann der Einbringende jedoch den verrechenbaren Verlust i.S.d. § 15a EStG nicht weiter nutzen und auch nicht vom Gewinn aus der Veräußerung der erhaltenen Anteile an der übernehmenden Gesellschaft abziehen. 26

Ebenfalls vom Übergang auf die übernehmende Gesellschaft ausgeschlossen ist ein Zinsvortrag gemäß § 4h Abs. 1 Satz 2 EStG. 27

---

[2] h.M., W/M, § 24 UmwStG Rn. 407; S/H/S, § 23 UmwStG Rn. 19; H/B, UmwStG, 2. Aufl., § 22 Rn. 18; BMF, Schreiben vom 25. März 1998, BStBl I 1998, 268, Tz. 22.02
[3] Ludwig Schmidt, § 15a Rn. 237; S/H/S, § 23 UmwStG Rn. 19

2. Fortgeltung/Anrechnung von Besitz- bzw. Verbleibenszeiten

28 Setzt die übernehmende Gesellschaft die eingebrachten Wirtschaftsgüter mit dem Buchwert an, sind gemäß § 23 Abs. 1 UmwStG i.V.m. § 4 Abs. 2 Satz 3 UmwStG Vorbesitzzeiten des Einbringenden bei der übernehmenden Gesellschaft anzurechnen. Aufgrund des Wortlautes des § 23 Abs. 1 UmwStG findet diese Anrechnung auch bei einem Zwischenwertansatz Anwendung. Keine Anrechnung erfolgt in den Fällen des Anteilstausches und des Ansatzes des gemeinen Wertes.

29 Bedeutung hat die Anrechnung von Vorbesitzzeiten z.B. für die Steuervergünstigungen gemäß § 6b EStG oder § 7g EStG. Veräußert die übernehmende Gesellschaft das von der § 7g-Rücklage betroffene Wirtschaftsgut innerhalb der für den Einbringenden maßgebenden Verbleibensfristen, hat dies rückwirkend Auswirkung auf den Einbringenden, und zwar dergestalt, dass die Vergünstigung dem Einbringenden rückwirkend zu versagen ist[4].

3. Steuerfreie Rücklagen

30 Die übernehmende Gesellschaft übernimmt infolge der steuerlichen Rechtsnachfolge auch die in dem übertragenen Betriebsvermögen gebildeten steuerfreien Rücklagen (z.B. § 6b EStG oder § 7g EStG), unabhängig davon, ob in der Person der übernehmenden Gesellschaft die Voraussetzungen zur Bildung einer solchen Rücklage erfüllt wären. Grund hierfür ist, dass der übernehmenden Gesellschaft der vom Einbringenden verwirklichte steuerliche Tatbestand zugerechnet wird[5]. Die übernehmende Gesellschaft hat daher

- die Rücklage in ihre Steuerbilanz zu übernehmen;
- die Rücklage aufzustocken bei Vorliegen der Voraussetzungen;
- die Rücklage aufzulösen bei Eintritt des gesetzlich vorgesehenen Auflösungsereignisses;
- die Rücklage bei Zeitablauf aufzulösen, wobei die Zeitdauer der Rücklagenbildung beim Einbringenden der übernehmenden Gesellschaft angerechnet wird;
- die Rücklage zu verzinsen unter Anrechnung der Zeitdauer der Rücklagenbildung beim Einbringenden.

31 Für eine übernommene Rücklage gemäß § 6 Abs. 10 EStG scheidet allerdings eine Übertragung auf ein Reinvestitionsobjekt durch die übernehmende Gesellschaft aus, weil im Zeitpunkt der Reinvestition die steuerlichen Voraussetzungen für eine solche Übertragung nicht erfüllt sind. Diese Rücklage ist daher nach Zeitablauf bei der übernehmenden Gesellschaft gewinnerhöhend aufzulösen.

32 Im Zusammenhang mit einer § 7g-Rücklage ist darauf zu achten, dass der steuerliche Übertragungsstichtag nicht entweder mit dem Ende des zweiten auf die Bildung folgenden Wirtschaftsjahres des Einbringenden zusammen fällt oder in das zweite Jahr nach der Bildung der Rücklage fällt (sog. einbringungsbedingtes Rumpf-Wirtschaftsjahr). Ansonsten hat der Einbringende die Rücklage noch gewinnerhöhend aufzulösen und zu versteuern.

---

4 R 7g Abs. 7 S. 5 EStR 2005
5 Dötsch, § 23 UmwStG Rn. 42

4. Firmen-/Geschäftswert

Ein dem übertragenen (Teil-)Betrieb anhaftender selbst geschaffener Geschäfts- oder Firmenwert geht ebenfalls auf die übernehmende Gesellschaft über. Dies hat aber nicht zur Folge, dass die übernehmende Gesellschaft nunmehr einen Firmen- oder Geschäftswert in ihrer Steuerbilanz aktivieren darf. Vielmehr gilt insoweit das Aktivierungsverbot gemäß § 5 Abs. 2 EStG.

33

Ein bereits bei dem Einbringenden im Zusammenhang mit dem übertragenen Betriebsvermögen aktivierter Geschäfts- oder Firmenwert (derivativ angeschaffter Geschäfts- oder Firmenwert) wird von der übernehmenden Gesellschaft ebenso wie die Abschreibung dieses Geschäfts- oder Firmenwertes fortgeführt.

34

Zu den Besonderheiten der Umwandlung eines Praxiswertes in einen Geschäftswert und die Abschreibung diese Geschäftswertes vgl. ausführlich Dötsch, § 23 UmwStG Rn. 48.

35

III. Ansatz des eingebrachten Vermögens mit einem Zwischenwert (§ 23 Abs. 3 UmwStG)

1. Zwischenwertansatz

In den Fällen, in denen die übernehmende Gesellschaft die übertragenen Vermögensgegenstände mit einem Zwischenwert in ihrer Steuerbilanz ansetzt, findet § 23 Abs. 3 UmwStG Anwendung, soweit sein Regelungsbereich reicht. Daneben kann außerhalb dieses Regelungsbereichs auf § 23 Abs. 1 UmwStG zurückgegriffen werden.

36

Ein Zwischenwertansatz liegt vor, wenn

37

- die übernehmende Gesellschaft das übernommene Vermögen mit einem Wert ansetzt, der zwischen dem Buchwert und dem gemeinen Wert liegt,
- also stille Reserven nicht vollständig aufgedeckt werden.

Diese Voraussetzungen sind selbst dann erfüllt, wenn sämtliche stillen Reserven in den übertragenen Wirtschaftsgütern aufgedeckt werden mit Ausnahme vorhandener, selbst geschaffener immaterieller Wirtschaftsgüter, die auch auf die übernehmende Gesellschaft übertragen wurden.

38

Zusätzlich zum Zwischenwert sind diejenigen Einbringungskosten zu aktivieren, die objektbezogen bei der Übertragung bestimmter Wirtschaftsgüter (Grund und Boden, Anteile an Kapitalgesellschaften) entstanden sind. Führt dies zu einem Wertansatz, der insgesamt über dem gemeinen Wert des eingebrachten Wirtschaftsguts liegt, ist trotz allem von einem Zwischenwertansatz auszugehen.

39

2. Rechtsnachfolge

§ 23 Abs. 3 Satz 1 UmwStG bestimmt, dass die übernehmende Gesellschaft grundsätzlich in die steuerliche Rechtsnachfolge des Einbringenden eintritt. Im Hinblick auf den Zwischenwertansatz enthält § 23 Abs. 3 UmwStG Sonderregelungen für die Behandlung des Aufstockungsbetrages und dessen Abschreibung. Soweit es in dem übertragenen (Teil-)Betrieb gebildete steuerfreie Rücklagen betrifft, gilt grundsätzlich das zu der Buchwerteinbringung ausgeführte entsprechend (vgl. § 5 Rn. 30 ff.). Aufgrund des Zwischenwertansatzes sind die steuerfreien Rücklagen jedoch anteilmäßig aufzulösen.

40

41 Auch bei einem Zwischenwertansatz gilt für die übernehmende Gesellschaft das Wertaufholungsgebot in Bezug auf von dem Einbringenden auf Wirtschaftsgüter des übertragenen Betriebsvermögens vorgenommene Teilwertabschreibungen. Jedoch kommt eine Wertaufholung bei der übernehmenden Gesellschaft nur hinsichtlich derjenigen Erhöhungen des Teilwertes in Betracht, die nach dem steuerlichen Übertragungsstichtag eingetreten sind. Bereits vorher eingetretene Teilwerterhöhungen sind noch beim Einbringenden in dessen Schlussbilanz zu berücksichtigen.

3. Abschreibungen

42 Grundsätzlich gilt die steuerliche Rechtsnachfolge der übernehmenden Gesellschaft auch für die AfA der übernommenen abnutzbaren Wirtschaftsgüter. Diese steuerliche Rechtsnachfolge wird jedoch gemäß § 23 Abs. 3 Satz 1 Nr. 1 und Nr. 2 UmwStG dahingehend modifiziert, dass sich die Anschaffungskosten oder Herstellungskosten als Bemessungsgrundlage der AfA um den durch den Zwischenwertansatz begründeten Aufstockungsbetrag erhöhen. Existieren keine Anschaffungskosten oder Herstellungskosten, da die eingebrachten Wirtschaftsgüter vom Einbringenden nicht entgeltlich angeschafft worden sind, ist als Bemessungsgrundlage für die AfA der an die Stelle der Anschaffungskosten oder Herstellungskosten tretende Wert dieser Wirtschaftsgüter heranzuziehen.

43 Zusätzlich zu der Änderung der Bemessungsgrundlage der AfA infolge des Zwischenwertansatzes enthält § 23 Abs. 3 Satz 1 Nr. 2 UmwStG eine weitere Modifikation für die Weiterführung einer degressiven AfA gemäß § 7 Abs. 2 EStG in den Fällen eines Zwischenwertansatzes. Der Zwischenwert ist die neue Bemessungsgrundlage für die degressive AfA und der Abschreibungssatz richtet sich nach der neu zu schätzenden Restnutzungsdauer im Zeitpunkt der Einbringung[6].

44 Weitere Sonderregelungen enthält § 23 Abs. 3 Satz 1 UmwStG nicht. Somit gelten für erhöhte Absetzungen und Sonderabschreibungen keine Sonderregelungen, vielmehr werden diese von der übernehmenden Gesellschaft als steuerliche Rechtsnachfolgerin fortgeführt und werden durch den Zwischenwertansatz und den dadurch entstehenden Aufstockungsbetrag nicht berührt. Jedoch erhöht der Aufstockungsbetrag die Bemessungsgrundlage für die erhöhte Abschreibung als nachträgliche Anschaffungskosten[7].

4. Firmenwert/Geschäftswert

45 Wählt die übernehmende Gesellschaft bei Einbringung eines (Teil-)Betriebs den Zwischenwertansatz, ist ein bestehender originärer Geschäftswert des eingebrachten (Teil-)Betriebs erst dann zu berücksichtigen, wenn die übrigen Wirtschaftsgüter mit dem gemeinen Wert angesetzt sind, aber gegenüber dem (Zwischen-)Wert, mit dem das eingebrachte Betriebsvermögen von der übernehmenden Gesellschaft angesetzt werden soll, noch eine Differenz verbleibt. In Höhe dieser Differenz ist der originäre Geschäftswert anzusetzen. Das Aktivierungsverbot des § 5 Abs. 2 EStG greift in diesem Fall nicht, da die Sacheinlage ein tauschähnliches Geschäft darstellt. Die Abschreibung dieses ehemals originären Geschäftswertes erfolgt nach den allgemeinen Grundsätzen über die gewöhnliche Nutzungsdauer von 15 Jahren.

---

6 BMF, Schreiben vom 25. März 1998, BStBl I 1998, 268, Tz. 22.10
7 S/H/S, § 23 UmwStG Rn. 87 f.; Dötsch, § 23 UmwStG Rn. 59

Befindet sich in dem eingebrachten Betriebsvermögen bereits ein noch nicht vollständig abgeschriebener erworbener Geschäftswert, kann infolge der Einbringung nicht noch ein zusätzlicher Geschäfts- oder Firmenwert hinzukommen, da ein (Teil-)Betrieb nur einen einheitlichen und unteilbaren Geschäfts- oder Firmenwert haben kann (sog. Einheitstheorie). Der noch nicht vollständig abgeschriebene Geschäftswert ist von der übernehmenden Gesellschaft ohne Aufstockung weiter abzuschreiben.

5. Besitzzeitanrechnung

§ 23 Abs. 3 UmwStG enthält keine Regelungen zur Besitzzeitanrechnung in den Fällen des Zwischenwertansatzes. Insoweit ist aber wohl § 23 Abs. 1 i.V.m. § 4 Abs. 2 Satz 3 UmwStG anzuwenden, mit der Folge, dass auch im Fall der Übernahme von Betriebsvermögen zum Zwischenwert eine Anrechnung von Besitzzeiten und Verbleibenszeiten vorzunehmen ist. Die Anwendung des § 23 Abs. 1 UmwStG ist insoweit nicht ausgeschlossen, da § 23 Abs. 1 UmwStG nach seinem Wortlaut nicht auf die Fälle der Buchwertfortführung beschränkt Anwendung findet und § 23 Abs. 3 UmwStG für die Besitzzeitanrechnung keine Regelung enthält.

D. Übernahme des Vermögens zum gemeinen Wert

1. Allgemeines

§ 23 Abs. 4 UmwStG regelt die Fälle, in denen das eingebrachte Betriebsvermögen mit dem gemeinen Wert von der übernehmenden Gesellschaft angesetzt wird. Abhängig davon, ob die Einbringung im Wege einer Einzelrechtsübertragung oder im Wege der Gesamtrechtsnachfolge erfolgt, ist die Einbringung als entgeltliche Anschaffung der übernehmenden Gesellschaft oder als steuerliche Rechtsnachfolge nach den Grundsätzen des Zwischenwertansatzes zu behandeln.

Aufgrund dieser steuerlich unterschiedlichen Behandlung der Einbringung im Wege der Einzelrechtsnachfolge und der Einbringung im Wege der Gesamtrechtsnachfolge muss der Einbringungsvorgang einer dieser beiden Alternativen zugeordnet werden. Folgende Einbringungsvorgänge können der jeweiligen Alternative zugeordnet werden:

§ 5 Auswirkungen der Einbringung bei der übernehmenden Gesellschaft

Einbringung im Wege der Einzelrechtsnachfolge (§ 23 Abs. 4 Halbsatz 1 UmwStG)	Einbringung im Wege der Gesamtrechtsnachfolge (§ 23 Abs. 4 Halbsatz 2 UmwStG)
Einzelübertragung der Vermögensgegenstände im Rahmen einer Sachgründung der übernehmenden Gesellschaft	Verschmelzung
Einzelübertragung der Vermögensgegenstände im Rahmen einer Sachkapitalerhöhung bei der übernehmenden Gesellschaft	Aufspaltung
	Abspaltung
	Ausgliederung
	Vorgänge nach ausländischer Rechtsordnung, die einer Verschmelzung oder Spaltung vergleichbar sind.
	Mischformen, bei denen die Einbringung sowohl im Wege der Gesamtrechtsnachfolge als auch im Wege der Einzelrechtsnachfolge erfolgt (z. B. Verschmelzung einer KG auf eine GmbH und gleichzeitige Übertragung des Sonderbetriebsvermögens im Wege der Einzelrechtsnachfolge).

II. Folgen der Einbringung im Wege der Einzelrechtsnachfolge

1. Grundsatz

50   Im Grundsatz stellt die Einbringung im Wege der Einzelrechtsnachfolge einen Anschaffungsvorgang dar. Dies wird auch gemäß § 23 Abs. 4 Halbsatz 1 UmwStG fingiert. Die steuerliche Behandlung des Sacheinlagegegenstandes gleicht daher der Behandlung der übertragenen Wirtschaftsgüter bei einem vollentgeltlichen (Teil-)Betriebs- oder Anteilserwerb. Infolgedessen tritt keine steuerliche Rechtsnachfolge ein.

2. Abschreibungen

51   Da ab dem steuerlichen Übertragungsstichtag das Anschaffungsprinzip für die übernehmende Gesellschaft gilt, ist die übernehmende Gesellschaft im Rahmen der gesetzlichen Bestimmungen frei hinsichtlich der Wahl der Abschreibungsmethode. Sie ist hierbei nicht an die von dem Einbringenden gewählte Abschreibungsmethode gebunden. Die übernehmende Gesellschaft hat dieselber Rechte wie der Erwerber eines Wirtschaftsgutes durch ein entgeltliches Anschaffungsgeschäft.

Es ist der übernehmenden Gesellschaft jedoch nicht möglich, die Abschreibungen geltend zu machen, die eine Herstellereigenschaft voraussetzen, da ein Anschaffungsvorgang fingiert wird.

Für geringwertige Wirtschaftsgüter in dem eingebrachten Betriebsvermögen gilt § 6 Abs. 2 bzw. § 6 Abs. 2a EStG.

Infolge der Fiktion eines Anschaffungsvorganges ist die übernehmende Gesellschaft auch nicht verpflichtet, auf Wirtschaftsgüter, auf die der Einbringende eine Teilwertabschreibung vorgenommen hat, eine Wertaufholung vorzunehmen.

3. Besitzzeitanrechnung

Bei der Einbringung im Wege der Einzelrechtsnachfolge findet weder eine Besitzzeitanrechnung noch eine Verbleibensdaueranrechnung statt. Ist für einkommensteuerliche Zwecke die Besitzzeit bzw. die Verbleibensdauer eines Wirtschaftsgutes bei der übernehmenden Gesellschaft von Bedeutung, so ist diese ab dem steuerlichen Übertragungsstichtag neu zu ermitteln.

III. Steuerliche Folgen einer Einbringung nach dem Umwandlungsgesetz

Für Sacheinlagen im Wege der Gesamtrechtsnachfolge gelten gemäß § 23 Abs. 4 Halbsatz 2 UmwStG die Grundsätze des § 23 Abs. 3 UmwStG entsprechend. Zu einer darüber hinausgehenden steuerlichen Rechtsnachfolge z.B. auch in Bezug auf die Anrechnung von Besitzzeiten und Verbleibenszeiten kommt es jedoch nicht. Dies folgt daraus, dass § 23 Abs. 4 Halbsatz 2 UmwStG nur auf § 23 Abs. 3 UmwStG verweist und nicht auf § 23 Abs. 1 UmwStG. Außerdem gilt § 23 Abs. 1 UmwStG nicht unmittelbar, da diese Vorschrift nur Einbringungen erfasst, bei denen die übernommenen Wirtschaftsgüter mit einem Wert unter dem gemeinen Wert angesetzt werden.

E. Gewerbesteuer

Die besonderen Vorschriften des § 23 UmwStG gelten auch für gewerbesteuerliche Zwecke. Die gewerbesteuerlich relevanten Tatbestände des Einbringenden werden somit der übernehmenden Gesellschaft für Zwecke der Ermittlung des Gewerbeertrags zugerechnet. Dies gilt unter anderem auch mit Ausnahmen für die Hinzurechnungen und Kürzungen nach §§ 8 und 9 GewStG. Soweit jedoch die Rechtsform der übernehmenden Gesellschaft eine abweichende gewerbesteuerliche Behandlung erfordert, hat diese „Vorrang" vor der steuerlichen Rechtsnachfolge. Wird z.B. ein land- und forstwirtschaftlicher Betrieb in eine übernehmende Kapitalgesellschaft eingebracht, unterliegen die Einkünfte bei der übernehmenden Gesellschaft der Gewerbesteuer.

Dauerschulden, die in dem eingebrachten Betriebsvermögen enthalten sind, werden von der übernehmenden Gesellschaft ebenfalls als Dauerschulden i.S.d. § 8 Nr. 1 GewStG fortgeführt. Dies gilt für alle Einbringungen zum Buchwert oder Zwischenwert, sowie für Einbringungen zum gemeinen Wert, wenn die Einbringung im Wege der Gesamtrechtsnachfolge nach den Vorschriften des Umwandlungsgesetzes erfolgte.

Ebenfalls für alle Fälle der Einbringung zum Buchwert, Zwischenwert oder dem gemeinen Wert im Wege der Gesamtrechtsnachfolge gilt, dass Renten und dauernde Lasten im Sacheinlagegegenstand, die wirtschaftlich mit der Gründung oder dem Erwerb des übertragenen (Teil-)Betriebs durch den Einbringenden zusammen hängen, von der übernehmenden Gesellschaft als Renten und dauernde

Lasten i.S.d. § 8 Nr. 2 GewStG übernommen werden. Bei der Einbringung durch Einzelrechtsnachfolge mit einem Ansatz zum gemeinen Wert findet eine entsprechende Rechtsnachfolge nicht statt. Die übernehmende Gesellschaft hat somit die Hinzurechnung nicht fortzuführen. Es kommt aber zu einer (neuen) Hinzurechnung gemäß § 8 Nr. 2 GewStG, wenn die übernehmende Gesellschaft zusätzlich zu den neu ausgegebenen Anteilen Renten oder dauernde Lasten an den Einbringenden gewährt[8].

60 Ein gewerbesteuerlicher Verlustvortrag der übernehmenden Gesellschaft i.S.d. § 10a GewStG bleibt von der Einbringung unberührt. § 23 Abs. 5 UmwStG hat insoweit keine Auswirkungen, da diese Vorschrift nur den gewerbesteuerlichen Verlustvortrag des Einbringenden betrifft.

61 Werden Anteile an einer Personengesellschaft gemäß § 20 Abs. 1 UmwStG eingebracht oder ist die Beteiligung an einer Mitunternehmerschaft Teil des eingebrachten (Teil-)Betriebes, hat die Einbringung seit dem Inkrafttreten des Jahressteuergesetzes 2009 zur Folge, dass die gewerbesteuerlichen Verlustvorträge der eingebrachten Mitunternehmerschaft trotz des Vorliegens der Unternehmensgleichheit (zumindest teilweise) untergehen. Dies wird durch die in § 10a Satz 9 GewStG angeordnete entsprechende Anwendung des § 8c KStG erreicht.

F. Umsatzsteuer

62 Die Einbringung eines Betriebs oder Teilbetriebs in eine Kapitalgesellschaft oder Genossenschaft gemäß § 20 Abs. 1 UmwStG verwirklicht den Tatbestand des § 1 Abs. 1a UStG und ist daher nicht umsatzsteuerbar[9]. Dies gilt auch, wenn die Einbringung in mehreren zeitlich aufeinanderfolgenden sachlich verbundenen Teilakten erfolgt[10].

63 Bei einem Anteilstausch fehlt es entweder an einer unternehmerischen Tätigkeit des Einbringenden oder, wenn die Anteile zum unternehmerischen Vermögen des Einbringenden gehören, liegt ein nach § 4 Nr. 8 lit. f) UStG steuerbefreiter Umsatz vor. Gleiches gilt für die Einbringung einzelner Mitunternehmeranteile gemäß § 20 Abs. 1 UmwStG[11].

64 Die übernehmende Gesellschaft tritt im Fall der Geschäftsveräußerung im Ganzen gemäß § 1 Abs. 1a Satz 3 UStG an die Stelle des Einbringenden. Insoweit liegt aus materiellrechtlicher Sicht eine Rechtsnachfolge vor, d.h. die übernehmende Gesellschaft tritt umsatzsteuerlich in die Rechtsstellung des Einbringenden ein. Dies hat insbesondere Auswirkungen auf die Berichtigung des Vorsteuerabzugs der übernehmenden Gesellschaft gemäß § 15a UStG.

G. Aufstockung der Wertansätze bei nachträglicher Einbringungsgewinnbesteuerung (§ 23 Abs. 2 UmwStG)

I. Grundsätzliches

65 Die übernehmende Gesellschaft kann, wenn eine nachträgliche Besteuerung eines Einbringungsgewinns I oder eines Einbringungsgewinns II erfolgt, beantragen, dass in ihrer Steuerbilanz die für das eingebrachte Betriebsvermögen angesetzten Werte entsprechend aufgestockt werden. Die Werterhö-

---

8 Dötsch, § 23 UmwStG Rn. 94
9 siehe Abschnitt 5 Abs. 3 Satz 4 UStR 2005
10 siehe Abschnitt 5 Abs. 1 Satz 9 UStR 2005
11 siehe Abschnitt 66 Abs. 1 UStR 2005

I. Aufstockung der Wertansätze bei nachträglicher Einbringungsgewinnbesteuerung (§ 23 Abs. 2 UmwStG)

hung erfolgt in dem Wirtschaftsjahr der übernehmenden Gesellschaft, in das das schädliche Ereignis fällt, durch welches es zur nachträglichen Besteuerung eines Einbringungsgewinns kommt.

Die Voraussetzungen für eine solche Werterhöhung gemäß § 23 Abs. 2 UmwStG sind:

- Entstehung und Festsetzung eines nachträglichen Einbringungsgewinns I gemäß § 22 Abs. 1 UmwStG und / oder
- Entstehung und Festsetzung eines nachträglichen Einbringungsgewinns II gemäß § 22 Abs. 2 UmwStG und
- Antrag der übernehmenden Gesellschaft und
- Nachweis der Steuerentrichtung durch Vorlage einer Bescheinigung i.S.d. § 22 Abs. 5 UmwStG.

Sind diese Voraussetzungen erfüllt, kann eine Wertaufstockung vorgenommen werden, soweit die festgesetzte Steuer auf den Einbringungsgewinn durch den Einbringenden entrichtet worden ist (quotenentsprechende Wertaufstockung). Dabei ist von einer Entrichtung der Steuer auszugehen, wenn der darauf entfallende Steueranspruch erlischt. Dies ist der Fall, wenn

- gar keine Steuer anfällt,
- die Steuer gezahlt wird,
- eine Aufrechnung durch den Steuerschuldner erfolgt,
- die Steuer aus persönlichen oder sachlichen Gründen erlassen wird,
- die Zahlungsverjährung eintritt.

Außerdem erlischt der Steueranspruch, wenn Festsetzungsverjährung für die Veranlagung der Steuer aus dem Einbringungsgewinn eingetreten ist. In diesem Fall entsteht jedoch schon kein Erhöhungsbetrag.

II. Voraussetzungen für die Wertaufstockung bei einem Anteilstausch

Ein Einbringungsgewinn II führt zu einer Wertaufstockung der eingebrachten Anteile in der Steuerbilanz der übernehmenden Gesellschaft in Form nachträglicher Anschaffungskosten. Voraussetzung hierfür ist jedoch aufgrund des Verweises des § 23 Abs. 2 Satz 3 Halbsatz 2 UmwStG auf § 23 Abs. 2 Satz 1 UmwStG, dass ein Nachweis im Sinne des § 22 Abs. 5 UmwStG vorgelegt wird und die übernehmende Gesellschaft die nachträglichen Anschaffungskosten beantragt. Liegen diese Voraussetzungen vor, ist nur insoweit, wie die Steuer entrichtet wurde, eine Wertaufstockung zulässig (quotenentsprechende Wertaufstockung).

III. Art und Auswirkungen der Wertaufstockung

1. Allgemeines

Der Erhöhungsbetrag entspricht bei der Betriebseinbringung gemäß § 20 Abs. 1 UmwStG dem quotenentsprechenden Einbringungsgewinn I, der dem Umfang der Steuerentrichtung gleich kommt. Es kommt insoweit zu einer Abweichung von der Handelsbilanz, da es handelsrechtlich keine entsprechende Wertaufstockung gibt. Die Aktivierung des Erhöhungsbetrages erfolgt nicht gewinnwirksam. Der Zugang beim Aktivvermögen ist dem steuerlichen Einlagekonto gutzuschreiben.

71 Beim Anteilstausch führt der nachträgliche Einbringungsgewinn II zu einer Erhöhung der Anschaffungskosten der eingebrachten Anteile. Die Aktivierung der nachträglichen Anschaffungskosten erfolgt auch nicht gewinnwirksam. Vielmehr ist ein entsprechender Betrag dem steuerlichen Einlagekonto gutzuschreiben.

2. Bilanzsteuerrechtliche Behandlung des Erhöhungsbetrags

72 Der Erhöhungsbetrag i.S.d. § 23 Abs. 2 Satz 1 UmwStG führt zu einer Buchwertaufstockung derjenigen Wirtschaftsgüter der übernehmenden Gesellschaft, die diese im Rahmen der Sacheinlage übernommen und unterhalb des gemeinen Wertes bewertet hat. Infolgedessen sind die Buchwerte derjenigen Wirtschaftsgüter aufzustocken,

- die im Wirtschaftsjahr der Veräußerung oder des gleichgestellten Ereignisses noch im Betriebsvermögen der übernehmenden Gesellschaft vorhanden sind (§ 23 Abs. 2 Satz 2 Halbsatz 1 UmwStG) oder
- die im Wirtschaftsjahr der Veräußerung oder des gleichgestellten Ereignisses nicht mehr im Betriebsvermögen der übernehmenden Gesellschaft vorhanden sind, aber zum gemeinen Wert übertragen worden sind (§ 23 Abs. 2 Satz 2 Halbsatz 2 UmwStG).

73 In dem letzten Fall ist in Bezug auf die Behandlung des Aufstockungsbetrages danach zu unterscheiden, ob das ausgeschiedene Wirtschaftsgut von der übernehmenden Gesellschaft zum gemeinen Wert übertragen wurde oder unter anderen steuerlichen Rahmenbedingungen aus dem Betriebsvermögen der übernehmenden Gesellschaft ausgeschieden ist. Wurde das Wirtschaftsgut zum gemeinen Wert von der übernehmenden Gesellschaft übertragen, so wird der diesem Wirtschaftsgut nach den Wertverhältnissen am steuerlichen Übertragungsstichtag zuzuordnende Aufstockungsbetrag nicht verwirkt, sondern sofort erfolgswirksam abgeschrieben.

74 Ist das übertragene Wirtschaftsgut hingegen unter anderen steuerlichen Rahmenbedingungen aus dem Betriebsvermögen der übernehmenden Gesellschaft ausgeschieden, geht der anteilige Aufstockungsbetrag steuerlich unter.

75 Die Wertaufstockung hat gleichmäßig und verhältnismäßig bei allen Wirtschaftsgütern zu erfolgen. Der Erhöhungsbetrag ist so zu verteilen, wie die Wertverhältnisse des eingebrachten Betriebsvermögens zum steuerlichen Einbringungszeitpunkt lagen.

76 Kommt es zu einer Erhöhung der Wertansätze der übernommenen Wirtschaftsgüter aufgrund der nachträglichen Einbringungsgewinnbesteuerung i.S.d. § 23 Abs. 2 UmwStG, gelten für die weitere Besteuerung diejenigen Grundsätze, die auch in den Fällen eines Zwischenwertansatzes gelten. Zeitpunkt der zukünftigen Bemessung von Abschreibungen der aufgestockten Wirtschaftsgüter ist der Beginn des Wirtschaftsjahres der übernehmenden Gesellschaft, in das die schädliche Veräußerung oder die Verwirklichung der vergleichbaren Vorgänge fällt.

77 Auch in den Fällen der Aufstockung gemäß § 22 Abs. 3 UmwStG finden die § 23 Abs. 3 Satz 1 Nr. 1 und Nr. 2 UmwStG Anwendung. Jedoch tritt an die Stelle des Zeitpunkts der Einbringung der Beginn des Wirtschaftsjahres der übernehmenden Gesellschaft, in das der fiktive Veräußerungsstichtag i.S.d. § 22 Abs. 3 Satz 2 UmwStG fällt.

H. Gewerbesteuerlicher Verlustvortrag des Einbringenden (§ 23 Abs. 5 UmwStG)

Ein gewerbesteuerlicher Verlustvortrag des Einbringenden i.S.d. § 10a GewStG kürzt nicht den Gewerbeertrag der übernehmenden Gesellschaft (§ 23 Abs. 5 UmwStG). Dies gilt auch für den Formwechsel einer Personengesellschaft mit vortragsfähigen Gewerbeverlusten in eine Kapitalgesellschaft gemäß § 25 UmwStG.

Für die weitere Nutzbarkeit der gewerbesteuerlichen Verlustvorträge in der Person des Einbringenden gelten die allgemeinen Grundsätze. Es ist wie folgt zu unterscheiden:

Einbringung durch eine Körperschaft	Einbringung durch eine natürliche Person	Einbringung eines Betriebes durch eine Personengesellschaft
Fehlbetrag i.S.d. § 10a GewStG bleibt bestehen.	Verlust des vortragsfähigen Fehlbetrages.	Verlust des vortragsfähigen Fehlbetrages bei Einbringung des gesamten Betriebes oder sämtlicher Anteile oder bei Formwechsel.
Zukünftige Nutzung möglich, auch bei Aufnahme einer neuen gewinnträchtigen Tätigkeit.	Bei Teilbetriebseinbringung gelten die Grundsätze der Unternehmens- und Unternehmeridentät.	Bei Teilbetriebseinbringung gelten die Grundsätze der Unternehmens- und Unternehmeridentität.
Voraussetzung der Unternehmensgleichheit gilt nicht.		§ 10a Satz 10 GewStG ist zu beachten.

I. Einbringungsfolgegewinn (§ 23 Abs. 6 UmwStG)

Ein Einbringungsfolgegewinn i.S.d. § 23 Abs. 6 UmwStG kann durch Vereinigung von Forderungen und Verbindlichkeiten sowie im Falle der durch den Vermögensübergang begründeten Auflösung von Rückstellungen entstehen. Der Einbringungsfolgegewinn entsteht mit Ablauf des steuerlichen Übertragungsstichtags eine logische Sekunde nach der Vermögensübertragung und der dadurch ausgelösten Konfusion von Verbindlichkeiten und Forderungen. Er ist in dem Wirtschaftsjahr der übernehmenden Kapitalgesellschaft zu versteuern, in das der rückbezogene steuerliche Übertragungsstichtag fällt. Die übernehmende Gesellschaft hat die Möglichkeit gemäß § 23 Abs. 6 UmwStG i.V.m. § 6 UmwStG eine den Einbringungsfolgegewinn mindernde Rücklage zu bilden, die in den folgenden drei Wirtschaftsjahren jeweils zu mindestens einem Drittel gewinnerhöhend aufzulösen ist. § 6 Abs. 3 UmwStG findet ebenfalls entsprechende Anwendung.

§ 6 Einbringung von Betriebsvermögen in eine Personengesellschaft

A. Einführung

I. Allgemeines

1 § 24 UmwStG regelt die Einbringung eines Betriebes, Teilbetriebes oder Mitunternehmeranteils in eine Personengesellschaft. Im Grundsatz ist § 24 UmwStG durch das SEStEG nicht geändert worden. Die Änderungen beschränken sich vor allem auf die Folgewirkungen der geänderten Bewertung des Sacheinlagegegenstandes und auf die Anfügung eines Absatzes 5. Die Übertragung von einzelnen Wirtschaftsgütern wird weiterhin nicht von § 24 UmwStG erfasst, sondern allenfalls von § 6 Abs. 5 EStG.

2 Der Anwendungsbereich des § 24 UmwStG ist umfangreicher als der Anwendungsbereich der sonstigen Vorschriften des Umwandlungssteuergesetzes. Gemeint ist hiermit nicht die Bedeutung in der Praxis, sondern die von der jeweiligen Vorschrift erfassten Lebenssachverhalte (vgl. hierzu § 6 Rn. 14).

II. Grundsystematik des § 24 UmwStG

3 § 24 UmwStG regelt im Grundsatz die Änderung der Rechtsform eines Unternehmens in eine Personengesellschaft im Wege eines „tauschähnlichen Vorgangs". Unabhängig von den Wertansätzen stellt die Einbringung i.S.d. § 24 UmwStG aus Sicht des Einbringenden eine Veräußerung dar. Durch § 24 UmwStG können die dort geregelten Einbringungsvorgänge trotz ihres tauschähnlichen Charakters erfolgsneutral vorgenommen werden.

4 § 24 UmwStG ist ähnlich aufgebaut wie § 20 UmwStG und in vielen Punkten kann daher auf die Ausführungen zu § 20 UmwStG verwiesen werden. Im Wesentlichen entspricht § 24 UmwStG folgendem Aufbauschema:

§ 24 Abs. 1 UmwStG	§ 24 Abs. 2 UmwStG	§ 24 Abs. 3 UmwStG
Definition des Tatbestandes der Sacheinlage i.S.d. § 24 UmwStG	Bewertung des eingebrachten Betriebsvermögens	Auswirkungen des Wertansatzes für den Einbringenden (Werteverknüpfung)
	Regelbewertung: gemeiner Wert	Besteuerung eines Einbringungsgewinns natürlicher Personen und Voraussetzungen der Anwendung der §§ 16, 34 EStG
	Wahlrecht für Buchwert- oder Zwischenwertansatz	

§ 24 UmwStG

§ 24 Abs. 4 UmwStG	§ 24 Abs. 5 UmwStG	§ 24 Abs. 6 UmwStG
Auswirkungen des Wertansatzes auf die Gewinnermittlung der übernehmenden Gesellschaft	Rechtsfolgen der Veräußerung eingebrachter Anteile an Körperschaften, Personenvereinigungen und Vermögensmassen innerhalb von 7 Jahren nach der Einbringung, soweit an der übernehmenden Gesellschaft nicht natürliche Personen beteiligt sind.	Verbot des Übergangs des Zinsvortrages des eingebrachten Betriebes auf die übernehmende Gesellschaft
Unzulässigkeit der Rückbeziehung bei Einbringung im Wege der Einzelrechtsnachfolge		
Regelung zur Steuervergünstigung bei einem Einbringungsfolgegewinn		

Aufgrund der Tatsache, dass die Personengesellschaft nicht Einkommensteuer- bzw. Körperschaftsteuer-Subjekt ist, sondern insoweit die Gesellschafter der Personengesellschaft betroffen sind, bleibt der Einbringende mit den stillen Reserven des eingebrachten (Teil-)Betriebs unmittelbar körperschaftsteuer- bzw. einkommensteuerpflichtig. Infolgedessen Bedarf es keiner Verdoppelung der stillen Reserven in den infolge der Einbringung erhaltenen Anteile wie bei der Einbringung in eine Kapitalgesellschaft und es fehlen daher entsprechende Regelungen im § 24 UmwStG, die die Sicherstellung der stillen Reserven in den erhaltenen Anteilen zum Gegenstand haben.

Die folgende Tabelle enthält eine Übersicht über die Unterschiede der Einbringungen nach den §§ 20, 21 UmwStG und der Einbringung gemäß § 24 Abs. 1 UmwStG:

Einbringung in eine Kapitalgesellschaft gemäß §§ 20, 21 UmwStG	Einbringung in eine Personengesellschaft gemäß § 24 UmwStG
Einbringung von Anteilen an Kapitalgesellschaften des Privatvermögens ist begünstigt, wenn die weiteren Voraussetzungen des § 21 Abs. 1 Satz 2 UmwStG erfüllt sind	Einbringung von Anteilen an Kapitalgesellschaften ist grundsätzlich nicht begünstigt, es sei denn, sie sind gehören zu einem eingebrachten Betrieb, Teilbetrieb oder zu einer Mitunternehmerschaft
Steuerneutrale Einbringung bei negativem Kapital nicht möglich; Zwingende Aufdeckung der stillen Reserven bis mindestens zu einem Kapital von 0 € erforderlich	Steuerneutrale Einbringung (d.h. Buchwertansatz) von Betriebsvermögen auch bei negativem Kapital möglich
Zusatzleistungen bis zur Höhe des Buchwertes des eingebrachten Betriebsvermögens unschädlich (auch in Form von Gesellschafterdarlehen)	Ausweis eines Gesellschafterdarlehens bei der übernehmenden Gesellschaft führt zwingend zur Realisierung stiller Reserven
Anwendung des § 34 EStG bei Ansatz des gemeinen Wertes möglich	Ausschluss des § 34 EStG beim Ansatz des gemeinen Wertes unter bestimmten Voraussetzungen möglich
Einbringungsgewinn bei einer Einbringung nach § 20 Abs. 1 UmwStG unterliegt nicht der Gewerbesteuer, soweit natürliche Personen beteiligt sind	Einbringungsgewinn ist gewerbesteuerpflichtig, soweit er als laufender Gewinn gilt.
Steuerliche Rückbeziehung bei Einbringungen nach § 20 Abs. 1 UmwStG, unabhängig davon, ob Einzelrechtsübertragung oder Umwandlung	Steuerliche Rückbeziehung nur bei Einbringung im Wege der Umwandlung

B. Regelungsbereich des § 24 UmwStG

7 § 24 UmwStG regelt die steuerliche Behandlung von Einbringungen i.S.d. § 1 Abs. 3 UmwStG in das Gesamthandsvermögen einer Mitunternehmerschaft gegen Erwerb oder Erweiterung von Gesellschaftsrechten an der übernehmenden Gesellschaft.

8 § 24 UmwStG gilt jedoch nur für die Einkommensteuer, Körperschaftsteuer und Gewerbesteuer, nicht hingegen für die Grunderwerbsteuer, Erbschaftsteuer oder Umsatzsteuer.

I. Sachlicher Anwendungsbereich

9 Der sachliche Anwendungsbereich des § 24 UmwStG wird in § 1 Abs. 3 UmwStG definiert. Sämtliche in § 1 Abs. 3 UmwStG aufgeführten Vorgänge gelten als Einbringung i.S.d. § 24 Abs. 1 UmwStG. Demnach werden erfasst

- die Verschmelzung, Aufspaltung und Abspaltung i.S.d. UmwG von Personenhandelsgesellschaften, Partnerschaftsgesellschaften auf eine übernehmende Personengesellschaft (§ 1 Abs. 3 Nr. 1 UmwStG),
- die Umwandlung einer ausländischen Personengesellschaft, die nach ausländischem Recht mit einer Verschmelzung, Aufspaltung und Abspaltung i.S.d. §§ 2, 123 Abs. 1 und Abs. 2 UmwG gleichkommt (§ 1 Abs. 3 Nr. 1 UmwStG),
- die Ausgliederung von Unternehmensteilen gemäß § 123 Abs. 3 UmwG auf eine Personengesellschaft als aufnehmende Gesellschaft i.S.d. § 24 Abs. 1 UmwStG (§ 1 Abs. 3 Nr. 2 UmwStG),
- die Vermögensübertragung von einem ausländischen Rechtsträger, der den nach einem Typenvergleich den spaltungsfähigen Rechtsträgern i.S.d. § 124 UmwG vergleichbar ist, durch einen Vorgang, der nach ausländischem Recht den Grundprinzipien einer Ausgliederung gemäß § 123 Abs. 3 UmwG (§ 1 Abs. 3 Nr. 2 UmwStG) entspricht,
- die Einbringung von Betriebsvermögen durch Einzelrechtsnachfolge in eine Personengesellschaft (§ 1 Abs. 3 Nr. 4 UmwStG).

Alle diese Vorgänge setzen voraus, dass das zivilrechtliche Eigentum an dem Sacheinlagegegenstand auf die übernehmende Personengesellschaft übertragen wird. Daher ist es im Gegensatz zur Rechtslage bis zum Inkrafttreten des SEStEG nicht mehr ausreichend für die Anwendung des § 24 Abs. 1 UmwStG, wenn an einzelnen oder sämtlichen Wirtschaftsgütern des Sacheinlagegegenstandes nur das wirtschaftliche Eigentum auf die übernehmende Gesellschaft übertragen werden.

Ebenso wenig wird von dem sachlichen Anwendungsbereich des § 24 UmwStG die Anwachsung erfasst, da sie nicht in der abschließenden Aufzählung des § 1 Abs. 3 UmwStG aufgeführt wird.

Zudem reicht es nicht aus, wenn wesentliche Betriebsgrundlagen im Rahmen einer (Teil-)Betriebseinbringung i.S.d. § 24 Abs. 1 UmwStG nur in das Sonderbetriebsvermögen überführt werden[1].

I. Persönlicher Anwendungsbereich

§ 24 UmwStG enthält weder in Bezug auf die Person des Einbringenden noch in Bezug auf die Person der übernehmenden Gesellschaft bestimmte Einschränkungen. Danach kann die übernehmende Personengesellschaft z.B. im Inland oder im Ausland, auch im Drittausland ansässig sein.

II. Aufzählung der einzelnen, von § 24 UmwStG erfassten Sachverhalte

Als Sachverhalte, die unter § 24 Abs. 1 UmwStG fallen, kommen insbesondere in Betracht:

- Ein Einzelgewerbetreibender bringt sein Unternehmen in eine neu gegründete Personengesellschaft ein, indem er die Wirtschaftsgüter einzeln in Erfüllung seiner Sacheinlageverpflichtung überträgt und gegebenenfalls zusätzliche Wirtschaftsgüter zur Nutzung überlässt.
- Ein Einzelunternehmer nimmt zur Gründung einer Personengesellschaft einen oder mehrere Gesellschafter gegen Einlage von Geld oder anderer Wirtschaftsgüter in das Gesellschaftsvermögen der neuen Personengesellschaft auf.
- Ein Einzelkaufmann gliedert seinen (Teil-)Betrieb gemäß § 123 Abs. 3 UmwG auf eine bestehende Personengesellschaft aus.

---

[1] vgl. zum sachlichen Anwendungsbereich insgesamt Dötsch, § 24 UmwStG Rn. 12 ff.

- Eine Kapitalgesellschaft überträgt durch Ausgliederung (§ 123 Abs. 3 UmwG) ihren operativen (Teil-)Betrieb auf eine Tochterpersonengesellschaft in der Rechtsform einer GmbH & Co. KG.
- Mehrere Einzelunternehmen werden zu einer Personengesellschaft zusammengeschlossen im Wege der Sachgründung.
- In eine bestehende Personengesellschaft wird ein oder mehrere Gesellschafter zusätzlich gegen Geldeinlage oder andere Wirtschaftsgüter in das Gesellschaftsvermögen aufgenommen.
- In eine bestehende Personengesellschaft wird ein oder mehrere Gesellschafter zusätzlich gegen Einbringung eines (Teil-)Betriebs oder Mitunternehmeranteils in das Gesellschaftsvermögen aufgenommen.
- In einer bestehenden Personengesellschaft werden die Beteiligungsverhältnisse entgeltlich geändert.
- Eine Kommanditgesellschaft oder eine oHG wird auf eine andere Personenhandelsgesellschaft gemäß §§ 2, 39 ff. UmwG verschmolzen oder zwei Freiberufler-Partnerschaftsgesellschaften werden gemäß §§ 2, 45a bis e UmwG miteinander verschmolzen.
- Alle Gesellschafter einer Personengesellschaft bringen ihre Gesellschaftsanteile (Mitunternehmeranteile) in eine übernehmende Personengesellschaft gegen Gewährung von Mitunternehmeranteilen ein. Das Gesellschaftsvermögen der ersten Personengesellschaft wächst der übernehmenden Personengesellschaft infolge Anteilsvereinigung an (§ 738 BGB).
- Eine Personengesellschaft bringt ihren (Teil-)Betrieb oder eine Mitunternehmerbeteiligung in eine andere Personengesellschaft gegen neue Gesellschaftsrechte ein.
- Eine Kommanditgesellschaft oder oHG wird aufgespalten (§ 123 Abs. 1 UmwG), indem Teilbetriebe oder Mitunternehmeranteile auf andere (bestehende oder neu gegründete) Personenhandelsgesellschaften übertragen werden.
- Eine Kommanditgesellschaft oder oHG spaltet ab oder gliedert aus (§ 123 Abs. 2 oder 3 UmwG) einen Teilbetrieb oder Mitunternehmeranteil auf eine andere (bestehende oder neu gegründete) Personenhandelsgesellschaft.
- Die Kommanditisten mehrerer (beteiligungsidentischer) Schwester-Personengesellschaften (GmbH & Co. KG) bringen ihre Beteiligung gegen Gesellschaftsrechte in eine zu diesem Zweck gegründete Holding-Personengesellschaft ein.
- Eine Körperschaft des öffentlichen Rechts bringt ihren Betrieb gewerblicher Art zur Neugründung einer Personengesellschaft ein, an der sich auch ein Investor beteiligt.
- Ein Verpachtungsbetrieb, für den noch keine Aufgabeerklärung abgegeben worden ist, oder ein gewerblicher Verpachtungsbetrieb als Besitzunternehmen im Rahmen einer Betriebsaufspaltung wird durch Einzelübertragung der Wirtschaftsgüter in eine GmbH & Co. KG eingebracht.
- Errichtung einer atypisch stillen Beteiligung am (Teil-)Betrieb einer Kapitalgesellschaft oder Personengesellschaft gegen Einbringung.
- Umwandlung (Verschmelzung, Formwechsel) einer Personenhandelsgesellschaft z.B. einer GmbH & Co. KG in eine KGaA.
- Die in der Schweiz ansässige Personengesellschaft I, die über eine inländische Betriebsstätte verfügt, wird nach Schweizer Recht auf die ebenfalls in der Schweiz ansässige Personengesellschaft II verschmolzen.

15 Bis zu der Entscheidung des BFH vom 17. Juli 2008 galt auch eine 100%ige Beteiligung an einer Kapitalgesellschaft als Teilbetrieb i.S.d. § 24 UmwStG. In diesem Urteil hat der BFH jedoch entschieden, dass die das gesamte Nennkapital umfassende Beteiligung an einer Kapitalgesellschaft (entgegen der h.M. und der Auffassung der Finanzverwaltung) kein Teilbetrieb i.S.d. § 24 Abs. 1 UmwStG sei. Infolgedessen ist nach Auffassung der Rechtsprechung eine steuerneutrale Einbringung von Anteilen

an einer Kapitalgesellschaft, selbst wenn es sich um eine 100%ige Beteiligung handelt, unter Anwendung des § 24 UmwStG nicht mehr möglich, es sei denn, die Beteiligung ist Teil eines eingebrachten (Teil-)Betriebs oder Mitunternehmeranteils[2]. Die Entscheidung des BFH wurde „nur" in BFH/NV veröffentlicht. Es ist daher noch nicht abzusehen, wie sich die Finanzverwaltung verhalten wird. Solange die Finanzverwaltung aber keine gegensätzliche Meinung in einer für den Steuerpflichtigen verbindlichen Form festschreibt, ist bei den Gestaltungen die Rechtsprechung des BFH zu beachten.

C. Einbringungsvorgänge außerhalb des Anwendungsbereichs des § 24 UmwStG

Einbringung eines (Teil-)Betriebs, Mitunternehmeranteils oder einer 100%igen Beteiligung an einer Kapitalgesellschaft ohne Gewährung von Gesellschaftsrechten (sog. verdeckte Einlage)

Erfolgt die Übertragung eines (Teil-)Betriebs, Mitunternehmeranteils oder einer 100%igen Beteiligung an einer Kapitalgesellschaft ohne Gewährung von Gesellschaftsrechten, also im Wege einer sog. verdeckten Einlage, liegt kein Fall des § 24 UmwStG vor. Eine Buchwertfortführung ist aber trotzdem möglich unter (analoger) Anwendung des § 6 Abs. 3 Satz 1 EStG[3]. Die übernehmende Personengesellschaft führt als Rechtsnachfolgerin i.S.d. § 6 Abs. 3 Satz 3 EStG die Buchwerte fort. 16

Dies gilt auch für die verdeckte Einlage eines (Teil-)Mitunternehmeranteils. 17

Zu einer zumindest teilweisen Aufdeckung der stillen Reserven kommt es infolge einer verdeckten Einlage, 18

- wenn und soweit eine Kapitalgesellschaft einen (Teil-)Betrieb oder einen Mitunternehmeranteil überträgt und an der übernehmenden Personengesellschaft Gesellschafter der übertragenden Kapitalgesellschaft oder nahestehende Personen von Gesellschaftern der übertragenden Kapitalgesellschaft beteiligt sind, deren Anteile infolge der Vermögenszuführung bereichert werden[4] und

- eine natürliche Person einen (Teil-)Betrieb oder einen Mitunternehmeranteil überträgt und an der übernehmenden Personengesellschaft eine Kapitalgesellschaft beteiligt ist, deren Beteiligung an der übernehmenden Personengesellschaft infolge der Vermögenszuführung bereichert wird. In diesem Fall gelten die Grundsätze der verdeckten Einlage in eine Kapitalgesellschaft, d.h. Aufdeckung der stillen Reserven.

Die „verdeckte Einlage" einer 100%igen Beteiligung an einer Kapitalgesellschaft in eine Personengesellschaft wird hingegen nicht von § 6 Abs. 3 EStG erfasst. Vielmehr ist zu prüfen, ob ein Fall des § 6 Abs. 5 Satz 3 ff. EStG vorliegt. 19

BFH, Urteil vom 17. Juli 2008, BFH/NV 2008, 1941
vgl. Gratz in H/H/R, § 6 EStG Rn. 1376; Ehmcke in Blümich, § 6 EStG Rn. 1225
vgl. BFH, Urteil vom 15.09.2004, BStBl II 2005, 867

II. Einbringung eines (Teil-)Betriebs in das Sonderbetriebsvermögen

20 Für § 24 UmwStG reicht es nicht aus, wenn ein Betrieb oder Teilbetrieb in das Sonderbetriebsvermögen einer Personengesellschaft eingebracht wird. Die Überführung in das Sonderbetriebsvermögen einer Personengesellschaft stellt keine Übertragung i.S.d. § 6 Abs. 3 Satz 1 EStG dar. Die Wirtschaftsgüter werden weiterhin zivilrechtlich und steuerlich dem übertragenden Steuerpflichtigen zugerechnet, der die bisherigen Buchwerte fortführt.

III. Einbringung einzelner Wirtschaftsgüter

21 Auf die Einbringung von einzelnen Wirtschaftsgütern in eine Personengesellschaft findet § 24 UmwStG ebenfalls keine Anwendung. Bei Vorliegen der gesetzlich vorgesehenen Voraussetzungen kommt eine Anwendung des § 6 Abs. 5 EStG in Betracht[5]. Sind diese Voraussetzungen nicht erfüllt, ist die Übertragung als tauschähnlicher Vorgang zu behandeln, mit der Folge, dass die Übertragung gegen Gewährung von Gesellschaftsrechten zur Gewinnrealisierung führt.

IV. Einbringung gegen Ausgleichszahlung

22 Erfolgt die Übertragung eines (Teil-)Betriebs nicht gegen Gewährung von Gesellschaftsrechten, sondern gegen Gewährung eines sonstigen Entgeltes wie z.B. Geld, ist § 24 UmwStG nicht anwendbar. Es gelten vielmehr die allgemeinen Grundsätze, insbesondere der der Gewinnrealisierung.

23 Problematisch ist die Behandlung von Sachverhalten, in denen die Einbringung eines (Teil-)Betriebes bzw. eines Mitunternehmeranteils sowohl gegen Gewährung von Gesellschaftsrechten als auch gegen Ausgleichszahlung erfolgt[6]. In diesen Fällen kommt es zu einer Aufteilung des Übertragungsvorganges in eine Einbringung i.S.d. § 24 UmwStG und eine Veräußerung eines ideellen Anteils an den übertragenen Wirtschaftsgütern.

24 Erhält die übertragende Person als Gegenleistung für die Übertragung eines (Teil-)Betriebs bzw. eines Mitunternehmeranteils auf eine Personengesellschaft eine Forderung gegen die Personengesellschaft, liegt eine Betriebsveräußerung i.S.d. § 16 Abs. 1 Satz 1 EStG vor. Dies gilt unabhängig davon, ob die Forderung dem Vermögen der übertragenden Person oder dem notwendigen Sonderbetriebsvermögen der übertragenden Person bei der übernehmenden Personengesellschaft zuzurechnen ist.

25 Erhält die übertragende Person neben der Forderung gegen die Personengesellschaft auch Gesellschaftsrechte an der übernehmenden Personengesellschaft, ist der Vorgang wiederum in einen Vorgang i.S.d. § 24 UmwStG, soweit die übertragende Person Gesellschaftsrechte erworben hat, und einen Veräußerungsvorgang zu unterteilen[7].

26 Erhält der Einbringende die sonstige Leistung von einem anderen Gesellschafter z.B. als Ausgleich dafür, dass sich der Wert dessen Gesellschaftsanteils infolge der Einbringung erhöht hat, ist diese sonstige Leistung als Gewinn aus der Veräußerung desjenigen Betriebsvermögens zu behandeln, da

---

5 Ausführlicher zur Übertragung von Wirtschaftsgütern auf eine Personengesellschaft gemäß § 6 Abs. 5 EStG bzw. vom Privatvermögen in eine Personengesellschaft vgl. Ludwig Schmidt, § 6 Rn. 530 ff.; Dötsch, § 24 UmwStG Rn. 46 ff.; W/M § 24 UmwStG Rn. 13 ff.
6 vgl. Dötsch, § 24 UmwStG Rn. 58 Grundfall 3
7 vgl. S/H/S, § 24 UmwStG Rn. 137; BMF, Schreiben vom 21.08.2001, BStBl I 2001, 543, Rn. 24.08; H/B, UmwStG, 2. Aufl. § 24 Rn. 59

C. Einbringungsvorgänge außerhalb des Anwendungsbereichs des § 24 UmwStG

der Einbringende für Rechnung des zahlenden Gesellschafters einbringt. Eine sonstige Leistung an den Einbringenden, die zur (teilweisen) Aufdeckung der stillen Reserven in dem übertragenen Betriebsvermögen führt, liegt in folgenden Fällen vor (Aufzählung nicht abschließend):

- Zahlung an einen von dem Einbringenden benannten Dritten;
- Erlass einer Forderung des Mitgesellschafters gegen den Einbringenden;
- Einzahlung auf ein Konto der übernehmenden Gesellschaft und Entnahme dieses Betrages durch den Einbringenden in einem sachlichen und zeitlichen Zusammenhang mit der Einbringung;
- Tilgung einer zugunsten des Einbringenden begründeten Verbindlichkeit der Gesellschaft;
- Zahlung eines nicht durch Gesellschafterleistungen gerechtfertigten Vorabgewinns an den Einbringenden.

Die Anwendung des § 24 UmwStG wird hingegen nicht berührt, wenn die Ausgleichszahlung durch einen Mitgesellschafter dauerhaft in das Vermögen der übernehmenden Gesellschaft geleistet wird[8]. 27

Der Veräußerungsgewinn, den der Einbringende aufgrund der Zuzahlung erzielt, ist zu ermitteln durch Gegenüberstellung des Zuzahlungsbetrages mit dem anteiligen Buchwert des Betriebsvermögens. Es handelt sich bei dem Veräußerungsgewinn um einen laufenden Gewinn gemäß § 16 Abs. 1 Satz 2 EStG, sofern hinsichtlich des Teils des Einbringungsvorgangs, für den § 24 UmwStG anwendbar ist, der Buchwert fortgeführt oder ein Zwischenwert angesetzt wird[9]. 28

Wird hinsichtlich des Teils des Einbringungsvorgangs, für den § 24 UmwStG anwendbar ist, hingegen der gemeine Wert angesetzt, ist der gesamte Gewinn, also auch der Veräußerungsgewinn aufgrund der Zuzahlung, nach den §§ 16, 34 EStG begünstigt[10]. Dies ergibt sich aus § 24 Abs. 3 Satz 2 UmwStG. 29

Die Tarifvergünstigung des § 34 EStG für den Veräußerungsgewinn entfällt jedoch, soweit der Einbringende an der übernehmenden Personengesellschaft beteiligt ist (§ 24 Abs. 3 Satz 3 UmwStG i.V.m. § 16 Abs. 2 Satz 3 EStG). Insoweit handelt es sich um einen laufenden Gewinn gemäß § 16 Abs. 1 Satz 2 EStG[11]. 30

Soweit der Veräußerungsgewinn als laufender Gewinn zu behandeln ist, gehört er nach Auffassung des BFH und der Finanzverwaltung zum Gewerbeertrag i.S.d. § 7 Satz 1 GewStG. Der verbleibende Teil des Veräußerungsgewinns wird hingegen nicht zum Gewerbeertrag gezählt, da es sich hierbei um einen nicht gewerbesteuerpflichtigen Gewinn aus der Veräußerung eines Gewerbebetriebs handelt. Ist eine Kapitalgesellschaft Einbringender, zählt der gesamte Veräußerungsgewinn zum Gewerbeertrag[12]. 31

Im Falle der Einbringung eines Mitunternehmeranteils gegen Gewährung von Gesellschaftsrechten und Zuzahlung liegt eine Veräußerung eines Teils eines Mitunternehmeranteils vor. Der infolge der Zuzahlung entstehende Veräußerungsgewinn ist als laufender Gewinn des Einbringenden i.S.d. § 16 Abs. 1 Satz 2 EStG zu behandeln, der keiner Tarifbegünstigung unterliegt, es sei denn, das eingebrachte Betriebsvermögen wird insgesamt mit dem gemeinen Wert angesetzt. Der laufende Gewinn zählt zum Gewerbeertrag der Personengesellschaft[13]. 32

Die vorstehenden Grundsätze gelten auch für die Aufnahme eines Gesellschafters in einen Einzelgewerbebetrieb oder eines Sozius in eine freiberufliche Einzelpraxis mit Zuzahlung in das Privatvermögen des einbringenden Betriebsinhabers. 33

---

7 Wolff in Blümich, § 24 UmwStG Rn. 30
8 BMF, Schreiben vom 21.08.2001, BStBl I 2001, 543, Rn. 24.11
9 BMF, Schreiben vom 21.08.2001, BStBl I 2001, 543, Rn. 24.12a; BFH, Urteil vom 21.09.2000, BStBl II 2001, 178
10 BMF, Schreiben vom 21.08.2001, BStBl I 2001, 543, Rn. 4.12a
11 BFH, Urteil vom 05.09.2001, BStBl II 2002, 155
12 BFH, Urteil vom 14.12.2006, BFH/NV 2007, 601 f.

V. Sonstige Vorgänge

34 Folgende Vorgänge, bei denen es ebenfalls um die Änderung der Rechtsform oder Umwandlung einer Personengesellschaft und Änderungen im Gesellschafterbestand einer Personengesellschaft geht, werden nicht vom Anwendungsbereich des § 24 Abs. 1 UmwStG erfasst:

- Wechsel der Gesellschafter einer mitunternehmerischen Personengesellschaft[14];
- Die unentgeltliche Aufnahme einer oder mehrerer natürlichen Personen in ein bestehendes Einzelunternehmen (Fall des § 6 Abs. 3 Satz 1 Halbsatz 2 EStG);
- Formwechsel einer mitunternehmerisch tätigen Personengesellschaft in eine Personengesellschaft anderer Rechtsform[15];
- Verschmelzung einer Kapitalgesellschaft auf eine KGaA (in diesem Fall finden die §§ 3 bis 10 UmwStG Anwendung);
- Anwachsung des Vermögens einer Tochterpersonengesellschaft bei der Mutterpersonengesellschaft z.B. durch entschädigungsloses Ausscheiden der Komplementär-Kapitalgesellschaft aus einer GmbH & Co. KG;
- Eintritt einer Kapitalgesellschaft als Komplementärin in eine Personengesellschaft ohne Einlagenleistung[16];
- Verschmelzung einer 100%igen Tochterpersonengesellschaft auf die Mutterpersonengesellschaft, die zugleich zu 100% an der Komplementärin beteiligt ist (Fall der analogen Anwendung des § 6 Abs. 3 Satz 1 EStG)[17];
- Änderung der Beteiligungsverhältnisse in einer Personengesellschaft durch Zahlung eines Gesellschafters an die übrigen Gesellschafter in deren Privatvermögen.

D. Verhältnis des § 24 UmwStG zu anderen Vorschriften

35 § 24 UmwStG regelt die Übertragung eines (Teil-)Betriebs oder eines Mitunternehmeranteils gegen Gewährung von Gesellschaftsrechten an der übernehmenden Gesellschaft. Dies stellt dem Grunde nach eine Veräußerung eines (Teil-)Betriebs bzw. eines Mitunternehmeranteils i.S.d. § 16 Abs. 1 EStG dar. Im Verhältnis zu Rechtsnormen, die ebenfalls die Übertragung von (Teil-)Betrieben oder Mitunternehmeranteile regeln, gilt Folgendes:

- Vorrang des § 24 UmwStG als lex specialis vor § 16 EStG, soweit es den Anwendungsbereich des § 24 UmwStG betrifft;
- Vorrang des § 24 UmwStG als lex specialis vor § 12 Abs. 2 Satz 1 KStG;
- Vorrang des § 24 UmwStG vor den allgemeinen Entstrickungsvorschriften des Ertragsteuerrechts wie z.B. §§ 4 Abs. 1 Satz 3 ff. und 4g EStG;
- Vorrang der Bewertungsvorschriften des § 24 Abs. 2 Satz 1 f. UmwStG vor den allgemeinen Bewertungsgrundsätzen des § 6 Abs. 1 EStG.

36 Keine Konkurrenz besteht zwischen einer Einbringung i.S.d. § 24 Abs. 1 UmwStG zu einer (Teil-)Betriebsübertragung gemäß § 6 Abs. 3 EStG, zu einer Übertragung von Einzelwirtschaftsgütern gemäß § 6 Abs. 5 Satz 2 EStG und zu einer Übertragung von Einzelwirtschaftsgütern gemäß § 6 Abs. 5 Satz 3 EStG.

---

14 BMF, Schreiben vom 25.03.1998, BStBl. I 1998, 268, Tz. 24.01 lit. c
15 BMF, Schreiben vom 25.03.1998, BStBl. I 1998, 268, Tz. 24.02
16 BMF, Schreiben vom 25.03.1998, BStBl. I 1998, 268, Tz. 24.02; FG Münster, Urteil vom 09.04.2003, EFG 2005, 1155 nicht rechtskräftig; a.A. W/M, § 24 UmwStG Rn. 108
17 vgl. Dötsch, § 24 UmwStG Rn. 79

E. Tatbestand des § 24 Abs. 1 UmwStG

I. Übersicht

Eine Einbringung im Sinne des § 24 Abs. 1 UmwStG setzt Folgendes voraus: 37
- Einbringung
- eines steuerlichen Betriebs, Teilbetriebs oder Mitunternehmeranteils
- in eine (inländische) Mitunternehmerschaft
- gegen Gewährung einer Mitunternehmerstellung an der übernehmenden Personengesellschaft.

Die Rechtsfolgen einer Einbringung i.S.d. § 24 Abs. 1 UmwStG sind in den folgenden Absätzen 2 bis 38
6 des § 24 UmwStG geregelt.

II. Einbringungsgegenstand

§ 24 Abs. 1 UmwStG setzt voraus die Einbringung eines 39
- Betriebs
- Teilbetriebs
- Mitunternehmeranteils
- Bruchteils eines Mitunternehmeranteils

1. Betrieb

Zur Erläuterung des Begriffs „Betrieb" kann auf die detaillierten Ausführungen zum Betriebsbegriff 40
unter § 2 Rn. 26 ff. verwiesen werden. Es ist insbesondere darunter zu subsumieren
- ein tätiger Gewerbebetrieb oder ein Gewerbebetrieb im Aufbau;
- ein Besitzeinzelunternehmen im Rahmen einer Betriebsaufspaltung
- eine freiberufliche Einzelpraxis
- ein Betrieb der Land- und Fortwirtschaft.

Zur Erfüllung des Tatbestands der Einbringung eines Betriebs i.S.d. § 24 UmwStG müssen sämt- 41
liche wesentlichen Betriebsgrundlagen dieses Betriebs auf die übernehmenden Personengesellschaft
übertragen werden, dergestalt, dass sich diese Wirtschaftsgüter nach der Übertragung im Gesamthandsvermögen der Personengesellschaft befinden und nicht nur im Sonderbetriebsvermögen. Ob
ein Wirtschaftgut eine wesentliche Betriebsgrundlage darstellt, richtet sich in § 24 Abs. 1 UmwStG
wie in § 20 Abs. 1 UmwStG nach der funktionalen Betrachtungsweise. Werden wesentliche Betriebsgrundlagen nicht mit übertragen oder in einem zeitlichen und sachlichen Zusammenhang mit der
Einbringung von der Übertragung auf die übernehmende Personengesellschaft ausgeschlossen, sind
die Voraussetzungen für eine Betriebseinbringung i.S.d. § 24 Abs. 1 UmwStG nicht erfüllt (siehe § 2
Rn. 57 ff.).

2. Teilbetrieb

42 Der Teilbetriebsbegriff des § 24 Abs. 1 UmwStG ist derselbe wie zu § 20 Abs. 1 UmwStG. Insoweit kann auf die Ausführung unter § 2 Rn. 68 ff. verwiesen werden. Entscheidend ist, ob aus Sicht des Einbringenden ein Teilbetrieb übertragen wird. Dass der übertragene Teilbetrieb bei der übernehmenden Gesellschaft weiter als Teilbetrieb fortgeführt wird, setzt § 24 Abs. 1 UmwStG nicht voraus. Ebenso wenig muss beim Einbringenden ein weiterer (Teil-)Betrieb zurückbleiben.

43 § 24 Abs. 1 UmwStG setzt voraus, dass sämtliche wesentliche Betriebsgrundlagen des Teilbetriebs auf die übernehmende Personengesellschaft übertragen werden. Auch hier gilt die funktionale Betrachtungsweise.

3. Mitunternehmeranteil

44 Als weiterer Einbringungsgegenstand i.S.d. § 24 Abs. 1 UmwStG kommt ein Mitunternehmeranteil an einer gewerblichen, land- und fortwirtschaftlichen oder einer freiberuflichen Mitunternehmerschaft in Betracht. Die Ausführungen unter § 2 Rn. 88 ff. gelten entsprechend.

45 Gehört zu dem Mitunternehmeranteil Sonderbetriebsvermögen und handelt es sich bei diesem Sonderbetriebsvermögen um eine wesentliche Betriebsgrundlage, so muss dieses Sonderbetriebsvermögen in das Gesamthandsvermögen der übernehmenden Personengesellschaft übertragen werden. Eine Zurückbehaltung dieser wesentlichen Betriebsgrundlagen im Sonderbetriebsvermögen derjenigen Mitunternehmerschaft, an der der übertragene Mitunternehmeranteil besteht, reicht für § 24 Abs. 1 UmwStG nicht aus.

III. Aufnehmende Gesellschaft

46 Als aufnehmende Gesellschaft kommt ausschließlich eine Personengesellschaft in Betracht. Entscheidend ist, dass es sich steuerlich um eine Mitunternehmerschaft handelt[18]. Ob die übernehmende Gesellschaft bereits vor der Einbringung besteht oder im Rahmen der Einbringung erst gegründet wird, ist ohne Bedeutung.

47 Ebenso wenig schließt die Beteiligung beschränkt steuerpflichtiger Personen an der übernehmenden Personengesellschaft die Anwendung des § 24 UmwStG aus. Übernehmende Gesellschaft kann sogar eine ausländische Personengesellschaft sein, die über eine inländische Betriebsstätte verfügt oder in Folge der Einbringung des Betriebsvermögens eine inländische Betriebsstätte begründet.

48 Sogar vermögensverwaltende Personengesellschaften kommen als übernehmende Gesellschaft i.S.d. § 24 Abs. 1 UmwStG in Betracht, wenn diese nach der Einbringung land- und forstwirtschaftliche oder gewerbliche Einkünfte oder Einkünfte aus selbständiger Tätigkeit erzielen.

IV. Einbringungsvorgänge i.S.d. § 24 UmwStG

49 Diejenigen Vorgänge, die eine Einbringung i.S.d. § 24 UmwStG darstellen können, sind in § 1 Abs. UmwStG abschließend aufgezählt. Es werden somit ausschließlich erfasst die Einbringung im Wege der Verschmelzung, die Einbringung im Wege einer Spaltung sowie die Einbringung durch Einzelrechtsnachfolge.

---

18 S/H/S, § 24 UmwStG Rn. 108; H/B, UmwStG, 2. Aufl., § 24 Rn. 44

E. Tatbestand des § 24 Abs. 1 UmwStG

I. Einbringung durch Einzelrechtsnachfolge

Bei der Einbringung durch Einzelrechtsnachfolge werden sämtliche Wirtschaftsgüter, die eine wesentliche Betriebsgrundlage darstellen, einzeln in das Gesellschaftsvermögen der übernehmenden Personengesellschaft unter Beachtung der jeweils anzuwendenden zivilrechtlichen Vorschriften übertragen. Dabei müssen die Einzelübertragungen in einem zeitlichen und sachlichen Zusammenhang (einheitlicher Vorgang) erfolgen. 50

Es reicht jedoch nicht aus, wenn ein oder mehrere Wirtschaftsgüter, die eine wesentliche Betriebsgrundlage darstellen, lediglich in das steuerliche Sonderbetriebsvermögen der übernehmenden Personengesellschaft überführt werden oder die übernehmende Personengesellschaft lediglich wirtschaftlicher Eigentümer der Wirtschaftsgüter wird. § 24 UmwStG verlangt vielmehr die Übertragung des zivilrechtlichen Eigentums in das Gesamthandsvermögen der übernehmenden Personengesellschaft. 51

II. Einbringung im Wege der Gesamtrechtsnachfolge

Neben der Einbringung durch Einzelrechtsnachfolge kann die Einbringung i.S.d. § 24 UmwStG auch im Wege der Gesamtrechtsnachfolge erfolgen. In Betracht kommen eine Verschmelzung oder Spaltung nach dem UmwG oder vergleichbare ausländische Vorgänge. Unter Anwendung des Umwandlungsgesetzes sind somit folgende Vorgänge von § 24 UmwStG erfasst: 52

- Verschmelzung einer oder mehrerer Personenhandelsgesellschaften bzw. Partnerschaftsgesellschaften auf eine Personenhandelsgesellschaft bzw. Partnerschaftsgesellschaft;
- Spaltung (sämtliche Spaltungsarten) einer Personenhandelsgesellschaft auf eine Personenhandelsgesellschaft;
- Spaltung (sämtliche Spaltungsarten) einer Partnerschaftsgesellschaft auf eine Partnerschaftsgesellschaft;
- Ausgliederung aus einer Kapitalgesellschaft auf eine Personenhandelsgesellschaft;
- Ausgliederung aus einer Stiftung, Körperschaft des öffentlichen Rechts oder einem eingetragenen Verein auf eine Personenhandelsgesellschaft;
- Ausgliederung aus einem (im Handelsregister eingetragenen) Einzelunternehmen auf eine Personenhandelsgesellschaft.

In den ersten beiden vorstehend genannten Fällen sind Gegenstand der Einbringung i.S.d. § 24 Abs. 1 UmwStG die Mitunternehmeranteile. In den restlichen vorstehend aufgelisteten Fällen können Gegenstand der Einbringung sein ein Betrieb, ein Teilbetrieb oder ein Mitunternehmeranteil. 53

III. Gewährung einer Mitunternehmerstellung

Weitere Voraussetzung des § 24 Abs. 1 UmwStG ist, dass die Einbringung gegen Gewährung einer Mitunternehmerstellung an den Einbringenden erfolgt. Der Einbringende muss demnach infolge der Einbringung Gesellschafter der übernehmenden Personengesellschaft werden und Mitunternehmerinitiative haben sowie Mitunternehmerrisiko tragen. 54

Die Einräumung einer Mitunternehmerstellung macht sich bilanziell dadurch bemerkbar, dass das eingebrachte Betriebsvermögen zumindest teilweise demjenigen Kapitalkonto des Einbringenden bei der übernehmenden Personengesellschaft gutgeschrieben wird, das für die Beteiligung am Gewinn und Verlust, dem Vermögen und für die Stimmrechte maßgeblich ist. Wird der andere Teil des 55 eingebrachten Betriebsvermögens einem anderen (Eigen-)Kapitalkonto oder einem (gesamthänderische) Rücklagenkonto gutgeschrieben, ist dies nicht schädlich im Hinblick auf die Anwendung des § 24 UmwStG.

56 § 24 Abs. 1 UmwStG findet außerdem Anwendung, wenn der Einbringende bereits Mitunternehmer der übernehmenden Personengesellschaft ist und dessen Mitunternehmeranteil infolge der Einbringung aufgestockt wird.

VI. Einbringender

57 § 24 UmwStG stellt keine besonderen Anforderungen an die Person des Einbringenden. Es kann sich somit um inländische oder ausländische natürliche Personen, Körperschaften, Personenvereinigungen oder Vermögensmassen handeln. Bringt eine Personengesellschaft ihren (Teil-)Betrieb in eine andere Personengesellschaft ein, stellt sich die Frage, ob die Personengesellschaft oder die an der Personengesellschaft beteiligten Mitunternehmer Einbringende i.S.d. § 24 UmwStG sind. Dötsch ist der Auffassung, dass in diesen Fällen die an der übertragenden Personengesellschaft beteiligten Mitunternehmer Einbringende sind, da die Mitunternehmeranteile an der übernehmenden Personengesellschaft an diese und nicht an die übertragende Personengesellschaft gewährt werden[19].

F. Bewertungswahlrecht, § 24 Abs. 2 UmwStG

I. Bewertungswahlrecht

58 § 24 Abs. 2 UmwStG stellt die Regel auf, dass das eingebrachte Betriebsvermögen in der Steuerbilanz der übernehmenden Personengesellschaft mit dem gemeinen Wert anzusetzen ist. Dies gilt für sämtliche Wirtschaftsgüter, die zur Sacheinlage i.S.d. § 24 Abs. 1 UmwStG gehören. Insoweit weicht § 24 Abs. 2 UmwStG von dem allgemein gültigen Anschaffungskostenprinzip des § 6 Abs. 1 EStG ab.

59 Der gemeine Wert i.S.d. § 24 UmwStG entspricht dem Preis, der im gewöhnlichen Geschäftsverkehr unter Außerachtlassung ungewöhnlicher persönlicher Verhältnisse bei der Veräußerung des betreffenden Wirtschaftsgutes zu erzielen wäre (vgl. § 9 BewG).

60 Eine Spezialregelung gilt für Pensionsrückstellungen, die in der Sacheinlage enthalten sind. Deren gemeiner Wert bestimmt sich nach § 6a EStG.

61 Werden infolge der Sacheinlage auch Anteile an Kapitalgesellschaften auf die übernehmende Personengesellschaft mit übertragen, bestimmt sich deren gemeiner Wert nach § 11 BewG.

62 Bei Vorliegen sämtlicher Tatbestandsmerkmale des § 24 Abs. 1 UmwStG kann die übernehmende Personengesellschaft von der Regelbewertung abweichen und auf Antrag das eingebrachte Betriebsvermögen zum Buchwert oder zu einem Zwischenwert ansetzen.

63 Zum Buchwert gehört im Fall der Einbringung eines Mitunternehmeranteils auch das Mehr- oder Minderkapital aus einer (positiven oder negativen) Ergänzungsbilanz des Einbringenden.

64 Wählt die übernehmende Personengesellschaft einen Zwischenwertansatz, so sind sämtliche im Rahmen der Sacheinlage übertragenen Wirtschaftgüter anteilig aufzustocken.

---

19 Dötsch, § 24 UmwStG Rn. 112

F. Bewertungswahlrecht, § 24 Abs. 2 UmwStG

I. Ausübung des Bewertungswahlrechts

Die Ausübung des Bewertungswahlrechts steht ausschließlich der übernehmenden Personengesellschaft zu. Die übernehmende Personengesellschaft hat das Wahlrecht einheitlich für sämtliche übertragenen Wirtschaftsgüter der Sacheinlage i.S.d. § 24 Abs. 1 UmwStG auszuüben. Sind mehrere Einbringungen i.S.d. § 24 Abs. 1 UmwStG in ein und dieselbe übernehmende Personengesellschaft erfolgt, hat die übernehmende Personengesellschaft jedoch die Möglichkeit, das Wahlrecht hinsichtlich jeder einzelnen Einbringung unterschiedlich auszuüben. Die Ausübung des Wahlrechts durch die übernehmende Personengesellschaft wird durch den Ansatz der übertragenen Wirtschaftsgüter in der Steuerbilanz der übernehmenden Personengesellschaft einschließlich der Ergänzungsbilanzen bestimmt[20]. Wird jedoch ein Mitunternehmeranteil auf eine Personengesellschaft übertragen, so wird das Bewertungswahlrecht gemäß § 24 Abs. 2 UmwStG nicht in der Bilanz der übernehmenden Personengesellschaft, sondern in der Bilanz der Personengesellschaft, an der der übertragene Mitunternehmeranteil besteht, ausgeübt[21]. Das Wahlrecht ist in der Steuerbilanz der Personengesellschaft, in der die Beteiligung besteht, zum Ende des Wirtschaftsjahres in das die Einbringung fällt, auszuüben. 65

Bei der Wahlrechtsausübung ist die übernehmende Personengesellschaft nicht an die Maßgeblichkeit der Handelsbilanz für die Steuerbilanz gebunden, da der Maßgeblichkeitsgrundsatz aufgrund der Bewertungsregeln des § 24 Abs. 2 UmwStG keine Anwendung findet. 66

Der Ansatz des übertragenen Betriebsvermögens unter dem gemeinen Wert ist spätestens bis zur erstmaligen Abgabe der steuerlichen Schlussbilanz bei dem für die Besteuerung der übernehmenden Personengesellschaft zuständigen Finanzamt zu beantragen (§ 24 Abs. 2 Satz 3 i.V.m. § 20 Abs. 2 Satz 3 UmwStG). Gemeint ist hiermit, dass der Antrag spätestens mit Abgabe der Gewinnfeststellungserklärung durch die übernehmende Personengesellschaft und Beifügung der steuerlichen Schlussbilanz der übernehmenden Personengesellschaft für das Wirtschaftsjahr, in das der Einbringungszeitpunkt fällt, zu stellen ist. Wählt die übernehmende Personengesellschaft die Buchwertfortführung, gilt der Antrag als gestellt, wenn sie die Buchwerte aus der Einbringungsbilanz in ihre steuerliche Schlussbilanz übernimmt. Wird das übertragene Betriebsvermögen hingegen mit einem Zwischenwert angesetzt, sollte die Wahlrechtsausübung erläutert werden, wobei das Gesetz keine bestimmten Anforderungen für den entsprechenden Antrag regelt. 67

Die Tatsache, dass das Bewertungswahlrecht durch entsprechenden Ansatz der übertragenen Wirtschaftsgüter in einer Bilanz ausgeübt wird, hat zur Folge, dass die übernehmende Personengesellschaft, selbst wenn sie ihre Gewinnermittlung gemäß § 4 Abs. 3 EStG vorgenommen hat, eine Eröffnungs- oder Aufnahme-Bilanz aufstellen muss. Für den Einbringenden hat die Verwirklichung des Tatbestandes des § 24 Abs. 1 UmwStG zur Folge, dass er ebenfalls, selbst wenn er bis zur Einbringung seinen Gewinn nach § 4 Abs. 3 EStG ermittelt hat, auf den Zeitpunkt der Einbringung eine Bilanz aufstellen und von der Gewinnermittlungsart der Einnahmen-Überschussrechnung zum Betriebsvermögensvergleich wechseln muss[22]. 68

Ein Ansatz zum gemeinen Wert ist immer dann anzunehmen, wenn 69

- die übernehmende Personengesellschaft ihr Bewertungswahlrecht nicht in der in § 24 Abs. 2 Satz 2 und 3 UmwStG beschriebenen Form ausgeübt hat,
- der Antrag auf Minderbewertung (§ 24 Abs. 2 Satz 2 UmwStG) nicht wirksam gestellt worden ist oder
- soweit die Minderbewertung gemäß § 24 Abs. 2 Satz 2 UmwStG ausgeschlossen ist.

BMF, Schreiben vom 25.03.1998, BStBl I 1998, 268, Tz. 24.04 i.V.m. Tz. 20.31; BFH, Urteil vom 25.4.2006, BStBl II 2006, 274
BFH, Urteil vom 30.4.2003, BStBl II 2004, 804; siehe außerdem § 2 Rn. 152
Dötsch, § 24 UmwStG Rn. 122

70 Bei der Ausübung des Bewertungswahlrechts sind auch positive bzw. negative Ergänzungsbilanzen zu berücksichtigen. Die Möglichkeit der Bildung von Ergänzungsbilanzen ist ausdrücklich in § 24 Abs. 2 Satz 1 UmwStG vorgesehen. Daher kann unter Zuhilfenahme von Ergänzungsbilanzen jede beliebige Wertansatz unterhalb des gemeinen Wertes bestimmt werden.

71 In der Praxis werden häufig in der Gesamthandsbilanz die gemeinen Werte der eingebrachten Wirtschaftsgüter dargestellt und, sofern eigentlich ein Ansatz unter dem gemeinen Werten gewünscht ist, in einer negativen Ergänzungsbilanz die Aufdeckung der stillen Reserven gegebenenfalls bis zum Buchwert durch entsprechende Wertabstockung wieder rückgängig gemacht.

72 Hat die übernehmende Personengesellschaft ihr Wahlrecht einmal ausgeübt, ist sie an diese Wahlrechtsausübung gemäß § 24 Abs. 2 Satz 2 UmwStG gebunden. Eine spätere Änderung der Steuerbilanz und somit eine Änderung der Wahlrechtsausübung scheidet aus.

III. Einschränkungen des Bewertungswahlrechts

73 Das Bewertungswahlrecht kann nicht in Anspruch genommen werden, soweit das inländische Besteuerungsrecht hinsichtlich des eingebrachten Betriebsvermögens ausgeschlossen oder beschränkt wird.

74 Die Einschränkung des Bewertungswahlrechts ist wirtschaftsgutbezogen. D.h. sämtliche Wirtschaftsgüter des eingebrachten Betriebsvermögens, die weiterhin dem inländischen unbeschränkten Besteuerungsrecht unterliegen, können mit dem Buchwert, einem Zwischenwert oder dem gemeinen Wert angesetzt werden. Lediglich diejenigen Wirtschaftsgüter, die nach der Einbringung nicht mehr dem inländischen unbeschränkten Besteuerungsrecht unterliegen, sind zwingend mit dem gemeinen Wert anzusetzen. Eine Beschränkung des inländischen Besteuerungsrechts i.S.d. § 24 Abs. Satz 2 UmwStG ist dann gegeben, wenn
- vor der Einbringung ein Besteuerungsrecht ohne Anrechnungsverpflichtung bestand (Freistellungsmethode) und nach der Einbringung ein Besteuerungsrecht mit Anrechnungsverpflichtung gegeben ist oder
- gar kein Besteuerungsrecht mehr besteht oder
- vor der Einbringung ein Besteuerungsrecht mit Anrechnungsverpflichtung bestand und nachher das Besteuerungsrecht ausgeschlossen ist.

75 Anders als im Fall der Einbringung in eine Kapitalgesellschaft gemäß § 20 Abs. 1 UmwStG ist das Bewertungswahlrecht nach § 24 Abs. 2 UmwStG nicht eingeschränkt, wenn ein (Teil-)Betrieb oder Mitunternehmeranteil mit negativem Kapital übertragen wird[23]. Entscheidend ist lediglich, dass das eingebrachte Betriebsvermögen einen positiven Wert besitzt, sodass eine wertentsprechende Mitunternehmerstellung an der übernehmenden Personengesellschaft gewährt werden kann.

G. Einbringungsgewinn

I. Ermittlung des Einbringungsgewinns

76 Bei der Ermittlung des Einbringungsgewinns sind die Werte zu berücksichtigen, mit denen das eingebrachte Betriebsvermögen in der Gesamthandsbilanz der übernehmenden Personengesellschaft und etwaigen (positiven oder negativen) Ergänzungsbilanzen der Gesellschafter angesetzt wurden.

---

23 BMF, Schreiben vom 25.03.1998, BStBl. I 1998, 268, Tz. 24.05

G. Einbringungsgewinn

Diese Werte gelten als Veräußerungspreis des Einbringenden gemäß § 24 Abs. 3 Satz 1 UmwStG. Sind diese Werte in der Steuerbilanz und den Ergänzungsbilanzen zusammengerechnet höher als in der steuerlichen Schlussbilanz des Einbringenden, kommt es zu einem Einbringungsgewinn.

Der Einbringungsgewinn ist somit unter Anwendung des folgenden Schemas zu ermitteln[24]:   77

  Wert, mit dem die übernehmende Personengesellschaft das eingebrachte Betriebsvermögen in ihrer Gesamthandsbilanz einschließlich Ergänzungsbilanzen angesetzt hat („Veräußerungspreis")
./. Einbringungskosten, die der Einbringende zu tragen hat
./. (Buch-)Wert des eingebrachten Betriebsvermögens zum steuerlichen Übertragungsstichtag
./. ggf. (auf Antrag) Freibetrag gemäß § 16 Abs. 4 EStG
  Einbringungsgewinn im engeren Sinne
+ gemeiner Wert/Teilwert der anlässlich der Einbringung in das Privatvermögen überführten Wirtschaftsgüter
./. Buchwert der in das Privatvermögen überführten Wirtschaftsgüter zum steuerlichen Übertragungsstichtag
+ Gewinnzuschlag aus der „einbringungsbedingten" Auflösung von Rücklagen
  Einbringungsgewinn im weiteren Sinne

Einbringungskosten, die die übernehmende Personengesellschaft zu aktivieren hat (z.B. Grunderwerbsteuer auf übernommene Grundstücke) sind nicht Bestandteil des fiktiven Veräußerungspreises und beeinträchtigen somit nicht den Einbringungsgewinn.   78

Zur Behandlung der Einbringungskosten, die dem Einbringenden zuzurechnen sind; vgl. § 2 Rn. 184.   79

Zur Ermittlung des Einbringungsgewinns besteht die Notwendigkeit, dass sowohl die übernehmende Personengesellschaft als auch der Einbringende bilanzieren. Der Einbringungsgewinn ergibt sich nämlich aus einem (Betriebsvermögens-)Vergleich des (fiktiven) Veräußerungspreises, der sich aus den Wertansätzen des eingebrachten Betriebsvermögens der übernehmenden Personengesellschaft in ihrer Steuerbilanz und den Ergänzungsbilanzen zusammensetzt, mit den Wertansätzen des eingebrachten Betriebsvermögens in der Schlussbilanz des Einbringenden gemäß § 4 Abs. 1 oder § 5 EStG.   80

I. Rücklage nach §§ 6b, 6c EStG

Soweit der Einbringungsgewinn auf begünstigte Wirtschaftsgüter i.S.d. § 6b EStG entfällt, kann durch Bildung einer § 6b-Rücklage (oder § 6c-Rücklage) die Versteuerung des Einbringungsgewinns zeitlich hinausgeschoben werden. Dabei sind jedoch die Besonderheiten des § 6b EStG zu beachten, insbesondere im Zusammenhang mit der Einbringung von Anteilen an Kapitalgesellschaften bzw. von alteinbringungsgeborenen Anteilen (§ 6b Abs. 10 EStG)[25].   81

„Negative" Folge der Bildung einer § 6b-Rücklage ist, dass der Einbringende für den Teil des Einbringungsgewinns, für den er keine § 6b-Rücklage gebildet hat, gemäß § 34 Abs. 1 Satz 4 und Abs. 3 Satz 6 EStG die Vergünstigungen des § 34 Abs. 1 und Abs. 3 EStG nicht in Anspruch nehmen kann.   82

Ist der Einbringende an der übernehmenden Personengesellschaft beteiligt, ist die Übertragung der § 6b-Rücklage für den Einbringungsgewinn auf die übernehmende Personengesellschaft möglich, wenn der (Teil-)Betrieb im Wege der Einzelrechtsnachfolge eingebracht worden ist und die übernehmende Personengesellschaft die eingebrachten Wirtschaftsgüter mit dem gemeinen Wert angesetzt hat.   83

---

[24] Vgl. Dötsch, § 24 UmwStG Rn. 130
[25] Vgl. zur Bildung einer § 6b-Rücklage ausführlich Ludwig Schmidt, § 6b; W/M, § 24 UmwStG Rn. 266

III. Einbringungsgewinn bei verrechenbaren Verlusten i.S.d. § 15a Abs. 2 EStG

84 Der Einbringungsgewinn, der bei einer Einbringung eines Mitunternehmeranteils an einer Kommanditgesellschaft entsteht, ist ein Gewinn i.S.d. § 15a EStG. Etwa bestehende verrechenbare Verluste des Einbringenden i.S.d. § 15a EStG mindern infolgedessen den Einbringungsgewinn des Einbringenden, soweit dieser nicht auf die Einbringung von Sonderbetriebsvermögen entfällt.

IV. Einkommensteuerlich Behandlung des Einbringungsgewinns

85 Ist der Einbringende eine natürliche Person oder eine Personengesellschaft, an der natürliche Personen beteiligt sind, so unterliegt der Einbringungsgewinn (insoweit) der Einkommensteuer. Die Einkunftsart richtet sich danach, wie das eingebrachte Vermögen besteuert worden ist. Es kann sich somit um Einkünfte aus Land- und Forstwirtschaft, aus Gewerbebetrieb oder aus einer selbständigen Tätigkeit handeln.

86 Der Einbringungsgewinn ist nach den allgemeinen steuerlichen Grundsätzen zu versteuern. Es kann somit z.B. auch zur Anwendung des Teileinkünfteverfahrens gemäß § 3 Nr. 40 EStG kommen, wenn und soweit Anteile an Körperschaften etc. i.S.d. § 20 Abs. 1 Nr. 1 EStG zu dem eingebrachten Betriebsvermögen gehören.

87 Weder in den Fällen des Buchwertansatzes noch in den Fällen des Zwischenwertansatzes ist die Tarifvergünstigungsvorschrift des § 34 EStG anwendbar (siehe § 24 Abs. 3 Satz 2 UmwStG). Ein sich beim Buchwertansatz durch die Zurückbehaltung unwesentlicher Wirtschaftsgüter bzw. beim Zwischenwertansatz ergebener Einbringungsgewinn unterliegt daher dem regulären Steuersatz.

88 Zu einer Tarifermäßigung kann es hingegen bei einer Einbringung zu gemeinen Werten kommen (siehe § 24 Abs. 3 Satz 2 UmwStG). Streitig ist, ob dies dann auch für den auf die Zurückbehaltung von Wirtschaftsgütern und die Verzinsung von Rücklagen entfallenden Teil des Einbringungsgewinns gilt[26]. Maßgeblich für die Anwendung der Tarifermäßigung ist, dass sämtliche stillen Reserven in den wesentlichen Betriebsgrundlagen des eingebrachten Betriebsvermögens aufgedeckt wurden. Daher ist es unbeachtlich, wenn Wirtschaftsgüter, die keine wesentliche Betriebsgrundlage darstellen, in das Sonderbetriebsvermögen überführt werden und aufgrund eines zwingenden Buchwertansatzes die darin enthaltenen stillen Reserven nicht aufgedeckt worden sind.

89 Trotz Ansatz der eingebrachten Wirtschaftsgüter zum gemeinen Wert ist die Inanspruchnahme der Tarifvergünstigungen gemäß § 34 ausgeschlossen,
- wenn ein Teil eines Mitunternehmeranteils eingebracht wird (§ 24 Abs. 3 Satz 2 UmwStG),
- wenn für einen Teil des Einbringungsgewinns eine Rücklage nach § 6b bzw. § 6c EStG gebildet wird,
- soweit ein Teil des Einbringungsgewinns nach den § 3 Nr. 40 EStG (teilweise) steuerbefreit ist (§ 24 Abs. 3 Satz 2 UmwStG),
- soweit der Einbringungsgewinn als laufender Gewinn fingiert wird (§ 24 Abs. 3 Satz 3 UmwStG). Dies ist immer dann der Fall, wenn und soweit der Einbringende an der übernehmenden Personengesellschaft beteiligt ist, da in diesen Fällen wirtschaftlich gesehen ein Verkauf an sich selbst vorliegt.

---

26 so Dötsch, § 24 UmwStG Rn. 145; ablehnend wohl die Finanzverwaltung

G. Einbringungsgewinn

Gleiches, nämlich der Ausschluss der Tarifermäßigung gemäß § 34 Abs. 1 und Abs. 3 EStG, gilt für den Teil des Einbringungsgewinns, der auf die Überführung von Wirtschaftsgütern in das Privatvermögen im Rahmen der Einbringung entfällt. 90

Vorstehende Ausführungen zu den Tarifermäßigungen gemäß § 34 Abs. 1 und 3 EStG gelten sinngemäß für die Anwendung des Freibetrages nach § 16 Abs. 4 EStG mit der Ausnahme, dass der Freibetrag auch von dem Einbringungsgewinn abgezogen werden kann, wenn für einen Teil des Einbringungsgewinns eine § 6b-Rücklage gebildet wird. 91

Ist eine Körperschaft Einbringender i.S.d. § 24 Abs. 1 UmwStG, so ist der Einbringungsgewinn dem körperschaftsteuerpflichtigen Einkommen zuzurechnen. Die allgemeinen Vorschriften finden Anwendung, z.B. § 8b KStG, wenn in dem eingebrachten Betriebsvermögen Anteile an Körperschaften enthalten waren (vgl. ausführlicher die entsprechenden Erläuterungen unter § 2 Rn. 195 f.). 92

V. Gewerbesteuerliche Behandlung des Einbringungsgewinns

Ist Einbringender eine natürliche Person, ist der Einbringungsgewinn grundsätzlich nicht gewerbesteuerpflichtig. Dies gilt auch, soweit er auf die Zurückbehaltung unwesentlicher Wirtschaftsgüter entfällt. Auf die entsprechenden Ausführungen unter § 2 Rn. 204 ff. wird Bezug genommen. 93

Soweit der Einbringungsgewinn jedoch einkommensteuerlich als sogenannter laufender Gewinn behandelt wird (vgl. § 6 Rn. 89), ist er nach Auffassung des BFH und der Finanzverwaltung dem Gewerbeertrag zuzurechnen und unterliegt somit der Gewerbesteuer[27]. 94

Abweichend von dem Grundsatz der Gewerbesteuerfreiheit unterliegt der Einbringungsgewinn in Folge der Einbringung einer 100%igen Beteiligung an einer Kapitalgesellschaft aus dem Betriebsvermögen eines Gewerbebetriebes (also nicht im Rahmen einer (Teil-)Betriebseinbringung) nach herrschender Auffassung dem gewerbesteuerpflichtigen Ertrag[28]. 95

Außerdem gehört zum Gewerbeertrag der Einbringungsgewinn, der im Zusammenhang mit der Einbringung eines Teils eines Mitunternehmeranteils entsteht, da der Einbringende in diesem Fall seine persönliche Gewerbesteuerpflicht nicht beendet[29]. 96

Ist Einbringender eine Kapitalgesellschaft, zählt der Einbringungsgewinn grundsätzlich zum Gewerbeertrag, es sei denn, es greifen Steuerbefreiungen wie z.B. § 8b Abs. 2 KStG ein. 97

Bringt eine Personengesellschaft einen (Teil-)Betrieb oder einen Mitunternehmeranteil ein, gilt das unter § 2 Rn. 209 Ausgeführte entsprechend. Abweichend hiervon ist jedoch der Teil des Einbringungsgewinns, der gemäß § 24 Abs. 3 Satz 3 als laufender Gewinn fingiert wird, dem gewerbesteuerpflichtigen Ertrag zuzurechnen. 98

BFH, Urteil vom 15.06.2004, BStBl II 2004, 745; BMF, Schreiben vom 25.03.1998, BStBl I 1998, 268, Tz. 24.17 entgegen der herrschenden Literaturmeinung
Abschn. 39 Abs. 1 Nr. 1 Satz 13 f. GewStR; S/H/S, § 24 UmwStG Rn. 253
BFH, Urteil vom 14.12.2006, BFH/NV 2007, 601

H. Zeitpunkt der Einbringung

99 Der Zeitpunkt der Einbringung, der sogenannte Einbringungsstichtag, ist maßgeblich für folgende Sachverhalte:
- Entstehung des Einbringungsgewinns;
- Entstehung des Einbringungsfolgegewinns;
- Der Einbringende wird in diesem Zeitpunkt Mitunternehmer der übernehmenden Personengesellschaft;
- Das Bewertungswahlrecht ist auf diesen Zeitpunkt auszuüben;
- Ertragsteuerliche Zurechnung des eingebrachten Betriebsvermögens bei der übernehmenden Personengesellschaft;
- Ende des Wirtschaftsjahres des übertragenen Betriebs;
- Eintritt der Existenz einer im Rahmen der Einbringung neu gegründeten Personengesellschaft.

I. Einbringung durch Einzelübertragung

100 Entscheidend, aber auch ausreichend, für die Bestimmung des Zeitpunkts der Einbringung im Wege der Einzelrechtsübertragung ist die Verschaffung des wirtschaftlichen Eigentums an dem eingebrachten Betriebsvermögen (§ 39 Abs. 2 Nr. 1 AO). Ausschlaggebend ist daher nicht der Zeitpunkt der Übertragung des zivilrechtlichen Eigentums an den einzelnen Wirtschaftsgütern des eingebrachten Betriebsvermögens, sondern ab welchem Zeitpunkt der übertragene (Teil-)Betrieb für Rechnung und Gefahr der übernehmenden Personengesellschaft geführt wird.

101 Dieser Zeitpunkt wird regelmäßig in dem Einbringungsvertrag geregelt. Die Regelungen über die steuerliche Rückwirkung der Einbringung gemäß § 24 Abs. 4 Satz 2 UmwStG bei Einbringungen im Wege der Gesamtrechtsnachfolge finden insoweit keine Anwendung. Entsprechende Vereinbarungen im Einbringungsvertrag sind für steuerliche Zwecke unbeachtlich. Unter Berücksichtigung der einschlägigen Rechtsprechung bzw. der herrschenden Auffassung der Literatur ist jedoch davon auszugehen, dass eine steuerlich rückwirkende Einbringung zulässig ist, wenn der Rückbeziehungszeitraum erheblich kürzer ist als der in §§ 20 Abs. 6, 24 Abs. 4 UmwStG[30].

II. Einbringung im Wege der Umwandlung

102 Die in § 24 Abs. 4 Satz 2 UmwStG vorgesehene Möglichkeit der steuerlichen Rückbeziehung der Einbringung ist beschränkt auf die Fälle der Einbringung im Wege der Gesamtrechtsnachfolge. Infolgedessen ist diese Regelung anwendbar auf die Einbringung im Wege der Verschmelzung sowie die Einbringung im Wege der Spaltung (Auf-, Abspaltung und Ausgliederung), obwohl die Spaltung keinen Fall der vollständigen Gesamtrechtsnachfolge darstellt.[31]

---

[30] Ludwig Schmidt, § 16 Rn. 443; W/M, § 24 UmwStG Rn. 118; H/B, UmwStG, 2. Aufl., § 24 Rn. 76
[31] W/M, § 24 UmwStG Rn. 120.1; BMF, Schreiben vom 25.03.1998. BStBl I 1998, 268, Tz. 24.07 i.V.m. 24.01 lit. f und 24.

H. Zeitpunkt der Einbringung

II. Einbringung durch Umwandlung kombiniert mit Einzelrechtsübertragung

Wird die Einbringung kombiniert im Wege der Gesamtrechtsnachfolge und der Einzelrechtsübertragung vollzogen, ist die steuerliche Rückbeziehung i.S.d. § 24 Abs. 4 Satz 2 UmwStG auch auf die Einzelrechtsübertragung anwendbar. Dies ist z.B. der Fall, wenn wesentliche Betriebsgrundlagen im Sonderbetriebsvermögen einer Personengesellschaft sind, deren Mitunternehmeranteile im Wege der Verschmelzung übertragen werden. Dann ist das Sonderbetriebsvermögen im sachlichen und zeitlichen Zusammenhang mit der Verschmelzung durch Einzelrechtsnachfolge zu übertragen und diese (Einzelrechts-)Übertragungen nehmen an der Rückwirkung gemäß § 24 Abs. 4 Satz 2 UmwStG teil[32].

103

V. Auswirkungen der Rückbeziehung

Gemäß § 24 Abs. 4 Satz 2 UmwStG finden die Regelungen des § 20 Abs. 5 und 6 UmwStG entsprechende Anwendung. Bei der entsprechenden Anwendung ist jedoch zu beachten, dass eine Personengesellschaft an die Stelle der übernehmenden Kapitalgesellschaft tritt.

104

Durch die Rückwirkung wird für steuerliche Zwecke der Übergang des eingebrachten Betriebsvermögens auf den Ablauf des gewählten steuerlichen Übertragungsstichtages mit Wirkung für den Einbringenden wie für die übernehmende Personengesellschaft fingiert. Dies gilt für die Einkommensteuer, die Körperschaftsteuer und die Gewerbesteuer, nicht jedoch z.B. für die Grunderwerbsteuer und die Umsatzsteuer.

105

Wird die Einbringung steuerliche rückbezogen, hat dies nicht zur Folge, dass die Tatbestandsvoraussetzungen des § 24 Abs. 1 UmwStG auch bereits an dem rückbezogenen steuerlichen Übertragungsstichtag erfüllt sein müssen. Maßgeblich für die Erfüllung der Tatbestandsvoraussetzungen ist der Zeitpunkt der Übertragung des wirtschaftlichen Eigentums.

106

Ob die Einbringung rückbezogen werden soll, entscheidet ausschließlich die übernehmende Personengesellschaft durch entsprechende Antragstellung. Diese bestimmt also z.B. auch darüber, ab welchem Zeitpunkt das eingebrachte Betriebsvermögen ihr und nicht mehr dem Einbringenden zuzurechnen ist und ab welchem Zeitpunkt der Einbringende aufgrund seiner Mitunternehmerstellung an dem Gewinn und Verlust der übernehmenden Personengesellschaft teilnimmt.

107

Zweifelhaft ist die Behandlung von Entnahmen oder Einlagen des Einbringenden im steuerlichen Rückbezugszeitraum. Nimmt man den Verweis des § 24 Abs. 4 Satz 2 UmwStG auf § 20 Abs. 5 UmwStG wörtlich, wirken sich Entnahmen und Einlagen in dem steuerlichen Rückbezugszeitraum beim Einbringenden steuerlichen aus. In der Literatur wird jedoch die Auffassung vertreten, dass bei Einbringungen i.S.d. § 24 UmwStG, § 20 Abs. 5 Satz 2 UmwStG keine entsprechende Anwendung findet und somit Einlagen und Entnahmen im steuerlichen Rückbezugszeitraum sich bei der übernehmenden Mitunternehmerschaft steuerlichen auswirken[33].

108

Über den Verweis auf § 20 Abs. 6 UmwStG gilt die mit dem Jahressteuergesetz 2009 neu in das Umwandlungssteuergesetz aufgenommene Rückwirkungssperre des § 2 Abs. 4 UmwStG auch für rückwirkende Einbringungen in Personengesellschaften[34].

109

---

[32] W/M, § 24 UmwStG Rn. 120.3; H/B, UmwStG, 2. Auflage, § 24 Rn. 77; BMF, Schreiben vom 25.03.1998, BStBl I 1998, 268, Tz. 24.07
[33] W/M, § 24 UmwStG Rn. 126
[34] Vgl. § 2 Rn. 243

§ 6 Einbringung von Betriebsvermögen in eine Personengesellschaft

1. Rechtsfolgen der steuerlichen Rückbeziehung für die übernehmende Personengesellschaft

a) Bestimmung des Übergangsstichtags

110 Der übernehmenden Personengesellschaft wird das eingebrachte Betriebsvermögen steuerlich mi[t] dem Ablauf des Übertragungsstichtages zugerechnet. Diesen bestimmt die übernehmende Perso[-] nengesellschaft durch entsprechende Antragstellung im Rahmen der Gewinnfeststellungserklärun[g] und der dieser beizufügenden Steuerbilanz für das Wirtschaftsjahr, in dem die Einbringung stattge[-] funden hat.

b) Vermögensübergang

111 Das Vermögen, das auf die übernehmende Gesellschaft übertragen werden soll, geht mit Ablauf de[s] steuerlichen Übertragungsstichtags über. Da es sich hierbei lediglich um eine steuerliche Fiktio[n] handelt, ist das selbst in den Fällen möglich, in denen die übernehmende Gesellschaft am steuer[-] lichen Übertragungsstichtag zivilrechtlich noch gar nicht existent war. Für steuerliche Zwecke wir[d] die übernehmende Gesellschaft als ab diesem Zeitpunkt existent behandelt. Dies gilt selbst für d[ie] Verschmelzung oder Spaltung auf eine im Zeitpunkt der Unterzeichnung des Verschmelzungsver[-] trags bereits existierende, aber am rückbezogenen steuerlichen Übertragungsstichtag noch nic[ht] existente Personengesellschaft.

112 In dem übertragenen Betriebsvermögen verwirklichte Sachverhalte werden der übernehmenden Ge[-] sellschaft ab dem steuerlichen Übertragungsstichtag zugerechnet. Dies hat z.B. auch Auswirkun[g] auf die Qualifikation der Einkünfte der übernehmenden Gesellschaft. Erzielte die übernehmend[e] Personengesellschaft z.B. bis zur Einbringung Einkünfte aus Kapitalvermögen (vermögensverwal[-] tende Personengesellschaft), werden diese ab dem steuerlichen Übertragungsstichtag in gewerblich[e] Einkünfte umqualifiziert. Dies gilt selbst für die schon erzielten Einkünfte im Zeitraum vom steuer[-] lichen Übertragungsstichtag bis zur zivilrechtlichen Verwirklichung der Einbringung.

c) Verträge im Rückbezugszeitraum

113 Vertragsbeziehungen zwischen der Personengesellschaft und einem Gesellschafter bzw. zwische[n] einem Gesellschafter einer Kapitalgesellschaft und der Gesellschaft werden bei Einbringung ein[es] Betriebs einer Personengesellschaft bzw. eines (Teil-)Betriebs einer Kapitalgesellschaft nach den f[ür] die übernehmende Personengesellschaft geltenden Gewinnermittlungsgrundsätzen behandelt. F[ür] Verträge im Rückbeziehungszeitraum gilt dies erst ab dem Vertragsabschluss (insoweit keine Rück[-] beziehung auf den steuerlichen Übertragungsstichtag).

d) Gewinnermittlung

114 Die übernehmende Personengesellschaft muss zwingend auf den Stichtag der Einbringung ei[ne] Steuerbilanz aufstellen, auch wenn sie bis zu diesem Zeitpunkt ihren Gewinn nicht durch Betrieb[s-] vermögensvergleich ermittelt hat. Nach der Einbringung besteht aber kein Zwang für die überne[h-] mende Personengesellschaft, ihren Gewinn im Wege des Betriebsvermögensvergleichs zu ermitte[ln]. Liegen die Voraussetzungen vor, kann die übernehmende Personengesellschaft in der Folgezeit wi[e]

I. Auswirkungen der Einbringung für die Gewinnermittlung der Übernehmerin

der eine andere Gewinnermittlungsart (z.B. Einnahmen-Überschussrechnung) wählen, ohne dass hierfür eine Änderung der wirtschaftlichen Verhältnisse eingetreten sein müsste.[35] Sonder- und Ergänzungsbilanzen, die im Zuge der Einbringung erstellt werden, sind bei Wahl der Einnahmen-Überschussrechnung zukünftig als Sonder- und Ergänzungsrechnung fortzuführen.

I. Auswirkungen der Einbringung für die Gewinnermittlung der Übernehmerin

Die Folgen der Einbringung für die Gewinnermittlung der übernehmenden Gesellschaft sind in § 23 Abs. 1, 3, 4 und 6 UmwStG geregelt, auf die § 24 Abs. 4 Halbsatz 1 UmwStG verweist. Insoweit kann auch auf die Ausführungen in § 5 verwiesen werden. Abs. 5 des § 23 UmwStG, der die Verwertung des gewerbesteuerlichen Verlustvortrages regelt, findet hingegen keine Anwendung. 115

Bei der entsprechenden Anwendung des § 23 UmwStG sind die Besonderheiten der Gewinnermittlung einer Mitunternehmerschaft zu berücksichtigen. 116

Weitere Gewinnermittlung mit dem übernommenen Vermögen

Der Wert, mit dem die übernehmende Gesellschaft das eingebrachte Betriebsvermögen in ihrer Bilanz einschließlich Ergänzungs- und Sonderbilanzen ansetzt, ist die Ausgangsbasis für die weitere Ermittlung des einkommensteuerlichen oder körperschaftsteuerlichen sowie des gewerbesteuerlichen Gewinns der Mitunternehmerschaft. 117

Der Ausgangsbasis nicht hinzuzurechnen sind die von der übernehmenden Personengesellschaft getragenen Einbringungskosten, die vielmehr sofort abzugsfähige Betriebsausgaben darstellen. Ausgenommen hiervon sind objektbezogene Einbringungskosten, die einem bestimmten übernommenen Wirtschaftsgut zuzuordnen sind (z.B. Grunderwerbsteuer). 118

Ansatz zum Buchwert

a) Buchwertansatz

Setzt die übernehmende Personengesellschaft das eingebrachte Betriebsvermögen mit dem Buchwert an, kommt es zur steuerlichen Rechtsnachfolge (§ 24 Abs. 4 Halbsatz 1 i.V.m. § 23 Abs. 1 UmwStG). Für die Betrachtung, mit welchem Wert das Betriebsvermögen angesetzt worden ist, sind auch die Ergänzungsbilanzen zu berücksichtigen, die anlässlich der Einbringung gebildet worden sind. 119

b) Steuerliche Rechtsnachfolge

Werden die übernommenen Wirtschaftsgüter mit dem Buchwert angesetzt, wird die übernehmende Personengesellschaft gemäß § 24 Abs. 4 Halbsatz 1 i.V.m. § 23 Abs. 1 UmwStG steuerliche Rechtsnachfolgerin des Einbringenden. Die steuerliche Rechtsnachfolge betrifft die ertragsteuerliche und die gewerbesteuerliche Gewinnermittlung. Folge der steuerlichen Rechtsnachfolge ist die Anrechnung von Besitz- und Verbleibenszeiten, die Fortführung der AfA (Methode und Bemessungsgrundlage), die Übernahme steuerfreier Rücklagen etc.[36] 120

OFD Frankfurt vom 09.05.2001, FR 2001, 755; BFH, Urteil vom 09.11.2000, BStBl II 2001, 102
Vgl. § 5 Rn. 21 ff.

c) Besitzzeitanrechnung

121 Ist die Besitz- oder Verbleibenszeit eines Wirtschaftsguts für ertragsteuerliche und gewerbesteuerliche Zwecke von Bedeutung, dann werden diese von der übernehmenden Personengesellschaft fortgeführt (§ 24 Abs. 4 Halbsatz 1 i.V.m. § 23 Abs. 1 und 4 Abs. 2 Satz 3 UmwStG).

d) Fortführung von Ergänzungsbilanzen

122 Bei der Einbringung eines Mitunternehmeranteils können auch Ergänzungsbilanzen betroffen sein. Ergänzungsbilanzen, die für den Einbringenden bei der übertragenen Mitunternehmerschaft gebildet worden sind. Diese Ergänzungsbilanzen werden bei der übernehmenden Personengesellschaft aufgrund der steuerlichen Rechtsnachfolge fortgeschrieben.

123 Ergänzungsbilanzen, die anlässlich der Einbringung zur Ausübung des Bewertungswahlrechts gebildet werden, sind in die Gewinnermittlung der übernehmenden Personengesellschaft einzubeziehen. D.h., sie werden in der Folgezeit ab- (positive Ergänzungsbilanz) bzw. zugeschrieben (negative Ergänzungsbilanz) und sind aufzulösen[37].

2. Zwischenwertansatz

124 Werden die stillen Reserven des eingebrachten Betriebsvermögens von der übernehmenden Personengesellschaft teilweise aufgedeckt, wählt die übernehmende Personengesellschaft also den Ansatz eines Zwischenwertes, führt dies zu einer modifizierten Rechtsnachfolge der übernehmenden Personengesellschaft (§ 24 Abs. 4 Halbsatz 1 i.V.m. § 23 Abs. 3 UmwStG)[38].

125 Werden in der Gesamthandsbilanz die gemeinen Werte des übertragenen Betriebsvermögens einschließlich des originären Firmenwertes angesetzt, bedeutet dies bei einem Zwischenwertansatz zwingend, dass negative Ergänzungsbilanzen zu bilden sind.

126 Zu den Folgen der modifizierten steuerlichen Rechtsnachfolge vgl. § 5 Rn. 36 ff.

3. Ansatz mit dem gemeinen Wert

127 Die übernehmende Personengesellschaft setzt das übertragene Betriebsvermögen mit dem gemeinen Wert an, wenn sie sämtliche stille Reserven einschließlich selbstgeschaffener Wirtschaftsgüter aufdeckt und keine negativen Ergänzungsbilanzen gebildet werden. Die Auswirkungen sind in § 24 Abs. 4 Halbsatz 1 i.V.m. § 23 Abs. 4 UmwStG geregelt. Danach ist zu unterscheiden zwischen der Einbringung im Wege der Einzelrechtsübertragung und der Einbringung im Wege der Gesamtrechtsnachfolge. Im Falle der Einzelrechtsübertragung findet keine steuerliche Rechtsnachfolge statt, wohingegen bei der Einbringung im Wege der Gesamtrechtsnachfolge die übernehmende Personengesellschaft steuerlich mit bestimmten Modifikationen Rechtsnachfolgerin des Einbringenden wird.

128 Zu den Rechtsfolgen im Einzelnen vgl. § 5 Rn. 48 ff.

---

[37] H.A.; siehe z.B. BFH, Urteil vom 25.04.2006, BStBl II 2006, 847; W/M, § 24 UmwStG Rn. 194 ff.; H/B, UmwStG, 2. Aufl. § 24 Rn. 120 jeweils m.w.N.; ausführlicher Dötsch, § 24 UmwStG Rn. 184
[38] Vgl. § 5 Rn. 36 ff.

I. Auswirkungen der Einbringung für die Gewinnermittlung der Übernehmerin

4. Betrieblicher Schuldzinsenabzug (§ 4 Abs. 4a EStG)

Zur Ermittlung abzugsfähiger betrieblicher Schuldzinsen gemäß § 4 Abs. 4a EStG bei der übernehmenden Personengesellschaft nach einer Einbringung eines (Teil-)Betriebes oder Mitunternehmeranteils vgl. BMF, Schreiben vom 17.11.2005, BStBl I 2005, 1019 Rn. 32e.

129

5. Zinsvortrag (§ 4h Abs. 1 Satz 2 EStG)

Wurde für den übertragenen Betrieb oder (Teil-)Mitunternehmeranteil ein Zinsvortrag gesondert festgestellt, geht dieser gemäß § 24 Abs. 6 i.V.m. § 20 Abs. 9 UmwStG nicht auf die übernehmende Personengesellschaft über. Dies gilt unabhängig von der Art der Einbringung und dem von der übernehmenden Personengesellschaft gewählten Wertansatz.

130

Die Einbringung eines Teilbetriebs führt ebenfalls zum Untergang eines anteiligen auf den übertragenen Teilbetrieb entfallenden Zinsvortrages (§ 4h Abs. 5 EStG). Der Zinsvortrag des Einbringenden in dem Restbetrieb hingegen bleibt von der Einbringung unberührt.

131

Durch das Jahressteuergesetz 2009 wurden die Sachverhaltskonstellationen, in denen der Zinsvortrag einer Personengesellschaft untergeht, erweitert. Nach dem neuen Satz 3 des § 4h Abs. 5 EStG findet § 8c KStG auf den Zinsvortrag einer Mitunternehmerschaft entsprechende Anwendung, soweit an dieser unmittelbar oder mittelbar eine Körperschaft als Mitunternehmer beteiligt ist. Dies bedeutet z.B., dass der Zinsvortrag der Mitunternehmerschaft (anteilig) untergeht, wenn Gesellschaftsanteile an dieser mitunternehmerisch beteiligten Körperschaft veräußert werden[39].

132

6. Nachversteuerungspflichtiger Betrag aus Thesaurierungsbegünstigung (§ 34a EStG)

Die Auswirkungen einer Einbringung eines (Teil-)Betriebs oder Mitunternehmeranteils auf den nachversteuerungspflichtigen Betrag gemäß § 34a EStG hängen von dem Wertansatz des übertragenen Betriebsvermögens durch die übernehmende Personengesellschaft ab. Danach ist wie folgt zu unterscheiden:

133

- Einbringung zu Buchwerten

134

  Obwohl eine Einbringung eine Veräußerung i.S.d. § 16 Abs. 1 EStG darstellt und somit ein Vorgang ist, der gemäß § 34a Abs. 6 Nr. 1 EStG zur Nachversteuerung des sog. nachversteuerungspflichtigen Betrages zwingt, führt eine Einbringung zu Buchwerten gemäß § 24 Abs. 1 UmwStG nicht zur Nachversteuerung. Die Ausnahmevorschrift des § 34a Abs. 7 Satz 2 EStG ordnet vielmehr an, dass der für den eingebrachten Betrieb oder (Teil-)Mitunternehmeranteil festgestellte nachversteuerungspflichtige Betrag auf den neuen Mitunternehmeranteil übergeht, es sei denn, der Steuerpflichtige beantragt die Nachversteuerung gemäß § 34a Abs. 6 Nr. 4 EStG.

---

[39] Vgl. § 6 Rn. 150

Der Wortlaut des § 34 Abs. 7 Satz 2 EStG erfasst nicht die Einbringung eines Teilbetriebes. Die Einbringung eines Teilbetriebes hat demnach die Nachversteuerung der nachversteuerungspflichtigen Beträge zur Folge. Einige Stimmen in der Literatur vertreten jedoch insoweit eine andere Meinung[40].

135 ■ Einbringung zum Zwischenwert oder gemeinen Wert

Anders als bei der Einbringung zu Buchwerten, ist bei einer Einbringung eines (Teil-)Betriebs oder eines (Teil-)Mitunternehmeranteils unter (teilweiser) Aufdeckung der stillen Reserven der nachversteuerungspflichtige Betrag zwingend nachzuversteuern. Die in § 34a Abs. 7 Satz 2 EStG normierte Ausnahme gilt nur für die Buchwert-Einbringung.

II. Einbringungsfolgegewinn

136 Ein Einbringungsfolgegewinn kann insbesondere dadurch entstehen, dass in unterschiedlicher Höhe bilanzierte Forderungen und Verbindlichkeiten infolge der Einbringung sich vereinigen. Er ist in dem Wirtschaftsjahr, in das die Einbringung fällt, von der übernehmenden Personengesellschaft sowohl der Einkommen- bzw. Körperschaftsteuer als auch der Gewerbesteuer, sofern die übernehmende Personengesellschaft ein Gewerbe betreibt, zu unterwerfen. Die übernehmende Personengesellschaft hat jedoch das Recht, von der Stundungsmöglichkeit des § 6 Abs. 1 UmwStG Gebrauch zu machen (§ 24 Abs. 4 Halbsatz 1 i.V.m. § 23 Abs. 6 UmwStG). Ob dies auch dann möglich ist, wenn die übernehmende Personengesellschaft nach der Einbringung wieder zur Einnahmen-Überschussrechnung zurückkehrt, ist zweifelhaft, da die Einnahmen-Überschussrechnung keine Bildung gewinnmindernder Rücklagen zulässt.

III. Verlustverwertung

1. Einkommensteuer/Körperschaftsteuer

137 Die übernehmende Personengesellschaft ist weder Einkommensteuer- noch Körperschaftsteuer-Subjekt. Infolgedessen geht ein Verlustvortrag i.S.d. § 10d EStG nicht auf die übernehmende Personengesellschaft über.

2. Verluste bei beschränkter Haftung (§ 15a EStG)

138 Wird ein Mitunternehmeranteil eingebracht, stellt sich die Frage, was mit den § 15a-Verlusten passiert. Der Einbringende ist nach der Einbringung Mitunternehmer der übernehmenden Personengesellschaft. Seine nach § 15a EStG verrechenbaren Verluste gehen nicht unter. Er kann diese mit zukünftigen Gewinnen aus seiner Beteiligung an der übernehmenden Personengesellschaft verrechnen, soweit es sich hierbei um Gewinne handelt, die die übernehmende Personengesellschaft aus dem übernommenen Mitunternehmeranteil erzielt.

139 Die verrechenbaren Verluste des Einbringenden mindern einen im Rahmen der Einbringung entstehenden Einbringungsgewinn infolge der Aufdeckung von stillen Reserven.

---

40 Siehe Dötsch, § 24 UmwStG Rn. 189b

I. Auswirkungen der Einbringung für die Gewinnermittlung der Übernehmerin

Werden zwei Kommanditgesellschaften zu Buchwerten miteinander verschmolzen, gehen weder die verrechenbaren Verluste i.S.d. § 15a EStG der übertragenden Personengesellschaft noch die der übernehmenden Personengesellschaft verloren.[41] Sowohl die hierfür erforderliche Subjekts- als auch die (wirtschaftliche) Anteilsidentität ist durch die Beteiligung der Mitunternehmer der übertragenden Personengesellschaft an der übernehmenden Personengesellschaft erfüllt.

Ansonsten findet keine weitergehendere Übernahme der Rechtsstellung des Einbringenden in Bezug auf den Verlustabzug gemäß § 15a EStG durch die übernehmende Personengesellschaft statt, da es insoweit an der erforderlichen Subjekts- und Anteilsidentität fehlt.

3. Gewerbesteuer

a) Einbringung durch natürliche Person

§ 24 UmwStG enthält keine dem § 23 Abs. 5 UmwStG entsprechende Norm. Auch verweist § 24 Abs. 4 Halbsatz 1 UmwStG nicht auf § 23 Abs. 5 UmwStG. Demzufolge ist ein in dem übertragenen (Teil-)Betrieb enthaltener gewerbesteuerlicher Verlustvortrag nach den allgemeinen Grundsätzen, d.h. nach § 10a GewStG, zu behandeln. Danach kann die übernehmende Personengesellschaft einen vortragsfähigen Fehlbetrag nur dann (und insoweit), von ihrem positiven Gewerbeertrag abziehen, wenn Unternehmens- und Unternehmeridentität vorliegt[42].

Unternehmensidentität ist i.d.R. bei Einbringung eines (Teil-)Betriebs in eine neu zu gründende Personengesellschaft gegeben, wenn diese den (Teil-)Betrieb unverändert fortführt. Dasselbe gilt, wenn der (Teil-)Betrieb von einer bereits existierenden Personengesellschaft übernommen wird und in seinen maßgebenden Grundlagen erhalten bleibt. Hierfür ist ausschlaggebend, dass die gewerbliche Tätigkeit des übertragenen (Teil-)Betriebs von der übrigen Tätigkeit der übernehmenden Personengesellschaft (erkennbar) abgrenzbar ist. Er muss aber von der übernehmenden Personengesellschaft nicht als Teilbetrieb fortgeführt werden[43].

Liegt Unternehmensidentität vor, wäre grundsätzlich eine Übernahme des vollständigen gewerbesteuerlichen Fehlbetrages des eingebrachten (Teil-)Betriebs möglich. Maßgeblich für die tatsächliche Höhe des übernommenen Fehlbetrages ist jedoch die Unternehmeridentität.

Entscheidend für den Abzug eines Fehlbetrages nach § 10a GewStG im jeweilgen Erhebungszeitraum ist, wie bereits angedeutet, die **Unternehmeridentität**. Die Unternehmeridentität ist gegeben, soweit der Inhaber des Einzelunternehmens nach der Einbringung Gesellschafter der übernehmenden Personengesellschaft ist. Bringt eine Personengesellschaft ihren Betrieb in eine andere Personengesellschaft ein, ist Unternehmeridentität gegeben, soweit die Gesellschafter der einbringenden Gesellschaft auch Gesellschafter der übernehmenden Personengesellschaft sind[44].

---

1 Wie hier H/B, UmwStG, 2. Aufl., § 24 Rn. 156; Ludwig Schmidt, § 15a Rn. 238; a.A. W/M, § 24 UmwStG Rn. 407
2 Abschn. 67 und 68 GewStR 1998
3 BFH, Urteil vom 27.01.1994, BStBl II 1994, 477
4 Abschn. 68 Abs. 3 Satz 7 Nr. 5 GewStR 1998

§ 6 Einbringung von Betriebsvermögen in eine Personengesellschaft

146 Zu einer vollständigen Verlustverwertung kommt es z.B.
- bei Verschmelzung von Schwester-Personengesellschaften, wenn alle Gesellschafter der übertragenen Personengesellschaft auch an der übernehmenden Personengesellschaft beteiligt sind;
- eine Personengesellschaft einen (Teil-)Betrieb in ihre beteiligungsidentische Schwester-Personengesellschaft einbringt.

147 Tritt nach der Einbringung ein neuer Gesellschafter der übernehmenden Personengesellschaft bei, ändert dies nichts an der Höhe des abziehbaren Gewerbeverlustes. Jedoch kann dieser künftig nur noch von den Gewinnanteilen der „Altgesellschafter" abgezogen werden[45].

148 Wird von einer natürlichen Person ein Mitunternehmeranteil in eine Personengesellschaft eingebracht, geht in Höhe der Beteiligungsquote der einbringenden natürlichen Person an der Gesellschaft, dessen Mitunternehmeranteil übertragen wurde, der vortragsfähige Fehlbetrag dieser Gesellschaft verloren. Die mittelbare Beteiligung des Einbringenden über die übernehmende Personengesellschaft verhindert dies nicht[46].

149 Eigene gewerbesteuerliche Verluste der übernehmenden Personengesellschaft können weiter verwertet werden, wenn die Unternehmensindentität der übernehmenden Personengesellschaft auch nach der Einbringung erhalten bleibt.

150 Durch das Jahressteuergesetz 2009 wurde der Anwendungsbereich des § 10a GewStG erweitert. Danach ist auf Fehlbeträge einer Personengesellschaft i.S.d. § 10a GewStG § 8c KStG entsprechend anzuwenden, soweit (i) der Fehlbetrag einer Körperschaft unmittelbar oder (ii) der Fehlbetrag einer Mitunternehmerschaft, soweit an dieser eine Körperschaft unmittelbar oder mittelbar über eine oder mehrere Personengesellschaften beteiligt ist, zuzurechnen ist (§ 10a Satz 10 GewStG). Dadurch sind zukünftig folgende Gestaltungen zur Rettung von Fehlbeträgen i.S.d. § 10a GewStG nicht mehr erfolgreich:

> **Beispiel 1:**
> Einschränkungen der Nutzung von Zinsvortrag und Verlustvortrag durch das Jahressteuergesetz 2009 (JStG)

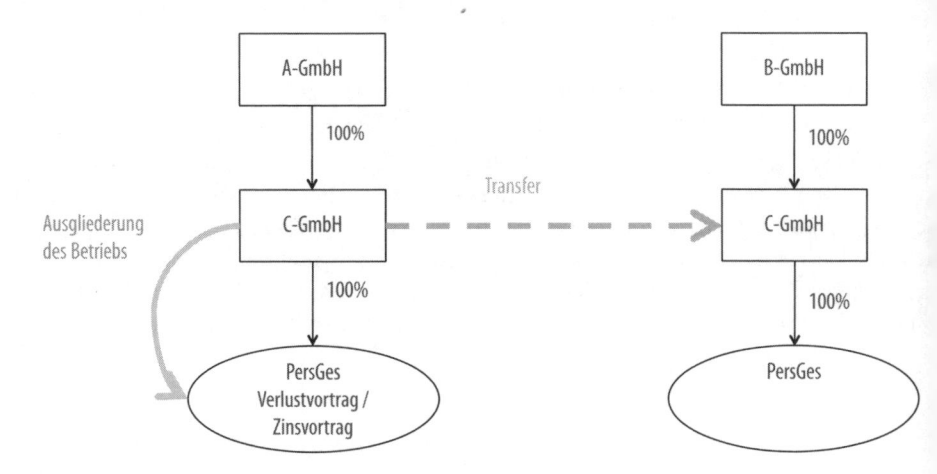

```
       A-GmbH                                    B-GmbH
         │                                         │
        100%                                      100%
         │              Transfer                   │
         ▼         - - - - - - - - ->              ▼
Ausgliederung   C-GmbH                          C-GmbH
des Betriebs      │                                │
         ╲       100%                             100%
          ╲       │                                │
           ╲      ▼                                ▼
            → PersGes                           PersGes
              Verlustvortrag /
              Zinsvortrag
```

Folge des Transfers (JStG 2009):
Vollständiger Verlust der Verlustvorträge und Zinsvorträge bei C-GmbH und PersGes

---
45 Beispielsrechnungen vgl. Dötsch, § 24 UmwStG Rn. 201
46 BFH, Urteil vom 06.09.2000, BStBl II 2001, 731

I. Auswirkungen der Einbringung für die Gewinnermittlung der Übernehmerin

Beispiel 2:

Einschränkungen der Nutzung von Zinsvortrag und Verlustvortrag durch das Jahressteuergesetz 2009 (JStG)

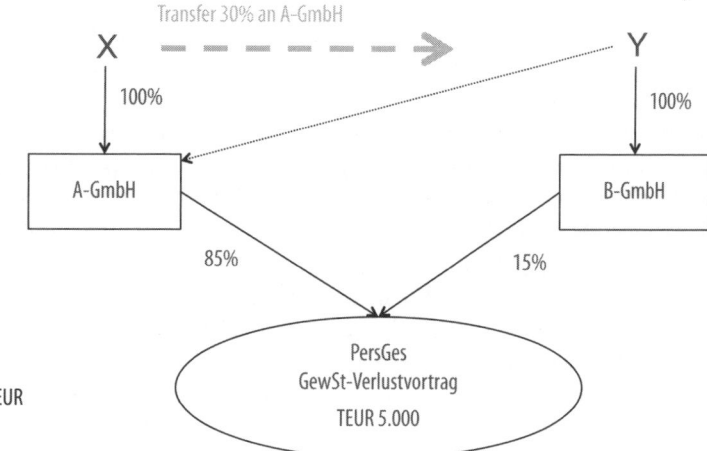

```
                    Transfer 30% an A-GmbH
         X   - - - - - - - - - - - ->      Y
         |                                  |
        100%                              100%
         ↓                                  ↓
      ┌─────────┐                      ┌─────────┐
      │ A-GmbH  │                      │ B-GmbH  │
      └─────────┘                      └─────────┘
           \  85%                       15%  /
            \                               /
             \      ╭──────────────────╮   /
              \---->│     PersGes       │<-
                    │ GewSt-Verlustvortrag│
                    │    TEUR 5.000     │
                    ╰──────────────────╯
```

Folgen des Transfers (JStG 2009):

1). 25,5% (30% von 85%) des GewSt-VV der PersGes gehen unter, hier EUR 1.275.000

2). § 8c KStG: 30% der VV der A-GmbH gehen unter

b) Einbringung durch eine Kapitalgesellschaft

Aus der grundsätzlichen gewerbesteuerlichen Behandlung von Kapitalgesellschaften als Gesellschaft mit nur einem einheitlichen Gewerbebetrieb und als Gesellschaft, die stets gewerbliche Einkünfte erzielt, ist auf die Behandlung eines gewerbesteuerlichen Fehlbetrages in den Fällen einer Einbringung i.S.d. § 24 UmwStG zu schließen. Danach geht der vortragsfähige Fehlbetrag des übertragenen Betriebs einer Kapitalgesellschaft auf die übernehmende Personengesellschaft über und kann von zukünftigen positiven Gewerbeerträgen der übernehmenden Personengesellschaft abgezogen werden, soweit diese auf die einbringende Kapitalgesellschaft als Mitunternehmerin der übernehmenden Personengesellschaft entfallen. Bringt die Kapitalgesellschaft nur einen Teilbetrieb ein, verbleibt der vortragsfähige Fehlbetrag bei der einbringenden Kapitalgesellschaft und kann dann von zukünftigen positiven Gewerbeerträgen der Kapitalgesellschaft aus dem Restbetrieb abgezogen werden. 151

Für die Einbringung eines Mitunternehmeranteils durch eine Kapitalgesellschaft gilt das unter § 6 Rn. 148 Ausgeführte entsprechend. 152

J. Gewinne aus der Veräußerung der einbringungsgeborenen Mitunternehmeranteile

I. Einkommensteuer/Körperschaftsteuer

153 Die Einbringung in eine Personengesellschaft bewirkt aus ertragsteuerlicher Sicht nicht den Übergang der stillen Reserven auf ein anderes Steuersubjekt, da der Einbringende durch die Einbringung Mitunternehmer der übernehmenden Personengesellschaft wird und somit weiterhin Einkommensteuer- bzw. Körperschaftsteuer-Subjekt ist. Veräußert er seinen Mitunternehmeranteil an der übernehmenden Personengesellschaft, dann veräußert er steuerlich gesehen den ihm zuzurechnenden ideellen Anteil an sämtlichen Wirtschaftsgütern des Gesellschaftsvermögens.

154 Für die Behandlung des Gewinns aus der Veräußerung der Mitunternehmeranteile an der übernehmenden Personengesellschaft enthält § 24 UmwStG keine Regelung. Es gelten folglich die allgemeinen Grundsätze des § 16 EStG. Ist Einbringender eine Kapitalgesellschaft, unterliegt der Gewinn der Körperschaftsteuer. Er ist steuerfrei gemäß § 8b Abs. 2 KStG, soweit er auf Anteile an Körperschaften oder Personenvereinigungen im Betriebsvermögen der Mitunternehmerschaft entfällt. Diesbezüglich ist außerdem noch § 24 Abs. 5 UmwStG zu beachten[47].

155 War eine natürliche Person Einbringender, stellt der Veräußerungsgewinn aus einkommensteuerlicher Sicht einen laufenden Gewinn dar. Bei der Anwendung der §§ 16, 34 EStG auf den Veräußerungsgewinn ist zu differenzieren:

- War der Einbringende schon vor der Einbringung an der übernehmenden Personengesellschaft beteiligt und veräußert er nur den im Rahmen der Einbringung erhaltenen Mitunternehmeranteil, ist von einer Veräußerung eines Teil-Mitunternehmeranteils auszugehen und die §§ 16, 34 EStG sind nicht anzuwenden.
- Veräußert der Einbringende seinen gesamten Mitunternehmeranteil, liegt grundsätzlich ein begünstigter Veräußerungsgewinn gemäß §§ 16, 34 EStG vor. Ob dies auch dann gilt, wenn die Einbringung nicht zum gemeinen Wert erfolgt und die Veräußerung in einem zeitlichen und sachlichen Zusammenhang mit der Einbringung stattfindet, ist unter dem Gesichtspunkt des § 42 AO zweifelhaft[48].

II. Gewerbesteuer

156 Veräußert der Einbringende einen Teil des Mitunternehmeranteils an der übernehmenden Personengesellschaft, den er anlässlich der Einbringung erhalten hat, stellt dies einen laufenden Gewinn der Personengesellschaft i.S.d. § 7 Satz 1 GewStG dar, der der Gewerbesteuer unterliegt[49].

157 Veräußert der Einbringende seinen gesamten Mitunternehmeranteil an der übernehmenden Personengesellschaft, ist bezüglich der Gewerbesteuerpflicht des Veräußerungsgewinns danach zu unterscheiden, ob der Einbringende eine natürliche Person oder z.B. eine Körperschaft oder Personengesellschaft ist. Ist der Einbringende eine natürliche Person, unterliegt der Veräußerungsgewinn nicht der Gewerbesteuer[50]. In den anderen Fällen ergibt sich die Zugehörigkeit des Veräußerungsgewinns zum laufenden Ergebnis der Personengesellschaft, deren Anteile veräußert werden, aus § 7 Satz 2 Nr. 2 GewStG.

---

47 Vgl. Ausführungen unter § 6 Rn. 161 ff.
48 Ablehnend Dötsch, § 24 UmwStG Rn. 203
49 BFH, Urteil vom 14.12.2006, BFH/NV 2007, 601
50 Abschn. 39 Abs. 1 Satz 1 Nr. 1 Satz 1 und Abschn. 40 Abs. 2 Satz 3 GewStR

K. Auswirkungen der Sacheinlage für den Einbringenden

I. Unmittelbare Rechtsfolgen

Die Verwirklichung des Sacheinlage-Tatbestandes gemäß § 24 Abs. 1 UmwStG hat für den Einbringenden folgende unmittelbare Auswirkungen: 158

- (ggf.) Entstehen eines Einbringungsgewinns[51]
- Zeitpunkt der Zurechnung der erworbenen Mitunternehmerstellung
- Pflicht zur Aufstellung einer Schlussbilanz
- (ggf.) Ermittlung eines Übergangsgewinns
- Entstehen eines Rumpfgeschäftsjahres bei unterjähriger Einbringung eines Einzelunternehmens.

II. Folgewirkungen auf vorangegangenen Betriebsvermögenstransfer und andere Vorgänge

Neben den unter I. ausgeführten unmittelbaren Folgen kann eine Einbringung i.S.d. § 24 Abs. 1 UmwStG auch Auswirkungen haben auf Sachverhalte, die in der Vergangenheit durch den Einbringenden verwirklicht wurden. Zu denken ist insbesondere an Vorgänge, deren steuerliche Begünstigung von der Einhaltung bestimmter Behalte-, Verbleibens- und Sperrfristen abhängig ist, wie z.B. § 6 Abs. 3 und Abs. 5 EStG, § 16 Abs. 3 und Abs. 5 EStG, § 34a Abs. 6 EStG, §§ 18 Abs. 3, 22 Abs. 1 und 24 Abs. 5 UmwStG, § 5 Abs. 3 und § 6 Abs. 3 GrEStG sowie § 13a Abs. 5 ErbStG. 159

Eine umfassende Tabelle der gegebenenfalls einschlägigen Vorschriften mit den Folgen einer Einbringung gemäß § 24 Abs. 1 UmwStG enthält Dötsch, § 24 Rn. 207. 160

L. Nachträglicher Einbringungsgewinn bei Veräußerung von Anteilen an Körperschaften innerhalb von sieben Jahren (§ 24 Abs. 5 UmwStG)

I. Sinn und Zweck der Regelung

Veräußert eine Personengesellschaft Anteile an einer Kapitalgesellschaft, die z.B. im Rahmen einer Betriebseinbringung durch eine natürliche Person eingebracht wurden, und ist an der Personengesellschaft eine Körperschaft beteiligt, wäre der auf die Körperschaft entfallende Anteil des Veräußerungsgewinns gemäß § 8b Abs. 2 KStG bzw. § 7 Satz 4 GewStG steuerfrei. Hätte der Einbringende hingegen die Beteiligung vor der Einbringung veräußert, hätte auf den Veräußerungsgewinn das Teileinkünfteverfahren Anwendung gefunden. Um derartige „missbräuchliche" Gestaltungen zu vermindern, gab es früher den § 8b Abs. 4 KStG, der die Inanspruchnahme der Steuerbefreiung des § 8b Abs. 2 KStG in solchen Fällen für einen bestimmten Zeitraum nach der Einbringung ausschloss. 161

---

51 Siehe § 6 Rn. 76

162 § 8b Abs. 4 KStG findet auf Einbringungen nach Inkrafttreten des SEStEG keine Anwendung. Um Missbräuche auszuschließen, wurde § 24 Abs. 5 UmwStG eingeführt. Danach führt eine Veräußerung der zum Buchwert (oder Zwischenwert) eingebrachten Anteile an einer Kapitalgesellschaft innerhalb von sieben Jahren nach der Einbringung zu einem nachträglichen Einbringungsgewinn des Einbringende insoweit, als im Zeitpunkt der Veräußerung eine Körperschaft an der übernehmenden Personengesellschaft beteiligt ist.

II. Schädliche Veräußerung innerhalb der Sperrfrist (Tatbestand)

1. Übersicht

163 Gemäß § 24 Abs. 5 UmwStG liegt eine schädliche Veräußerung von Anteilen an einer Körperschaft, Personenvereinigung oder Vermögensmasse vor, wenn
- eine Einbringung i.S.d. § 24 Abs. 1 UmwStG zu Buchwerten oder Zwischenwerten erfolgt ist
- durch eine natürliche Person oder eine inländische oder ausländische Personengesellschaft, soweit natürliche Personen beteiligt sind, und
- in dem eingebrachten Betriebsvermögen Anteile an einer Körperschaft, Personenvereinigung oder Vermögensmasse enthalten waren und
- diese Anteile innerhalb einer Frist von sieben Jahren nach der Einbringung veräußert werden und
- an der Personengesellschaft im Zeitpunkt der Veräußerung eine Körperschaft als Mitunternehmer beteiligt ist und somit ein Teil des Veräußerungsgewinns auf die Körperschaft entfällt.

164 Sind die vorstehend aufgeführten Voraussetzungen kumulativ erfüllt, wird die Rechtsfolge des § 24 Abs. 5 UmwStG, d.h. die nachträglich Versteuerung eines Einbringungsgewinns für den Einbringenden, ausgelöst.

165 § 24 Abs. 5 UmwStG findet keine Anwendung auf die Einbringung von alteinbringungsgeborenen Anteilen, für die § 8b Abs. 4 KStG a.F. noch Anwendung findet (§ 27 Abs. 4 UmwStG).

2. Veräußerung im Sinne des § 24 Abs. 5 UmwStG

166 Als Veräußerung i.S.d. § 24 Abs. 5 UmwStG gilt die entgeltliche Übertragung des zivilrechtlicher oder wirtschaftlichen Eigentums an den eingebrachten Anteilen. Hierzu gehört auch die Einbringung der Beteiligung in eine Kapitalgesellschaft oder Genossenschaft gemäß § 20 Abs. 1, 21 Abs. 1, 25 UmwStG, sofern diese Einbringung zu Zwischenwerten oder zum gemeinen Wert erfolgt und ein Einbringungsgewinn entsteht. Dasselbe gilt, wenn die betroffene Kapitalgesellschaftsbeteiligung im Rahmen einer Einbringung in eine weitere Personengesellschaft i.S.d. § 24 Abs. 1 UmwStG mit übertragen wird. Gegebenenfalls wird hierdurch eine erneute 7-Jahresfrist i.S.d. § 24 Abs. 5 UmwStG ausgelöst, wenn die weitere Einbringung zu Buchwerten erfolgt.

167 Ebenfalls als Veräußerung i.S.d. § 24 Abs. 5 UmwStG zu behandeln ist die Veräußerung des Mitunternehmeranteils einer Körperschaft an der übernehmenden Personengesellschaft sowie die Verwirklichung eines der in § 22 Abs. 1 Satz 6 Nr. 1 bis 5 UmwStG aufgeführten Ersatzrealisationstatbestände (§ 24 Abs. 5 UmwStG).

3. Gewinnbeteiligung einer Person, auf die § 8b Abs. 2 KStG Anwendung findet

Die Besteuerung eines nachträglichen Einbringungsgewinns findet jedoch nur statt, wenn im Zeitpunkt der Veräußerung (oder des gleichgestellten Ereignisses) eine inländische oder eine vergleichbare ausländische Körperschaft an der übernehmenden Personengesellschaft als Mitunternehmer beteiligt ist, der ein Anteil an dem Veräußerungsgewinn zusteht. Dies dürfte auch der Fall sein, wenn die Körperschaft an der Personengesellschaft mitunternehmerisch unterbeteiligt ist (atypische Unterbeteiligung). Die Dauer der Beteiligung der Körperschaft an der Personengesellschaft ist unbeachtlich.

Ist die Körperschaft nur Komplementärin der übernehmenden Personengesellschaft und ist sie weder am Gewinn noch am Vermögen der Personengesellschaft beteiligt, findet § 24 Abs. 5 UmwStG keine Anwendung.

III. Rechtsfolge: Nachträglicher Einbringungsgewinn

Sind sämtliche Voraussetzungen des § 24 Abs. 5 UmwStG erfüllt, ergeben sich die Rechtsfolgen für den Einbringenden aus § 22 Abs. 2, 3 und 5 bis 7 UmwStG, auf die § 24 Abs. 5 UmwStG verweist. Es sind sämtliche stille Reserven in den übertragenen Kapitalgesellschaftsanteilen aufzudecken und unter Berücksichtigung der Siebtel-Regelung (vgl. § 4 Rn. 32 f.) der Besteuerung zu unterwerfen. Ein nachträglicher Einbringungsgewinn entsteht aber nur insoweit, als der Veräußerungsgewinn auf von § 8b Abs. 2 KStG begünstigte Personen als Mitunternehmer entfällt. Einbringungskosten, die der Übertragung der Beteiligung an der Kapitalgesellschaft auf die übernehmende Personengesellschaft zuzuordnen sind, verringern den nachträglichen Einbringungsgewinn. Konsequenter Weise ist der laufende Gewinn des Einbringenden für das letzte Wirtschaftsjahr jedoch entsprechend zu erhöhen, da die Einbringungskosten zuvor den laufenden Gewinn des Einbringenden im letzten Wirtschaftsjahr vor der Einbringung gemindert haben.

Anders als bei einer Einbringung in eine Kapitalgesellschaft gemäß §§ 20, 21 UmwStG führt die Entstehung eines nachträglichen Einbringungsgewinns gemäß § 24 Abs. 5 UmwStG bei der übernehmenden Personengesellschaft nicht zur nachträglichen Erhöhung der Anschaffungskosten auf die Beteiligung. Eine dem § 23 Abs. 2 Satz 3 UmwStG entsprechende Regelung existiert nicht und eine analoge Anwendung dieser Vorschrift kommt nicht in Betracht.

Anhang 1

Checkliste

1. Steuerliche Fragestellungen (insbesondere)

- Existieren Verlustvorträge, die verloren gehen können (§§ 8c KStG, 10a GewStG)?
- Sind durch die Einbringung § 15a – EStG Verluste gefährdet?
- Sind Grundstücke betroffen, so dass die Einbringung Grunderwerbsteuer auslösen könnte?
- Sind (alt-)einbringungsgeborene Anteile betroffen?
- Sind von der Einbringung Behalte-, Verbleibens- oder Sperrfirsten betroffen, d.h. hat die Einbringung (negative) Auswirkungen auf einen steuerlichen Sachverhalt in der Vergangenheit?
  - § 6 Abs. 3 und Abs. 5 EStG
  - § 16 Abs. 3 und Abs. 5 EStG
  - §§ 18 Abs. 3, 22 Abs. 1 und 24 Abs. 5 UmwStG
  - §§ 5 Abs. 3 und 6 Abs. 3 GrEStG
  - § 13a Abs. 5 ErbStG
- Führt die Einbringung zur Nachversteuerung eines nachversteuerungspflichtigen Betrages i.S.d. § 34a Abs. 6 EStG?
- Entsteht infolge der Einbringung ein Einbringungsfolgegewinn durch Konfusion von Forderung und Verbindlichkeit?
- Wird durch die Einbringung ein Missbrauchstatbestand i.S.d. § 15 Abs. 2 Satz 3 und 4 UmwStG verwirklicht?
- Existieren Zinsvorträge, die im Rahmen der Einbringung untergehen?
- Bestehen Berührungspunkte mit dem Ausland? Wenn ja, sind die steuerlichen Auswirkungen mit ausländischen Beratern abzuklären.

2. Rechtliche Fragestellungen (insbesondere)

- Sind Verträge mit Change of Control-Klauseln von der Einbringung betroffen?
- Wurden Investitionszulagen oder sonstige öffentliche Zuschüsse gewährt, die infolge der Einbringung eventuell zurückgezahlt werden müssen?
- Bedarf es zur Übertragung von Verträgen oder einzelner Wirtschaftsgüter (Grundstücken, Verbindlichkeiten, Genehmigungen, Erlaubnisse) der Zustimmung Dritter, insbesondere von Behörden?
- Existiert ein Betriebsrat bei übertragender und/oder übernehmender Gesellschaft (Pflicht zur rechtzeitigen Information des Betriebsrates nach dem UmwG)?

Anhang 2

Mustersätze

Die auf den nachfolgenden Seiten zu findenden Mustersätze erheben keinen Anspruch auf Vollständigkeit. Insbesondere fehlen einzelne beim Handelsregister einzureichenden Anlagen (wie z. B. Unterrichtung von Arbeitnehmern; Informationsschreiben an Betriebsrat, Gesellschafterlisten), da sich der Inhalt dieser Anlagen aufgrund der sich ständig ändernden Rechtslage permanent ändert bzw. manche Anlagen vom Notar gefertigt werden.

Es wird darauf hingewiesen, dass die Vorlagen noch auf den konkreten Einzelfall und die jeweils aktuelle Rechtslage angepasst werden müssen.

Mustersatz 1
Einbringung von GmbH-Geschäftsanteilen in eine bestehende GmbH (Sachkapitalerhöhung), an der der Einbringende zu 100 % beteiligt ist

Mustersatz 2
Einbringung eines Einzelunternehmens in eine bestehende GmbH & Co. KG (Einlagenerhöhung), an der der Einbringende als alleiniger Kommanditist beteiligt ist

Mustersatz 3
Einbringung eines Mitunternehmeranteils (mit Sonderbetriebsvermögen) in eine bestehende GmbH (Sachkapitalerhöhung)

Mustersatz 4
Abspaltung eines Teilbetriebs einer GmbH & Co. KG auf eine hierdurch errichtete GmbH & Co. KG

Mustersatz 5
Einbringung eines nicht im Handelsregister eingetragenen Einzelunternehmens zum Zwecke der Sachgründung einer GmbH

Mustersatz 6
Ausgliederung eines Teilbetriebs aus einer GmbH & Co. KG zum Zwecke der Gründung einer GmbH (Sachgründung)

Anhang

Mustersatz 1
Einbringung von GmbH-Geschäftsanteilen in eine bestehende GmbH
(Sachkapitalerhöhung)

A. Einbringungsvertrag

B. Sachkapitalerhöhungsbeschluss der übernehmenden Gesellschaft

C. Anmeldung zum Handelsregister der übernehmenden Gesellschaft

A. Einbringungsvertrag

UR.Nr. ..../2009
des Notars Max Müller, Notariat Müllersdorf

Verhandelt zu Müllersdorf
am .... August 2009
Vor mir,
dem unterzeichneten Notar
Max Müller
mit dem Amtssitz in Müllersdorf

erschien heute an meinem Amtssitz in 80001 Müllersdorf, Maxstraße 1

Herr Franz Moritz,
geb. am 1. Januar 1951,
wohnhaft: Moritzstraße 1, 80000 Franzdorf

Der Erschienene wies sich aus durch Vorlage seines deutschen Personalausweises.

Der Erschienene erklärte, dass er in dieser Urkunde im eigenen Namen handle und zugleich als alleinvertretungsberechtigter und von den Beschränkungen des § 181 BGB befreiter Geschäftsführer der Moritz Beteiligungen GmbH mit Sitz in Franzdorf, eingetragen im Handelsregister des Amtsgerichts Franzdorf unter HRB 2.

Die Frage des Notars nach einer etwaigen Vorbefassung i.S.v. § 3 Abs. 1 Nr. 7 BeurkG wurde von dem Erschienenen verneint. Der Erschienene bat sodann um Beurkundung des nachfolgenden

Einbringungs- und Abtretungsvertrages

A. Feststellungen

§1
Gesellschafter der Moritz GmbH mit Sitz in Franzdorf

Am Stammkapital der Moritz GmbH mit Sitz in Franzdorf, eingetragen im Handelsregister des Amtsgerichts Franzdorf unter HRB 1, i.H.v. insgesamt nominal € 4.000.000,00 sind beteiligt:

1. Herr Franz Moritz
   mit einem Geschäftsanteil im Nennbetrag von € 2.000.000,00 (lfd. Nr. 1)
   mit einem Geschäftsanteil im Nennbetrag von € 400.000,00 (lfd. Nr. 2)
2. Herr Fritz Moritz
   mit einem Geschäftsanteil im Nennbetrag von € 1.600.000,00 (lfd. Nr. 3)

Herrn Franz Moritz steht die Mehrheit der Stimmrechte in der Gesellschafterversammlung der Moritz GmbH zu. Die Stammeinlagen sind in voller Höhe erbracht.

§2
Gesellschafter der Moritz Beteiligungen GmbH mit Sitz in Franzdorf

Das Stammkapital der Moritz Beteiligungen GmbH mit Sitz in Franzdorf, eingetragen im Handelsregister des Amtsgerichts Franzdorf unter HRB 2, beträgt nominal EUR 25.000,00. An diesem Stammkapital hält Herr Franz Moritz den einzigen Geschäftsanteil i.H.v. nominal EUR 25.000,00.

Mit Beschluss der Gesellschafterversammlung der Moritz Beteiligungen GmbH vom heutigen Tage (UR.Nr...../2009 des Notars Max Müller, Müllersdorf) wurde eine Erhöhung des Stammkapitals der Moritz Beteiligungen GmbH von nominal EUR 25.000,00 um nominal EUR 25.000,00 auf nominal EUR 50.000,00 gegen Sacheinlage der vorgenannten von Herrn Franz Moritz gehaltenen Geschäftsanteile an der Moritz GmbH beschlossen. Zur Zeichnung des neuen Geschäftsanteils wurde Herr Franz Moritz zugelassen.

Dies vorausgeschickt, wird folgender

B. Einbringungs- und Abtretungsvertrag
zwischen Herrn Franz Moritz als einbringendem Gesellschafter und der Moritz Beteiligungen GmbH als Erwerberin

vereinbart.

§3
Gegenstand der Einbringung, Übertragung

Herr Franz Moritz (nachfolgend auch „Einbringender" genannt) bringt seine unter A. § 1 näher bezeichneten Geschäftsanteile an der Moritz GmbH mit Sitz in Franzdorf im Nennbetrag von € 2.000.000,00 und € 400.000,00 nebst allen damit verbundenen Gewinnbezugsrechten und sonstigen Nebenrechten, ausgenommen hiervon jedoch der Anspruch aus einem Ausschüttungsbeschluss, sofern er am heutigen Tage bereits gefasst war, mit sofortiger Wirkung in die Moritz Beteiligungen GmbH ein und tritt hiermit mit sofortiger Wirkung die vorgenannten Geschäftsanteile an die Moritz Beteiligungen GmbH ab. Die Moritz Beteiligungen GmbH nimmt den Einbringungsvertrag und die Abtretung hiermit an.

Der Einbringende teilt mit, dass die nach dem Gesellschaftsvertrag der Moritz GmbH zur Abtretung der vorstehend beschriebenen Geschäftsanteile erforderliche Zustimmung der Gesellschafter erteilt wurde.

§4
Verteilung des Jahresüberschusses des Geschäftsjahres 2009

Der auf die gemäß § 3 übertragenen Geschäftsanteile entfallende Teil des Jahresüberschusses des Geschäftsjahres 2009 der Moritz GmbH steht vollumfänglich der Moritz Beteiligungen GmbH zu.

Hinsichtlich eines ggf. vor Einbringung gefassten Ausschüttungsbeschlusses der Moritz GmbH mit Sitz in Franzdorf in Bezug auf Jahresüberschüsse vor dem Geschäftsjahr 2009 verbleibt es dabei, dass diese Beträge ggf. noch dem bisherigen Gesellschafter zustehen.

§5
Gegenleistung

(1) Die Einbringung und Abtretung der Geschäftsanteile an der Moritz GmbH mit Sitz in Franzdorf erfolgt als Sacheinlage gegen Ausgabe eines Geschäftsanteils (Stammeinlage) der Moritz Beteiligungen GmbH i.H.v. nominal € 25.000,00 an den Einbringenden Franz Moritz.

2) Der Wert der als Sacheinlage eingebrachten Geschäftsanteile an der Moritz GmbH in Höhe von nominal insgesamt € 2.400.000,00 wird gemäß § 21 Abs. 1 Satz 2 UmwStG mit den steuerlichen Anschaffungskosten der eingebrachten Geschäftsanteile des Einbringenden Franz Moritz angesetzt. Soweit der steuerliche Wert (Anschaffungskosten) den Nominalbetrag des an Herrn Franz Moritz ausgegebenen Geschäftsanteils übersteigt, wird der Mehrbetrag in die Kapitalrücklage der Moritz Beteiligungen GmbH eingestellt.

§6
Gewährleistungen

1) Herr Franz Moritz sichert zu, dass er Eigentümer der eingebrachten Geschäftsanteile ist und dass die Geschäftsanteile nicht mit Rechten Dritter belastet sind.

2) Über die in Absatz 1 geregelte Zusicherung hinaus übernimmt Herr Franz Moritz keinerlei Gewährleistungen im Rahmen dieses Einbringungsvertrages.

C.
Vollmacht / Schlussbestimmungen

§7
Vollmacht

Der Erschienene bevollmächtigt die Notariatsangestellten in 80001 Müllersdorf, Maxstraße 1,

) ...

) ....

) ....

- je einzeln und unter Befreiung von den Beschränkungen des § 181 BGB –

sämtliche Erklärungen und Bewilligungen abzugeben sowie Rechtshandlungen vorzunehmen, welche zur Durchführung dieser Urkunde erforderlich sind, insbesondere auch Vertragsänderungen und -ergänzungen sowie Anmeldungen zum Handelsregister vorzunehmen.

Die Bevollmächtigten können die Vollmacht übertragen oder Untervollmacht erteilen. Diese Vollmacht ist im Außenverhältnis unbeschränkt, im Innenverhältnis werden die Bevollmächtigten nur auf Anweisung von der Vollmacht Gebrauch machen.

§8
Schlussbestimmungen

1) Die Kosten dieser Niederschrift und ihrer Durchführung trägt die Moritz Beteiligungen GmbH.

2) Änderungen oder Ergänzungen dieses Vertrages bedürfen der Schriftform, soweit nicht von Gesetzes wegen notarielle Beurkundung vorgeschrieben ist.

3) Sollten einzelne Bestimmungen dieses Vertrages unwirksam sein oder werden, oder sollte dieser Vertrag eine Lücke aufweisen, so bleiben die übrigen Bestimmungen davon unberührt. Anstelle der unwirksamen oder fehlenden Bestimmungen haben die Parteien eine andere Bestimmung zu vereinbaren, die dem wirtschaftlichen Zweck möglichst nahe kommt. Dies gilt auch dann, wenn eine einzelne Bestimmung eines Paragraphen unwirksam ist oder werden sollte.

Diese Niederschrift wurde dem Erschienenen vom Notar vorgelesen, von dem Erschienenen genehmigt und eigenhändig unterschrieben wie folgt:

B. Sachkapitalerhöhungsbeschluss der übernehmenden Gesellschaft

UR.Nr. ....../2009

des Notars Max Müller, Notariat Müllersdorf

Verhandelt zu Müllersdorf

am ... August 2009

Vor mir,

dem unterzeichneten Notar

Max Müller

mit dem Amtssitz in Müllersdorf

erschien heute an meinem Amtssitz in 80001 Müllersdorf, Maxstraße 1

Herr Franz Moritz, geb. am 1. Januar 1951,

wohnhaft: Moritzstraße 1, 80000 Franzdorf

Der Erschienene wies sich aus durch Vorlage seines deutschen Personalausweises.

Der Erschienene erklärte, er handle in dieser Urkunde im eigenen Namen und zugleich als allein vertretungsberechtigter und von den Beschränkungen des § 181 BGB befreiter Geschäftsführer de Moritz Beteiligungen GmbH mit Sitz in Franzdorf.

Die Frage des Notars nach einer etwaigen Vorbefassung i.S.v. § 3 Abs. 1 Nr. 7 BeurkG wurde von den Erschienenen verneint. Der Erschienene bat sodann um Beurkundung der folgenden

**Gesellschafterbeschlüsse der
Moritz Beteiligungen GmbH
mit dem Sitz in Franzdorf:**

§1
Feststellungen

Am Stammkapital der Moritz Beteiligungen GmbH mit Sitz in Franzdorf, eingetragen im Handelsregister des Amtsgerichts Franzdorf unter HRB 2, ist als alleiniger Gesellschafter beteiligt

Herr Franz Moritz

mit einem Geschäftsanteil im Nennwert von € 25.000,00 (lfd. Nr. 1)

Das Stammkapital der Gesellschaft beträgt nominal € 25.000,00.

§2
Gesellschafterversammlung der Moritz Beteiligungen GmbH

Unter Verzicht auf alle gesetzlichen und gesellschaftsvertraglichen Form- und Fristerfordernisse über die Einberufung und Ankündigung hält der Erschienene eine Gesellschafterversammlung der

**Moritz Beteiligungen GmbH
mit dem Sitz in Franzdorf**

ab und beschließt:

1. Das Stammkapital der Gesellschaft wird von € 25.000,00 um € 25.000,00 auf € 50.000,00 erhöht.
2. Zur Übernahme des neuen Geschäftsanteils wird zugelassen:

Herr Franz Moritz

hinsichtlich eines Geschäftsanteils von nominal € 25.000,00 (lfd. Nr. 2).

- Die neue Stammeinlage ist nicht in bar zu erbringen, sondern durch Einbringung (Eigentumsübertragung) der im Eigentum von Herrn Franz Moritz stehenden Geschäftsanteile der Moritz GmbH mit Sitz in Franzdorf, eingetragen im Handelsregister des Amtsgerichts Franzdorf unter HRB 1, i.H.v. nominal € 2.000.000,00 (lfd. Nr. 1) und nominal € 400.000,00 (lfd. Nr. 2) in die Moritz Beteiligungen GmbH mit dem Sitz in Franzdorf.

- Die Einbringung erfolgt gem. § 21 Abs. 1 Satz 2 UmwStG zu den steuerlichen Anschaffungskosten von Herrn Franz Moritz bezüglich der eingebrachten Geschäftsanteile. Soweit die steuerlichen Anschaffungskosten den Nominalwert des ausgegebenen Geschäftsanteils übersteigen, ist der übersteigende Betrag von Herrn Franz Moritz als Aufgeld geleistet und wird in die Kapitalrücklage bei der Moritz Beteiligungen GmbH eingestellt.

- Der neue Geschäftsanteil ist vom Beginn des bei der Eintragung der Kapitalerhöhung laufenden Geschäftsjahres am Gewinn der Gesellschaft beteiligt.

- § 4 (Stammkapital) des Gesellschaftsvertrages wird insgesamt wie folgt neu gefasst:

„§4
Stammkapital

Das Stammkapital der Gesellschaft beträgt

€ 50.000,00

(in Worten: Euro fünfzigtausend)."

Damit ist die Gesellschafterversammlung geschlossen.

§3
Übernahmeerklärung

Herr Franz Moritz erklärt, dass er zu den Bedingungen des vorstehenden Beschlusses den neuen Geschäftsanteil in Höhe von € 25.000,00 übernimmt.

§4
Hinweise des Notars

[vom Notar zu ergänzen]

§5
Vollmacht

Der Erschienene bevollmächtigt die Notariatsangestellten in 80001 Müllersdorf, Maxstraße 1

a) ....

b) ....

c) ....

– je einzeln und unter Befreiung von den Beschränkungen des § 181 BGB –

sämtliche Erklärungen und Bewilligungen abzugeben sowie Rechtshandlungen vorzunehmen, welche zur Durchführung dieser Urkunde erforderlich sind, insbesondere auch Vertragsänderungen und -ergänzungen sowie Anmeldungen zum Handelsregister vorzunehmen.

Die Bevollmächtigten können die Vollmacht übertragen oder Untervollmacht erteilen. Diese Vollmacht ist im Außenverhältnis unbeschränkt, im Innenverhältnis werden die Bevollmächtigten nur auf Anweisung von der Vollmacht Gebrauch machen.

§6
Schlussbestimmungen

(1) Die Kosten dieser Niederschrift und ihrer Durchführung trägt die Moritz Beteiligungen GmbH

(2) Änderungen und Ergänzungen dieses Vertrages bedürfen der Schriftform, soweit nicht von Gesetzes wegen notarielle Beurkundung vorgeschrieben ist.

(3) Sollten einzelne Bestimmungen dieser Urkunde unwirksam sein oder werden, oder sollte diese Urkunde eine Lücke aufweisen, so bleiben die übrigen Bestimmungen davon unberührt. Anstelle der unwirksamen oder fehlenden Bestimmungen haben die Parteien eine andere Bestimmung zu vereinbaren, die dem wirtschaftlichen Zweck möglichst kommt. Dies gilt auch dann, wenn eine einzelne Bestimmung eines Paragraphen unwirksam ist oder werden sollte.

Diese Niederschrift wurde dem Erschienenen von dem Notar vorgelesen, von dem Erschienenen genehmigt und eigenhändig unterzeichnet wie folgt:

C. Anmeldung zum Handelsregister der übernehmenden Gesellschaft

UR.Nr. ....../2009
des Notars Max Müller, Notariat Müllersdorf

An das
Amtsgericht Franzdorf
- Registergericht -

HRB 2
Moritz Beteiligungen GmbH, Franzdorf

Als alleiniger Geschäftsführer der Gesellschaft überreiche ich:

1) Ausfertigung der notariellen Urkunde über die Gesellschafterbeschlüsse vom heutigen Tage (UR. Nr. ..../2009 des Notars Max Müller, Müllersdorf), enthaltend den Beschluss über die Erhöhung des Stammkapitals und die entsprechende Änderung der Satzung der Gesellschaft sowie die Übernahmeerklärung;
2) die Verträge, die den Festsetzungen der Sacheinlage zugrunde liegen und zu ihrer Ausführung geschlossen worden sind;
3) eine von mir unterzeichnete Liste der Übernehmer des neuen Geschäftsanteils;
4) eine unterzeichnete Gesellschafterliste;
5) den vollständigen Wortlaut des Gesellschaftsvertrages mit der Bescheinigung des Notars gem. § 54 Abs. 1 S. 2 GmbHG;
6) einen Wertnachweis durch die Treuhandgesellschaft Franzdorf, Moritzstraße 2, 80000 Franzdorf.

Ich melde zur Eintragung in das Handelsregister an:

Durch den Beschluss der Gesellschafterversammlung vom heutigen Tage wurde das Stammkapital der Gesellschaft von € 25.000,00 um € 25.000,00 auf € 50.000,00 erhöht.

Der Gesellschaftsvertrag wurde in § 4 (Stammkapital) geändert und lautet nunmehr wie folgt:

„§4
Stammkapital

Das Stammkapital der Gesellschaft beträgt

€ 50.000,00

(in Worten: Euro fünfzigtausend)."

Ich versichere, dass die auf die neue Stammeinlage zu bewirkende Leistung entsprechend dem Kapitalerhöhungsbeschluss und der Übernahmeerklärung erbracht worden ist.

Ich versichere ferner, dass der Gegenstand der Sacheinlage sich endgültig zu meiner freien Verfügung als Geschäftsführer für die Zwecke der Gesellschaft befindet und auch in der Folgezeit in keiner Form an den Einleger zurückgewährt worden ist.

Die Geschäftsräume befinden sich unverändert in 80000 Franzdorf, Moritzstraße 1; dies ist auch die inländische Geschäftsanschrift i.S.v. § 161 Abs. 2 i.V.m. § 106 Abs. 2 Nr. 2 HGB.

Ich bevollmächtige hiermit die Notariatsangestellten in 80001 Müllersdorf, Maxstraße 1

a) ....

b) ....

c) ....

– je einzeln und unter Befreiung von den Beschränkungen des § 181 BGB –

die vorstehende Handelsregisteranmeldung in jeder Hinsicht zu ändern, zu ergänzen, zu wiederholen und weitere Handelsregisteranmeldungen vorzunehmen. Diese Vollmacht ist im Außenverhältnis unbeschränkt, im Innenverhältnis werden die Bevollmächtigten nur auf Anweisung von der Vollmacht Gebrauch machen.

Müllersdorf, den ... August 2009

....
(Franz Moritz)
Beglaubigungsvermerk

Mustersatz 2
Einbringung eines Einzelunternehmens in eine bestehende GmbH & Co. KG (Einlagenerhöhung)

A. Einbringungsvertrag
B. Anmeldung zum Handelsregister der übernehmenden Gesellschaft

A. Einbringungsvertrag

**Vertrag
über die Einbringung des Einzelunternehmens
Franz Moritz Buchdruck in die Moritz GmbH & Co. KG**

zwischen

Herrn Franz Moritz, geb. am 1. Januar 1951,

wohnhaft: Moritzstraße 1, 80000 Franzdorf

und

der Moritz GmbH & Co. KG,

mit Sitz in Franzdorf

Vorbemerkungen

(1) Herr Franz Moritz ist alleiniger Inhaber des Einzelunternehmens Franz Moritz Buchdruck m Sitz in Franzdorf.

(2) Gesellschafter der Moritz GmbH & Co. KG mit Sitz in Franzdorf sind:
   a) die Moritz Verwaltungs GmbH mit Sitz in Franzdorf als persönlich haftende Gesellschafteri ohne Kapitalbeteiligung und ausschließlicher Befugnis zur Geschäftsführung;
   b) Herr Franz Moritz als alleiniger Kommanditist mit einer festen Kommanditeinlage (Festkapi talanteil) i.H.v. € 250.000,--.

(3) Herr Franz Moritz beabsichtigt, den steuerlichen Betrieb Einzelunternehmen Franz Moritz Buch druck mit Sitz in Franzdorf vollständig mit allen Aktiva und Passiva nach Maßgabe der nachste henden Regelungen gegen Gesellschaftsrechte in die Moritz GmbH & Co. KG einzubringen.

**§1
Einbringung**

(1) Herr Franz Moritz bringt mit Wirkung zum 1. Januar 2009, 0:00 Uhr (im Folgenden der „Über gangsstichtag") sämtliche im Betriebsvermögen des Einzelunternehmens Franz Moritz Buch druck zusammengefasste Aktiva und Passiva nach Maßgabe der nachstehenden Regelungen ge gen Gesellschaftsrechte in die Moritz GmbH & Co. KG mit Sitz in Franzdorf ein. Eingebrach und mit Wirkung zum Übergangsstichtag übertragen werden zunächst sämtliche im Betriebs vermögen des Einzelunternehmens Franz Moritz Buchdruck zusammengefasste materielle un immaterielle Vermögensgegenstände, unabhängig davon, ob es sich um nach § 266 Abs. 2 HG zu bilanzierende Vermögensgegenstände handelt oder nicht. Eingebracht werden demnach ins besondere, jedoch nicht ausschließlich, sämtliche Wirtschaftsgüter und Gegenstände des Anla ge- und Umlaufvermögens des Einzelunternehmens Franz Moritz Buchdruck sowie sämtlich zum steuerlichen Betriebsvermögen des Einzelunternehmens Franz Moritz Buchdruck gehö rende Forderungen (insbesondere Forderungen aus Lieferungen und Leistungen und Guthabe bei Kreditinstituten sowie alle Ansprüche auf Erstattung oder Anrechnung von Steuern), die i Einzelunternehmen Franz Moritz Buchdruck am Übergangsstichtag bestehen.

(2) Auf die Moritz GmbH & Co. KG mit Wirkung auf den Übergangsstichtag übertragen werde ferner sämtliche dem Einzelunternehmen Franz Moritz Buchdruck zuzuordnende Passiva (ein schließlich Eventualverbindlichkeiten und der den Bilanzpositionen „Rückstellungen" zugrund liegenden wirtschaftlichen Verbindlichkeiten), in ihrem Bestand am Übergangsstichtag wie si sich insbesondere – aber nicht ausschließlich – aus **Anlage 1** zu diesem Vertrag ergeben.

3) Mit Wirkung auf den Übergangsstichtag tritt die Moritz GmbH & Co. KG im Wege der Vertragsübernahme mit befreiender Wirkung in sämtliche Rechte und Pflichten aus den dem Betrieb des Einzelunternehmens Franz Moritz Buchdruck zuzuordnenden Verträgen und sonstigen Schuldverhältnissen, wie sie sich insbesondere –aber nicht ausschließlich – aus **Anlage 2** zu diesem Vertrag ergeben, ein.

4) Der Einbringung wird die auf den 31. Dezember 2008, 24:00 Uhr („steuerlicher Übergangsstichtag") zu erstellende Bilanz des Einzelunternehmens Franz Moritz Buchdruck und eine Einbringungsbilanz zugrunde gelegt, in welche die hiernach übergehenden Vermögenswerte mit den Buchwerten einzustellen sind.

5) Die Einbringung der gesamten Aktiva und Passiva des Einzelunternehmens Franz Moritz Buchdruck nach Maßgabe der vorstehenden Regelungen erfolgt im Wege der Sacheinlage gegen Gesellschaftsrechte (§ 24 UmwStG), indem der bereits bestehende Mitunternehmeranteil von Herrn Franz Moritz mit einem Festkapitalanteil von € 250.000,-- um € 50.000,-- auf einen Festkapitalanteil von € 300.000,-- aufgestockt wird. Die Einbringung sämtlicher Vermögenswerte in die Moritz GmbH & Co. KG erfolgt zu den steuerlichen Buchwerten gemäß der auf den steuerlichen Übergangsstichtag aufzustellenden Bilanz des Einzelunternehmens Franz Moritz Buchdruck. Sofern die Buchwerte den Betrag der Erhöhung des Festkapitals der aufnehmenden Moritz GmbH & Co. KG übersteigen, wird der Restbetrag dem gesamthänderisch gebundenen Rücklagenkonto gutgeschrieben.

§2
Einigung über den Übergang des Eigentums und der Rechte und Pflichten

Die Parteien sind sich hiermit einig, dass mit Wirkung auf den Übergangsstichtag das Eigentum und sämtliche Rechte und Pflichten an den gemäß § 1 einzubringenden Vermögensgegenständen auf die Moritz GmbH & Co. KG übergehen.

§3
Besitz, Nutzungen, Lasten

1) Besitz, Nutzungen und Lasten sowie die Gefahr des zufälligen Untergangs und der zufälligen Verschlechterung der übertragenen Vermögensgegenstände gehen mit Wirkung ab dem Übergangsstichtag auf die Moritz GmbH & Co. KG über. Ab diesem Zeitpunkt gelten sämtliche Handlungen mit Bezug auf die übertragenen Aktiva und die übertragenen Passiva des Einzelunternehmens Franz Moritz Buchdruck als für Rechnung der Moritz GmbH & Co. KG vorgenommen.

2) Sofern die Moritz GmbH & Co. KG zum Übergangsstichtag den Besitz an einzelnen Vermögensgegenständen nicht erlangt, wird der im Zusammenhang mit der Eigentumsübertragung erforderliche Besitzübergang dadurch ersetzt, dass Herr Franz Moritz diese Vermögensgegenstände ab dem Übergangsstichtag für die Moritz GmbH & Co. KG verwahrt. Soweit sich körperliche Vermögensgegenstände, die mit Wirkung zum Übergangsstichtag übertragen werden, zu diesem Zeitpunkt im Besitz von Dritten befinden, wird die Übergabe dadurch herbeigeführt, dass Herr Franz Moritz hiermit seine Herausgabeansprüche gegen den entsprechenden Dritten an die Moritz GmbH & Co. KG abtritt.

§4
Übergang von Verbindlichkeiten und Vertragsverhältnissen, Regelung für den Fall des Nichtübergangs von Wirtschaftsgütern

(1) Sobald wie möglich nach dem Übergangsstichtag werden sich die Parteien gemeinsam darum bemühen, die zur Übernahme der Verbindlichkeiten gemäß § 1 Abs. (2) erforderlichen Zustimmungen der jeweiligen Gläubiger sowie die zum Übergang der Vertragsverhältnisse gemäß § Abs. (3) erforderlichen Zustimmungen der jeweiligen Gegenparteien einzuholen. Soweit die Einholung dieser Zustimmungen unmöglich bzw. undurchführbar ist, wird Herr Franz Moritz im Außenverhältnis Schuldner der entsprechenden Verbindlichkeiten bzw. Partei der entsprechenden Vertragsverhältnisse bleiben und die Parteien werden sich im Innenverhältnis so behandeln, als sei die Übertragung am Übergangsstichtag wirksam vollzogen worden (Erfüllungsübernahme). Die Moritz GmbH & Co. KG ist verpflichtet, Herrn Franz Moritz von jeglicher Haftung aus oder im Zusammenhang mit diesen Verbindlichkeiten bzw. Vertragsverhältnissen auf erstes Anfordern freizustellen. Soweit der Abschluss neuer Verträge im Hinblick auf oder im Zusammenhang mit den zu übernehmenden Verbindlichkeiten erforderlich ist, wird die Moritz GmbH & Co. KG diese neuen Verträge im eigenen Namen abschließen.

(2) Gehen Gegenstände des Anlage- und Umlaufvermögens, Vertragsverhältnisse, Verbindlichkeiten und Verpflichtungen nicht auf die Moritz GmbH & Co. KG über, obwohl sie nach vorstehenden Vorschriften übergehen sollten, so stellen sich die Parteien im Innenverhältnis so, als wären sie übergegangen.

§5
Rechte bei Mängeln

Jede Sach- und Rechtsmängelhaftung für die eingebrachten Vermögensgegenstände wird, soweit gesetzlich zulässig, hiermit ausgeschlossen.

§6
Schlussbestimmungen

(1) Die Kosten dieser Urkunde und des Vollzuges trägt die Moritz GmbH & Co. KG.

(2) Sollten einzelne Bestimmungen dieses Vertrages ganz oder teilweise unwirksam sein oder werden, oder sollte sich in diesem Vertrag eine Lücke befinden, so soll hierdurch die Gültigkeit der übrigen Bestimmungen nicht berührt werden. Anstelle der unwirksamen Bestimmung gilt diejenige wirksame Bestimmung als vereinbart, welche dem Sinn und Zweck der unwirksamen Bestimmung entspricht. Im Falle einer Lücke gilt diejenige Bestimmung als vereinbart, die dem entspricht, was nach Sinn und Zweck dieses Vertrages vereinbart worden wäre, hätte man die Angelegenheit von vornherein bedacht.

Franzdorf, den ...

....

(Franz Moritz) (Moritz GmbH & Co. KG.)

Anhang

ANLAGE 1
Zu übernehmende Verbindlichkeiten

Die Übernahme erfolgt zu den jeweiligen Salden per Übergangsstichtag)
) Die Rückstellungsbeträge laut Bilanz zum 31.12.2008
) Lieferantenverbindlichkeiten zum 22.12.2008
  Name   Rg-Nr.   Rg-Betrag   € brutto
) Darlehen bei der Privatbank Franzdorf

ANLAGE 2
Zu übernehmende Vertragsverhältnisse

) **Leasing Fahrzeuge**

) **Diverse Rahmenverträge mit Kunden**

) **Diverse Telekommunikations – Verträge**

) **KFZ-Versicherungen**

) **Diverse SV-Geschäftsversicherungen wie:**

) **Arbeitsverträge**

B. Anmeldung zum Handelsregister der übernehmenden Gesellschaft

UR. Nr. ..../2009
des Notars Max Müller, Notariat Müllersdorf

An das
Amtsgericht Franzdorf
– Registergericht –

HRA 1
Moritz GmbH & Co. KG, Sitz Franzdorf

Zur Eintragung in das Handelsregister melden wir an:

Die Einlage des Kommanditisten Franz Moritz, geb. am 1. Januar 1951, wohnhaft: Moritzstraße 1 80000 Franzdorf wurde von € 250.000,00 um € 50.000,00 auf € 300.000,00 erhöht.

Die Geschäftsräume befinden sich unverändert in 80000 Franzdorf, Moritzstraße 1; dies ist auch die inländische Geschäftsanschrift i.S.v. § 161 Abs. 2 i.V.m. § 106 Abs. 2 Nr. 2 HGB.

Wir bevollmächtigen die Notariatsangestellten in 80001 Müllersdorf, Maxstraße 1

a) Frau ...
b) Frau ...
c) Frau ...

– je einzeln und unter Befreiung von den Beschränkungen des § 181 BGB –

die vorstehende Handelsregisteranmeldung in jeder Hinsicht zu ändern, zu ergänzen, zu wiederholen und weitere Handelsregisteranmeldungen vorzunehmen.

Diese Vollmacht ist im Außenverhältnis unbeschränkt, im Innenverhältnis werden die Bevollmächtigten nur auf Anweisung von der Vollmacht Gebrauch machen.

Nach Vollzug dieser Handelsregisteranmeldung wird um Übersendung eines beglaubigten Handelsregisterauszuges an die Gesellschaft gebeten.

Müllersdorf, den .... August 2009

....
Moritz Verwaltungs GmbH   (Franz Moritz)

Beglaubigungsvermerk

Mustersatz 3
Einbringung eines Mitunternehmeranteils (mit Sonderbetriebsvermögen) in eine bestehende GmbH (Sachkapitalerhöhung)

A. Einbringungsvertrag
B. Sachkapitalerhöhungsbeschluss der übernehmenden Gesellschaft
C. Anmeldung zum Handelsregister der übernehmenden Gesellschaft

A. Einbringungsvertrag

UR.Nr. ..../2009
des Notars Max Müller, Notariat Müllersdorf

Verhandelt zu Müllersdorf
am .... August 2009
Vor mir,
dem unterzeichneten Notar
Max Müller
mit dem Amtssitz in Müllersdorf

erschien heute an meinem Amtssitz in 80001 Müllersdorf, Maxstraße 1

Herr Franz Moritz,

geb. am 1. Januar 1951,

wohnhaft: Moritzstraße 1, 80000 Franzdorf

Der Erschienene wies sich aus durch Vorlage seines deutschen Personalausweises.

Der Erschienene erklärte, dass er in dieser Urkunde im eigenen Namen handle und zugleich als alleinvertretungsberechtigter und von den Beschränkungen des § 181 BGB befreiter Geschäftsführer der Moritz Beteiligungen GmbH mit Sitz in Franzdorf, eingetragen im Handelsregister des Amtsgerichts Franzdorf unter HRB 2.

Die Frage des Notars nach einer etwaigen Vorbefassung i.S.v. § 3 Abs. 1 Nr. 7 BeurkG wurde von der Erschienenen verneint. Der Erschienene bat sodann um Beurkundung des nachfolgenden

Einbringungs- und Abtretungsvertrages
A.
Feststellungen

§ 1
Gesellschafter der Moritz GmbH & Co. KG
und der Moritz Verwaltungs GmbH mit Sitz in Franzdorf

(1) An der Moritz GmbH & Co. KG mit Sitz in Franzdorf, eingetragen im Handelsregister des Amtsgerichts Franzdorf unter HRA 1, sind beteiligt:

1. Moritz Verwaltungs GmbH
   mit Sitz in Franzdorf
   – als Komplementärin –　　　　　　　　　　　　　　ohne Kapitalanteil

2. Herr Franz Moritz
   – als Kommanditist –
   mit einem Kommanditanteil (Hafteinlage) von   € 250.000,00

2) An der Moritz Verwaltungs GmbH mit Sitz in Franzdorf, eingetragen im Handelsregister des Amtsgerichts Franzdorf unter HRB 3, sind beteiligt:

Herr Franz Moritz

mit einem Geschäftsanteil im Nennbetrag von   € 250.000,00 (lfd. Nr. 1)

Herr Fritz Moritz

mit einem Geschäftsanteil im Nennbetrag von   € 250.000,00 (lfd. Nr. 2)

Das Stammkapital der Gesellschaft beträgt € 500.000,00. Die Stammeinlagen sind in voller Höhe erbracht.

§2
Gesellschafter der Moritz Beteiligungen GmbH
mit Sitz in Franzdorf

Das Stammkapital der Moritz Beteiligungen GmbH mit Sitz in Franzdorf, eingetragen im Handelsregister des Amtsgerichts Franzdorf unter HRB 2, beträgt nominal EUR 50.000,00. An diesem Stammkapital hält Herr Franz Moritz die beiden Geschäftsanteile i.H.v. jeweils nominal EUR 25.000,00.

Mit Beschluss der Gesellschafterversammlung der Moritz Beteiligungen GmbH vom heutigen Tage (UR.Nr...../2009 des Notars Max Müller, Müllersdorf) wurde eine Erhöhung des Stammkapitals der Moritz Beteiligungen GmbH von nominal EUR 50.000,00 um nominal EUR 25.000,00 auf nominal EUR 75.000,00 gegen Sacheinlage des vorgenannten von Herrn Franz Moritz gehaltenen Kommanditanteils an der Moritz GmbH & Co. KG nebst den im Sonderbetriebsvermögen stehenden Grundstücken (vgl. § 3 lit. a)) und des Geschäftsanteils der Moritz Verwaltungs GmbH beschlossen. Zur Zeichnung der neuen Stammeinlage wurde Herr Franz Moritz zugelassen.

Dies vorausgeschickt, wird folgender

B.
Einbringungs- und Abtretungsvertrag zwischen Herrn Franz Moritz als einbringendem Gesellschafter und der Moritz Beteiligungen GmbH als Erwerberin

vereinbart.

§3
Gegenstand der Einbringung, Übertragung

Herr Franz Moritz (nachfolgend auch „Einbringender" genannt) bringt seinen unter A. § 1 Abs. 1 Ziffer 2 näher bezeichneten Kommanditanteil an der Moritz GmbH & Co. KG mit Sitz in Franzdorf, in Höhe von nominal € 250.000,00 (Festkapital) nebst dem dazugehörenden Rücklagenkonto und allen damit verbundenen Gewinnbezugsrechten mit Wirkung auf den Übergangsstichtag, in die Moritz Beteiligungen GmbH ein und tritt hiermit den vorgenannten Kommanditanteil an die Moritz Beteiligungen GmbH ab. Die Moritz Beteiligungen GmbH nimmt den Einbringungsvertrag und die Abtretung hiermit an.

Zusammen mit dem vorgenannten Kommanditanteil werden die Vermögensgegenstände von Herrn Franz Moritz miteinbracht und abgetreten, die im steuerlichen Sinne Sonderbetriebsvermögen seines Mitunternehmeranteiles an der Moritz GmbH & Co. KG sind. Demzufolge werden mit übertragen:

a) Grundstücke nebst Zubehör
Grundbuch 80000 Franzdorf, Heft 1, Blatt 1
Flst.Nr. 1/1   Betriebsgelände, Gebäude 10.000 qm

b) Geschäftsanteil
Geschäftsanteil des Herrn Franz Moritz an der Moritz Verwaltungs GmbH mit Sitz in Franzdorf, eingetragen im Handelsregister des Amtsgerichts Franzdorf unter HRB 3 in Höhe von nominal € 250.000,00.

Alle Beteiligten sind sich darüber einig, dass das Eigentum an dem gesamten, im Sonderbetriebsvermögen befindlichen, vorstehend aufgeführten Grundbesitz auf die Moritz Beteiligungen GmbH übergeht (Auflassung). Die Eintragung der Eigentumsänderung im Grundbuch wird von Herrn Franz Moritz bewilligt und von Herrn Franz Moritz und der Moritz Beteiligungen GmbH beantragt.

Nicht mit übertragen wird das Guthaben von Herrn Franz Moritz auf seinem Privatkonto bei der Moritz GmbH. & Co. KG; dieses Guthaben steht vielmehr nach wie vor Herrn Franz Moritz zu und wird entsprechend der gesellschaftsvertraglichen Regelung behandelt.

Der Einbringende teilt mit, dass die nach dem Gesellschaftsvertrag der Moritz GmbH & Co. KG zur Abtretung des vorstehend beschriebenen Kommanditanteils erforderliche Zustimmung der Gesellschafter sowie die nach dem Gesellschaftsvertrag der Moritz Verwaltungs GmbH zur Abtretung von Geschäftsanteilen erforderliche Zustimmung der Gesellschafter erteilt wurde.

Sollten sich weitere Vermögensgegenstände des Herrn Franz Moritz im Sonderbetriebsvermögen seines Mitunternehmeranteiles an der Moritz GmbH & Co. KG befinden, werden diese hiermit auch mit übertragen.

§4
Verteilung des Jahresüberschusses des Geschäftsjahres 2009

Der auf die gemäß § 3 übertragene Gesellschaftsbeteiligung entfallende Teil des Jahresüberschusses des Geschäftsjahres 2009 der Moritz GmbH & Co. KG steht bis zum Übergangsstichtag (§ 7) noch Herrn Franz Moritz zu.

§5
Gegenleistung

(1) Die Einbringung und Abtretung des Kommanditanteils an der Moritz GmbH & Co. KG mit Sitz in Franzdorf, zusammen mit der Einbringung, Abtretung und Eigentumsübertragung des Sonderbetriebsvermögens (wie in § 3 beschrieben) erfolgt als Sacheinlage gegen Ausgabe eines Geschäftsanteils (einer Stammeinlage) der Moritz Beteiligungen GmbH i.H.v. nominal € 25.000,00 an den Einbringenden Franz Moritz.

(2) Der als Sacheinlage eingebrachte Kommanditanteil an der Moritz GmbH & Co. KG in Höhe von nominal € 250.000,00 nebst dem Sonderbetriebsvermögen (wie in § 3 beschrieben) wird gemäß § 20 Abs. 2 UmwStG mit den steuerlichen Buchwerten angesetzt. Soweit der steuerliche Buchwert den Nominalbetrag des an Herrn Franz Moritz ausgegebenen Geschäftsanteils übersteigt, wird der Mehrbetrag in die Kapitalrücklage der Moritz Beteiligungen GmbH eingestellt.

§6
Zusicherung/Gewährleistungen

(1) Herr Franz Moritz sichert zu, dass er Eigentümer des eingebrachten Kommanditanteils und des miteingebrachten Sonderbetriebsvermögens (vgl. § 3) ist und dass der Kommanditanteil und das miteingebrachte Sonderbetriebsvermögen nicht mit Rechten Dritter belastet ist.

(2) Über die in Absatz 1 geregelte Zusicherung hinaus übernimmt Herr Franz Moritz keinerlei Gewährleistungen im Rahmen dieses Einbringungsvertrages.

§7
Übergangsstichtag

Die Vertragsparteien sind sich darin einig, dass schuldrechtlich und in steuerlicher Hinsicht die Einbringung des Kommanditanteils an der Moritz GmbH & Co. KG mitsamt dem Sonderbetriebsvermögen (wie in § 3 beschrieben) auf den 31.03.2009, 24.00 Uhr/01.04.2009, 0.00 Uhr zurückbezogen werden soll (Übergangsstichtag i.S.d. §§ 3 und 4).

C. Vollmacht / Schlussbestimmungen
§8
Vollmacht

Der Erschienene bevollmächtigt die Notariatsangestellten in 80001 Müllersdorf, Maxstraße 1,

a) ...

b) ....

c) ....

– je einzeln und unter Befreiung von den Beschränkungen des § 181 BGB –

sämtliche Erklärungen und Bewilligungen abzugeben sowie Rechtshandlungen vorzunehmen, welche zur Durchführung dieser Urkunde erforderlich sind, insbesondere auch Vertragsänderungen und -ergänzungen sowie Anmeldungen zum Handelsregister vorzunehmen.

Die Bevollmächtigten können die Vollmacht übertragen oder Untervollmacht erteilen. Diese Vollmacht ist im Außenverhältnis unbeschränkt, im Innenverhältnis werden die Bevollmächtigten nur auf Anweisung von der Vollmacht Gebrauch machen.

§9
Schlussbestimmungen

1) Die Kosten dieser Niederschrift und ihrer Durchführung trägt die Moritz Beteiligungen GmbH.

2) Änderungen oder Ergänzungen dieses Vertrages bedürfen der Schriftform, soweit nicht von Gesetzes wegen notarielle Beurkundung vorgeschrieben ist.

3) Sollten einzelne Bestimmungen dieses Vertrages unwirksam sein oder werden, oder sollte dieser Vertrag eine Lücke aufweisen, so bleiben die übrigen Bestimmungen davon unberührt. Anstelle der unwirksamen oder fehlenden Bestimmungen haben die Parteien eine andere Bestimmung zu vereinbaren, die dem wirtschaftlichen Zweck möglichst nahe kommt. Dies gilt auch dann, wenn eine einzelne Bestimmung eines Paragraphen unwirksam ist oder werden sollte.

Diese Niederschrift wurde dem Erschienenen vom Notar vorgelesen, von dem Erschienenen genehmigt und eigenhändig unterschrieben wie folgt:

B. Sachkapitalerhöhungsbeschluss der übernehmenden Gesellschaft

UR.Nr. ....../2009
des Notars Max Müller, Notariat Müllersdorf

Verhandelt zu Müllersdorf
am .... August 2009
Vor mir,
dem unterzeichneten Notar
Max Müller
mit dem Amtssitz in Müllersdorf

erschien heute an meinem Amtssitz in 80001 Müllersdorf, Maxstraße 1

Herr Franz Moritz, geb. am 1. Januar 1951,
wohnhaft: Moritzstraße 1, 80000 Franzdorf

Der Erschienene wies sich aus durch Vorlage seines deutschen Personalausweises.

Der Erschienene erklärte, er handle in dieser Urkunde im eigenen Namen und zugleich als allein vertretungsberechtigter und von den Beschränkungen des § 181 BGB befreiter Geschäftsführer der Moritz Beteiligungen GmbH mit Sitz in Franzdorf.

Die Frage des Notars nach einer etwaigen Vorbefassung i.S.v. § 3 Abs. 1 Nr. 7 BeurkG wurde von dem Erschienenen verneint. Der Erschienene bat sodann um Beurkundung der folgenden

**Gesellschafterbeschlüsse der
Moritz Beteiligungen GmbH
mit dem Sitz in Franzdorf:**

§1
Feststellungen

Am Stammkapital der Moritz Beteiligungen GmbH mit Sitz in Franzdorf, eingetragen im Handelsregister des Amtsgerichts Franzdorf unter HRB 2, ist als alleiniger Gesellschafter beteiligt

Herr Franz Moritz

mit einem Geschäftsanteil von nominal   € 25.000,00 (lfd. Nr. 1)
mit einem Geschäftsanteil von nominal   € 25.000,00 (lfd. Nr. 2)

Das Stammkapital der Gesellschaft beträgt nominal € 50.000,00.

§2
Gesellschafterversammlung der Moritz Beteiligungen GmbH

Unter Verzicht auf alle gesetzlichen und gesellschaftsvertraglichen Form- und Fristerfordernisse über die Einberufung und Ankündigung hält der Erschienene eine Gesellschafterversammlung der

**Moritz Beteiligungen GmbH
mit dem Sitz in Franzdorf**

ab und beschließt:

Anhang

1. Das Stammkapital der Gesellschaft wird von € 50.000,00 um € 25.000,00 auf € 75.000,00 erhöht.
2. Zur Übernahme des neuen Geschäftsanteils wird zugelassen:
Herr Franz Moritz
hinsichtlich eines Geschäftsanteils von nominal   € 25.000,00.
3. Die neue Stammeinlage ist nicht in bar zu erbringen, sondern durch Einbringung (Eigentumsübertragung) des im Eigentum von Herrn Franz Moritz stehenden Kommanditanteils an der Moritz GmbH & Co. KG mit Sitz in Franzdorf in Höhe von € 250.000,00 in die Moritz Beteiligungen GmbH mit dem Sitz in Franzdorf, mitsamt des im Sonderbetriebsvermögen stehenden Geschäftsanteils des Herrn Franz Moritz an der Moritz Verwaltungs GmbH mit Sitz in Franzdorf in Höhe von nominal € 250.000,00 sowie des im Sonderbetriebsvermögen stehenden folgenden Grundstücks des Herr Franz Moritz:

Grundbuch 80000 Franzdorf Heft 1, Blatt 1

Flst.Nr. 1/1   Betriebsgelände, Gebäude   10.000 qm
4. Die Einbringung erfolgt gem. § 20 Abs. 2 Satz 2 UmwStG zu den steuerlichen Buchwerten und ist schuldrechtlich und in steuerlicher Hinsicht gemäß § 20 Abs. 6 UmwStG auf den 31.03.2009, 24.00 Uhr/01.04.2009, 0.00 Uhr zurück zu beziehen. Soweit die steuerlichen Buchwerte den Nominalwert der ausgegebenen Stammeinlage übersteigen, ist der übersteigende Betrag von Herrn Franz Moritz als Aufgeld geleistet und wird in die Kapitalrücklage bei der Moritz Beteiligungen GmbH eingestellt.
5. Die neue Stammeinlage ist vom Beginn des bei der Eintragung der Kapitalerhöhung laufenden Geschäftsjahres am Gewinn der Gesellschaft beteiligt.
6. § 4 (Stammkapital) des Gesellschaftsvertrages wird insgesamt wie folgt neu gefasst:

„§4
Stammkapital

Das Stammkapital der Gesellschaft beträgt

€ 75.000,00

(in Worten: Euro fünfundsiebzigtausend)."

Damit ist die Gesellschafterversammlung geschlossen.

§3
Übernahmeerklärung

Herr Franz Moritz erklärt, dass er zu den Bedingungen des vorstehenden Beschlusses den neuen Geschäftsanteil in Höhe von € 25.000,00 übernimmt.

§4
Hinweise

[vom Notar zu ergänzen]

§5
Vollmacht

Der Erschienene bevollmächtigt die Notariatsangestellten in 80001 Müllersdorf, Maxstraße 1

a) ….

b) ….

c) ….

– je einzeln und unter Befreiung von den Beschränkungen des § 181 BGB –

sämtliche Erklärungen und Bewilligungen abzugeben sowie Rechtshandlungen vorzunehmen, welche zur Durchführung dieser Urkunde erforderlich sind, insbesondere auch Vertragsänderungen und -ergänzungen sowie Anmeldungen zum Handelsregister vorzunehmen.

Die Bevollmächtigten können die Vollmacht übertragen oder Untervollmacht erteilen. Diese Vollmacht ist im Außenverhältnis unbeschränkt, im Innenverhältnis werden die Bevollmächtigten nur auf Anweisung von der Vollmacht Gebrauch machen.

§6
Schlussbestimmungen

(1) Die Kosten dieser Niederschrift und ihrer Durchführung trägt die Moritz Beteiligungen GmbH

(2) Änderungen und Ergänzungen dieses Vertrages bedürfen der Schriftform, soweit nicht von Gesetzes wegen notarielle Beurkundung vorgeschrieben ist.

(3) Sollten einzelne Bestimmungen dieses Vertrages unwirksam sein oder werden oder sollte dieser Vertrag eine Lücke aufweisen, so bleiben die übrigen Bestimmungen davon unberührt. Anstelle der unwirksamen oder fehlenden Bestimmungen haben die Parteien eine andere Bestimmung zu vereinbaren, die dem wirtschaftlichen Zweck möglichst kommt. Dies gilt auch dann, wenn eine einzelne Bestimmung eines Paragraphen unwirksam ist oder werden sollte.

Diese Niederschrift wurde dem Erschienenen von dem Notar vorgelesen, von dem Erschienenen genehmigt und eigenhändig unterzeichnet wie folgt:

Anhang

C. Anmeldung der Sachkapitalerhöhung zum Handelsregister der übernehmenden Gesellschaft

UR.Nr. ....../2009
des Notars Max Müller, Notariat Müllersdorf

An das

Amtsgericht Franzdorf

– Registergericht –

HRB 2

Moritz Beteiligungen GmbH, Franzdorf

Als alleiniger Geschäftsführer der Gesellschaft überreiche ich:

(1) Ausfertigung der notariellen Urkunde über die Gesellschafterbeschlüsse vom .... August 2009 (UR.Nr. ..../2009 des Notars Max Müller, Müllersdorf), enthaltend den Beschluss über die Erhöhung des Stammkapitals und die entsprechende Änderung der Satzung der Gesellschaft sowie die Übernahmeerklärung;

(2) die Verträge, die den Festsetzungen der Sacheinlage zugrunde liegen und zu ihrer Ausführung geschlossen worden sind;

(3) eine von mir unterzeichnete Liste der Übernehmer der neuen Geschäftsanteile;

(4) eine unterzeichnete Gesellschafterliste;

(5) den vollständigen Wortlaut des Gesellschaftsvertrages mit der Bescheinigung des Notars gem. § 54 Abs. 1 S. 2 GmbHG;

(6) einen Wertnachweis durch die Treuhandgesellschaft Franzdorf, Moritzstraße 2, 80000 Franzdorf.

Ich melde zur Eintragung in das Handelsregister an:

Durch den Beschluss der Gesellschafterversammlung vom heutigen Tage wurde das Stammkapital der Gesellschaft von € 50.000,00 um € 25.000,00 auf € 75.000,00 erhöht.

Der Gesellschaftsvertrag wurde in § 4 (Stammkapital) geändert und lautet nunmehr wie folgt:

„**§4**
Stammkapital

Das Stammkapital der Gesellschaft beträgt

€ 75.000,00

(in Worten: Euro fünfundsiebzigtausend)."

Ich versichere, dass die auf die neue Stammeinlage zu bewirkende Leistung entsprechend dem Kapitalerhöhungsbeschluss und der Übernahmeerklärung erbracht worden ist, indem:

a) ein Geschäftsanteil in Höhe von nominal € 250.000,00 an der Moritz Verwaltungs GmbH auf die Moritz Beteiligungen GmbH übertragen wurde und

b) der Kommanditanteil in Höhe von € 250.000,00 an der Moritz GmbH & Co. KG an die Moritz Beteiligungen GmbH abgetreten wurde und die Anmeldung der Übertragung des Kommanditanteils zum Handelsregister erfolgt ist und

bzgl. des einzubringenden Grundstücks die Auflassung erklärt und die Anträge beim Grundbuchamt gestellt sind.

Ich versichere ferner, dass der Gegenstand der Sacheinlage somit endgültig zu meiner freien Verfügung als Geschäftsführer für die Zwecke der Gesellschaft erbracht und auch in der Folgezeit in keiner Form an den Einleger zurückgewährt worden ist.

Ich bevollmächtige hiermit die Notariatsangestellten in 80001 Müllersdorf, Maxstraße 1

a) ….

b) ….

c) ….

– je einzeln und unter Befreiung von den Beschränkungen des § 181 BGB –

die vorstehende Handelsregisteranmeldung in jeder Hinsicht zu ändern, zu ergänzen, zu wiederholen und weitere Handelsregisteranmeldungen vorzunehmen. Diese Vollmacht ist im Außenverhältnis unbeschränkt, im Innenverhältnis werden die Bevollmächtigten nur auf Anweisung von der Vollmacht Gebrauch machen.

Müllersdorf, den …. August 2009

………………………………
(Franz Moritz)

Beglaubigungsvermerk

Mustersatz 4
Abspaltung eines Teilbetriebs einer GmbH & Co. KG
auf eine hierdurch errichtete GmbH & Co. KG

A. Spaltungsplan

B. Anmeldung der Spaltung zum Handelsregister der neu errichteten Gesellschaft

C. Anmeldung der Spaltung zum Handelsregister der übertragenden Gesellschaft

A. Spaltungsplan

UR.Nr. ..../2009

des Notars Max Müller, Notariat Müllersdorf

Verhandelt zu Müllersdorf

am .... August 2009

Vor mir, dem unterzeichneten Notar

Max Müller

mit dem Amtssitz in Müllersdorf

erschienen heute in meinen Amtsräumen in 80001 Müllersdorf, Maxstraße 1:

1. Herr Franz Moritz, geb. am 1. Januar 1951,
   wohnhaft: 80000 Franzdorf, Moritzstraße 1
2. Frau Frieda Moritz, geb. Mayer, geb. am 2. Februar 1952,
   wohnhaft: 80000 Franzdorf, Moritzstraße 1

Die Erschienene Ziff. 2 erklärte, sie handle nachfolgend nur für sich selbst.

Der Erschienene Ziff. 1 erklärte, er handle nachfolgend sowohl im eigenen Namen als auch als alleinvertretungsberechtigter und von den Beschränkungen des § 181 BGB befreiter Geschäftsführer der Moritz Verwaltungs GmbH mit dem Sitz in Franzdorf, eingetragen im Handelsregister des Amtsgerichts Franzdorf unter HRB 3, diese auch handelnd als persönlich haftende Gesellschafterin der Moritz GmbH & Co. KG mit dem Sitz in Franzdorf, eingetragen im Handelsregister des Amtsgerichts Franzdorf unter HRA 1.

Zum Nachweis der Vertretungsberechtigung des Erschienenen Ziff. 1 lag bei der Verhandlung ein beglaubigter Handelsregisterauszug der Moritz Verwaltungs GmbH in Urschrift vor, der dieser Urkunde als **Anlage 1** beigefügt ist.

Die Erschienenen wiesen sich dem Notar gegenüber aus durch Vorlage ihrer amtlichen Lichtbildausweise.

Die Frage des Notars nach einer etwaigen Vorbefassung i.S.d. § 3 Abs. 1 Nr. 7 BeurkG wurde von den Erschienenen verneint.

Die Erschienenen erklärten sodann mit der Bitte um Beurkundung:

Anhang

A.
Vorbemerkung

1. Am Stammkapital i.H.v. € 500.000,00 der im Handelsregister des Amtsgerichts Franzdorf unter HRB 3 eingetragenen Moritz Verwaltungs GmbH mit Sitz in Franzdorf sind beteiligt:
   a) Herr Franz Moritz,
      mit einem Geschäftsanteil i.H.v. nominal   € 250.000,00 (lfd. Nr. 1)
   b) Frau Frieda Moritz,
      mit einem Geschäftsanteil i.H.v. nominal   € 125.000,00 (lfd. Nr. 2)
      mit einem Geschäftsanteil i.H.v. nominal   € 125.000,00 (lfd. Nr. 3)

2. Am Festkapital der Moritz GmbH & Co. KG mit Sitz in Franzdorf, eingetragen im Handelsregister des Amtsgerichts Franzdorf unter HRA 1 sind beteiligt:
   a) Als Komplementärin:
      die Moritz Verwaltungs GmbH
      mit einem Kapitalanteil von   € 10.000,00
   b) Als Kommanditisten:
      aa) Herr Franz Moritz,
          mit einer Kommanditeinlage von €   125.000,00
      bb) Frau Frieda Moritz,
          mit einer Kommanditeinlage von €   125.000,00

   Gemäß § 2 Abs. 1 des Gesellschaftsvertrages der Moritz GmbH & Co. KG ist deren wesentlicher Unternehmensgegenstand der Buchdruck sowie der Groß- und Einzelhandel mit Süßwaren. Die Gesellschaft kann jederzeit auch den Handel mit anderen ähnlichen oder artverwandten Waren aufnehmen oder solche herstellen.

3. Die Moritz GmbH & Co. KG besteht aus zwei Teilbetrieben. Der Teilbetrieb I umfasst den Buchdruck. Der Teilbetrieb II umfasst den Süßwaren.

   Der Teilbetrieb I soll bei der Moritz GmbH & Co. KG mit Sitz in Franzdorf verbleiben. Mit der nachstehenden Abspaltung ist beabsichtigt, den Teilbetrieb II „Süßwaren" zum Zweck der Schaffung einer weiteren am Markt selbständig auftretenden Einheit von der Moritz GmbH & Co. KG mit dem Sitz in Franzdorf auf die gleichzeitig im Wege der Abspaltung zur Neugründung neu gegründete Moritz Süßwaren GmbH & Co. KG mit dem Sitz in Franzdorf unter Fortbestand der übertragenden Gesellschaft abzuspalten (§§ 123 Abs. 2 Nr. 2, 124 ff., 39 ff. UmwG).

B.
Spaltungsplan

Die Moritz Verwaltungs GmbH mit Sitz in Franzdorf, die ihrerseits vertreten wird durch ihren einzelvertretungsberechtigten Geschäftsführer Herrn Franz Moritz stellt folgenden Spaltungsplan auf:

I.
Beteiligte Rechtsträger

1. Die Firma der übertragenden Gesellschaft lautet:

Moritz GmbH & Co. KG.

Der Sitz der übertragenden Gesellschaft ist Franzdorf.

2. Durch die Abspaltung entsteht als übernehmender Rechtsträger:

die **Moritz Süßwaren GmbH & Co. KG** mit dem Sitz in Franzdorf; für die durch die Abspaltung entstehende Gesellschaft gilt der dieser Urkunde als **Anlage 2** beigefügte Gesellschaftsvertrag.

Der vorstehende Gesellschaftsvertrag wurde mit verlesen und bildet einen wesentlichen Bestandteil dieser Urkunde.

II.
Vermögensübertragung

1. Die Moritz GmbH & Co. KG überträgt hiermit den nachfolgend unter Ziff. 2 näher spezifizierten Teilbetrieb II „Süßwaren" mit allen Rechten und Pflichten im Wege der Abspaltung zur Neugründung gemäß § 123 Abs. 2 Ziff. 2 UmwG (nachfolgend insgesamt „abzuspaltendes Vermögen") als Gesamtheit auf die Moritz Süßwaren GmbH & Co. KG als neuen Rechtsträger gegen Gewährung von Kapitalanteilen dieses neuen Rechtsträgers an die Gesellschafter der Moritz GmbH & Co. KG gemäß Abschnitt B. III. dieser Urkunde.

2. Für die Übertragung des Teilbetriebes II „Süßwaren" und die diesem zuzuordnenden Gegenstände des Aktiv- und Passivvermögens auf die durch die Abspaltung entstehende neue Moritz Süßwaren GmbH & Co. KG gilt im Einzelnen:

§ 1
Bewegliches Anlagevermögen, Finanzanlagen, Umlaufvermögen, immaterielle Vermögensgegenstände, Verbindlichkeiten

Auf die übernehmende Gesellschaft übertragen werden alle Aktiva und Passiva, die rechtlich oder wirtschaftlich mittelbar oder unmittelbar zum Teilbetrieb II „Süßwaren" gehören und in der zum 01.03.2009 aufgestellten „Abspaltungsbilanz" (**Anlage 3**) enthalten sind, und zwar im Einzelnen:

(1) Sämtliche immateriellen Vermögensgegenstände, die im Inventarverzeichnis (**Anlage 4**) der übertragenden Gesellschaft zum Stichtag aufgeführt sind und die rechtlich oder wirtschaftlich dem Teilbetrieb II zuzuordnen sind.

(2) Übertragen werden außerdem sämtliche beweglichen Anlagegüter, die im Inventarverzeichnis (**Anlage 4**) der übertragenden Gesellschaft zum Stichtag aufgeführt sind und die rechtlich oder wirtschaftlich dem Teilbetrieb II zuzuordnen sind.

(3) Von der übernehmenden Gesellschaft werden außerdem sämtliche Wirtschaftsgüter des Umlaufvermögens übernommen, die in **Anlage 5** aufgeführt sind und rechtlich oder wirtschaftlich mit dem Teilbetrieb II zusammenhängen.

(4) Übertragen werden auch sämtliche nicht bilanzierungsfähigen und -pflichtigen Vermögensgegenstände des Anlage- und Umlaufvermögens, die in den o.g. Inventarlisten nicht erfasst sind, aber trotzdem dem Teilbetrieb II rechtlich oder wirtschaftlich zuzuordnen sind.

(5) Werden Vermögensgegenstände, wie sie vorstehend unter Abs. 1 bis Abs. 4 aufgeführt sind, nach dem in Abschnitt B. VI. bezeichneten Spaltungsstichtag veräußert, treten ihre Surrogate an die Stelle der veräußerten Vermögensgegenstände.

(6) Die übernehmende Gesellschaft übernimmt sämtliche Verbindlichkeiten, die in der zum Übertragungsstichtag angefertigten Kreditorenlisten im Einzelnen aufgeführt sind und wirtschaftlich mit dem Teilbetrieb II zusammenhängen (**Anlage 6**). Hierzu gehören auch die unter den „sonstigen Rückstellungen" ausgewiesenen Verbindlichkeiten, die ebenfalls in Anlage 6 aufgeführt sind.

(7) Auf die übernehmende Gesellschaft werden des Weiteren alle diejenigen Sachen und Rechte übertragen, die dem Teilbetrieb II „Süßwaren" zuzuordnen sind, und die zwischen dem Spaltungsstichtag und der Eintragung der Abspaltung in das Handelsregister erworben bzw. begründet worden sind; entsprechendes gilt für die in diesem Zeitraum begründeten Vertragsverhältnisse und Verbindlichkeiten.

§ 2
Grundbesitz

(1) Im Grundbuch Franzdorf des Amtsgerichtsbezirks Franzdorf, Blatt Nr. 1, ist die Moritz GmbH & Co. KG als Alleineigentümerin u. a. des folgenden Grundstückes eingetragen:

Lfd. Nr. 1   Flst. 1/1 Gebäude und Freifläche   10.000 qm

Das vorstehend bezeichnete Grundstück ist in Abt. III belastet wie folgt:

- Grundschuld für die Privatbank Franzdorf in Höhe von € 15.000,00
- Grundschuld für die Franzdorfer Bank eGmbH in Höhe von € 100.000,00.

In Abt. II des Grundbuchs ist eine Grunddienstbarkeit eingetragen, die den Beteiligten genau bekannt ist und auf deren Einzelaufführung verzichtet wird.

(2) Der beurkundende Notar hat den Grundbuchstand am […] August 2009 telefonisch feststellen lassen. Er wird nach Belehrung über die damit verbundenen Gefahren von seiner Pflicht, das Grundbuch persönlich einzusehen, befreit.

(3) Im Rahmen der Abspaltung wird das in Abs. 1 näher beschriebene Flurstück einschließlich der gesetzlichen Bestandteile, insbesondere der darauf befindlichen Baulichkeiten im Ganzen einschließlich der Belastungen in Abt. III auf die übernehmende Gesellschaft übertragen.

§ 3
Verträge

Sämtliche dem Teilbetrieb II zuzuordnende Verträge, insbesondere Pacht-, Miet-, Leasing- und Lieferverträge, Konzessionsverträge, Vertragsangebote und sonstige Rechtsstellungen, die in **Anlage 7** im Einzelnen aufgeführt sind, gehen ebenfalls auf die übernehmende Gesellschaft über.

§ 4
Arbeitnehmer

(1) Die Arbeitsverhältnisse, die wirtschaftlich dem Teilbetrieb II zuzuordnen sind und im Einzelnen in der **Anlage 8** aufgeführt sind, gehen gemäß § 613a BGB auf die übernehmende Gesellschaft über.

Die Arbeitnehmer wurden nach vorheriger Abstimmung zwischen der übertragenden Gesellschaft und der übernehmenden Gesellschaft von diesem Vertrag unterrichtet.

Bei der übertragenden Gesellschaft existiert kein Betriebsrat.

(2) Arbeitsverhältnisse, die nicht eindeutig einem Betriebsteil zuzuordnen sind, sollen bei der übertragenden Gesellschaft verbleiben; insoweit wird hilfsweise ein neues Arbeitsverhältnis durch Einzelvereinbarung begründet.

§ 5
Übertragung

(1) Die vorstehenden Übertragungen erfolgen im Wege der partiellen Gesamtrechtsnachfolge und werden mit Eintragung der Spaltung bei der übertragenden Gesellschaft ins Handelsregister wirksam.

(2) Die übertragenen Vermögensgegenstände kommen mit den steuerlichen Buchwerten gemäß ihrem Ansatz in der steuerlichen Schlussbilanz zum Übertragungsstichtag zum Ansatz.

§ 6
Gemeinsame Regelung für alle Übertragungen

(1) Vermögensgegenstände, Verbindlichkeiten, Verträge und Rechtspositionen sowie Arbeitsverhältnisse, die vorstehend nicht aufgeführt sind, verbleiben bei der übertragenden Gesellschaft, es sei denn, sie sind eindeutig der neu gegründeten, übernehmenden Gesellschaft zuzuordnen oder von dem von der übernehmenden Gesellschaft übernommenen Teilbetrieb II zuletzt genutzt worden (vergessene Aktiva und Passiva) oder es handelt sich um immaterielle oder vom Spaltungsstichtag an bis zur Eintragung der Spaltung in das Handelsregister am Sitz der übertragenden Gesellschaft erworbene Vermögensgegenstände, begründete Verträge, Rechtspositionen oder Arbeitsverhältnisse und entstandene Verbindlichkeiten, die der neu gegründeten übernehmenden Gesellschaft wirtschaftlich zuzurechnen sind. Diese gehen entsprechend den Regelungen unter Abschnitt B. II. §§ 1 bis 6 auf die neu gegründete übernehmende Gesellschaft über.

(2) Soweit sich nach der Spaltung heute noch dem Grunde und/oder der Höhe nach unbekannte oder nicht absehbare Verbindlichkeiten aus Risiken der Vergangenheit der übertragenden Gesellschaft ergeben sollten, werden diese von der übertragenden Gesellschaft getragen, soweit diese der übertragenden Gesellschaft wirtschaftlich zuzurechnen sind.

(3) Sollten sich nach der Spaltung Zweifel über die Zuordnung von Vermögensgegenständen und Verbindlichkeiten ergeben, wird die übertragende Gesellschaft mit der übernehmenden Gesellschaft einvernehmlich Lösungen finden.

(4) Soweit ab dem Zeitpunkt der wirtschaftlichen Trennung gemäß Abschnitt B. VI. Gegenstände durch die übertragende Gesellschaft im regelmäßigen Geschäftsverkehr veräußert worden sind, die nach vorstehenden Grundsätzen auf die übernehmende Gesellschaft übergehen sollen, treten die aktiven und passiven Surrogate an deren Stelle. Übertragen werden auch die bis zum Wirksamwerden der Abspaltung erworbenen Gegenstände des Aktiv- und Passivvermögens, soweit sie zum übertragenen Teilbetrieb II „Süßwaren" gehören.

(5) Für sämtliche unter § 1 bis § 3 beschriebenen Aktiva und Passiva gilt, dass die Übertragung im Wege der Abspaltung alle Wirtschaftsgüter, Gegenstände, materiellen und immateriellen Rechte, Verbindlichkeiten und Rechtsbeziehungen erfasst, die dem Teilbetrieb II „ Süßwaren" dienen oder zu dienen bestimmt oder sonst den Teilbetrieb II betreffen oder ihm wirtschaftlich zuzurechnen sind, unabhängig davon, ob die Vermögensposition bilanzierungsfähig ist oder nicht. Vermögensgegenstände und Verbindlichkeiten (beispielsweise Steuerverbindlichkeiten, insbesondere Steuernachzahlungsverpflichtungen), die nicht in den beigefügten Anlagen aufgeführt sind, gehen entsprechend der in der Vorbemerkung und der in Abschnitt B. II. §§ 1 bis 3 getroffenen Zuordnung auf diejenige Gesellschaft über, der sie wirtschaftlich überwiegend zuzuordnen sind. Dies gilt insbesondere auch für bis zur Eintragung der Spaltung in das Handelsregister am Sitz der übertragenden Gesellschaft erworbene Vermögensgegenstände und entstandene Verbindlichkeiten.

(6) In Zweifelsfällen, die auch durch Auslegung dieses Vertrages nicht zu klären sind, gilt, dass Vermögensgegenstände, Verbindlichkeiten, Verträge und Rechtspositionen, die nach obigen Regeln nicht zugeordnet werden können, bei der übertragenden Gesellschaft verbleiben. In diesen Fällen ist die Moritz GmbH & Co. KG berechtigt, nach § 315 BGB eine Zuordnung nach ihrem Ermessen unter Berücksichtigung der wirtschaftlichen Zugehörigkeit vorzunehmen.

(7) Soweit bilanzierte oder nicht bilanzierte Vermögensgegenstände und Schulden, die dem Teilbetrieb II „Süßwaren" wirtschaftlich zuzuordnen sind, nicht schon kraft Gesetzes mit der Eintragung der Abspaltung in das Handelsregister der übertragenden Gesellschaft auf die übernehmende Gesellschaft übergehen, wird die übertragende Gesellschaft diese Vermögensgegenstände oder Schulden, sowie die Rechtsbeziehungen auf die entsprechende übernehmende Gesellschaft übertragen. Ist die Übertragung im Außenverhältnis nicht oder nur mit unverhältnismäßigem Aufwand möglich oder unzweckmäßig, werden sich die beteiligten Gesellschaften im Innenverhältnis so stellen, wie sie stehen würden, wenn die Übertragung der Vermögensgegenstände und Passiva bzw. Rechtsbeziehungen auch im Außenverhältnis erfolgt wäre. Wird die übertragende Gesellschaft aus Verbindlichkeiten in Anspruch genommen, die der übernehmenden Gesellschaft zuzuordnen sind (z. B. Steuernachzahlungsverpflichtungen aufgrund zukünftiger Außenprüfungen), ist die übernehmende Gesellschaft zur Freistellung verpflichtet oder hat Ausgleich zu leisten.

(8) Soweit für die Übertragung von bestimmten Gegenständen die Zustimmung eines Dritten, eine öffentlich-rechtliche Genehmigung oder eine Registrierung erforderlich ist, werden sich die übertragende und die übernehmende Gesellschaft bemühen, die Zustimmung, Genehmigung oder Registrierung beizubringen. Falls dies nicht oder nur mit unverhältnismäßig hohem Aufwand möglich sein würde, werden sich die übertragende und die übernehmende Gesellschaft im Innenverhältnis so stellen, als wäre die Übertragung der Gegenstände des abgespaltenen Vermögens mit Wirkung zum Vollzugsdatum erfolgt.

III.
Gewährung von Gesellschaftsrechten

(1) Als Gegenleistung für die vorstehende Vermögensübertragung erhalten die Moritz Verwaltungs GmbH einen Kapitalanteil an der übernehmenden Gesellschaft im Nennwert von € 5.000,00, Herr Franz Moritz einen Kommanditanteil an der übernehmenden Gesellschaft im Nennwert von € 62.500,00 und Frau Frieda Moritz einen Kommanditanteil an der übernehmenden Gesellschaft im Nennwert von € 62.500,00.

Die Übertragung erfolgt zu Buchwerten. Übersteigt der Wert des auf die durch Abspaltung entstehende übernehmende Gesellschaft übertragenen Vermögens den Nennbetrag der vorgenannten Kapitalanteile, wird der übersteigende Betrag dem gesamthänderisch gebundenen Rücklagenkonto bei der übernehmenden Gesellschaft gutgeschrieben.

(2) Bare Zuzahlungen sind nicht zu leisten.

(3) Die Moritz Verwaltungs GmbH wird alleinige Komplementärin der übernehmenden Gesellschaft.

(4) Nach Vollzug der Spaltung sind beteiligt:

a) An der Moritz GmbH & Co. KG
    aa) als Komplementärin
        die Moritz Verwaltungs GmbH
        mit einem Kapitalanteil i.H.v.   € 10.000,00
    bb) als Kommanditisten
        Herr Franz Moritz

mit einem Kommanditanteil i.H.v.		€ 125.000,00
Frau Frieda Moritz		
mit einem Kommanditanteil i.H.v.		€ 125.000,00

b) An der Moritz Süßwaren GmbH & Co. KG
   aa) als Komplementärin
      die Moritz Verwaltungs GmbH
      mit einem Kapitalanteil i.H.v.   € 5.000,00
   bb) als Kommanditisten
      Herr Franz Moritz
      mit einem Kommanditanteil i.H.v.   € 62.500,00
      Frau Frieda Moritz
      mit einem Kommanditanteil i.H.v.   € 62.500,00

IV.
Besondere Rechte

Besondere Rechte für einzelne Anteilsinhaber sowie für Inhaber besonderer Rechte i.S.v. § 126 Abs. 1 Nr. 7 UmwG werden nicht gewährt.

V.
Besondere Vorteile

Besondere Vorteile i.S.v. § 126 Abs. 1 Nr. 8 UmwG werden weder einem Mitglied eines Vertretungs- oder Aufsichtsorgans noch dem Abschlussprüfer oder dem Spaltungsprüfer gewährt.

VI.
Spaltungsstichtag, Schlussbilanz

(1) Die Übertragung des in Abschnitt B. II. dieser Niederschrift bezeichneten Teilbetriebs II „Süßwaren" sowie von Besitz, Nutzen und Lasten und der Gefahr des zufälligen Untergangs der übertragenen Wirtschaftsgüter erfolgt im Verhältnis zwischen den Beteiligten zum 01.03.2009, 0.00 Uhr (handelsrechtlicher Spaltungsstichtag, § 126 Abs. 1 Nr. 6 UmwG). Ab dem Spaltungsstichtag gelten die auf die übertragenen Vermögensgegenstände und Verbindlichkeiten bezogenen Handlungen der übertragenden Gesellschaft als für Rechnung der neuen Gesellschaft vorgenommen. Dinglich erfolgt der Übergang mit Eintragung der Spaltung ins Handelsregister der übertragenden Gesellschaft.

(2) Als Schlussbilanz der übertragenden Gesellschaft nach § 125 i.V.m. § 17 Abs. 2 UmwG wird der Abspaltung der Jahresabschluss der übertragenden Gesellschaft zum 28.02.2009 (**Anlage 9**) zugrunde gelegt.

VII.
Folgen der Spaltung für die Arbeitnehmer und ihre Vertretungen

(1) Die Folgen der Spaltung für die Arbeitnehmer der übertragenden Gesellschaft ergeben sich aus den §§ 131 Abs. 1 Nr. 1, 321 bis 325 UmwG sowie § 613a BGB. Mit dem Wirksamwerden der Spaltung, d.h. dem Tag der Eintragung der Spaltung in das Handelsregister der übertragenden Gesellschaft, gehen sämtliche Arbeitsverhältnisse, die beim Teilbetrieb II „Süßwaren" bestehen, mit allen Rechten und Pflichten auf die neu entstehende Gesellschaft über. Die kündigungsrechtliche Stellung der Arbeitnehmer bleibt für die Dauer von zwei Jahren erhalten (§ 323 Abs. 1 UmwG). Darüber hinaus ist das auf ein Jahr befristete Verschlechterungsverbot gem. den § 324 UmwG

i.V.m. § 613a Abs. 1 Satz 2 bis 4 BGB zu beachten. Danach werden, sofern die Rechte und Pflichten aus den Arbeitsverhältnissen bei der übertragenden Gesellschaft durch Rechtsnormen eines Tarifvertrages oder durch eine Betriebsvereinbarung geregelt sind, diese Inhalt der Arbeitsverträge bei der neu entstehenden Gesellschaft und dürfen nicht vor Ablauf eines Jahres nach dem Zeitpunkt des Überganges der Arbeitsverhältnisse zum Nachteil der Arbeitnehmer bzw. nur in den Grenzen des § 613a Abs. 1 Satz 2 bis 4 BGB geändert werden.

(2) Die von dem Übergang betroffenen Arbeitnehmer werden gemäß § 613a Abs. 5 BGB vor dem Übergang in Textform unterrichtet werden über den Zeitpunkt oder den geplanten Zeitpunkt des Übergangs, den Grund für den Übergang, die rechtlichen, wirtschaftlichen und sozialen Folgen des Übergangs für die Arbeitnehmer und die ggf. hinsichtlich der Arbeitnehmer in Aussicht genommenen Maßnahmen. Der Arbeitnehmer kann dem Übergang des Arbeitsverhältnisses innerhalb eines Monats nach Zugang der Unterrichtung schriftlich widersprechen (§ 613a Abs. 6 BGB). Sofern Arbeitnehmer der Abspaltung allerdings ohne ausreichenden Grund widersprechen, kann die übertragende Gesellschaft in der Regel erleichtert betriebsbedingt kündigen.

(3) Bei der übertragenden Gesellschaft existiert kein Betriebsrat.

(4) Bei der übertragenden Gesellschaft gibt es keine Betriebsvereinbarungen.

(5) Die neu gegründete Gesellschaft wird ihren Sitz ebenfalls in Franzdorf haben. Die derzeitigen Positionen und derzeitigen Arbeitsplätze der übergehenden Arbeitnehmer der übertragenden Gesellschaft werden durch das Wirksamwerden der Abspaltung nicht berührt oder verändert. Personalreduzierungen sind nicht geplant. Änderungen für die Struktur und die Betriebsabläufe sowie Nachteile für die Mitarbeiter sind nicht zu erwarten.

(6) Die übertragende Gesellschaft hat vor Wirksamwerden der Abspaltung weniger als 500 regelmäßig beschäftigte Arbeitnehmer, so dass die Abspaltung ohne mitbestimmungsrechtliche Relevanz ist.

VIII.
Anspruch auf Bilanzgewinn

Ab dem 01.03.2009 haben die gewährten Anteile Anspruch auf den Bilanzgewinn der durch die Spaltung entstehenden Gesellschaft (§ 126 Abs. 1 Nr. 5 UmwG).

IX.
Sonstige Bestimmungen

(1) Sollten für die Übertragung der in Abschnitt B. II. genannten Vermögenswerte, Sachen, Rechte, Vertragsverhältnisse und Verbindlichkeiten nach § 132 UmwG weitere Voraussetzungen geschaffen oder staatliche Genehmigungen eingeholt werden müssen, so verpflichten sich die Beteiligten, alle erforderlichen Erklärungen abzugeben und Handlungen vorzunehmen.

(2) Sollte eine Übertragung der in Abschnitt B. II. genannten Vermögenswerte, Sachen, Rechte, Vertragsverhältnisse und Verbindlichkeiten im Wege der Abspaltung auf die übernehmende Gesellschaft rechtlich nicht möglich sein, so verpflichten sich die Beteiligten, alle erforderlichen Erklärungen abzugeben und alle erforderlichen Handlungen vorzunehmen, die den beabsichtigten Vermögensübergang auf die übernehmende Gesellschaft in anderer Weise herbeiführen.

(3) Sollten einzelne Bestimmungen dieser Urkunde unwirksam oder nicht durchführbar sein, so soll dies die Gültigkeit dieses Vertrages im Übrigen nicht berühren. An die Stelle der unwirksamen oder undurchführbaren Vereinbarung soll eine solche treten, die dem wirtschaftlichen Ergebnis der unwirksamen oder undurchführbaren Klausel in zulässiger Weise am nächsten kommt.

C.
Gründung der Moritz Süßwaren GmbH & Co. KG

1. Die Erschienenen Ziff. 1 und Ziff. 2, der Erschienene Ziff. 1 auch in seiner Eigenschaft als alleinvertretungsberechtigter und von den Beschränkungen des § 181 BGB befreiter Geschäftsführer der Moritz Verwaltungs GmbH erklären weiter wie folgt:

   Wir errichten hiermit eine Kommanditgesellschaft unter der Firma Moritz Süßwaren GmbH & Co. KG mit dem Sitz in Franzdorf. Die Geschäftsräume der Moritz Süßwaren GmbH & Co. KG befinden sich in 80000 Franzdorf, Moritzstraße 1.

2. Das Festkapital der Moritz Süßwaren GmbH & Co. KG beträgt insgesamt € 130.000,00 (in Worten: Euro einhundertdreißigtausend).

3. Am Festkapital der Moritz Süßwaren GmbH & Co. KG sind beteiligt:

   aa) als Komplementärin
   die Moritz Verwaltungs GmbH
   mit einem Kapitalanteil i.H.v. € 5.000,00
   bb) als Kommanditisten
   Herr Franz Moritz
   mit einem Kommanditanteil i.H.v. € 62.500,00
   Frau Frieda Moritz
   mit einem Kommanditanteil i.H.v. € 62.500,00

   Soweit der Buchwert des übertragenen Vermögens am Spaltungsstichtag den Nennbetrag der dafür gewährten Kapital- und Kommanditanteile übersteigt, wird der Differenzbetrag dem gesamthänderisch gebundenen Rücklagekonto gutgeschrieben.

4. Wir genehmigen den Gesellschaftsvertrag der Moritz Süßwaren GmbH & Co. KG in der Fassung unter Anlage 2 zu diesem Protokoll.

D.
Zustimmungsbeschlüsse

Unter Verzicht auf alle gesetzlichen und gesellschaftsvertraglichen Form- und Fristerfordernisse der Ankündigung und Einberufung einer Gesellschafterversammlung und unter Verzicht auf die Auslage bzw. Übersendung sämtlicher relevanter Unterlagen zu einer Gesellschafterversammlung (§ 125 i.V.m. § 42 UmwG) halten die Erschienenen, der Erschienene Ziff. 1 auch in seiner Eigenschaft als alleinvertretungsberechtigter und von den Beschränkungen des § 181 BGB befreiter Geschäftsführer der Moritz Verwaltungs GmbH mit Sitz in Franzdorf, als alleinige Gesellschafter eine Gesellschafterversammlung der Moritz GmbH & Co. KG ab.

1. Sämtliche Gesellschafter bestätigen, dass sie rechtzeitig vor dieser Gesellschafterversammlung Kenntnis vom Spaltungsplan und allen der Spaltung zugrunde liegenden Unterlagen erhalten haben.

2. Alle Gesellschafter verzichten gemäß § 127 S. 2 UmwG i.V.m. § 8 Abs. 3 UmwG hiermit auf die Erstellung eines Spaltungsberichtes. Bei der Abspaltung ist eine Prüfung und die Erstellung eines Prüfungsberichtes gemäß § 125 UmwG i.V.m. § 44 UmwG nur auf Verlangen eines Gesellschafters der übertragenden Gesellschaft erforderlich; alle Gesellschafter verzichten hiermit auf eine Prüfung und die Erstellung eines Prüfungsberichtes. Sämtliche Gesellschafter verzichten überdies auf die Einhaltung sämtlicher für eine Abspaltung nach dem UmwG und nach dem HGB geltenden Form-, Frist- und Verfahrensvorschriften.

3. Auf eine Barabfindung gemäß § 29 UmwG verzichten sämtliche Gesellschafter vorsorglich.

Sodann beschließen die Gesellschafter einstimmig mit allen vorhandenen Stimmen was folgt:

1. Dem vorstehenden Spaltungsplan (Abschnitt B. dieser Urkunde) wird vorbehaltlos zugestimmt.
2. Der Errichtung der Moritz Süßwaren GmbH & Co. KG sowie dem Gesellschaftsvertrag (vgl. Anlage 2) wird vorbehaltlos zugestimmt.
3. Allen sonstigen Beschlüssen, Maßnahmen und Rechtshandlungen in dieser Urkunde wird vorbehaltlos zugestimmt.

Weitere Beschlüsse werden nicht gefasst.

Sämtliche Gesellschafter verzichten hiermit ausdrücklich und unwiderruflich auf die Geltendmachung eines etwaigen Anfechtungsrechts bezüglich der hiermit gefassten Zustimmungsbeschlüsse, insbesondere gemäß § 125 i.V.m. § 16 Abs. 2 UmwG auf eine Klage gegen die Unwirksamkeit der vorgenannten Beschlüsse.

E.
Umsatzsteuer

. Soweit es sich bei den vorliegenden Übertragungen um umsatzsteuerpflichtige Vorgänge handelt, schuldet die übernehmende Gesellschaft der übertragenden Gesellschaft die gesetzlich anfallende Umsatzsteuer. Die übertragende Gesellschaft ist verpflichtet, die im Falle der Umsatzsteuerpflicht der übernehmenden Gesellschaft eine den gesetzlichen Anforderungen genügende Rechnung mit gesondertem Umsatzsteuerausweis zu erteilen.

Die geschuldete Umsatzsteuer wird durch Abtretung des der übernehmenden Gesellschaft zustehenden Vorsteuererstattungsanspruches auf amtlich vorgeschriebenem Formular der Finanzverwaltung entrichtet. Die übertragende Gesellschaft nimmt die Abtretung an, sollte die Abtretung – gleich aus welchem Grunde - fehlschlagen oder ein solcher Vorsteuererstattungsanspruch aus anderen Gründen nicht gegenüber dem Finanzamt im Zusammenhang mit der gleichen Umsatzsteuervoranmeldung, in der die Übertragung erfolgt ist, durchgesetzt werden können, so wird dieser Anspruch durch Zahlung der übernehmenden Gesellschaft erfüllt.

. Soweit es sich um eine Geschäftsveräußerung handelt, tritt die durch Spaltung neu entstehende Gesellschaft nach § 1 Abs. 1a UStG hinsichtlich der umsatzsteuerlichen Rechtsposition an die Stelle der übertragenden Gesellschaft. Dies bedeutet insbesondere, dass die Korrekturfristen sowie die sonstigen Bestimmungskriterien für den Vorsteuerabzug nach § 15a UStG von der übernehmenden Gesellschaft fortgeführt werden. Für den Fall einer Vorsteuerkorrektur hinsichtlich der im Rahmen dieses Spaltungsplanes übertragenen Vermögensgegenstände nach § 15a UStG aufgrund einer durchgeführten Nutzungsänderung hat die übernehmende Gesellschaft die hieraus resultierenden Vorsteuerrückzahlungen zu tragen; eventuelle Vorsteuererstattungen stehen ebenfalls der übernehmenden Gesellschaft zu.

F.
Grundbucherklärungen, Vollmacht

. Die übertragende Gesellschaft

bewilligt

und die übertragende und die neu entstehende Gesellschaft

beantragen,

das Grundbuch entsprechend dem Spaltungsplan (vgl. Abschnitt B. Ziff. II. § 2) zu berichtigen.

Hierzu wird dem Grundbuchamt nach Eintragung der Abspaltung im Handelsregister bei der übertragenden Gesellschaft ein beglaubigter Handelsregisterauszug vorgelegt.

. Alle Beteiligten bevollmächtigen den Notar – auch dessen Vertretung unter Befreiung von den Beschränkungen des § 181 BGB – in ihrem Namen ergänzende oder andere ändernde Erklärungen zu dieser Urkunde abzugeben, insbesondere soweit solche vom Grundbuchamt für die Grundbuchberichtigungen gefordert werden. Die Beteiligten beauftragen den Notar mit der Durchführung dieser Urkunde.

3. Die Beteiligten bevollmächtigen ferner die Notariatsangestellten in 80001 Müllersdorf, Maxstraße 1,

a) Frau [...]
b) Frau [...]
c) Frau [...]

– jede für sich allein unter Befreiung von den Beschränkungen des § 181 BGB –

die Grundbuchberichtigung zu bewilligen und zu beantragen, überhaupt alle Erklärungen gegenüber Gericht, Behörden und Dritten abzugeben und von diesen entgegen zu nehmen, die ihnen zur Durchführung dieses Vertrages zweckmäßig erscheinen, wobei die Zweckmäßigkeit dem Grundbuchamt gegenüber nicht nachgewiesen werden muss. Diese Vollmacht kann nur durch Erklärung vor dem beurkundenden Notar oder dessen Vertreter im Amt ausgeübt werden.

G.
Schlussbestimmungen

I.
Hinweise

Der Notar hat auf Folgendes hingewiesen:

[vom Notar zu ergänzen]

II.
Vollmacht

Die Erschienenen bevollmächtigen die Notariatsangestellten in 80001 Müllersdorf, Maxstraße 1

a) Frau ....
b) Frau ....
c) Frau ....

– je einzeln und unter Befreiung von den Beschränkungen des § 181 BGB –

sämtliche Erklärungen und Bewilligungen abzugeben sowie Rechtshandlungen vorzunehmen, welche zur Durchführung dieser Urkunde erforderlich sind, insbesondere auch Vertragsänderungen und -ergänzungen sowie Anmeldungen zum Handelsregister vorzunehmen.

Die Bevollmächtigten können die Vollmacht übertragen oder Untervollmacht erteilen. Diese Vollmacht ist im Außenverhältnis unbeschränkt, im Innenverhältnis werden die Bevollmächtigten nur auf Aufweisung von der Vollmacht Gebrauch machen.

III.
Kosten, Abschriften

1) Die Kosten dieser Urkunde und ihres Vollzugs trägt die übertragende Gesellschaft.

2) Von dieser Urkunde erhalten

   a) Je eine Ausfertigung:
      - die beteiligten Gesellschaften;
      - die Gesellschafter der beteiligten Gesellschaften;
   b) Je eine beglaubigte Abschrift:
      - das Registergericht in Franzdorf,
      - das Finanzamt Franzdorf;
   c) Je eine einfache Abschrift:
      ...

IV.
Anlagen

Dieser Urkunde liegen bei:

Anlage 1: Handelsregisterauszug der Moritz Verwaltungs GmbH
Anlage 2: Gesellschaftsvertrag der Moritz Süßwaren GmbH & Co. KG
Anlage 3: Abspaltungsbilanz
Anlage 4: Inventarverzeichnis
Anlage 5: Aufstellung „Wirtschaftsgüter des Umlaufvermögens"
Anlage 6: Kreditorenliste
Anlage 7: Aufstellung „Vertragsverhältnisse, Vertragsangebote und sonstige Rechtsstellungen"
Anlage 8: Aufstellung „Übergehende Arbeitsverhältnisse"
Anlage 9: Jahresabschluss (Schlussbilanz) der Moritz GmbH & Co. KG zum 28.02.2009

Auf alle Anlagen mit Ausnahme der Anlage 2 wird gemäß § 14 Abs. 1 BeurkG verwiesen. Der Inhalt der Anlagen ist den Beteiligten genau bekannt; auf das Vorlesen haben sie verzichtet. Die Beteiligten haben jede Seite der beigefügten Anlagen unterzeichnet.

Diese Niederschrift nebst Anlage 2 wurde den Erschienenen vom Notar vorgelesen, von den Erschienenen genehmigt und von den Erschienenen und dem Notar eigenhändig unterschrieben wie folgt:

B. Anmeldung der Spaltung zum Handelsregister der neue errichteten Gesellschaft

UR. Nr. ..../2009
des Notars Max Müller, Notariat Müllersdorf

An das
Amtsgericht Franzdorf
– Registergericht –

**Neugründung der Moritz Süßwaren GmbH & Co. KG
mit dem Sitz in Franzdorf**

In der Anlage überreichen, der unterzeichnende alleinvertretungsberechtigte Geschäftsführer der Moritz Verwaltungs GmbH mit dem Sitz in Franzdorf, eingetragen im Handelsregister des Amtsgerichts Franzdorf unter HRB 3, diese wiederum handelnd als persönlich haftende Gesellschafterin der Moritz GmbH & Co. KG mit dem Sitz in Franzdorf, eingetragen im Handelsregister des Amtsgerichts Franzdorf unter HRA 1 und als Komplementärin der neu gegründeten Gesellschaft, sowie Herr Franz Moritz und Frau Frieda Moritz als Kommanditistinnen der neu gegründeten Gesellschaft:

1. Ausfertigung des Spaltungsplans vom heutigen Tage – UR.Nr. ..../2009 des Notars Max Müller Notariat Müllersdorf (Anlage 1) – ,
2. Ausfertigung der Zustimmungsbeschlüsse der Gesellschafter vom heutigen Tage – UR.Nr..../2009 des Notars Max Müller, Notariat Müllersdorf (Anlage 1) – ,
3. Ausfertigung der Verzichtserklärungen der Gesellschafter der Moritz GmbH & Co. KG auf Erstellung eines Spaltungsberichts und eines Prüfungsberichts sowie auf Durchführung einer Spaltungsprüfung und auf ein Barabfindungsangebot vom heutigen Tage – UR.Nr. ..../2009 des Notars Max Müller, Notariat Müllersdorf (Anlage 1) – ,
4. Schlussbilanz der übertragenden Gesellschaft (Anlage 1),

und melden zur Eintragung in das Handelsregister an:

Unter Anwendung der Vorschriften des Umwandlungsgesetzes wurde der Teilbetrieb II „Süßwaren" von der übertragenden Gesellschaft, der Moritz GmbH & Co. KG mit dem Sitz in Franzdorf (Amtsgericht Franzdorf, HRA 1), auf die neu gegründete Moritz Süßwaren GmbH & Co. KG abgespalten.

Die Firma der neu errichteten Kommanditgesellschaft lautet

Moritz Süßwaren GmbH & Co. KG.

Gegenstand der neu errichteten Kommanditgesellschaft ist der Groß- und Einzelhandel mit Süßwaren.

An der Gesellschaft sind beteiligt:

a) Als Komplementärin:

   die Moritz Verwaltungs GmbH,

   eingetragen im Handelsregister des Amtsgerichts

   Franzdorf unter HRB 3

   mit einem Kapitalanteil i.H.v. € 5.000,00

b) Als Kommanditisten:
   aa) Herr Franz Moritz,
       wohnhaft: Moritzstraße 1, 80000 Franzdorf,
       mit einer Kommanditeinlage (Haftsumme) i.H.v.   € 62.500,00
   bb) Frau Frieda Moritz,
       wohnhaft: Moritzstraße 1, 80000 Franzdorf,
       mit einer Kommanditeinlage (Haftsumme) i.H.v.   € 62.500,00

Die Geschäftsräume befinden sich in 80000 Franzdorf, Moritzstraße 1; dies ist auch die inländische Geschäftsanschrift i.S.v. § 161 Abs. 2 i.V.m. § 106 Abs. 2 Nr. 2 HGB.

Die Gesellschaft beginnt mit ihrer Eintragung im Handelsregister.

Die persönlich haftende Gesellschafterin ist alleinvertretungsberechtigt und von den Beschränkungen des § 181 BGB befreit.

Wir erklären gemäß § 125, 16 Abs. 2 UmwG unter Bezug auf die im Spaltungsbeschluss abgegebene Anfechtungsverzichtserklärungen sämtlicher Gesellschafter der Moritz GmbH & Co. KG, dass der Spaltungsbeschluss nicht angefochten worden ist und aufgrund der Anfechtungsverzichtserklärungen sämtlicher Gesellschafter auch nicht angefochten werden kann.

Wir bevollmächtigen hiermit die Notariatsangestellten in 80001 Müllersdorf, Maxstraße 1

a) Frau [...],
b) Frau [...],
c) Frau [...],

- je einzeln und unter Befreiung von den Beschränkungen des § 181 BGB –

die vorstehende Handelsregisteranmeldung in jeder Hinsicht zu ändern, zu ergänzen, zu wiederholen und weitere Handelsregisteranmeldungen vorzunehmen. Diese Vollmacht ist im Außenverhältnis unbeschränkt, im Innenverhältnis werden die Bevollmächtigten nur auf Aufweisung von der Vollmacht Gebrauch machen.

Nach Vollzug der Handelsregisteranmeldung wird um Übersendung beglaubigter Handelsregisterauszüge auf Kosten der Gesellschaft gebeten an:

- die Gesellschaft;
- ...

Müllersdorf, den .... August 2009

....
(Moritz Verwaltungs GmbH)   (Franz Moritz)

....
(Frieda Moritz)   (Moritz GmbH & Co. KG)

Beglaubigungsvermerk

C. Anmeldung der Spaltung zum Handelsregister der übertragenden Gesellschaft

UR. Nr. ..../2009
des Notars Max Müller, Notariat Müllersdorf

An das
Amtsgericht Franzdorf
– Registergericht –

HRA 1
Moritz GmbH & Co. KG mit dem Sitz in Franzdorf
hier: Anmeldung einer Abspaltung nach §§ 123 ff. UmwG

In der Anlage überreiche ich, der unterzeichnende, alleinvertretungsberechtigte Geschäftsführer der Moritz Verwaltungs GmbH mit dem Sitz in Schönaich, diese wiederum in ihrer Eigenschaft als einzige persönlich haftende Gesellschafterin der Moritz GmbH & Co. KG:

1. Ausfertigung des Spaltungsplans vom heutigen Tage – UR.Nr. ..../2009 des Notars Max Müller Notariat Müllersdorf (Anlage 1) – ,
2. Ausfertigung des Zustimmungsbeschlusses der Gesellschafter der Moritz GmbH & Co. KG vom heutigen Tage – UR.Nr. ..../2009 des Notars Max Müller, Notariat Müllersdorf (Anlage 1) – ,
3. Ausfertigung der Verzichtserklärungen der Gesellschafter der Moritz GmbH & Co. KG auf Erstellung eines Spaltungsberichts und eines Prüfungsberichts sowie auf Durchführung einer Spaltungsprüfung und auf ein Barabfindungsangebot vom heutigen Tage – UR.Nr. ..../2009 des Notars Max Müller, Notariat Müllersdorf (Anlage 1) – ,
4. Schlussbilanz der Moritz GmbH & Co. KG zum Spaltungsstichtag (Anlage 1),

und melde zur Eintragung in das Handelsregister an:

Die Moritz GmbH & Co. KG hat unter Fortbestand der übertragenden Gesellschaft die im Spaltungsplan vom heutigen Tage – UR.Nr. ..../2009 des Notars Max Müller, Notariat Müllersdorf – genannten Vermögensteile als Gesamtheit auf die Moritz Süßwaren GmbH & Co. KG mit dem Sitz in Franzdorf als übernehmende Gesellschaft im Wege der Abspaltung zur Neugründung (§ 123 Abs. 2 Satz 2 UmwG) übertragen.

Die Gesellschaft hat keinen Betriebsrat.

Die Geschäftsräume der Moritz GmbH & Co. KG befinden sich unverändert in der Moritzstraße 1 80000 Franzdorf; dies ist auch die inländische Geschäftsanschrift i.S.v. § 161 Abs. 2 i.V.m. § 106 Abs. 2 Nr. 2 HGB.

Ich versichere gemäß § 16 Abs. 2 UmwG, dass eine Klage gegen die Wirksamkeit des Spaltungsbeschlusses der Gesellschafter der Moritz GmbH & Co. KG nicht erhoben worden ist und aufgrund der Anfechtungsverzichtserklärungen sämtlicher Gesellschafter auch nicht erhoben werden kann.

Ich bevollmächtige hiermit die Notariatsangestellten in 80001 Müllersdorf, Maxstraße 1,
a) Frau [...],
b) Frau [...],
c) Frau [...],

– je einzeln und unter Befreiung von den Beschränkungen des § 181 BGB –

die vorstehende Handelsregisteranmeldung in jeder Hinsicht zu ändern, zu ergänzen, zu wiederholen und weitere Handelsregisteranmeldungen vorzunehmen. Diese Vollmacht ist im Außenverhältnis unbeschränkt, im Innenverhältnis werden die Bevollmächtigten nur auf Aufweisung von der Vollmacht Gebrauch machen.

Nach Vollzug der Handelsregisteranmeldung wird um Übersendung beglaubigter Handelsregisterauszüge auf Kosten der Gesellschaft gebeten an:

- die Gesellschaft;

Müllersdorf, den …. August 2009

....
Franz Moritz

Beglaubigungsvermerk

Mustersatz 5
Einbringung eines nicht im Handelsregister eingetragenen Einzelunternehmens zum Zwecke der Sachgründung einer GmbH

A. Einbringungsvertrag
B. Gründungsprotokoll zur Errichtung der neuen GmbH
C. Satzung der neuen GmbH
D. Anmeldung der Errichtung der neuen GmbH zum Handelsregister
E. Sachgründungsbericht
F. Werthaltigkeitsbescheinigung

Anhang

A. Einbringungsvertrag

Einbringungsvertrag

zwischen

Herrn Franz Moritz,
Moritzstraße 1,
80000 Franzdorf

und

Moritz Kunststoffe GmbH i.Gr.,
vertreten durch deren einzelvertretungsberechtigten und
von den Beschränkungen des § 181 BGB befreiten Geschäftsführer
Herrn Franz Moritz

Präambel

Herr Franz Moritz hat am heutigen Tag als Alleingesellschafter eine Gesellschaft mit beschränkter Haftung unter der Firma Moritz Kunststoffe GmbH mit einem Stammkapital von EUR 25.000 gegründet (UR. Nr. ..../2009 des Notars Max Müller, Notariat Müllersdorf). Das Stammkapital von EUR 25.000 ist nicht in Geld zu erbringen, sondern als Sacheinlage in der Weise, dass Herr Franz Moritz sein Einzelunternehmen „Franz Moritz Kunststoffe" mit dessen gesamtem aktiven Geschäftsbetrieb mit sämtlichen Aktiven und Passiven sowie sämtlichen materiellen und immateriellen Vermögensgegenständen, Rechten und Verpflichtungen, Vertragsverhältnissen und Verbindlichkeiten (nachfolgend: „aktiver Geschäftsbetrieb") im Wege der Einzelrechtsübertragung auf die Moritz Kunststoffe GmbH i.Gr. überträgt. Einzelheiten regelt der nachfolgende Einbringungsvertrag.

§ 1
Einbringungsgegenstand

1) Herr Franz Moritz bringt hiermit nach Maßgabe dieses Einbringungsvertrages den aktiven Geschäftsbetrieb gemäß <u>Anlagen 1 bis 6</u> als Sacheinlage in die Moritz Kunststoffe GmbH i.Gr. ein.

2) Der Sacheinlage liegt die Bilanz für den zu übertragenden aktiven Geschäftsbetrieb per 1. Januar 2009 zugrunde, welche dieser Urkunde als <u>Anlage 1</u> beigefügt ist (nachfolgend: „Einbringungsbilanz"). Der zu übertragende aktive Geschäftsbetrieb beinhaltet die nachfolgend aufgezählten Aktiva und Passiva, Verträge sowie sonstigen Rechtsverhältnisse/Rechtspositionen, die wirtschaftlich zu dem aktiven Geschäftsbetrieb gehören, insbesondere, aber nicht abschließend folgende

AKTIVA

Technische Anlagen und Maschinen sowie andere Anlagen, Betriebs- und Geschäftsausstattung gemäß Anlage 2

Roh-, Hilfs- und Betriebsstoffe gemäß Anlage 3

Forderungen aus Lieferungen und Leistungen gemäß Anlage 4

Guthaben bei Kreditinstituten, wie in der Einbringungsbilanz (Anlage 1) auf der Aktivseite ausgewiesen

PASSIVA

Sämtliche Verpflichtungen, die den in der Einbringungsbilanz (Anlage 1) gebildeten Rückstellungen (Steuerrückstellungen und andere Rückstellungen) zugrunde liegen

Verbindlichkeiten gegenüber Kreditinstituten, wie in der Einbringungsbilanz (Anlage 1) im Einzelnen ausgewiesen

Verbindlichkeiten aus Lieferungen und Leistungen gemäß Anlage 5

Sonstige Verbindlichkeiten, wie in der Einbringungsbilanz (Anlage 1) im Einzelnen ausgewiesen

VERTRÄGE UND SONSTIGE RECHTSVERHÄLTNISSE

Verträge und sonstige Rechtsverhältnisse gemäß Anlage 6

Mit eingebracht werden auch die gesamten zu dem aktiven Geschäftsbetrieb gehörenden Geschäfts- und Kundenbeziehungen einschließlich sämtlicher Unterlagen und sonstiger Medien, in denen sich die Geschäfts- und Kundenbeziehungen verkörpern.

Eingebracht werden alle dem aktiven Geschäftsbetrieb zuzuordnenden Vermögensgegenstände, die sich am dinglichen Übertragungsstichtag (§ 2 Absatz 3) in den Räumen des Betriebes in Moritzstraße 1, 80000 Franzdorf, und in der Produktionswerkstatt in Moritzstraße 3, 80000 Franzdorf, befinden, unabhängig davon, ob sie bei der Aufstellung der Einbringungsbilanz berücksichtigt oder überhaupt bilanzierungsfähig sind.

Die Einbringung des aktiven Geschäftsbetriebs erfolgt ohne Rücksicht auf die Bilanzierungspflicht und Bilanzierungsfähigkeit der Aktiva und Passiva, Verträge sowie sonstigen Rechtsverhältnisse.

(3) Soweit ab dem Einbringungsstichtag (§ 2 Absatz 1) Gegenstände durch Herrn Franz Moritz veräußert worden sind, treten die Surrogate an deren Stelle.

§ 2
Einbringungsstichtag

(1) Die Übertragung erfolgt für steuerliche Zwecke nach § 20 Abs. 6 UmwStG rückwirkend zum 1. Januar 2009 (nachfolgend: „Einbringungsstichtag").

(2) Auch für handelsrechtliche Zwecke wird vereinbart, dass die Einbringung im Innenverhältnis rückwirkend zum Einbringungsstichtag erfolgt. Ab diesem Zeitpunkt gelten die auf den übertragenen aktiven Geschäftsbetrieb bezogenen Geschäfte und Handlungen jeweils als für Rechnung der Moritz Kunststoffe GmbH i.Gr. vorgenommen. Gewinne und Verluste aus dem übertragenen aktiven Geschäftsbetrieb stehen ab diesem Zeitpunkt der Moritz Kunststoffe GmbH i.Gr. zu.

(3) Mit dinglicher Wirkung erfolgt die Übertragung zum heutigen Tag (nachfolgend: „dinglicher Übertragungsstichtag"). Die Parteien werden sich im Innenverhältnis so stellen, als sei die Übertragung zum Einbringungsstichtag erfolgt.

§ 3
Forderungen, Verbindlichkeiten und Rechtsstreitigkeiten

1) Herr Franz Moritz tritt sämtliche dem aktiven Geschäftsbetrieb zuzuordnenden Forderungen (Anlage 4 sowie Guthaben bei Kreditinstituten gemäß Anlage 1) mit Wirkung zum dinglichen Übertragungsstichtag an die Moritz Kunststoffe GmbH i.Gr. ab. Die Moritz Kunststoffe GmbH i.Gr. nimmt die Abtretung an.

2) Die Moritz Kunststoffe GmbH i.Gr. übernimmt sämtliche dem aktiven Geschäftsbetrieb zuzuordnenden Verbindlichkeiten (siehe Einbringungsbilanz, Anlage 1, und Anlage 5) mit Wirkung zum dinglichen Übertragungsstichtag von Herrn Franz Moritz. Die Übernahme erfolgt nach Maßgabe von § 7 dieses Einbringungsvertrages im Wege der befreienden Schuldübernahme. Die Moritz Kunststoffe GmbH i.Gr. übernimmt weiter alle zukünftigen Verbindlichkeiten und Verpflichtungen sowie Eventualverbindlichkeiten, die dem übertragenen aktiven Geschäftsbetrieb zuzuordnen sind. Herr Franz Moritz stimmt der Übernahme zu.

3) Zum dinglichen Übertragungsstichtag rechtshängige Gerichtsprozesse und laufende Aufträge zur Forderungseinziehung werden weiterhin von Herrn Franz Moritz im eigenen Namen bzw. unter dem des Einzelunternehmens betrieben. Daraus resultierende Erlöse bzw. Aufwendungen und Kosten, auch soweit sie die bei Herrn Franz Moritz gebildeten Rückstellungen überschreiten, stehen ab dem Einbringungsstichtag der Moritz Kunststoffe GmbH i.Gr. zu bzw. sind von dieser im Innenverhältnis auszugleichen.

§ 4
Eintritt in Verträge und Vertragsangebote

1) Die Moritz Kunststoffe GmbH i.Gr. tritt nach Maßgabe von § 7 dieses Einbringungsvertrages in alle am dinglichen Übertragungsstichtag zu dem aktiven Geschäftsbetrieb gehörenden noch nicht vollständig erfüllten Verträge, die in Anlage 6 zu diesem Vertrag aufgelistet sind, ein. Im Einzelnen bedeutet dies, dass die Moritz Kunststoffe GmbH i.Gr. alle Rechte und Verpflichtungen aus diesen Verträgen im Wege der Vertragsübernahme mit befreiender Wirkung von Herrn Franz Moritz übernimmt.

2) Die Moritz Kunststoffe GmbH i.Gr. übernimmt darüber hinaus alle Rechte und Verpflichtungen aus den Herrn Franz Moritz am dinglichen Übertragungsstichtag bezüglich des aktiven Geschäftsbetriebs berechtigenden und verpflichtenden Vertragsangeboten.

§ 5
Übergang der Arbeitnehmer

1) Gem. § 613a BGB gehen auf die Moritz Kunststoffe GmbH i.Gr. alle Arbeitsverhältnisse des aktiven Geschäftsbetriebs mit sofortiger Wirkung über (vgl. Aufstellung in Anlage 7).

2) Die Arbeitnehmer sind über den Betriebsübergang unterrichtet worden.

§ 6
Übertragung des Eigentums, Einräumung des Besitzes

1) Die Vertragsparteien sind sich über den Eigentumsübergang an den gemäß § 1 dieses Einbringungsvertrages eingebrachten Vermögensgegenständen mit Wirkung zum dinglichen Übertragungsstichtag einig. Soweit am dinglichen Übertragungsstichtag an den eingebrachten Vermögensgegenständen Eigentumsvorbehaltsrechte Dritter bestehen oder diese Vermögensgegenstände an Dritte sicherungsübereignet sind, überträgt Herr Franz Moritz hiermit das ihm zustehende Anwartschaftsrecht an die Moritz Kunststoffe GmbH i.Gr.

(2) Die Moritz Kunststoffe GmbH i.Gr. nimmt die übertragenen körperlichen Gegenstände hiermit in Besitz. Soweit sich bestimmte Gegenstände am dinglichen Übertragungsstichtag im Besitz Dritter befinden, wird die Übergabe dadurch ersetzt, dass Herr Franz Moritz der Moritz Kunststoffe GmbH i.Gr. seinen Herausgabeanspruch hiermit abtritt. Die Abtretung wird von der Moritz Kunststoffe GmbH i.Gr. hiermit angenommen.

§ 7
Zustimmung Dritter

(1) Die Vertragsparteien werden sich gemeinsam bemühen, die für die Übertragung bestimmter Vermögensgegenstände, die Übernahme bestimmter Verpflichtungen und den Eintritt in bestimmte Verträge und Vertragsangebote gegebenenfalls erforderliche Zustimmung Dritter einzuholen.

(2) Soweit Dritte der Übertragung bzw. der Übernahme nach Absatz (1) nicht zustimmen, verpflichten sich die Parteien, sich im Innenverhältnis so zu stellen, als wären die Zustimmungen auf den Einbringungsstichtag erteilt.

§ 8
Gegenleistung

(1) Mit Eintragung der Moritz Kunststoffe GmbH i.Gr. im Handelsregister erwirbt Herr Franz Moritz als Gegenleistung für die Sacheinlage einen Geschäftsanteil an der Moritz Kunststoffe GmbH i.Gr. im Nominalbetrag von EUR 25.000.

(2) Soweit die Sacheinlage den Nennwert des neuen Geschäftsanteils von EUR 25.000 übersteigt, wird dieser übersteigende Betrag der Moritz Kunststoffe GmbH i.Gr. in Höhe von EUR 40.000 als Darlehen gewährt und im Übrigen als Aufgeld in die Kapitalrücklage bei der Moritz Kunststoffe GmbH i.Gr. eingestellt.

§ 9
Gewährleistung, Garantie

(1) Herr Franz Moritz gewährleistet, dass er zum dinglichen Übertragungsstichtag über die nach Maßgabe dieses Einbringungsvertrages eingebrachten Aktiven und Passiven des aktiven Geschäftsbetriebes frei verfügen kann, dass an diesen Vermögensgegenständen keine Options- und Vorkaufsrechte Dritter bestehen und sie frei von allen Belastungen und anderen Rechten Dritter mit Ausnahme handelsüblicher Sicherungsrechte sind.

(2) Herr Franz Moritz garantiert, dass das Vermögen des aktiven Geschäftsbetriebes in diesem Vertrag und den <u>Anlagen 1 bis 6</u> vollständig aufgeführt ist. Herr Franz Moritz garantiert ferner, dass der Netto-Vermögenswert des eingebrachten aktiven Geschäftsbetriebes mindestens EUR 25.000 beträgt; Minderbeträge sind auf erste Anforderung der Geschäftsführung der Moritz Kunststoffe GmbH i.Gr. hin sofort in bar auszugleichen. Herr Franz Moritz garantiert ferner, dass sich zwischen dem dinglichen Übertragungsstichtag und dem Tag der Eintragung der Moritz Kunststoffe GmbH i.Gr. im Handelsregister keine wertmindernden Veränderungen im Anlagevermögen ergeben haben bzw. ergeben werden, die zu einem Netto-Vermögenswert des eingebrachten aktiven Geschäftsbetriebes von unter EUR 25.000 führen.

(3) Soweit sich die von Herrn Franz Moritz übernommenen Gewährleistungen und Garantien als unrichtig herausstellen, wird Herr Franz Moritz die Moritz Kunststoffe GmbH i.Gr. so stellen, wie diese stehen würde, wenn die Gewährleistungen oder Garantien zutreffend wären. Die Moritz Kunststoffe GmbH i.Gr. ist jedoch nicht berechtigt, von diesem Einbringungsvertrag zurückzutreten und/oder die Vermögensgegenstände ganz oder teilweise zurückzuübertragen.

§ 10
Ergänzende Dokumente

Jede Partei dieses Einbringungsvertrages verpflichtet sich, solche zusätzlichen Dokumente, einschließlich notarieller Dokumente, zu unterzeichnen oder zu beschaffen und solche weiteren, von der jeweils anderen Partei nach billigem Ermessen verlangten Handlungen vorzunehmen, die für die Verwirklichung des Zweckes dieses Einbringungsvertrages und für die Durchführung seiner Bestimmungen erforderlich oder dienlich sind.

§ 11
Schlussbestimmungen

1) Sollte irgendeine Bestimmung dieses Einbringungsvertrages ganz oder teilweise unwirksam sein oder werden, so bleiben die übrigen Bestimmungen davon unberührt. Die Parteien verpflichten sich für diesen Fall zu einer Vertragsergänzung bzw. Vertragsänderung, die dem wirtschaftlich gewollten Zweck am nächsten kommt. Dies gilt auch für den Fall, dass nach Vertragsschluss eine Regelungslücke erkannt wird.

2) Änderungen und Ergänzungen dieses Einbringungsvertrages bedürfen der Schriftform, soweit nicht notarielle Beurkundung erforderlich ist.

Franzdorf, den …. August 2009

………………………………..

(Franz Moritz)

Moritz Kunststoffe GmbH i.Gr.

………………………………..

(Franz Moritz)
– Geschäftsführer –

B. Gründungsprotokoll zur Errichtung der neuen GmbH

UR Nr. ..../2009
des Notars Max Müller, Notariat Müllersdorf

Verhandelt zu Müllersdorf
– am .... August zweitausendneun –
Vor dem unterzeichnenden Notar
Max Müller
mit dem Amtssitz in Müllersdorf,
erscheint heute in meinen Amtsräumen in 80001 Müllersdorf, Maxstraße 1:

Herr Franz Moritz,
geb. am 1. Januar 1951,
wohnhaft: Moritzstraße 1, 80000 Franzdorf.

Der Erschienene weist sich durch seinen Personalausweis aus.
Die Frage des Notars nach einer etwaigen Vorbefassung i.S.v. § 3 Abs. 1 Nr. 7 BeurkG wurde von der Erschienenen verneint.
Der Erschienene bittet um Beurkundung des folgenden Gesellschaftsvertrages:

B. Gesellschaftsvertrag

Herr Franz Moritz errichtet hiermit eine Gesellschaft mit beschränkter Haftung unter der Firma
Moritz Kunststoffe GmbH
und stellt den Gesellschaftsvertrag nach Maßgabe dieser Urkunde und der hier beigefügten Anlage (Gesellschaftsvertrag), auf die verwiesen wird, fest.

C. Übernahme der Stammeinlage

Das Stammkapital der Gesellschaft beträgt
€ 25.000
– Euro fünfundzwanzigtausend –
Herr Franz Moritz übernimmt die Stammeinlage in Höhe von nominal € 25.000.

D. Geschäftsführer

Zum Geschäftsführer der Gesellschaft ist bestellt:
Herr Franz Moritz,
geboren am 1. Januar 1951,
wohnhaft: Moritzstraße 1, 80000 Franzdorf.
Er ist stets einzelvertretungsberechtigt, auch wenn weitere Geschäftsführer bestellt sind, und berechtigt, die Gesellschaft bei Rechtsgeschäften mit sich selbst oder als Vertreter eines Dritten uneingeschränkt zu vertreten (Befreiung von den Beschränkungen des § 181 BGB).

E. Hinweise

Der Erschienene wurde insbesondere auf den Zeitpunkt und die Voraussetzungen der Entstehung der GmbH, die persönliche Haftung für vorheriges Handeln und das Vorliegen der Genehmigungsurkunde zur Eintragung, falls der Unternehmensgegenstand der staatlichen Genehmigung bedarf, hingewiesen.

[ggf. weitere Hinweise durch den Notar zu ergänzen.]

F. Geschäftsräume

Die Geschäftsräume der Gesellschaft befinden sich in 80000 Franzdorf, Moritzstraße 3.

G. Vollmacht

Ich erteile für mich und meine Rechtsnachfolger den Notariatsangestellten in 80001 Müllersdorf, Maxstraße 1

a) Frau ....

b) Frau ....

c) Frau ....

– je einzeln –

unabhängig von der Wirksamkeit und dem Bestand dieser Urkunde

Vollmacht

sämtliche Erklärungen abzugeben und entgegenzunehmen sowie Handlungen vorzunehmen, welche nach dem Ermessen der Bevollmächtigten mit dieser Urkunde, ihrer Wirksamkeit und ihrem Vollzug im Zusammenhang stehen.

Die Vollmacht umfasst insbesondere beliebige Änderungen und Ergänzungen dieser Urkunde. Sie wird von den Gesellschaftern, soweit sie gleichzeitig auch Geschäftsführer sind, auch in dieser Eigenschaft erteilt und erstreckt sich insoweit auf die Handelsregisteranmeldung.

Die Bevollmächtigten sind – soweit rechtlich möglich – von den Beschränkungen des § 181 BGB befreit. Die Vollmacht ist übertragbar. Sie erlischt mit der Eintragung der vorstehenden Beschlüsse im Handelsregister.

Von der Vollmacht kann nur vor dem beurkundenden Notar oder seinem Vertreter im Amt Gebrauch gemacht werden.

Eine Pflicht oder Haftung für die Ausübung der Vertretungsmacht besteht nicht. Bei auftragsgemäßer Ausübung der Vertretungsmacht ist die Haftung der Bevollmächtigten ausgeschlossen.

H. Abschriften

Von dieser Urkunde erhalten beglaubigte Abschriften:

) die Gesellschafterin,

) die Gesellschaft,

) das Finanzamt Franzdorf,

) das Registergericht Franzdorf.

Samt Anlage von dem Notar vorgelesen, von dem Erschienenen genehmigt und von ihm und dem Notar eigenhändig unterschrieben:

C. Satzung der neuen GmbH (Kurzform)

Gesellschaftsvertrag der Moritz Kunststoffe GmbH

§ 1
Firma, Sitz

1. Die Firma der Gesellschaft lautet:
   Moritz Kunststoffe GmbH.
2. Der Sitz der Gesellschaft ist Franzdorf.

§ 2
Gegenstand des Unternehmens

1. Gegenstand des Unternehmens ist die industrielle Be- und Verarbeitung von Kunststoffen, das Schweißen, Extrudieren, Warmformen, Abkanten, die spanende Verarbeitung und die sonstige Bearbeitung von Kunststoffen sowie die Erbringung von Montageleistungen.
2. Die Gesellschaft kann alle mit dem Unternehmensgegenstand nach Absatz 1 unmittelbar oder mittelbar zusammenhängenden und den Gesellschaftszweck fördernden Geschäfte vornehmen.
3. Die Gesellschaft kann sich an anderen Unternehmen beteiligen und deren Geschäfte führen; sie ist zur Errichtung von Zweigniederlassungen befugt.

§ 3
Dauer der Gesellschaft, Geschäftsjahr

1. Die Gesellschaft ist auf unbestimmte Zeit errichtet.
2. Das Geschäftsjahr der Gesellschaft ist das Kalenderjahr.

§ 4
Stammkapital

1. Das Stammkapital der Gesellschaft beträgt € 25.000 (in Worten: Euro fünfundzwanzigtausend).
2. Den einzigen Geschäftsanteil (lfd. Nr. 1) in Höhe von nominal € 25.000,00 hält Herr Franz Moritz
3. Die Stammeinlage ist als Sacheinlage zu erbringen durch Einbringung des Einzelunternehmens „Franz Moritz Kunststoffe" mit dessen gesamtem aktiven Geschäftsbetrieb mit sämtlichen Aktiven und Passiven sowie sämtlichen materiellen und immateriellen Vermögensgegenständen, Rechten und Verpflichtungen, Vertragsverhältnissen und Verbindlichkeiten in die Gesellschaft.
4. Soweit die Sacheinlage den Nennwert des neuen Geschäftsanteils von € 25.000 übersteigt, wird dieser übersteigende Betrag der Gesellschaft in Höhe von € 40.000 als Darlehen gewährt und im Übrigen als Aufgeld in die Kapitalrücklage bei der Gesellschaft eingestellt.
5. Die Einziehung (Amortisation) von Geschäftsanteilen ist zulässig.

§ 5
Geschäftsführung, Vertretung

1. Die Gesellschaft hat einen oder mehrere Geschäftsführer. Sind mehrere Geschäftsführer bestellt, so wird die Gesellschaft durch jeweils zwei von ihnen oder durch einen von ihnen in Gemeinschaft mit einem Prokuristen vertreten. Ist nur ein Geschäftsführer vorhanden, so vertritt er die Gesellschaft allein.
2. Durch Gesellschafterbeschluss kann allen oder einzelnen Geschäftsführern Alleinvertretungsbefugnis und Befreiung von den Beschränkungen des § 181 BGB erteilt werden.
3. Die vorstehenden Absätze 1 und 2 gelten sinngemäß für Liquidatoren der Gesellschaft.

§ 6
Gesellschafterversammlung

1. Die von den Gesellschaftern in den Angelegenheiten der Gesellschaft zu treffenden Bestimmungen erfolgen durch Beschlussfassung in der Gesellschafterversammlung. Außerhalb von Versammlungen können sie, soweit nicht zwingendes Recht eine andere Form vorschreibt, schriftlich, fernschriftlich, telefonisch oder per Telefax oder per e-Mail gefasst werden, wenn sich jeder Gesellschafter an der Abstimmung beteiligt und kein Gesellschafter dieser Art der Beschlussfassung widerspricht. Über die Beschlüsse ist unverzüglich ein Protokoll zu erstellen und allen Gesellschaftern unverzüglich zuzusenden.

2. Mindestens ein Mal jährlich findet eine Gesellschafterversammlung statt mit folgenden Tagesordnungspunkten:
    a) Feststellung des Jahresabschlusses
    b) Verwendung des Jahresergebnisses
    c) Entlastung der Geschäftsführung

§ 7
Bekanntmachungen

Die Bekanntmachungen der Gesellschaft erfolgen nur im elektronischen Bundesanzeiger.

§ 8
Gründungskosten

Die Gründungskosten (Notargebühren, Kosten des Registergerichts, Beratungskosten) trägt die Gesellschaft bis zu einem Betrag von € 2.500.

§ 9
Allgemeines

Sollten einzelne Bestimmungen dieses Vertrages ganz oder teilweise unwirksam sein oder werden oder sollte der Vertrag eine Lücke aufweisen, so soll hierdurch die Gültigkeit der übrigen Bestimmungen nicht berührt werden. Anstelle der unwirksamen Bestimmung oder zur Ausfüllung der Lücke soll eine angemessene Regelung gelten, die, soweit rechtlich möglich, dem am nächsten kommt, was die Gesellschafter gewollt haben oder nach dem Sinn und Zweck dieses Vertrages gewollt haben würden, wenn sie es bedacht hätten.

D. Anmeldung der Errichtung der neuen GmbH zum Handelsregister

UR Nr. ..../2009
des Notars Max Müller, Notariat Müllersdorf

An das
Amtsgericht Franzdorf
– Registergericht –

In der neu anzulegenden Handelsregistersache
Moritz Kunststoffe GmbH, HRB neu
überreiche ich, der unterzeichnende Geschäftsführer:

1. Ausfertigung der notariellen Niederschrift vom .... August 2009 (UR Nr. ..../2009 des Notars Max Müller, Notariat Müllersdorf), die den Gesellschaftsvertrag und meine Bestellung zum Geschäftsführer enthält,
2. Stellungnahme der IHK Region Franzdorf zu der geplanten Firmierung vom .... Juli 2009
3. von mir unterzeichnete Liste der Gesellschafter,
4. die Verträge, die den Festsetzungen der Sacheinlagen zugrunde liegen und zu ihrer Ausführung geschlossen worden sind (Einbringungsvertrag mit Anlagen),
5. den Sachgründungsbericht sowie
6. Unterlagen darüber, dass der Wert der Sacheinlagen den Betrag der dafür übernommenen Stammeinlagen mindestens erreicht (Werthaltigkeitsbescheinigung der Treuhandgesellschaft Franzdorf).

Ich melde die Gesellschaft und mich als deren Geschäftsführer zur Eintragung in das Handelsregister an.

Zur Vertretungsberechtigung melde ich an:

Die Gesellschaft hat einen oder mehrere Geschäftsführer. Ist nur ein Geschäftsführer bestellt, so vertritt er die Gesellschaft allein. Sind mehrere Geschäftsführer bestellt, so wird die Gesellschaft durch zwei Geschäftsführer gemeinsam oder durch einen Geschäftsführer zusammen mit einem Prokuristen vertreten.

Die Gesellschafterversammlung kann auch bei mehreren Geschäftsführern einzelnen, mehreren oder allen Einzelvertretungsbefugnis erteilen. Sie kann Geschäftsführer von den Beschränkungen des § 181 BGB befreien.

Ich bin zur Vertretung der Gesellschaft stets allein berechtigt, auch wenn weitere Geschäftsführer bestellt sind, und berechtigt, die Gesellschaft bei Rechtsgeschäften mit mir selbst oder als Vertreter eines Dritten uneingeschränkt zu vertreten (Befreiung von den Beschränkungen des § 181 BGB).

Ich versichere,

[Versicherungen vom Notar einzufügen.]

Der Gegenstand des Unternehmens bedarf nicht der staatlichen Genehmigung.

Die Geschäftsräume der Gesellschaft befinden sich in Moritzstraße 3, 80000 Franzdorf; dies ist auch die inländische Geschäftsanschrift i.S.v. § 161 Abs. 2 i.V.m. § 106 Abs. 2 Nr. 2 HGB.

Vollmacht

Als Geschäftsführer erteile ich den Notariatsangestellten in 80001 Müllersdorf, Maxstraße 1

a) Frau ....
b) Frau ....
c) Frau ....

– je einzeln –

unter Befreiung von den Beschränkungen des § 181 BGB **Vollmacht**, die vorstehende Handelsregisteranmeldung in jeder Hinsicht zu ändern, zu ergänzen, zu wiederholen und weitere Handelsregisteranmeldungen vorzunehmen sowie solche zurückzunehmen.

Diese Vollmacht ist im Außenverhältnis unbegrenzt. Im Innenverhältnis werden die Bevollmächtigten nur auf Anweisung von der Vollmacht Gebrauch machen.

Müllersdorf, den .... August 2009

_____
(Franz Moritz)

Beglaubigungsvermerk

E. Sachgründungsbericht

Sachgründungsbericht

Als geschäftsführender Gesellschafter der Moritz Kunststoffe GmbH erstatte ich, Franz Moritz, folgenden Sachgründungsbericht:

Als Alleingesellschafter habe ich eine Gesellschaft mit beschränkter Haftung unter der Firma Moritz Kunststoffe GmbH mit einem Stammkapital von EUR 25.000 gegründet. Das Stammkapital von EUR 25.000 ist nicht in Geld zu erbringen, sondern als Sacheinlage in der Weise, dass ich mein Einzelunternehmen „Franz Moritz Kunststoffe" mit dessen gesamtem aktiven Geschäftsbetrieb mit sämtlichen Aktiven und Passiven sowie sämtlichen materiellen und immateriellen Vermögensgegenständen, Rechten und Verpflichtungen, Vertragsverhältnissen und Verbindlichkeiten (nachfolgend: „aktiver Geschäftsbetrieb") im Wege der Einzelrechtsübertragung auf die Moritz Kunststoffe GmbH übertrage. Der die Leistung auf den neuen Geschäftsanteil übersteigende Betrag wird in Höhe von EUR 40.000 als Darlehen gewährt und im Übrigen der Kapitalrücklage zugeführt.

Die Treuhandgesellschaft Franzdorf, hat in ihrem Bericht vom heutigen Tag festgestellt, dass der Wert der Sacheinlage zum heutigen Tage den Betrag der übernommenen Stammeinlage von EUR 25.000 und den Wert des gewährten Darlehens von EUR 40.000, zusammen EUR 65.000, mindestens erreicht.

Ich beziehe mich auf diese Ausführungen der Treuhandgesellschaft Franzdorf zur Werthaltigkeit der gemäß Gründung der Gesellschaft vom .... August 2009 zu leistenden Sacheinlage, schließe mich diesen Ausführungen an und mache sie zum Gegenstand meiner Erklärung.

Die Ergebnisse meines Einzelunternehmens zum 31. Dezember 2007 und 31. Dezember 2008 weisen einen Gewinn von EUR 150.000,00 (2007) und von EUR 250.000,00 (2008) aus (§ 5 Abs. 4 GmbHG)

Franzdorf, den .... August 2009

....

(Franz Moritz)
– Geschäftsführer –
– Alleingesellschafter –

F. Werthaltigkeitsbescheinigung

An das
Amtsgericht Franzdorf
– Registergericht – ...August 2009

Moritz Kunststoffe GmbH, HRB neu,
Neugründung einer GmbH durch Sacheinlage

Sehr geehrte Damen und Herren,

Herr Franz Moritz hat als Alleingesellschafter eine Gesellschaft mit beschränkter Haftung unter der Firma Moritz Kunststoffe GmbH mit einem Stammkapital von EUR 25.000 gegründet (UR Nr. ..../2009 des Notars Max Müller, Notariat Müllersdorf). Das Stammkapital von EUR 25.000 ist nicht in Geld zu erbringen, sondern als Sacheinlage in der Weise, dass Herr Franz Moritz sein Einzelunternehmen „Franz Moritz Kunststoffe" mit dessen gesamtem aktiven Geschäftsbetrieb mit sämtlichen Aktiven und Passiven sowie sämtlichen materiellen und immateriellen Vermögensgegenständen, Rechten und Verpflichtungen, Vertragsverhältnissen und Verbindlichkeiten im Wege der Einzelrechtsübertragung auf die Moritz Kunststoffe GmbH i.Gr. überträgt. Der die Leistung auf den neuen Geschäftsanteil übersteigende Betrag wird in Höhe von EUR 40.000 als Darlehen gewährt und im Übrigen als Aufgeld der Kapitalrücklage zugeführt.

Die Einbringung des Einzelunternehmens mit dessen gesamten aktiven Geschäftsbetrieb (Sacheinlage) erfolgte durch Einbringungsvertrag vom .... August 2009 mit wirtschaftlicher Wirkung zum 1. Januar 2009 (Einbringungsstichtag).

Im Zusammenhang mit dieser Sacheinlage wurde die Treuhandgesellschaft Franzdorf gebeten, Angaben über die Werthaltigkeit der vorstehend bezeichneten Sacheinlage zu machen.

Das Einzelunternehmen von Herrn Franz Moritz wird von uns seit Jahren steuerlich beraten. Die Buchhaltung und die Jahresabschlüsse, insbesondere der Jahresabschluss zum 31. Dezember 2008 und die steuerliche Einbringungsbilanz zum 1. Januar 2009 wurden von uns erstellt.

Bei dem Einzelunternehmen von Herrn Franz Moritz, dessen Geschäftsbetrieb von der Moritz Kunststoffe GmbH i.Gr. fortgeführt wird, handelt es sich um ein Unternehmen, dessen wesentliche Aktivitäten in der Be- und Verarbeitung von Kunststoffen bestehen.

Stichtag für die Ermittlung der Werthaltigkeit ist der Zeitpunkt der Abgabe dieser Bescheinigung.

Allein die Buchwerte der übertragenen Vermögensgegenstände zum Einbringungsstichtag abzüglich der Verbindlichkeiten weisen einen Netto-Vermögenswert aus, der das Stammkapital der GmbH von EUR 25.000 und das zu gewährende Darlehen von EUR 40.000 übersteigt. Wir haben uns davon überzeugt, dass in der Zeit zwischen dem Einbringungsstichtag und dem heutigen Tag hinsichtlich des eingebrachten Einzelunternehmens keine Verluste aufgetreten sind, die den Wert wesentlich gemindert hätten.

Nach dem abschließenden Ergebnis unserer Untersuchung bestätigen wir aufgrund der uns vorgelegten Schriften, der uns erteilten Auskünfte und der von uns vorgenommenen Prüfungshandlungen, dass der Wert des eingebrachten Einzelunternehmens zum heutigen Tage den Betrag der übernommenen Stammeinlage in Höhe von EUR 25.000 und den Wert des gewährten Darlehens von EUR 40.000, zusammen EUR 65.000, mindestens erreicht.

Anhang

Die Ergebnisse des Einzelunternehmens von Herrn Franz Moritz zum 31. Dezember 2007 und 31. Dezember 2008 weisen einen Gewinn von EUR 150.000,00 (2007) und von EUR 250.000,00 (2008) aus (§ 5 Abs. 4 GmbHG).

_____

….
Treuhandgesellschaft Franzdorf

Mustersatz 6
Ausgliederung eines Teilbetriebs aus einer GmbH & Co. KG zum Zweck der Gründung einer GmbH
(Sachgründung)

A. Ausgliederungsplan
B. Satzung der neuen GmbH
C. Anmeldung der Errichtung der neuen GmbH zum Handelsregister
D. Anmeldung der Ausgliederung zum Handelsregister der übertragenden Gesellschaft
E. Sachgründungsbericht

A. Ausgliederungsplan

Urkundenrolle Nr. /2009

Müllersdorf

Geschehen am …. August 2009

– … August zweitausendneun –

Vor mir, dem

Notar Max **Müller** mit dem Amtssitz in Müllersdorf,

erscheint heute in meinen Amtsräumen in Maxstraße 1, 80001 Müllersdorf:

Herr Franz **Moritz**, wohnhaft Moritzstraße 1, 80000 Franzdorf,

geb. am 1 Januar 1951,

handelnd nicht in eigenem Namen, sondern

a) als von den Beschränkungen des § 181 BGB befreiter, einzelvertretungsberechtigter Geschäftsführer der **Moritz GmbH** mit Sitz in Franzdorf, eingetragen im Handelsregister des Amtsgericht Franzdorf unter HRB 1,

b) als einzelvertretungsberechtigter und von den Beschränkungen des § 181 BGB befreiter Geschäftsführer der **Moritz Verwaltungs GmbH** mit dem Sitz in Franzdorf, eingetragen im Handelsregister des Amtsgerichts Franzdorf unter HRB 3, für diese,

c) als einzelvertretungsberechtigter und von den Beschränkungen des § 181 BGB befreiter Geschäftsführer der **Moritz Verwaltungs GmbH** in deren Eigenschaft als alleinige Komplementärin der **Moritz Beteiligungen GmbH & Co. KG** mit dem Sitz in Franzdorf, eingetragen im Handelsregister des Amtsgerichts Franzdorf unter HRA 2.

Der Erschienene ist persönlich bekannt.

Der Erschienene verneint auf Frage eine Vorbefassung im Sinne des § 3 Abs. 1 Satz 1 Nr. 7 BeurkG.

Der Erschienene, handelnd wie angegeben, erklärt mit der Bitte um Beurkundung Folgendes zu notariellem Protokoll:

A. Vorbemerkung

Alleinige Kommanditistin der Kommanditgesellschaft unter der Firma Moritz Beteiligungen GmbH & Co. KG mit Sitz in Franzdorf, eingetragen im Handelsregister des Amtsgerichts Franzdorf unter HRA 2, ist die Moritz GmbH mit Sitz in Franzdorf, mit einer Hafteinlage in Höhe von € 30.000.000. Alleinige Komplementärin der Moritz Beteiligungen GmbH & Co. KG ohne Kapitalbeteiligung ist die Moritz Verwaltungs GmbH mit Sitz in Franzdorf, eingetragen im Handelsregister des Amtsgerichts Franzdorf unter HRB 3.

Die Hafteinlage ist vollständig erbracht.

Mit der nachstehenden Ausgliederung zur Neugründung soll der „Holdinggeschäftsbereich" der Moritz Beteiligungen GmbH & Co. KG zum Zwecke der Schaffung einer weiteren am Markt selbständig auftretenden Einheit in der Rechtsform einer GmbH sowie der Konzentrierung der Moritz Beteiligungen GmbH & Co. KG auf den IT- und Rechnungswesenbereich aus der Moritz Beteiligungen GmbH & Co. KG ausgegliedert werden.

B. Spaltungsplan

Die Moritz Beteiligungen GmbH & Co. KG, vertreten durch die Moritz Verwaltungs GmbH, diese vertreten durch den Erschienenen, beschließt folgenden Spaltungsplan:

§ 1
Übertragender Rechtsträger und
Gründung des übernehmenden Rechtsträgers

1. Die Firma der übertragenden Gesellschaft lautet:

    Moritz Beteiligungen GmbH & Co. KG („Moritz KG")

    Die übertragende Moritz KG hat ihren Sitz in Franzdorf und ist eingetragen im Handelsregister des Amtsgerichts Franzdorf unter HRA 2.

2. Durch die Spaltung entsteht zusätzlich folgende Gesellschaft:

    Moritz Holding GmbH mit Sitz in Franzdorf.

    Der Gesellschaftsvertrag der durch die Spaltung entstehenden Gesellschaft ist in einer besonderen, von dem Erschienenen unterzeichneten Urkunde niedergelegt, die dieser Urkunde als Anlage I beigefügt ist, mitverlesen wurde und einen wesentlichen Bestandteil dieser Urkunde bildet. Vorbehaltlich der Genehmigung durch die Gesellschafterversammlung der übertragenden Gesellschaft (vgl. unten D. § 1) gilt dieser Gesellschaftsvertrag hiermit als festgestellt.

§ 2
Vermögensübertragung

1. Die Moritz KG gliedert die nachfolgend bezeichneten Vermögensteile aus ihrem Betriebsvermögen aus und überträgt diese hiermit als Gesamtheit mit allen Rechten und Pflichten unter Fortbestand der Moritz KG auf die von ihr dadurch neu gegründete Gesellschaft unter der Firma Moritz Holding GmbH gegen Gewährung von Geschäftsanteilen an dieser Gesellschaft. Die Ausgliederung erfolgt gemäß §§ 123 ff. UmwG (Spaltung in Form der Ausgliederung zur Neugründung gemäß § 123 Abs. 3 Nr. 2 UmwG).

2. Auf die Moritz Holding GmbH ausgegliedert wird der gesamte Betriebsteil/Teilbetrieb „Holdinggeschäftsbereich" der übertragenden Moritz KG.

    Der zu übertragende Betriebsteil/Teilbetrieb beinhaltet die nachfolgend aufgeführten Aktiva und Passiva (Gliederung nach § 266 HGB), sowie die Verträge und sonstigen Rechtsverhältnisse/

Anhang

Rechtspositionen, die wirtschaftlich zum Betriebsteil/Teilbetrieb gehören, insbesondere, aber nicht abschließend folgende

AKTIVA

A. Anlagevermögen

II. Sachanlagen gemäß Anlage II.1

Finanzanlagen

1. Anteile an verbundenen Unternehmen

a) 100%iger Geschäftsanteil an der Moritz Kft, Gyómroi út 1000, H-2000 Frances, eingetragen beim Handelsgericht im Komitat Frances, Ungarn unter der Handelsregisternummer 10-00-00001.

b) Teilgeschäftsanteil im Nominalbetrag von € 22.250 (89% des Stammkapitals) an der Moritz (Müllersdorf) GmbH mit Sitz in Müllersdorf, eingetragen im Handelsregister des Amtsgerichts Franzdorf unter HRB 4.

Zu diesem Zweck wird der Geschäftsanteil der Moritz KG an der Moritz (Müllersdorf) GmbH im Nominalbetrag von € 25.000 hiermit von der Moritz KG als alleinige Gesellschafterin der Moritz (Müllersdorf) GmbH geteilt in zwei Teilgeschäftsanteile im Nominalbetrag von € 22.250 und € 2.750.

2. Ausleihungen an verbundene Unternehmen

a) Forderung gegenüber der Moritz Beteiligungen GmbH mit Sitz in Franzdorf aus dem Darlehensvertrag vom 10. November 2003 in Höhe von nominal € 24.000.000.

b) Forderung gegenüber der Moritz Beteiligungen GmbH mit Sitz in Franzdorf aus dem Darlehensvertrag vom 5. Oktober 2005 in Höhe von nominal € 25.000.000 inkl. der aufgelaufenen Zinsen.

B. Umlaufvermögen

II. Forderungen und sonstige Vermögensgegenstände

a) Forderung gegenüber der Moritz (Deutschland) GmbH mit Sitz in Franzdorf in Höhe von nominal € 254.100 (verbucht auf dem Konto 0.010000 der Moritz KG).

b) Forderung gegenüber der Moritz (Deutschland) GmbH mit Sitz in Franzdorf aus dem Darlehensvertrag vom 18. Juli 2003 in Höhe von nominal € 1.650.000 (verbucht auf dem Konto 0.200000 der Moritz KG) inkl. der aufgelaufenen Zinsen (verbucht auf dem Konto 0.200001 der Moritz KG).

PASSIVA

B. Rückstellungen

Verpflichtungen, die zu den folgenden Rückstellungen geführt haben:

Konto der Moritz KG	Bezeichnung	Betrag	
		€	
		€	
		€	

Anhang

C. Verbindlichkeiten

a) Verbindlichkeit gegenüber der Moritz plc. in Höhe von nominal € 1,14 (verbucht auf dem Konto 0.300000 der Moritz KG).

b) Verbindlichkeit gegenüber der Moritz (Deutschland) GmbH mit Sitz in Franzdorf aus dem Darlehensvertrag vom 30. Januar 2000 mit Nachtrag vom 13. Januar 2001 in Höhe von nominal € 4.857.272,87 (verbucht auf dem Konto 0.300010 der Moritz KG) inkl. der aufgelaufenen Zinsen in Höhe von € 196.719,55 (verbucht auf dem Konto 0.300020 der Moritz KG).

c) Folgende sonstigen Verbindlichkeiten:

Konto der Moritz KG	Bezeichnung	Betrag
		€
		€
		€

VERTRÄGE UND SONSTIGE RECHTS- UND HAFTUNGSVERHÄLTNISSE gemäß Anlage II.2

ARBEITNEHMER: Mitarbeiterin der Moritz KG mit der Personalnummer 000007

Mit übertragen werden auch die gesamten GESCHÄFTSBEZIEHUNGEN der Moritz KG, soweit sie den Betriebsteil/Teilbetrieb „Holdinggeschäftsbereich" betreffen, einschließlich sämtlicher Unterlagen und sonstiger Medien, in denen sich die Geschäftsbeziehungen des Betriebsteils/Teilbetriebs verkörpern.

Die Übertragung des gesamten Vermögens des Betriebsteils/Teilbetriebs „Holdinggeschäftsbereich" der Moritz KG auf die Moritz Holding GmbH erfolgt ohne Rücksicht auf die Bilanzierungspflicht und Bilanzierungsfähigkeit der Aktiva und Passiva sowie sonstigen Rechtsverhältnisse.

3. Die Beherrschungs- und Gewinnabführungsverträge mit der Moritz (Müllersdorf) GmbH vom 8. Januar 2001 und der Moritz (Deutschland) GmbH vom 3. Februar 2003 wurden am heutigen Tag aus wichtigem Grund mit sofortiger Wirkung gekündigt. Die Kündigung ist den Kündigungsempfängern noch vor Beurkundung dieses Spaltungsplans zugegangen. Die Rechte und Pflichten aus den Beherrschungs- und Gewinnabführungsverträgen sind erloschen. Damit sind die Verträge nicht Gegenstand der Ausgliederung.

4. Soweit ab dem Ausgliederungsstichtag – nachstehend unter B. § 5 – Gegenstände durch die übertragende Gesellschaft veräußert worden sind, treten die Surrogate an deren Stelle.

5. Vermögen, Verbindlichkeiten, Verträge und sonstige Rechtspositionen der Moritz KG, die nicht in B. § 2 (2) aufgeführt sind, gehen, soweit sie dem Betriebsteil/Teilbetrieb „Holdinggeschäftsbereich" im weitesten Sinne wirtschaftlich zuzuordnen sind und diese Urkunde nichts anderes regelt, ebenfalls mit über. Für den Fall, dass es zu Zweifelsfragen bei der Zuordnung der einzelnen Vermögensgegenstände und Verbindlichkeiten kommt, hat die Moritz KG ein Bestimmungsrecht nach § 315 BGB.

§ 3
Schlussbilanz

Die Ausgliederung erfolgt unter Fortführung der Buchwerte der Moritz KG durch die Moritz Holding GmbH auf Basis der Schlussbilanz der Moritz KG zum 31. Dezember 2008 (Schlussbilanz gemäß §§ 135, 125 i.V.m. § 17 Abs. 2 UmwG).

§ 4
Gewährung von Anteilen

1. Das Stammkapital der neu zu gründenden Moritz Holding GmbH beträgt € 1.000.000 (in Worten: Euro eine Million). Der übertragenden Moritz KG wird der einzige Geschäftsanteil im Nennbetrag von € 1.000.000 gewährt. Die Stammeinlage wird durch die Übertragung der in B. § 2 dieses Spaltungsplanes bezeichneten Aktiven und Passiven erbracht. Der Geschäftsanteil im Nennbetrag von € 1.000.000 wird als Gegenleistung für die Übertragung dieses Vermögens gewährt.

   Soweit der Wert des bei der Ausgliederung zu Buchwerten übertragenen Reinvermögens den Nennbetrag des Stammkapitals der Moritz Holding GmbH von € 1.000.000 übersteigt, wird dieser Betrag als Aufgeld in die Kapitalrücklage bei der Moritz Holding GmbH eingestellt.

   Der von der Moritz KG übernommene Geschäftsanteil an der Moritz Holding GmbH ist ab deren Gründung gewinnberechtigt.

2. Bare Zuzahlungen sind nicht zu leisten.

3. Es bestehen bei der Moritz KG weder besondere Rechte im Sinne des § 135 i.V.m. § 126 Abs. 1 Nr. 7 UmwG, noch werden im Zusammenhang mit der Ausgliederung solche besonderen Rechte an ihre Anteilsinhaber gewährt.

4. Es werden weder einem Mitglied eines Vertretungs- oder Aufsichtsorgans, noch dem Abschlussprüfer oder dem Spaltungsprüfer der an der Spaltung beteiligten Rechtsträger besondere Vorteile im Sinne des § 135 i.V.m. § 126 Abs. 1 Nr. 8 UmwG gewährt.

§ 5
Ausgliederungsstichtag

Die Übertragung des Betriebsteils/Teilbetriebs „Holdinggeschäftsbereich" der Moritz KG erfolgt mit schuldrechtlicher Wirkung zum 1. Januar 2009, 0.00 Uhr (Ausgliederungsstichtag). Ab diesem Zeitpunkt gelten die auf den Betriebsteil/Teilbetrieb „Holdinggeschäftsbereich" der übertragenden Moritz KG bezogenen Geschäfte und Handlungen der Moritz KG jeweils als für Rechnung der übernehmenden Moritz Holding GmbH vorgenommen, § 135 i.V.m. § 126 Abs. 1 Nr. 6 UmwG.

§ 6
Sonstiges

1. Sollten für die Übertragung von in B. § 2 genannten Vermögensgegenständen, Schulden, Arbeitsverhältnissen, Verträgen und sonstigen Rechtspositionen weitere Voraussetzungen geschaffen oder staatliche Genehmigungen eingeholt werden müssen, so werden die Beteiligten alle erforderlichen Erklärungen abgeben und Handlungen vornehmen.

2. Sollte eine Übertragung von in B. § 2 genannten Vermögensgegenständen, Schulden, Arbeitsverhältnissen, Verträgen und sonstigen Rechtspositionen im Wege der Spaltung nicht möglich sein, so werden die Beteiligten alle erforderlichen Erklärungen abgeben und alle erforderlichen Handlungen vornehmen, die rechtlich zu dem beabsichtigten Vermögensübergang auf die Moritz Holding GmbH in anderer Weise führen.

3. Die Moritz Holding GmbH ist berechtigt, den Namen „Moritz" einzeln und in jeder Kombination uneingeschränkt zu nutzen.

§ 7
Folgen der Ausgliederung für die Arbeitnehmer und ihre Vertretungen sowie die insoweit vorgesehenen Maßnahmen

1. Beschäftigtenstruktur, Kollektivrechtliche Regelungen

   Die Moritz KG beschäftigt derzeit ca. 70 Arbeitnehmer, davon 1 Arbeitnehmerin im Betriebsteil „Holdinggeschäftsbereich".

   Die Arbeitsverhältnisse der Beschäftigten der Moritz KG sind ausschließlich auf Grundlage einzelarbeitsvertraglicher Regelungen gestaltet. Kollektivrechtliche Regelungen (Tarifverträge, Gesamtbetriebsvereinbarungen, Betriebsvereinbarungen) bestehen nicht. Die Moritz KG ist nicht tarifgebunden. Soweit für allgemeinverbindlich erklärte Tarifverträge beziehungsweise im Einzelfall tarifliche Nachwirkungen bestehen, gelten diese für die Arbeitsverhältnisse der Arbeitnehmer unverändert weiter, da sich durch die Ausgliederung keine Änderungen im Geltungsbereich eines für allgemeinverbindlich erklärten Tarifvertrages ergeben.

2. Aufsichtsrat und Betriebsrat

   Bei der Moritz KG bestehen weder ein Betriebsrat noch ein Aufsichtsrat. Eine Zuleitung des Spaltungsplans an den Betriebsrat erübrigte sich daher. Gleiches gilt für die Moritz Holding GmbH.

3. Folgen der Ausgliederung für die Arbeitnehmer und ihre Vertretungen

   Auf die Arbeitsverhältnisse der bei der Moritz KG verbleibenden Mitarbeiter hat die Ausgliederung keine rechtlichen Auswirkungen. Diese Arbeitsverhältnisse bestehen unverändert fort. Die Arbeitsverhältnisse der Arbeitnehmer, die dem Betriebsteil „Holdinggeschäftsbereich" zugeordnet sind (vgl. oben B. § 2 (2) ARBEITNEHMER), gehen gem. §§ 324 Abs. 1 UmwG i.V.m. 613a Abs. 1 und 4 bis 6 BGB auf die Moritz Holding GmbH über. Die Moritz Holding GmbH tritt in alle Rechte und Pflichten der übergehenden Arbeitsverhältnisse gem. § 613a Abs. 1 Satz 1 BGB ein. Damit gelten die bestehenden Arbeitsverträge inhaltlich unverändert fort. Gemäß § 324 UmwG bleibt das Widerspruchsrecht der Arbeitnehmer gegen den Betriebsübergang, das sich aus § 613a Abs. 6 BGB ergibt, unberührt. Der Widerspruch eines Arbeitnehmers gegen den Betriebsübergang führt zum Fortbestehen des jeweiligen Arbeitsverhältnisses bei der Moritz KG; dort kann diesen Arbeitnehmern wegen Wegfalls eines entsprechenden Arbeitsplatzes ggf. betriebsbedingt gekündigt werden. Die Arbeitnehmer werden gemäß § 613a Abs. 5 BGB vor dem Übergang informiert.

4. Im Zusammenhang mit oder nach der Ausgliederung vorgesehene Maßnahmen

   Im Zusammenhang mit der Ausgliederung sind keine Maßnahmen zum Personalabbau vorgesehen. Veränderungen bei den Aufgabenstellungen der Arbeitnehmer sind zur Zeit nicht geplant. Auch sonstige Maßnahmen sind in diesem Zusammenhang nicht vorgesehen.

C. Sicherheitsleistung

Den Gläubigern der an der Ausgliederung beteiligten Gesellschaften ist, wenn sie binnen 6 Monaten nach der Bekanntgabe der Eintragung der Ausgliederung in das Handelsregister des Sitzes der Gesellschaft, deren Gläubiger sie sind, ihren Anspruch nach Grund und Höhe schriftlich anmelden, Sicherheit zu leisten, soweit sie nicht Befriedigung verlangen können und glaubhaft machen, dass durch die Ausgliederung die Erfüllung ihrer Forderungen gefährdet wird.

Zur Sicherheitsleistung ist allerdings nur die an der Ausgliederung beteiligte Gesellschaft verpflichtet, gegen die sich der Anspruch richtet.

D. Gesellschafterversammlung der Moritz KG und sonstige Erklärungen

§ 1
Gesellschafterversammlung der Moritz KG

Sodann tritt der Erschienene unter Verzicht auf die Einhaltung aller Form- und Fristvorschriften hinsichtlich der Einberufung und Ankündigung, vorsorglich auch einschließlich §§ 135, 125 und 42 UmwG, in eine Gesellschafterversammlung der Moritz KG ein, in der der Erschienene die Moritz GmbH als deren alleinige Kommanditistin und die Moritz Verwaltungs GmbH als deren alleinige Komplementärin vertritt und fasst folgende Beschlüsse:

1. Dem in dieser Niederschrift enthaltenen Spaltungsplan (oben B.) wird zugestimmt.
2. Der Gründung der Moritz Holding GmbH sowie dem dieser Niederschrift als Anlage I beigefügten Gesellschaftsvertrag der Moritz Holding GmbH wird zugestimmt.

§ 2
Verzichts- und sonstige Erklärungen

Der Erschienene als Geschäftsführer der Moritz GmbH als alleiniger Kommanditistin und als Geschäftsführer der alleinigen Komplementärin der Moritz KG erklärt sodann:

1. Auf ein Recht zur Anfechtung der in D. § 1 gefassten Beschlüsse wird verzichtet.
2. Auf die Erstattung eines Spaltungsberichtes wird gemäß §§ 135, 127 Satz 2, 8 Abs. 3 UmwG verzichtet.
3. Auf eine Spaltungsprüfung gemäß §§ 125, 9 UmwG sowie auf einen Prüfbericht gemäß §§ 125, 12 UmwG wird vorsorglich (§ 125 Satz 2 UmwG) verzichtet (§§ 135, 125, 9 Abs. 3, 12 Abs. 3, 8 Abs. 3 UmwG).
4. Auf eine Klageerhebung gegen die Wirksamkeit des Spaltungsbeschlusses wird ebenfalls verzichtet (§§ 135, 125 S. 1 i.V.m. § 16 Abs. 2 UmwG).
5. Es wird festgestellt, dass die Moritz GmbH als alleinige Kommanditistin und die Moritz Verwaltungs GmbH als alleinige Komplementärin der übertragenden Moritz KG rechtzeitig vom Spaltungsplan Kenntnis erhalten haben.
6. Die Geschäftsführer der beteiligten Gesellschaften werden im Innenverhältnis, mit Ausnahme der Haftung wegen Vorsatzes, soweit gesetzlich zulässig, von der Haftung freigestellt.

E. Geschäftsführerbestellung

Sodann tritt der Erschienene unter Verzicht auf die Einhaltung aller Form- und Fristvorschriften hinsichtlich der Einberufung und Ankündigung in eine Gesellschafterversammlung der neu gegründeten Moritz Holding GmbH ein, in der er die Moritz Verwaltungs GmbH als alleinige Komplementärin der Moritz KG, diese wiederum als alleinige Gesellschafterin der Moritz Holding GmbH, vertritt und fasst folgende Beschlüsse:

1. Zum Geschäftsführer der Moritz Holding GmbH („Gesellschaft") wird bestellt:

Herr Franz Moritz,
geboren am 1. Januar 1951,
wohnhaft Moritzstraße 1, 80000 Franzdorf

2. Der Geschäftsführer vertritt die Gesellschaft jeweils zusammen mit einem anderen Geschäftsführer oder zusammen mit einem Prokuristen, jedoch alleine, falls er alleiniger Geschäftsführer ist.
3. Der Geschäftsführer ist von den Beschränkungen des § 181 BGB befreit, d.h. der Geschäftsführer ist befugt, die Gesellschaft bei der Vornahme von Rechtsgeschäften mit sich selbst oder mit sich als Vertreter Dritter uneingeschränkt zu vertreten.

F. Schlussbestimmungen

I. Salvatorische Klausel

Sollte irgendeine Bestimmung, ein Beschluss oder eine Erklärung in dieser Urkunde ganz oder teilweise unwirksam sein oder werden, so bleiben die übrigen Bestimmungen, Beschlüsse und Erklärungen davon unberührt. Die Beteiligten verpflichten sich für diesen Fall zu einer Ergänzung bzw. Änderung, die dem wirtschaftlich gewollten Zweck am nächsten kommt. Dies gilt auch für den Fall, dass nach Unterzeichnung eine Regelungslücke erkannt wird.

II. Kosten

Sämtliche Kosten dieser Urkunde und ihres Vollzugs sowie etwa anfallende Verkehrssteuern trägt die Moritz KG.

III. Hinweise und Belehrungen

Der Notar hat insbesondere darüber belehrt bzw. darauf hingewiesen, dass
1. die Ausgliederung erst mit ihrer Eintragung in das Handelsregister der übertragenden Gesellschaft wirksam wird und diese Eintragung erst nach Eintragung der neuen Gesellschaft erfolgen kann;
2. bei Eintragung der neu entstehenden Gesellschaft in das Handelsregister der Wert des Gesellschaftsvermögens nicht niedriger sein darf als das ausgewiesene Stammkapital und dass die übertragende Gesellschaft – mit Ausnahme des übernommenen Gründungsaufwands – für einen etwa bestehenden Fehlbetrag haftet;

3. die auszugliedernden Teile des Vermögens (einschließlich der Verbindlichkeiten) des übertragenden Rechtsträgers erst mit Eintragung der Ausgliederung in dessen Handelsregister auf die übernehmende Gesellschaft übergehen und der übertragende Rechtsträger zum gleichen Zeitpunkt erst Anteilseigner hinsichtlich des entstehenden Geschäftsanteils des übernehmenden Rechtsträgers wird, § 135 i.V.m. § 131 UmwG;
4. den Gläubigern und Inhabern von Sonderrechten unter den Voraussetzungen der §§ 133, 134 UmwG ggf. gesamtschuldnerisch gehaftet wird;
5. die Geschäftsführer der übertragenden Gesellschaft nach § 25 UmwG oder nach allgemeinen Haftungsvorschriften ggf. Schadenersatz zu leisten haben;
6. weitergehende Haftungsvorschriften bestehen, insbesondere die §§ 25 HGB, 75 AO (§ 135 i.V.m. § 133 Abs. 1 Satz 2 UmwG);
7. die kündigungsrechtliche Stellung der Arbeitnehmer nach § 323 UmwG geschützt ist und die Anwendbarkeit des § 613a Abs. 1 und 4 bis 6 BGB bei einem Betriebsübergang im Rahmen einer Ausgliederung unberührt bleibt (§ 324 UmwG), sowie auf § 21a, b BetrVG (eventuelles Übergangs- und Restmandat des Betriebsrats);
8. bei der Anmeldung der Ausgliederung zur Eintragung in das Handelsregister der übernehmenden Gesellschaft vom Vertretungsorgan zu erklären ist, dass die durch Gesetz und Gesellschaftsvertrag vorgesehenen Voraussetzungen für die Gründung dieser Gesellschaft unter Berücksichtigung der Ausgliederung im Zeitpunkt der Anmeldung vorliegen;
9. für die übernehmende Gesellschaft die Gründungsvorschriften anzuwenden sind, § 135 Abs. 2 UmwG;
10. ggf. Grunderwerbsteuer anfällt.

IV. Vollmachten

Der Erschienene erteilt hiermit
1. ....,
2. ....,
3. ....,

Notarssekretärinnen Maxstraße 1, 80001 Müllersdorf,

– je einzeln –

die von dem übrigen Inhalt dieser Urkunde unabhängige V o l l m a c h t, aber keinen Auftrag, sämtliche Erklärungen abzugeben und entgegenzunehmen, die nach ihrem Ermessen zu dem Vollzug dieses Spaltungsplans samt Anlagen sowie der Gründung der übernehmenden Gesellschaft, der Zustimmungsbeschlüsse sowie der Verzichtserklärungen erforderlich oder zweckmäßig sind. Die Bevollmächtigten sind insbesondere auch zu nachträglichen Änderungen und/oder Ergänzungen ermächtigt. Sie haben das Recht, Handelsregisteranmeldungen abzugeben und Eintragungsanträge zu stellen und auch zurückzunehmen.

Von den Beschränkungen des § 181 BGB sind die Bevollmächtigten befreit; sie haben das Recht zur Vollmachtsübertragung.

Von dieser Vollmacht kann nur durch beurkundete oder beglaubigte Erklärung vor dem Notar, seinem Sozius oder deren Vertreter im Amte Gebrauch gemacht werden.

V. Anlagen

Auf die <u>Anlage II.1</u> wird gemäß § 14 Abs. 1 Satz 1 BeurkG verweisen. Diese Anlage wurde dem Erschienenen zur Kenntnisnahme vorgelegt, ist ihm inhaltlich bekannt und wurde von ihm auf jeder Seite unterschrieben. Der Erschienene verzichtet auf das Vorlesen der vorgenannten Anlage. Auf die Bedeutung des § 14 BeurkG hat der beurkundende Notar hingewiesen.

Diese Niederschrift samt Anlagen I. und II.2 wurde dem Erschienenen vom Notar vorgelesen, von ihm genehmigt und von ihm und dem Notar unterschrieben wie folgt:

B. Satzung der neuen GmbH

GESELLSCHAFTSVERTRAG
der
Moritz Holding GmbH (Kurzform)

§ 1
Firma und Sitz der Gesellschaft

1. Die Firma der Gesellschaft lautet:
   Moritz Holding GmbH
2. Sitz der Gesellschaft ist Franzdorf.

§ 2
Gegenstand des Unternehmens

1. Gegenstand des Unternehmens sind der Erwerb, die Veräußerung, die Verwaltung und Koordination der Geschäftstätigkeiten von Beteiligungen, insbesondere an Lebensmittel- und Kunststoffunternehmen im In- und Ausland. Gegenstand des Unternehmens sind daneben auch die Erbringung der Aufgaben einer Management- und Finanz-Holding in der Moritz-Gruppe.
2. Die Gesellschaft ist in diesem Zusammenhang zur Erbringung von Finanzierungsdienstleistungen für Mutter-, Tochter- und Schwesterunternehmen sowie zur Erbringung von Management- und weiteren Verwaltungsdienstleistungen für verbundene Unternehmen berechtigt. Es werden somit weder genehmigungspflichtige Geschäfte nach dem Kreditwesengesetz noch andere Dienstleistungen, die einer besonderen Erlaubnis bedürfen, vorgenommen.

§ 3
Geschäftsjahr

Das Geschäftsjahr ist das Kalenderjahr.

§ 4
Dauer

Die Gesellschaft wird auf unbestimmte Zeit errichtet.

§ 5
Stammkapital

1. Das Stammkapital der Gesellschaft beträgt € 1.000.000 (in Worten: Euro eine Million). Das Stammkapital besteht aus einem Geschäftsanteil im Nennwert von € 1.000.000.
2. Der Geschäftsanteil von € 1.000.000 wurde übernommen von der Moritz Beteiligungen GmbH & Co. KG mit Sitz in Franzdorf.
3. Die Einlage auf das Stammkapital wird in voller Höhe dadurch geleistet, dass der Betriebsteil/Teilbetrieb „Holdinggeschäftsbereich" der Moritz Beteiligungen GmbH & Co. KG mit Sitz in Franzdorf eingetragen im Handelsregister des Amtsgerichts Franzdorf unter HRA 2 mit den dazugehörigen Aktiva und Passiva sowie allen Rechten und Pflichten gemäß den Bestimmungen des Umwandlungsgesetzes (UmwG) im Wege der Ausgliederung zur Neugründung nach Maßgabe des notariell beurkundeten Spaltungsplanes vom …. August 2009 auf die Gesellschaft übertragen wird. Sowei

der Wert des bei der Ausgliederung zu Buchwerten übertragenen Reinvermögens den Nennbetrag des Stammkapitals der Gesellschaft von € 1.000.000 übersteigt, wird dieser Betrag als Aufgeld in die Kapitalrücklage bei der Gesellschaft eingestellt.

§ 6
Gesellschafterversammlungen

Die Gesellschafterversammlungen finden am Sitz der Gesellschaft statt. Die Gesellschafter können jedoch einen anderen Ort im In- oder Ausland bestimmen. Selbst ohne eine Gesellschafterversammlung können Beschlüsse schriftlich, per Telefax, E-Mail oder Telegramm gefaßt werden, soweit gesetzlich zulässig und wenn alle Gesellschafter diesem Verfahren zustimmen. Jeder Gesellschafter kann sich durch eine mit schriftlicher Vollmacht versehene dritte Person in der Gesellschafterversammlung vertreten lassen.

§ 7
Geschäftsführer

1. Die Gesellschaft hat einen oder mehrere Geschäftsführer. Ist nur ein Geschäftsführer bestellt, vertritt er die Gesellschaft allein. Ist mehr als ein Geschäftsführer bestellt, vertritt er die Gesellschaft gemeinsam mit einem weiteren Geschäftsführer oder gemeinsam mit einem Prokuristen.

2. Die Gesellschafterversammlung kann auch bei mehreren Geschäftsführern einzelnen, mehreren oder allen Einzelvertretungsbefugnis erteilen. Sie kann Geschäftsführer von den Beschränkungen des § 181 BGB befreien.

3. Die Regelungen der vorstehenden Absätze (2) und (3) gelten sinngemäß für Liquidatoren.

§ 8
Öffentliche Bekanntmachungen

Die öffentlichen Bekanntmachungen der Gesellschaft erfolgen ausschließlich im elektronischen Bundesanzeiger.

§ 9
Kosten und Steuern

Sämtliche Kosten und Steuern im Zusammenhang mit der Gründung der Gesellschaft und ihrer Eintragung bis zu € 5.000 werden von der Gesellschaft getragen.

C. Anmeldung der Errichtung der neuen GmbH zum Handelsregister

Amtsgericht Franzdorf
– Registergericht –

HRB neu

Gründung der Moritz Holding GmbH mit Sitz in Franzdorf in Anwendung der Vorschriften des Umwandlungsgesetzes (§§ 123 ff. UmwG)

Als alleiniger Geschäftsführer der Moritz Verwaltungs GmbH in deren Eigenschaft als alleinige Komplementärin der übertragenden Moritz Beteiligungen GmbH & Co. KG mit Sitz in Franzdorf eingetragen im Handelsregister des Amtsgerichts Franzdorf unter HRA 2 sowie als alleiniger Geschäftsführer der im Betreff genannten Gesellschaft überreiche ich beiliegend:

1. Ausfertigung der notariellen Niederschrift vom …. August 2009 (Urkundenrolle Nr……../2009 des Notars Max Müller mit dem Amtssitz in Müllersdorf), enthaltend

   - die Gründung der im Betreff genannten Gesellschaft,
   - den Gesellschaftsvertrag dieser Gesellschaft,
   - meine Bestellung zu deren Geschäftsführer,
   - den Spaltungsplan samt Anlagen,
   - den Spaltungsbeschluss einschließlich der Verzichtserklärungen nach §§ 135, 125, 8 Abs. 3, 9 Abs. 3 und 12 Abs. 3 UmwG;

2. unterzeichnete Gesellschafterliste;
3. Sachgründungsbericht;
4. die Bescheinigung der Treuhandgesellschaft Franzdorf vom …. August 2009 über die Werthaltigkeit der auf die übernehmende Gesellschaft übertragenen Wirtschaftsgüter.

Zum Geschäftsführer der neu errichteten Gesellschaft wurde ich,

Herr Franz Moritz

geboren am 1. Januar 1951,

wohnhaft Moritzstraße 1, 80000 Franzdorf,

bestellt.

Als Geschäftsführer der Moritz Verwaltungs GmbH in deren Eigenschaft als alleinige Komplementärin der übertragenden Moritz Beteiligungen GmbH & Co. KG melde ich die neu errichtete Gesellschaft, Moritz Holding GmbH mit dem Sitz in Franzdorf, und mich als deren Geschäftsführer zur Eintragung in das Handelsregister an.

Die Vertretungsbefugnis der Geschäftsführer ist in § 7 des Gesellschaftsvertrages der neu gegründeten Gesellschaft wie folgt geregelt:

"**§ 7**
Geschäftsführung, Vertretung

1. Die Gesellschaft hat einen oder mehrere Geschäftsführer. Ist nur ein Geschäftsführer bestellt, vertritt er die Gesellschaft allein. Ist mehr als ein Geschäftsführer bestellt, vertritt er die Gesellschaft gemeinsam mit einem weiteren Geschäftsführer oder gemeinsam mit einem Prokuristen.
2. Die Gesellschafterversammlung kann auch bei mehreren Geschäftsführern einzelnen, mehreren oder allen Einzelvertretungsbefugnis erteilen. Sie kann Geschäftsführer von den Beschränkungen des § 181 BGB befreien.
3. Die Regelungen der vorstehenden Absätze (2) und (3) gelten sinngemäß für Liquidatoren."

Herr Franz Moritz vertritt die Gesellschaft alleine. Er ist von den Beschränkungen des § 181 BGB befreit, d.h. er ist befugt, die Gesellschaft bei der Vornahme von Rechtsgeschäften mit sich selbst oder mit sich als Vertreter Dritter uneingeschränkt zu vertreten.

Als Geschäftsführer der neu errichteten Gesellschaft versichere ich, dass ab der Eintragung der Spaltung in das Handelsregister der übertragenden Moritz Beteiligungen GmbH & Co. KG das Vermögen der durch die Spaltung entstehenden Gesellschaft sich endgültig in meiner Verfügung als deren Geschäftsführer befindet und damit die Einlage bewirkt sein wird.

Ich versichere ferner, dass

[Vom Notar zu ergänzen]

Die Geschäftsräume der Gesellschaft befinden sich in Moritzstraße 1, 80000 Franzdorf; dies ist auch die inländische Geschäftsanschrift i.S.v. § 161 Abs. 2 i.V.m. § 106 Abs. 2 Nr. 2 HGB.

Ich erkläre gemäß §§ 135, 125, 16 Abs. 2 Satz 2 Halbsatz 1 UmwG unter Bezugnahme auf die im Spaltungsbeschluss abgegebenen Anfechtungsverzichtserklärungen sämtlicher Gesellschafter der übertragenden Gesellschaft, dass eine Anfechtung ausgeschlossen ist und daher eine Negativerklärung nach § 16 Abs. 2 Satz 1 UmwG entbehrlich ist.

Ich versichere, dass weder bei der übertragenden Moritz Beteiligungen GmbH & Co. KG ein Betriebsrat besteht bzw. zuständig ist noch bei der übernehmenden Gesellschaft. Eine Zuleitung des Spaltungsplans an den Betriebsrat erübrigte sich daher.

Müllersdorf, den .... August 2009

_____

Franz Moritz
- Geschäftsführer -

Beglaubigungsvermerk

D. Anmeldung der Ausgliederung zum Handelsregister der übertragenden Gesellschaft

Amtsgericht Franzdorf
– Registergericht –

Moritz Beteiligungen GmbH & Co. KG, HRA 2
Anmeldung einer Ausgliederung zur Neugründung (§§ 123 ff. UmwG)

Als einzelvertretungsberechtigter und von den Beschränkungen des § 181 BGB befreiter Geschäftsführer der Moritz Verwaltungs GmbH in deren Eigenschaft als alleinige Komplementärin der Moritz Beteiligungen GmbH & Co. KG überreiche ich beiliegend:

1. Ausfertigung der notariellen Niederschrift vom …. August 2009 (Urkundenrolle Nr. ……../2009 des Notars Max Müller, Notariat Müllersdorf), enthaltend
   - den Spaltungsplan samt Anlagen,
   - den Spaltungsbeschluss einschließlich Verzichtserklärungen;
2. Schlussbilanz der Moritz Beteiligungen GmbH & Co. KG zum 31. Dezember 2008.

Ich erkläre gemäß §§ 135, 125, 16 Abs. 2 Satz 2 Halbsatz 1 UmwG unter Bezugnahme auf die im Spaltungsbeschluss abgegebenen Anfechtungsverzichtserklärungen sämtlicher Gesellschafter der übertragenden Gesellschaft, dass eine Anfechtung ausgeschlossen ist und daher eine Negativerklärung nach § 16 Abs. 2 Satz 1 UmwG entbehrlich ist.

Ich versichere, dass weder bei der übertragenden Moritz Beteiligungen GmbH & Co. KG ein Betriebsrat besteht bzw. zuständig ist noch bei der übernehmenden Gesellschaft. Eine Zuleitung des Spaltungsplans an den Betriebsrat erübrigte sich daher.

Ich melde zur Eintragung in das Handelsregister an:

Unter Fortbestand der übertragenden Moritz Beteiligungen GmbH & Co. KG ist ein Teil ihres Vermögens im Wege der Ausgliederung zur Neugründung nach Maßgabe des beiliegenden Spaltungsplanes übertragen worden auf die

Moritz Holding GmbH
mit Sitz in Franzdorf.

Die Geschäftsräume der Moritz Holding GmbH befinden sich in Moritzstraße 1, 80000 Franzdorf. Die Geschäftsräume der Gesellschaft befinden sich unverändert in Moritzstraße 1, 80000 Franzdorf; dies ist auch die inländische Geschäftsanschrift i.S.v. § 161 Ab. 2 i.V.m. § 106 Abs. 2 Nr. 2 HGB.

Nach Vollzug der Eintragung bitte ich um Übermittlung einer Eintragungsnachricht an die Gesellschaft und den beglaubigenden Notar sowie um Übermittlung eines beglaubigten Handelsregisterauszuges an die Gesellschaft.

Müllersdorf, den …. August 2009

....
(Franz Moritz)
– Geschäftsführer –

Beglaubigungsvermerk

E. Sachgründungsbericht

SACHGRÜNDUNGSBERICHT
der
Moritz Holding GmbH i.G.

Gemäß §§ 135 Abs. 2, 138 UmwG iVm § 5 Abs. 4 GmbHG erstatte ich, Herr Franz Moritz, als einzelvertretungsberechtigter Geschäftsführer der Moritz Verwaltungs GmbH, der alleinigen Komplementärin der Moritz Beteiligungen GmbH & Co. KG, in der Eigenschaft der Moritz Beteiligungen GmbH & Co. KG als künftige Alleingesellschafterin der Moritz Holding GmbH folgenden Sachgründungsbericht im Zusammenhang mit der Ausgliederung zur Neugründung der Moritz Holding GmbH:

I. Vorbemerkung

Mit notarieller Urkunde des Notars Max Müller mit dem Amtssitz in Müllersdorf vom .... August 2009 wurde der „Holdinggeschäftsbereich" der Moritz Beteiligungen GmbH & Co. KG zum Zweck der Schaffung einer weiteren am Markt selbständig auftretenden Einheit in der Rechtsform einer GmbH sowie der Konzentrierung der Moritz Beteiligungen GmbH & Co. KG auf den IT- und Rechnungswesenbereich aus der Moritz Beteiligungen GmbH & Co. KG ausgegliedert.

Die Firma der neugegründeten Gesellschaft mit beschränkter Haftung lautet Moritz Holding GmbH, Sitz der Gesellschaft ist Franzdorf. Am Kapital der neugegründeten Moritz Holding GmbH von € 1.000.000 ist allein die Moritz Beteiligungen GmbH & Co. KG mit Sitz ebenfalls in Franzdorf beteiligt.

II. Angemessenheit der Leistungen für die Sacheinlagen, Werthaltigkeit

Durch die Ausgliederung wurden auf die neu gegründete Moritz Holding GmbH die in Anlage II.1 zum Spaltungsplan und im Spaltungsplan (Abschnitt B. § 2 der oben erwähnten Urkunde des Notars Max Müller) im einzelnen aufgeführten Aktiva und Passiva übertragen.

Nach Kenntnis der Gründerin, der Moritz Beteiligungen GmbH & Co. KG, sind keine Umstände bekannt, dass nach dem Stichtag der Schlussbilanz (31. Dezember 2008) eine Vermögensminderung eingetreten wäre, die der Werthaltigkeit des eingebrachten „Holdinggeschäftsbereichs" entgegenstünden.

Die Treuhandgesellschaft Franzdorf hat in ihrer Bescheinigung vom .... August 2009 über die Werthaltigkeit des Vermögens im Zusammenhang mit der oben erwähnten Ausgliederung folgendes festgestellt:

> „Nach dem abschließenden Ergebnis unserer pflichtgemäßen Prüfung bestätigen wir aufgrund der uns vorgelegten Schriften sowie der uns erteilten Auskünfte, dass der Wert der im Wege der Ausgliederung zu übertragenden Vermögensteile und Schulden mindestens den Nennbetrag des dafür zu gewährenden Geschäftsanteils an der Moritz Holding GmbH, Franzdorf, in Höhe von insgesamt € 1.000.000 zum Berichtsdatum erreicht."

Soweit der Wert des bei der Ausgliederung zu Buchwerten übertragenen Reinvermögens den Nennbetrag des Stammkapitals der Moritz Holding GmbH von € 1.000.000 übersteigt, wird dieser Betrag als Aufgeld in die Kapitalrücklage bei der Moritz Holding GmbH eingestellt.

Ich beziehe mich auf diese Ausführungen der Treuhandgesellschaft Franzdorf vom .... August 2009 zur Werthaltigkeit des Vermögens im Zusammenhang mit der Ausgliederung, schließe mich diesen Ausführungen an und mache sie hiermit zum Gegenstand meiner Erklärung.

III. Ergebnisse der letzten beiden Geschäftsjahre

Die Ergebnisse der letzten beiden Geschäftsjahre der Moritz Beteiligungen GmbH & Co. KG sind wie folgt:

- 31. Dezember 2008 Jahresüberschuss von € 4.000.000,00
- 31. Dezember 2007 Jahresüberschuss von € 3.500.000,00

Franzdorf, den .... August 2009

Moritz Beteiligungen GmbH & Co. KG
Moritz Verwaltungs GmbH

....
(Franz Moritz)
– Geschäftsführer –

# Stichwortverzeichnis

fette Zahlen = Paragraph
andere Zahlen = Randnummer

A

Abschreibung **2** 138 ff; **5** 1 ff, 42 ff, 51 ff
- Aufstockung **2** 138; **5** 40
- Bemessungsgrundlage **2** 133; **5** 3, 42 ff; **6** 120
- erhöhte **5** 21 ff, 44
- Fortführung **5** 3, 21 f; **6** 120
- Sofortabschreibung **5** 3, 53
- Sonderabschreibung **5** 21 ff, 44

Abspaltung **2** 4, 111; **5** 13, 49; **6** 9, 102
Anschaffungskosten **2** 132 ff, 138, 170
- Berechnung **3** 39 ff
- der erhaltenen Anteile **2** 211 ff, 230, 234
- nachträgliche **2** 185; **4** 19, 36 f, 58; **5** 69 ff; **6** 171
- negative **1** 10; **3** 38, 42

Anteile
- Aufstockung **2** 122
- einbringungsgeborene **1** 5; **2** 35, 196; **3** 57 ff; **4** 13; **5** 18; **6** 165
- Gewährung neuer Anteile **2** 121 ff, 127 ff; **3** 14, 16, 29
- mehrheitsvermittelnde **3** 17, 24 ff, 35
- mitverstrickte **4** 10 ff, 57, 71, 78
- unselbständiger Bestandteil **2** 33 ff; **4** 8

Anteilstausch **3** 1 ff; **4** 44 ff, 69, 73; **5** 18, 69 ff
- einfacher **3** 14 f, 23, 31, 39
- qualifizierter **3** 16 ff, 33 ff
- Zeitpunkt **3** 30

Anwachsung **2** 6, 110, 126; **6** 11
Anwendungsbereich
- persönlich **2** 8 ff; **3** 4 ff; **4** 16 ff; **6** 13
- sachlich **2** 3 ff; **3** 3; **4** 3 ff; **5** 16 ff; **6** 9 ff

Aufspaltung **2** 4; **5** 14, 49; **6** 9
Ausgleichszahlung **2** 118; **6** 22 ff
Ausgliederung **2** 4, 111; **5** 13, 49; **6** 9, 14, 52, 102

B

Besitzunternehmen **2** 29, 54, 62 ff; **6** 14
Besitzzeiten
- Anrechnung **2** 133; **5** 1 ff, 17, 28 f, 55 f; **6** 121

Besteuerung
- des Anteilseigners **4** 1 ff

Besteuerungsrecht **2** 14 ff, 165 f
- inländisches **1** 10; **2** 16, 167 ff; **4** 20, 31; **5** 14; **6** 73 ff

Beteiligung
- mehrheitsvermittelnde **3** 17, 24 ff, 35
- mittelbare **3** 27
- unmittelbare **3** 16, 24, 27 f

Betrachtungsweise
- funktionale **2** 40 f, 52; **6** 41, 43
- quantitative **2** 40 f

Betrieb **2** 26 ff; **6** 40
- einer Personengesellschaft **2** 38
- im Aufbau **2** 27
- im Ganzen **2** 39

Betriebsaufspaltung **2** 29, 54, 62 ff; **6** 40
Betriebsgesellschaft **2** 29, 54, 62 ff
Betriebsgrundlage
- Beteiligung an Kapitalgesellschaften **2** 36, 53
- funktional wesentlich **2** 36, 40 ff
- gemeinsam genutzte **2** 85 f
- wesentliche **2** 40 ff, 91 ff, 115 ff; **6** 12, 41 ff
- Zurückbehaltung **2** 27 ff, 92; **6** 45

Bewertungsansatz **2** 131, 138
Bewertungswahlrecht **2** 133 ff; **3** 33 ff; **6** 58 ff
- Antrag **2** 150, 221; **3** 37; **6** 67
- Ausübung **2** 149, 221; **3** 37, 45; **6** 65 ff
- Einschränkungen **2** 154 ff; **3** 38; **6** 73

Bilanz
- Einbringungsbilanz **2** 151; **6** 67
- Ergänzungsbilanz **2** 139, 148 ff; **6** 63, 65 ff, 76 ff, 122 ff
- Gesamthandsbilanz **2** 139; **6** 71, 76 f, 125

- Maßgeblichkeitsgrundsatz **2** 149; **3** 31, 34; **6** 66
- Schlussbilanz **2** 151, 218, 226; **3** 37; **5** 67; **6** 76 ff, 158
- Sonderbilanz **2** 139; **6** 117

Buchwertansatz **2** 138 ff; **6** 6 ff, 87 f, 119 ff

E

EG-Fusionsrichtlinie **2** 68, 76 f
Eigentum **2** 7 ff
- dingliches **2** 7, 58; **4** 21 ff; **6** 10, 51, 100, 166
- wirtschaftliches **2** 7, 58, 91, 217 ff; **3** 3, 30; **4** 21 ff; **6** 10, 51, 106, 166

Einbringender **2** 12 ff, 119; **6** 57
Einbringungsfolgegewinn **2** 169; **5** 1, 80; **6** 4, 136
Einbringungsgewinn **2** 133, 138, 177 ff; **3** 49 ff; **4** 1 ff; **6** 6, 76 ff
- Berechnung **2** 181; **3** 50; **4** 27 ff, 53 ff; **6** 76 ff
- Einbringungsgewinn I **4** 18 ff
- Einbringungsgewinn II **4** 44 ff
- Einkommensteuer **2** 193 f; **3** 54; **6** 84 ff
- Einkunftsart **2** 188 f; **6** 85
- Entstehungszeitpunkt **2** 189; **6** 99
- Freibetrag **2** 197 ff; **3** 55 ff; **4** 41, 57
- Gewerbesteuer **2** 204; **3** 59 f; **6** 93 ff
- Körperschaftsteuer **2** 195 ff; **3** 54; **6** 92
- nachträglicher **6** 161 ff
- Siebtel-Regelung **4** 32 ff
- Steuerpflicht **2** 192 ff; **4** 41 ff
- Tarifermäßigung **2** 197 ff; **3** 55 ff; **4** 41, 57; **6** 87 ff
- Veräußerungspreis **2** 182

Einbringungskosten **2** 170, 184 f
- objektbezogene **2** 170; **4** 39; **6** 78 f

Einbringungsverlust **2** 185, 204; **3** 53
Einbringungszeitpunkt **2** 217 ff
steuerlicher **2** 217 ff
Einzelrechtsnachfolge **2** 4, 105 f, 116 ff; **5** 3, 49 ff; **6** 9, 49 ff, 103

F

Formwechsel **1** 3, 15; **2** 114; **3** 11, 30; **4** 7; **5** 4, 14, 78 f

G

Gesamthandsvermögen **2** 38, 91 f, 98, 117, 174; **6** 7, 41, 45
Gesamtrechtsnachfolge **2** 6, 105; **5** 11 ff, 48 f, 56; **6** 4, 52 f, 102 f, 127
Geschäftswert **2** 145 ff; **5** 38 ff, 45 f

Gesellschaft
- aufnehmende **2** 9 ff, 103; **3** 4 ff; **6** 46 ff
- einbringende **2** 12 ff, 119; **6** 57
- grundbesitzverwaltende **2** 31
- übernehmende **2** 9 ff, 103; **3** 4 ff; **6** 46 ff
- übertragende **2** 12 ff, 119; **6** 57
- vermögensverwaltende **2** 22, 75, 113; **3** 11, 23; **6** 48

Gewerbesteuer **2** 169, 204 ff, 228; **3** 59; **4** 42; **5** 57 ff; **6** 6 ff, 93 ff, 142 ff, 156 ff
Grunderwerbsteuer **2** 105, 170, 228; **3** 48; **5** 6; **6** 8, 78, 105

K

KGaA **2** 123, 128 f; **3** 19; **6** 14, 34

M

Mitunternehmeranteil **2** 79 f, 88 ff, 139 ff, 238 ff; **6** 17 ff, 44 f, 52, 153 ff
- Teilmitunternehmeranteil **2** 100 ff

N

Nachweis **4** 64 ff
- Art **4** 72 ff
- Form **4** 72
- Inhalt **4** 66 ff
- Nachweisverpflichteter **4** 71
- Rechtsfolgen **4** 77 ff

Negatives Kapital **2** 155 ff

O

Organschaft **2** 50 f, 240

P

Pensionsrückstellungen **2** 144; **5** 25; **6** 60
Praxiswert **2** 146 f; **5** 3, 35

R

Rechtsnachfolge
- Einzelrechtsnachfolge **2** 106 ff, 116 ff; **5** 3, 49 ff; **6** 49 ff, 103
- Gesamtrechtsnachfolge **5** 14 ff, 48 ff; **6** 52 f, 102 f
- in verfahrensrechtliche Positionen **5** 10 ff
- modifizierte **5** 1, 42 ff; **6** 124 ff
- steuerliche **2** 133; **5** 1 ff, 5 ff, 17 ff, 40 ff; **6** 120

Rechtsträger
- aufnehmender **2** 9 ff, 103; **3** 4 ff; **6** 46 ff
- übernehmender **2** 9 ff, 103; **3** 4 ff; **6** 46 ff
- übertragender **2** 12 ff, 119; **6** 57

Regelbewertung **2** 134 ff; **5** 3; **6** 4, 62

Rückbeziehung **2** 217 ff; **3** 30; **6** 4 ff, 101 ff
- Ausnahmen **2** 233
- Wirkung **2** 219 ff, 227; **6** 104 ff

Rückbezugszeitraum **2** 223 ff
- Ausgeschiedene Mitunternehmer **2** 238 ff
- Ausschüttungen im **2** 233 ff
- Verträge im **2** 229 ff; **6** 113

Rücklage **2** 190 ff, 196, 201 f; **5** 28 f, 30 ff, 40, 80; **6** 81 ff, 91, 120, 136

Rückwirkungssperre **2** 241 f

Sacheinlage **2** 169 ff; **3** 46 ff; **6** 138 ff
- Auswirkungen für den Einbringenden **2** 171 ff; **6** 158 ff
- Auswirkungen für die übernehmende Gesellschaft **2** 169 f; **3** 46 ff

Sachgründung **2** 106 ff; **5** 49
Sachkapitalerhöhung **2** 106 ff; **5** 49
Sonderbetriebsvermögen **2** 38, 84, 91 ff, 115 ff; **5** 49; **6** 12, 20, 41, 45, 51
- gewillkürtes **2** 97, 187
- notwendiges **2** 95 ff, 187; **6** 24

Sperrfrist **2** 133, 138, 227; **3** 46; **4** 1 ff; **6** 163 ff

Teilbetrieb **2** 66 ff, 145; **5** 79; **6** 42 f
- gewerblicher **2** 71 ff
- im Aufbau **2** 82
- im Ganzen **2** 83
- kraft Fiktion **2** 79 ff
- Teilbetriebsbegriff **2** 68 ff

Thesaurierungsbegünstigung **2** 175; **6** 133

Umsatzsteuer **5** 62 ff; **6** 8, 105
Umwandlung **2** 111 ff, 115 ff, 125 ff; **6** 102 ff
- ohne Kapitalerhöhung **2** 125 ff

Veräußerung **4** 18 ff, 44 ff; **6** 153 ff, 161 ff, 166 ff
- Anteilsveräußerung **4** 18 ff, 44 ff; **6** 153 ff, 161 ff, 166 ff
- gleichgestellte Vorgänge **4** 21 ff, 46 ff
- schädliche **4** 27 ff, 163 ff

Veräußerungsgewinn **2** 239; **4** 36, 41 ff, 79; **6** 28 ff, 155 ff, 161, 170

Verbleibenszeiten **2** 133; **5** 3, 7, 28 f, 47, 56; **6** 120 f

Verlustverwertung **6** 137 ff
verrechenbare Verluste **6** 138 ff
Verlustvortrag **2** 138, 242; **5** 3, 9; **6** 137
- gewerbesteuerlicher **5** 3, 9, 60 f, 70 f; **6** 115, 142 f

Verschmelzung **2** 4, 111 ff, 125, 223 ff; **5** 14, 49; **6** 9, 14, 34, 49
- Abwärtsverschmelzung **2** 126
- Aufwärtsverschmelzung **2** 127

Wertaufstockung
- nachträgliche **4** 38, 59, 81; **5** 1, 65 ff
- steuerrechtliche Behandlung **5** 72 ff
- Voraussetzungen **5** 69

Werteverknüpfung **2** 132; **3** 40 ff; **6** 4
Wirtschaftsgüter **2** 60 f; **6** 21
- bewegliche **2** 42 f
- immaterielle **2** 44
- sonstige **2** 55 f

Zinsvortrag **2** 242, 244 f; **5** 27; **6** 4, 130 ff
Zusatzleistungen **2** 154, 159 ff, 180, 213; **6** 6
Zwischenwertansatz **2** 133, 138, 147 ff; **5** 1, 3, 36 ff
Zwischenwertansatz **6** 4, 134 ff

Steuer- und Gesellschaftsrecht

Sicher im neuen Recht beraten!

Die Unternehmensteuerreform 2008 führt zu tiefgreifenden Änderungen im Steuerrecht, welche weit über das Jahr 2008 Auswirkungen haben werden. Das Werk erläutert alle Änderungen der Reform und gibt wertvolle Gestaltungsempfehlungen für eine steueroptimale Beratung.

Siegfried Glutsch | Ines Otte | Bernd Schult
Das neue Unternehmensteuerrecht
Richtig beraten nach der Unternehmensteuerreform 2008
2008. 237 S. Br.
EUR 44,90
ISBN 978-3-8349-0675-5

Vereine steueroptimal beraten

Der Verein stellt besonders in Deutschland eine beliebte Form der Organisation von Freiwilligen dar. Ob Kleintierverein, TÜV, Automobilclubs oder die verschiedenen Verbandsorganisationen, alle sind als Verein organisiert. Seine Beratung in Steuerfragen ist ebenso vielfältig wie seine Formen. Das Werk erläutert praxisnah alle wichtigen Fragen von der Gründung bis zur wirtschaftlichen Betätigung.

Thomas Brinkmeier
Vereinsbesteuerung
Steuervorteile durch Gemeinnützigkeit
2008. 226 S. Br.
EUR 44,90
ISBN 978-3-8349-0438-6

Effektive Beratung bei Unternehmenskrisen

Die Abwendung einer Unternehmenskrise und der Insolvenz gehört zu den besonders anspruchsvollen Aufgaben in der Beratung. Präzise und effektive Beratung in Steuerfragen ist ein wesentlicher Teil der Lösung. Ein wertvolles Arbeitsmittel für jeden Berater im Steuer- und Insolvenzrecht.

Ziegenhagen, Andreas
Besteuerung in Krise und Insolvenz
2009. Ca. 250 S. Br.
Ca. EUR 49,90
ISBN 978-3-8349-0759-2

Änderungen vorbehalten. Stand: Februar 2009.
Erhältlich im Buchhandel oder beim Verlag.
Gabler Verlag · Abraham-Lincoln-Str. 46 · 65189 Wiesbaden · www.gabler.de

GABLER